Heinrich Böll:
Zur Verteidigung der Waschküchen
Schriften und Reden
1952–1959

Deutscher
Taschenbuch
Verlag

dtv

Schriften und Reden
1952–1959

entnommen aus:
Heinrich Böll Werke
Essayistische Schriften und Reden 1
1952–1963
Herausgegeben von Bernd Balzer
Verlag Kiepenheuer & Witsch, Köln (1978)
ISBN 3-462-01259-2 (Leinen)
ISBN 3-462-01258-4 (Broschur)

Oktober 1985
Deutscher Taschenbuch Verlag GmbH & Co. KG,
München
Lizenzausgabe mit freundlicher Genehmigung des
Verlages Kiepenheuer & Witsch, Köln
Umschlaggestaltung: Celestino Piatti
Gesamtherstellung: C.H. Beck'sche Buchdruckerei,
Nördlingen
Printed in Germany · ISBN 3-423-10601-8

Das Buch

»Wenn ich meiner Mutter Anmachholz und Briketts in ihre Waschküche brachte«, bekennt Heinrich Böll in einer Polemik, »habe ich nicht die schlechtesten Weisheiten erfahren ...« Die immer wieder eingestreuten autobiographischen Äußerungen sind der persönlichste Teil seiner kritischen Kommentare zur politischen, gesellschaftlichen und literarischen Entwicklung der Bundesrepublik Deutschland. Und das Salz an der Suppe zugleich. In den Jahren 1952–59 gehören die Diskussionen um die deutsche Nachkriegsliteratur, die vielbeschworene »Kriegs-, Trümmer- und Heimkehrerliteratur«, und die Rezeption verschiedener ausländischer Schriftsteller wie Carson McCullers, Léon Bloy, Thomas Wolfe, Sean O'Casey oder John Steinbeck zu Bölls bevorzugten Themen. Der berühmte »Brief an einen jungen Katholiken« (1958), eine schneidende Kampfschrift gegen die Wiederbewaffnung, bildet einen ersten großen Höhepunkt in Bölls Auseinandersetzung mit der doppelten Moral der katholischen Kirche. Bis zu seinem späteren Engagement in der Friedensbewegung der achtziger Jahre blieb die Mahnung gültig: »Geben Sie immer acht, junger Freund, wenn die Theologen von gerechter Verteidigung sprechen.«

Der Autor

Heinrich Böll, am 21. Dezember 1917 in Köln geboren, war nach dem Abitur Lehrling im Buchhandel. Im Krieg sechs Jahre Soldat. Danach Studium der Germanistik. Seit 1949 veröffentlichte er Erzählungen, Romane, Hör- und Fernsehspiele, Theaterstücke und war auch als Übersetzer aus dem Englischen tätig. 1972 erhielt Böll den Nobelpreis für Literatur. Er starb am 16. Juli 1985 in Hürtgenwald.

Heinrich Böll
Schriften und Reden

Zur Verteidigung der Waschküchen. 1952–1959 (10601)
Briefe aus dem Rheinland. 1960–1963 (10602)
Heimat und keine. 1964–1968 (10603)
Ende der Bescheidenheit. 1969–1972 (10604)
Man muß immer weitergehen. 1973–1975 (10605)
Es kann einem bange werden. 1976–1977 (10606)
Die »Einfachheit« der »kleinen« Leute. 1978–1981 (10607)

Inhalt

Editorische Vorbemerkung zur Werkausgabe 1978

Die Bände *Essayistische Schriften und Reden* 1–3 enthalten die zwischen 1952 und Juni 1978 entstandenen Arbeiten dieses Genres. Ihre Zahl ist größer, als zu erwarten war: trotz Werner Lengnings verdienstvoller bibliographischer Arbeit (W. L., *Der Schriftsteller Heinrich Böll. Ein biographisch-bibliographischer Abriß*) war doch eine Reihe von Aufsätzen, Rezensionen, etc. unentdeckt geblieben; einiges lag auch – bislang unveröffentlicht – in Heinrich Bölls Archiv.

Dennoch ist diese Sammlung nur *nahezu* vollständig: So konnte etwa die mehrfach geübte Praxis, private Briefwechsel ohne Zustimmung Bölls zu publizieren, nicht durch die Aufnahme solcher Briefe in die Werkausgabe nachträglich autorisiert werden. Dazu waren Versprechungen zu respektieren, wie Böll sie z. B. Bischof Scharf gegenüber (vgl. *Ich habe die Nase voll*, 1974) öffentlich geäußert hat, wobei die Öffentlichkeit des Versprechens nicht das Entscheidende war, wie das Fehlen einiger Texte in diesen Bänden belegt.

Verzichtet wurde schließlich auch auf Texte (zumeist Resolutionen, Aufrufe, öffentliche Erklärungen), die Böll zusammen mit anderen Persönlichkeiten verfaßt, die er zum Teil auch nur mitunterzeichnet hat.

Ein weiteres »Defizit« ist nur scheinbar: bei verschiedenen in den Bibliographien verzeichneten Titeln handelt es sich – wie sich bei den Vorbereitungen zu dieser Ausgabe herausstellte – *nicht* um selbständige Veröffentlichungen, sondern um Nachdrucke unter verändertem Titel.

Auf eine Differenzierung der Texte in Aufsätze, Kritiken, Reden, Feuilletons etc. wie in den früheren »Schriften«-Ausgaben wurde hier bewußt verzichtet, um für den Leser den Nachvollzug des »Fortschreibungsprozesses« nicht zu erschweren, in den das gesamte Werk Heinrich Bölls einbezogen ist.

Diese Absicht bestimmte auch das Prinzip der Reihenfolge, die sich grundsätzlich an der Chronologie der Erstveröffentlichungen orientiert. Bislang nicht publizierte ältere Texte wurden freilich ihrer Entstehungszeit entsprechend eingeordnet, und bei Artikelserien, Briefwechseln etc. wurde der sachliche Zusammenhang über das Prinzip einer rigiden Chronologie gestellt.

Das Quellenverzeichnis macht die entsprechenden Abweichungen von der zeitlichen Reihenfolge deutlich; es ist überdies für die folgenden Bände erweitert um einige Anmerkungen vor allem in den Fällen, in denen die Kenntnis an Böll gerichteter Artikel oder Briefe für das Verständnis der Repliken unabdingbare Voraussetzung ist.
Textgrundlagen für diese Ausgabe waren – soweit vorhanden – die früheren bei Kiepenheuer & Witsch erschienenen Ausgaben, sonst die jeweilige Erstveröffentlichung – in wenigen Fällen das Originalmanuskript.

Bernd Balzer

Editorische Vorbemerkung zur Taschenbuchausgabe 1985

Die ersten fünf der auf insgesamt neun Bände konzipierten Taschenbuchausgabe *Schriften und Reden. 1952–1985* folgen in Wortlaut und Chronologie der Werkausgabe *Essayistische Schriften und Reden 1–3*, die 1978 im Verlag Kiepenheuer & Witsch erschienen ist. Einige offensichtliche Druckfehler wurden stillschweigend beseitigt und aufgrund der eigens für die Taschenbuchausgabe erstellten Register einige Unstimmigkeiten in den Schreibweisen von Eigennamen ausgeräumt. Soweit aus sachlichen Gründen inhaltliche Korrekturen nötig waren, geht dies aus den »Quellennachweisen und Anmerkungen« hervor.

Besuch auf einer Insel

1.

Der eiserne Vorhang ist aus Luft. Ich sage es für alle diejenigen, die – gleich einem meiner Mitreisenden – in den Interzonenzug steigen, mit der Vorstellung, es gäbe zwischen Helmstedt und Marienborn eine Art wirklichen Gatters, eine metallene Schleuse, die man als zukünftiges Objekt der Verschrottung ins Auge fassen könnte. Also: der eiserne Vorhang ist aus Luft. Aber die Luftveränderung ist spürbar.

2.

Vor Helmstedt gehen höfliche, grünuniformierte Männer durch den Zug, Grenzschutzbeamte, die unsere Pässe aufs Knie legen, sie stempeln. So bekommt man noch einmal deutlich gezeigt, daß man sich wirklich einer Grenze nähert. An allen Grenzen regiert der Stempel. Dann hält der Zug, der Speisewagen wird abgehängt, leichte Nervosität macht sich bemerkbar: typische Grenznervosität. Jeder, der sich einer Grenze nähert, hat ein schlechtes Gewissen. Wir sind alle latente Schmuggler. Und unsere Gedanken . . .

3.

Die Leute im Abteil sind still geworden, draußen dämmert es, wir fahren durch verschneiten Wald, dann kommen Äcker, wieder Wald, und mitten in diesem Wald sagt eine Frau plötzlich: »Wir sind drüben.« Ich gehe auf den Gang hinaus, lasse das Fenster herunter und sehe in den verschneiten Wald: Luft: der eiserne Vorhang ist wirklich aus Luft. Wir haben ihn lautlos passiert: er scheint eine Fiktion zu sein. Bäume, Gräser, Gebüsch, nichts hier unterscheidet sich von den Bäumen, den Gräsern, dem Gebüsch, an dem wir eben vorbeigefahren sind.
Und plötzlich Häuser, auch sie unterscheiden sich nicht von den Helmstedter Häusern – aber durch eine Lücke hindurch sehe ich ein hölzernes Tor, Eingang zu einem Grundstück, und über diesem hölzernen Tor ein Schild, ganz rot mit einem weißen Hammer und einer weißen Sichel darin, und hinter dem Tor Russen.

Es sind die ersten Russen, die ich seit Sommer 44 sehe – fast acht Jahre lang habe ich keine mehr gesehen. Ich habe überhaupt noch keine Russen im Frieden gesehen. Ich weiß nicht, ob ich erschrecke, weil es Russen sind, oder weil meine letzte Begegnung mit ihnen unter Umständen stattfand, die nicht geeignet sind, Freude zu erwecken. Damals war Krieg, und der Krieg ist schrecklich. Aber diese Russen hier spielen Fußball, sie sehen sauber aus, etwas ungeschickt spielen sie sich den Ball zu. Inzwischen sind wir weitergefahren, ich habe ein paar rot-weiße Spruchbänder gesehen, die irgendeine der zahlreichen Kombinationsmöglichkeiten der Wörter Frieden, Freiheit, Einheit zeigen – und jetzt halten wir genau vor einer Lokomotive, die bemalt ist. Ich mag bemalte Lokomotiven nicht, auch, wenn die Worte, mit denen sie bemalt sind, Frieden, Freiheit, Einheit lauten.

4.

Zum Beweis, daß man wirklich eine Grenze überschritten hat, wird man hier wieder gestempelt. Es geht etwas komplizierter zu als drüben. Vielleicht macht sich an dieser Kleinigkeit schon die Tatsache bemerkbar, daß alle sozialistischen Staaten zur Bürokratie neigen. Die Volkspolizisten sind höflich, aber ihre Höflichkeit ist anders als die ihrer grünen Kollegen drüben. Auch sind sie jünger, viel jünger – manche sehen geradezu rotznasig aus – etwas keß, fast ein wenig schlampig, das überrascht mich. Ihre Höflichkeit ist nicht so glatt, wie die ihrer Kollegen drüben, und ich spüre zum ersten Male etwas, das sich nicht äußerlich bestimmen läßt. Einer von ihnen steht am Eingang der Baracke, liest mit seiner vorwurfsvollen Höflichkeit die Namen von den Ausweisen ab, die alle erst hinten verschwanden und nun teilweise zurückkommen. Seine Höflichkeit ist wirklich vorwurfsvoll, sie scheint zu sagen: Wir sind gar nicht so, wir sind wirklich nicht so, bestimmt nicht. Es ist die Höflichkeit eines Kindes, das fremden Vorurteilen die eigenen entgegensetzt, aber offenbar ernsthaft angehalten ist, wirklich höflich zu sein.

5.

Draußen ist es kalt. Die Lautsprecher arbeiten in voller Stärke. Noch einmal schleust uns ein Polizist, bevor wir die Stufen hin-

unter in den Zug zurückdürfen. Eine kleine Gruppe sammelt sich um ihn. Es ist dunkel geworden, aber Lampen brennen, und in den Lautsprechern ist nun nach abbrechender, sehr fröhlicher Musik ein kurzer Dialog:
Adenauer: »Ja, wenn ich an 1945 denke.«
Eisenhower: »Oh, 1945, das waren noch Zeiten – denn der Krieg ist doch die beste Geschäft.«
Sofort einsetzende sehr heitere Musik. Ich kann nicht anders, ich muß lächeln, und ich lächele einem Manne meines Alters zu, der neben mir steht. Aber mein Lächeln ist offenbar fehl am Platze; er sieht mich feindselig an, zieht die Augenbraue hoch und wendet sich ab. Zum ersten Male bin ich wirklich erschreckt.
Ich mag Eisenhower nicht, nicht einmal Adenauer – aber soll ich nicht lächeln über diesen kindlichen und knappen Dialog, soll ich nicht jemand zulächeln?
Offenbar soll ich es nicht – und ich begreife, daß meine westdeutsche Naivität hier nicht mehr gilt; begreife auch, daß ich diesem Mann neben mir nicht böse sein darf. Sehr nachdenklich ging ich im Dunkeln über den vereisten Bahnsteig zum Zug zurück. Zwei Mädchen in dunkelbraunen Overalls hatten angefangen, Sand zu streuen. Es war Glatteis auf dem Bahnsteig.

6.

Während der Fahrt schlief ich wirklich etwas. Nur einmal weckte mich ein Bahnbeamter, der meine Karte sehen wollte und mich fragte, ob es warm genug sei. Es war warm genug. Auf seinem Gesicht diese ängstliche Höflichkeit, die wir Deutsche so gern Ausländern gegenüber zeigen – wenn wir uns nicht, aufgrund irgendeines Vorurteils zum Gegenteil entschließen. Aber – um Gottes willen – bin ich wirklich ein Ausländer für ihn? Genügt dieser Trenchcoat, ein paar gute Schuhe und der Geruch von Virginiazigaretten, genügt das für ihn, zu mir höflicher zu sein, als er es möglicherweise zu den anderen ist, die nicht von drüben kommen?
Wenn ich in den Jahren 45 bis 48 den Kölner Hauptbahnhof betrat, nahm ich immer eine Bahnsteigkarte und ging hinauf an die internationalen Züge und sah in sie hinein: die Kleider dieser Fremdlinge, der Geruch guter Seife, ihre wohlgenährten Gesichter – und die lebensgefährliche Nonchalance, mit der sie halbe

Zigaretten unter ihren stabilen Schuhsohlen zertraten: das alles wollte ich sehen – diese sagenhaft sauberen Fremdlinge kamen mir vor wie Millionäre. Hin und wieder stieg dann einer aus, trat an den Rand des Bahnsteigs und sah sich dieses klassische Trümmerfeld an zwischen dem Bahnkörper und dem Rhein – und vergewisserte sich mit einem Blick nach rückwärts, daß der Dom noch stand. Nun, der Dom stand noch.
Soll ich diesem Bahnbeamten, der mich so merkwürdig mustert, wie ich die Fremdlinge damals gemustert haben mag, soll ich ihm sagen, daß ich mit meiner Frau und drei Kindern auf zwei Zimmern hause, in einem Hause, wo die Wände in den Fluren noch nicht verputzt sind, die Fenster und Türen undicht, in einer zugigen Bude, die der Bundesrepublik gehört. Daß mein Mantel noch nicht bezahlt ist – daß ich – aber er wird es nicht begreifen, so wie ich damals nur sehr wenig von diesen sagenhaft sauberen Fremdlingen begriff.

7.

Irgendwo zwischen Berlin und Potsdam ist der Zug, während ich schlief, wieder durch die Luft gefahren, die den eisernen Vorhang darstellt. Im Bahnhof Zoo fällt mir, obwohl ich müde bin, die Schwarzmarktatmosphäre auf. Ich horche nicht auf das Geflüster, sehe nur flüchtig ein paar Dirnen – so lebhaft es im Bahnhof war, so still ist es draußen. Die Straßenbahn ist fast leer. Abends gegen halb neun am jetzigen Westberliner Hauptbahnhof.

8.

Ich war sehr erstaunt, als mich eine eingesessene Berlinerin fragte:
»Sind Sie sehr böse auf Berlin?«
»Wer?«
»Sie – da drüben.«
»Böse«, sage ich, »nein, ich glaube, das ist nicht das richtige Wort. Eher beunruhigt.«
»Wie über eine gefallene Tochter?«
»Nein, auch gefallen ist nicht das richtige Wort.«
Ich suche das Wort; »vielleicht unschuldig ins Unglück geraten«.

»Vielleicht vergewaltigt«, sagte sie, »und sie hoffen, daß der Vergewaltiger die Tochter nun endlich heiratet?«
»Nein, auch vergewaltigt ist nicht das richtige Wort und von Heiraten kann keine Rede sein, wirklich nicht. Alle Vergleiche stimmen nicht.«
»Nein, gewiß, kein Vergleich stimmt. Aber beunruhigt sind Sie da drüben?«
»Ja, ich glaube ja.«

9.

Berlin hat 350 000 Arbeitslose – das würde – auf Köln umgerechnet – für Köln etwa 90 000 Arbeitslose bedeuten – aber Köln hat nur 15 000 Arbeitslose. Das ist eine einfache Rechnung, vielleicht ist sie zu einfach, aber sie macht mich stutzig.
Die kleine Briefmarke, die wir täglich unseren üblichen Briefmarken hinzufügen, dieses schmale blaue Stück Papier, das wir schon gewohnheitsmäßig vorrätig haben, trägt die Aufschrift »Notopfer Berlin« – aber ich frage mich hier in Berlin, ob ich mich jemals gefragt habe, ob Berlin sich wirklich in Not befindet?

10.

Auch in Berlin ist der eiserne Vorhang aus Luft. Man steigt in die S-oder U-Bahn, wenn man Glück hat, liest man im Vorbeifahren: Sie verlassen den amerikanischen, den britischen, den französischen Sektor – aber auch, wenn man das Schild nicht liest, die Luftveränderung ist spürbar. Gesprochen wird sowieso nicht viel in den Berliner Bahnen, aber plötzlich herrscht Stille, Zeitungen verschwinden und ein Blick nach draußen zeigt eine merkwürdige Düsternis, die mich an russische Städte erinnert, keine absichtliche, eine immanente Düsternis.
Die großen HO-Läden sind alle überfüllt. Es liegt der Schimmer einer Einfachheit darüber, die schön sein könnte, wenn sie nicht uniform wäre. Ein erfreulicher Gegensatz zum kultivierten Snobismus mancher westdeutschen Läden – aber dieser erste bestechende Eindruck der Einfachheit wird von der Uniformierung und Mechanisierung erdrückt.
Überfüllt sind die Läden, und ich habe inzwischen unterschei-

den gelernt – es sind viele Westberliner dazwischen. Ich beobachte einen Mann, der Brot kauft: ein Grahambrot, ein Graubrot, zwei einpfündige Weißbrote: er bezahlt etwas über 5 Mark Ost, das bedeutet nach dem Wechselkurs des Tages knapp eine Mark. Das Brot verschwindet im Rucksack des Mannes, ebenso 5 Pfund Zucker, tiefgekühltes Gemüse und Obst – zusammen sieben Mark = 1,60 West. Für 2,60 DM West hat der Mann eingekauft, und sein Rücksack ist schwer. Ich selbst kaufe fünf Päckchen Zigarettenpapier – macht vierzig Pfennige für mein westliches Portemonnaie.

11.

Dichtgedrängt stehen die Leute in der U-Bahn, als wir zurückfahren: Aktentaschen, Rucksäcke, Koffer werden diskret unter die Bänke geschoben; das kommt mir merkwürdig vor, und ich lasse mir erzählen, daß die Westberliner Polizei die Bahnen kontrolliert. HO-Ware wird konfisziert, Arbeitslose die solche Ware mit sich führen, werden gemeldet, bekommen die Unterstützung entzogen. Das ist Notwehr, sagt man mir – Notwehr der Arbeitslosen oder des Westberliner Magistrats – der doch jedem, soviel er mag und hat, wechselt: West gegen Ost, Ost gegen West; der am Gewinn der Wechselstuben beteiligt ist, den Geldumtausch also legal betreibt – vielleicht rechne ich alles zu einfach; ich denke an das berühmte Milchmädchen, und ich identifiziere mich gern mit ihm: ich mag Milchmädchen sehr, und manchmal sind sie recht klug und oft haben sie recht.
Irgend etwas stimmt hier nicht, es stimmt viel nicht.

12.

Habe ich nicht immer von der großen Schnauze der Berliner reden hören, selbst schon davon geredet, aber fast alle, mit denen ich spreche, sind merkwürdig matt, fast still – und jemand sagt mir: »Berlin ist keine Stadt mehr, es fällt wieder in einzelne Dörfer auseinander.« Er zählt sie auf: Wilmersdorf, Reinickendorf, Schmargendorf usw. . . . aber ich begreife ihn erst, als ich das Brandenburger Tor sehe.
Früher zeigte man uns Bilder, die die Geschichte erklären sollten: Napoleon an der Beresina, Blüchers Übergang über den

Rhein – oder einen Matrosen, der mit der Fahne in der Hand auf einer Planke schwamm . . . Illustrierte Fakten und Helden – aber das ist wirklich Geschichte, hier und heute erlebt, im Februar 1952 – und es fröstelt mich, als ich es sehe an diesem grauen Wintertag: groß, fast schwarz, das Brandenburger Tor vor diesem grauen Himmel und oben drauf eine riesige rote Fahne ohne jegliches Symbol: ein rechteckiger flatternder Lappen, ein wenig ausgefranst, was ihn noch wilder erscheinen läßt: die erregende Fahne einer Revolution . . . Zu beiden Seiten dieser breiten Straße große, kandelaberartige Ständer, die ich erst für Laternen halte, dann aber erkenne, es sind Lautsprecher, dieselben Lautsprecher, die auf dem Marienborner Bahnsteig standen. Leer ist die Straße – auch die kleinen Bäumchen sehen verlassen aus.

13.

Im Erdgeschoß eines Neubaus lockt ein Plakat zu einer Kunstausstellung. Der Raum ist sehr gepflegt, mit Teppichen belegt. Wir sind die einzigen Besucher. An den Wänden Zeichnungen und Holzschnitte. Themen und Darstellungsweise von einer solch erdrückenden Naivität, daß ich etwas wie Rührung und Langeweile zugleich empfinde – aber das Gefühl einer gewissen Rührung wird sofort ausgelöscht, als ich diesen offiziösen Optimismus erkenne, der einfach widerwärtig, mit dem alles überstrichen ist. Gesamtthema: Erlösung durch die Arbeit – sollte das die Erlösung des Arbeiters sein? Eins der Bilder ist besonders reizvoll: FDJler sprengen kapitalistische Versammlung im Westen: sympathische Jünglinge stoßen einen unsympathischen Fettwanst von der Rednertribüne.
Eine Treppe höher kunstgewerbliche Arbeiten: hierhin hat sich anscheinend der gute Geschmack geflüchtet: schöne Töpferarbeiten, Batiken – und als wir hinausgehen, hängt da ein Porträt von Käthe Kollwitz, die man als eine Art Patronin anzusehen scheint – aber was wäre hier mit ihr zu vergleichen? War sie eine Kommunistin? Eine Künstlerin war sie – die Arbeit verherrlichte sie nicht – die dort drinnen ausgestellt haben, scheinen beides nicht zu sein: Künstler sind sie jedenfalls nicht.

14.

In einem großen HO am Alexanderplatz stößt mir folgendes zu: ich entdecke einen großen Karton mit Stofftieren und krame darin herum: Pferde, Esel, Elefanten, alles spottbillig – für mich: 70 Pfennig bis 2 Mark Ost – und für genau dieselben Tiere habe ich drüben 3 Mark West bezahlt. Das ist ärgerlich, genau so ärgerlich wie die Sache mit den Tellern, die hier 80 Pfennige Ost kosten, und für die ich drüben bei uns 1,10 West bezahlt habe. Das läßt mich manches ahnen, manches von dem illegalen Interzonenhandel, der ein so gutes Geschäft sein soll.
Aber an diesem Karton mit den Stofftieren stellt sich eine ältere Frau zu mir: ich komme mit ihr ins Gespräch und erzähle, daß ich für meine Kinder einige von diesen Tieren kaufen will. Die Frau macht mich darauf aufmerksam, daß die Tiere alle so traurig seien, sie ließen alle den Kopf hängen – Tatsächlich, die Halslinie schneidet mit der Rückenlinie ab, und die Köpfe hängen alle stracks nach unten, und sie sehen traurig aus. Doch der Akzent, mit dem die Frau mir das erzählt, hat mich überrascht, und ich grabe triumphierend ein Tier aus dem Karton, das den Kopf hoch erhoben hat.
»Sehen Sie«, sage ich, »das Tier hat den Kopf hoch.«
»Das ist auch ein Kamel«, sagte die Frau, »alle Kamele haben hier den Kopf hoch.« Ich platze plötzlich laut aus: wirklich ein guter Witz. Aber ich lache *zu* laut. Ich merke es zu spät. Rings um mich herum wird es eisig, Leute sammeln sich, plötzlich ist es ganz still, und ich spüre, daß ich blaß werde. Die Verkäuferin lächelt mir ermutigend zu, auch einige andere lächeln – aber die meisten sind eisig. Was habe ich getan? Ich habe laut und frei gelacht – das ist offenbar nicht angebracht, und offen gesagt: ich fühle mich nicht berechtigt, hier zu lachen – es war ein dummes Lachen. Ich lege vorsichtig die Tiere in den Karton zurück, drücke mich an den Leuten vorbei und suche die Treppe. Mir ist gar nicht mehr wohl.

15.

Aber in diesem Lokal brauche ich nicht zu fürchten, daß ich auffalle. Ich sitze nicht weit von dem großen Bild des lächelnden Stalin entfernt, der goldgerahmt neben dem lächelnden, goldgerahmten Pieck hängt. Dieses Lokal hat eine andere Atmosphäre

als das riesige Warenhaus, in dem mein Lachen nicht angebracht war.
Hier darf ich lachen. Hier sitzen lauter wohlgenährte, gepflegte Leute, von denen mein Begleiter mir sagt, daß sie Funktionäre sind. Hier wird gut gegessen. Wir bestellen die teuerste Platte zu 8,60, trinken Cognac dazu. Das Fleisch liegt auf einer massiven Silberschüssel, auf der »Kempinski« steht, der schwere Löffel ist aus dem »Palace Hotel« und Gabel und Messer, bedeutend leichter, verchromt tragen die lakonische Aufschrift HO. Nur die silberne Saucière, sie ist von »Borchardt«. So lese ich eine Revolution, die stattgefunden hat, von den Bestecken ab.
Das Essen ist ausgezeichnet, und die Musik des Streichtrios entspricht in keiner Weise jenen billigen optimistischen Weisen, die der Marienborner Lautsprecher eine Stunde lang von sich gab. Nein, das ist leicht schwermütige Musik, gutbürgerlich. Offenbar verkehren hier Leute, zu deren Lebensstandard eine gewisse Schwermut zu gehören scheint, die ihnen auch zugebilligt wird. Aber am Nebentisch sitzen zwei magere junge Männer, die Fleisch bestellt haben und nun deutlich Zweifel äußern am Gewicht ihrer Fleischportion. Jetzt erst sehe ich, daß hinter jedem Gericht in Gramm das Gewicht der Fleischportion angegeben ist. Diese beiden jungen Männer sind hartnäckig, und ich liebe sie wegen ihrer Hartnäckigkeit. Sie drohen dem Kellner an, die Portion wiegen zu lassen, es wird geflüstert, ein Kompromiß scheint zustande zu kommen: jedenfalls die Mienen der jungen Männer glätten sich. Die beiden jungen Männer sehen schlecht aus: offenbar leisten sie sich diesen Luxus einer teuren und ausgiebigen Mahlzeit nur selten – aber offenbar passen sie nicht in dieses Milieu. Hier scheinen nur Leute zu verkehren, die keinen Hunger, sondern nur Appetit haben. Hier sieht man westdeutsche Moden, Eleganz, die mit eingetauschter Ostmark bezahlt ist. Und die Kapelle spielt ihre süßliche Schwermut ab. Verdauungsmusik für eine hartleibige Bourgeoisie, eine kulturelle Pseudo-Prominenz, die mir eine Spur widerwärtiger erscheint als die entsprechende Schicht drüben bei uns.

16.

Auf den Seen zwischen Berlin und Magdeburg laufen Kinder Schlittschuh: die meisten bewegen sich nur am Rande der Eisflächen, viele fahren auch mit Schlitten – aber einige kreisen einsam mitten in den großen, schönen Flächen – und wo keine Seen sind, sehe ich lange Reihen von eislaufenden Kindern auf den zugefrorenen Drainagekanälen. Die einzelnen russischen Soldaten, die da und dort auf einem Bahnsteig herumstehen, kommen mir sehr verlassen vor.

Aber auf einem kleinen Bahnhof sehe ich an diesem Samstagnachmittag junge Leute Steine klopfen und Schutt fahren. Ihre Munterkeit kommt mir unecht vor – unecht gegen die schwermütige Einsamkeit der Eisläufer, die langsam und ruhig ihre Kreise ziehen inmitten dieser wunderbar glatten Flächen, die von bräunlichem Schilf umrahmt sind. Unecht sind sie, diese etwas zu munteren Aufräumer, die mich an den offiziösen Optimismus der Kunstausstellung erinnern.

17.

Wieder ist es dunkel, als wir Marienborn verlassen, und bevor der Zug in diesen Wald fährt, sehe ich in einem der letzten Häuser Männer in einem kahlen, hellerleuchteten Zimmer sitzen. Sie sitzen dort stumm und ernst und blicken in die andere Ecke des Zimmers, die ich erst sehen kann, als der Zug weitergefahren ist: dort steht jemand vor einer roten Fahne und einem Stalinbild – und redet. Ich sehe nur seine fuchtelnden Arme, seine Mundbewegungen, zu hören ist nichts – und das gibt dieser stummen Versammlung etwas Gespenstisches.

Die Frau mir gegenüber in Begleitung eines sehr schlecht aussehenden Kindes beginnt mir mit leiser Stimme zu erzählen, daß sie von Leipzig kommt, nach Karlsruhe fährt, wo ihr Töchterchen an der Speiseröhre operiert werden soll. Ein Leipziger Kassenarzt hat sie nach Karlsruhe überwiesen. Als ich sie frage, wie sie an Westgeld kommt, erzählt sie mir, daß man ihr drüben 600 Mark Ost gegen 600 Mark West getauscht hat. Sie erzählt mir leise, mit einer angenehmen Stimme weiter, während das Kind an sie gelehnt schläft. Ich ziehe meine Tabaksdose heraus und reiße das erste Päckchen Zigarettenpapier auf. Da steht es auf der Innenseite des Deckels:

Sei auch Du ein aktiver Friedenskämpfer!

Die Aufforderung als solche ist nicht schlecht, wenn mir auch dieser Jargon recht unsympathisch ist – und ich lächele wieder, lächele wieder naiv und westdeutsch, so wie man über Parolen lächeln kann, deren Bannkreis man entzogen ist.

Ein Wort für Carson McCullers

Über »Das Herz ist ein einsamer Jäger« und »Das Mädchen Frankie«

Schwierig genug ist es, sich mit den Launen des Publikums und der Kritiker zurechtzufinden, wenn man bedenkt, daß zwei Romane von Carson McCullers schon seit drei Jahren in Deutschland greifbar sind und doch die Verfasserin nur einem kleinen Kreis bekannt wurde: freilich ist sie weder so eindeutig romantisch wie Truman Capote noch so eindeutig naturalistisch wie Mailer, und nicht einmal das Adjektiv realistisch würde ihre Eigenart kennzeichnen: es herrscht ein merkwürdig stiller und doch harter Zauber in ihrem Werk, der Stimmung vergleichbar, wie wir sie aus Sartres *Les jeux sont faits* kennen, jene winzige und doch so wesentliche Distanz, ein grauer, dünner Schleier, der mich zögernd nur das Wort Wirklichkeit anwenden läßt; die Nebelschicht vor einem melancholischen Auge. Über die überraschende Sicherheit des Stils, des Aufbaus, der Komposition ließe sich vieles sagen – über die meisterhafte Sicherheit, mit der die Zweiundzwanzigjährige ihren ersten Roman: *Das Herz ist ein einsamer Jäger* schrieb – wie sie die ganze komplizierte Trigonometrie eines dreizehnjährigen Mädchenherzens ohne lange Abhandlungen klar macht, indem sie erzählt, wie Mick an die Wände eines Hauses schreibt: »Edison-Dick Tracy-Mussolini-Motsart-« und dann ein häßliches Slangwort für das weibliche Genital; wie sich an ihrem Werk erweist, daß die hohe Meisterschaft des Erzählens in der Vollendung der Gestalten besteht, nicht in ungeheuren Ereignissen, sondern an denen, mit und an denen sich etwas ereignet; was, ist fast gleichgültig: nichts Besonderes: die zwölfjährige Frankie, ihr sechsjähriger Vetter John Henry West, die Negerköchin Berenice Sadie Brown: eine Mahlzeit in der Küche, Erzählungen der Köchin und das Ereignis, das bevorsteht: eine Hochzeit; die Hochzeit irgendeines amerikanischen Soldaten mit irgendeinem amerikanischen Mädchen: die Kneipe »zum Blauen Mond«, ein Drehorgelmann mit seinem Affen: ein betrunkener, sehr rothaariger Soldat aus Arkansas und die Gefängnisinsassen hinter einem Gitter; Berenices Großmutter, die weissagen kann: die ganze brüchige und alltägliche Welt einer amerikanischen Kleinstadt: und darin das kleine

Mädchen Frankie, mit seinem für die Hochzeit gekauften Organdiekleid und silbernen Schuhen, im Bewußtsein einer ungeheuren, echt erlittenen und ausweglosen Isolation. Harte und heikle Dinge werden erzählt und geschehen: das zwölfjährige, für sein Alter sehr groß gewachsene Mädchen wird im »Blauen Mond« mit jenem Typ verwechselt, der sich dort einfindet, wo Soldaten ihre melancholischen Urlaube verbringen: Bier, Tanz, Musikautomaten – und dazwischen ein einsames Kind in seinem Organdiekleid, das aus seiner Isolation heraus möchte und sich eingeredet hat, die Flitterwochen mit seinem Bruder und der Schwägerin zu verbringen auf Reisen . . . phantastischen Reisen, mit einer ungeheuren Sehnsucht nach Schnee . . . Dagegen die dunkle und doch freundliche Weisheit der Negerköchin, die vier Ehen erlebte und die fünfte einzugehen gedenkt, wissend, daß keine so sein wird wie ihre erste mit Ludie Freeman, dem Maurer – in der dunkel werdenden Küche dahingemurmelt der ganze Zauber, das ganze Elend, die Kleinheit und ungeheure Größe des menschlichen Lebens, aus dem Mund der Berenice Sadie Brown, die alles zwischen Geburt und Tod kennt, durch Frankies Spintisieren beunruhigt ihr rät, sich einen Flirt zu suchen, woraufhin dem sechsjährigen John Henry erklärt werden muß, was Flirts sind: kein einziger Ton, keine Silbe wird hier platt, nicht das winzige Detail, oder mit dem naturalistischen Holzhammer erzählt, und ebensowenig wird an den Dingen vorbeigeredet: die härtesten und heikelsten sind da: ein paar Tupfer, zwei Silben eines Dialogs, der einfach stimmt – und da ist die ganze Wirklichkeit der Carson McCullers, eine originale Wirklichkeit, ein Platz auf der Peripherie unzähliger schriftstellerischer Möglichkeiten, der McCullers heißt und die Verfasserin als eine echte Schriftstellerin ausweist.

Glück und Glas

Über Erhard Wittek, »Dort hinter dem gläsernen Berge«

Weit hinter dem Eisernen Vorhang, der aus Luft ist, muß man den Ort Lekno suchen, in den Erhard Witteks Kindheitsbuch hineinführt: genau im Zentrum des Dreiecks Schneidemühl – Posen – Thorn, in eine Landschaft also, die immer von der Gefahr und vom Reiz der Grenze bestimmt war und nun weit hinter die Grenze geschoben ist. Mit erstaunlicher Präzision, Intensität und Sicherheit in der Wiedergabe kindlicher Stimmungen beschreibt Wittek das Leben eines Drei- bis Sechsjährigen in einer behüteten Welt, deren Brüchigkeit zwar nur angedeutet, aber spürbar wird: Spielzeug und Tiere, Blumen und die Gestalt der Mutter beherrschen diese Welt, die Wittek aus den Scherben seiner Erinnerung zusammengesetzt haben mag, und sie gewinnen eine zauberhafte Wirklichkeit, die sie wie hinter einem Berg aus Glas sich abspielen läßt: etwas Beklemmendes geht von ihnen aus, zugleich Rührendes, und die Wände des gläsernen Berges, hinter dem sie sich abspielen, sind so dünn, daß man weiß: sie werden zerbrechen. Es ist die Welt der Fußbank (der Ritsche), die Welt des Drei- bis Sechsjährigen, der genau beobachtet, so genau, wie es sich ein Erwachsener wünschen möchte. Es sind die Beobachtungen eines Kindes, irgendeines, aber eben eines Kindes, das später als Erwachsener in der Lage sein wird, diese Welt zu rekonstruieren – Drachensteigen, Fischfangen, erste Liebe, Schule, die mehr oder weniger ernsten Kämpfe halbwüchsiger Deutscher mit halbwüchsigen Polen –, das ganze hauchdünne Glück des Kindes wird sichtbar und das hauchdünne Unglück. Unsere Kinder spielen auf Trümmern, nicht an ländlichen Flußläufen, in Gebüschen, nicht mit Tieren und Gräsern, wir haben keinen Platz für Schaukelpferde – aber ich habe an diesem Buch begreifen gelernt, daß auch unsere Kinder hinter einem gläsernen Berg spielen, einem gläsernen Berg, den sie gegen die Erwachsenen zu verteidigen versuchen.
Aber wenn mitten in dieser kindlichen und im Ton der Kinder erzählten Geschichte dann plötzlich ein Satz auftaucht wie dieser: »Heute wirft man so gerne den Deutschen übersteigertes Nationalgefühl vor und doch ist ihr Mangel an ruhiger nationaler Würde ihr Fehler. Von der nationalistischen Glut, die jedem Po-

len innewohnt und zuzeiten schrecklich nach außen schlägt als Folge des nationalen Traumes, von dieser Glut hat der Deutsche nichts, denn der von studienrätlichen Gehirnen gefütterte Hochmut, der unsere Halbgebildeten erfüllt, ist unserem Volke, ganz besonders seinen einfachen Angehörigen fremd.« Wenn solche Sätze auftauchen, begreift man, daß es Wittek um mehr geht als um einen bloßen Bericht von seiner Kindheit. Er, der ja nicht nur Erhard Wittek heißt, sondern auch Fritz Steuben sich nannte und von nationalistischer Glut wohl etwas gewußt hat, schreibt den für den Schriftsteller wie für den Flüchtling Wittek erstaunlichen Satz: »Hinter meines Vaters Haus floß gemächlich die Welna, wie sie heute noch fließt. Wenn wenigstens der kleine Uadschu seine Enkelkinder an ihren Ufern spielen sieht, soll es genug sein.«
Dieser Satz dürfte Wittek weder literarisch bei seinen »alten Kameraden« beliebt machen noch politisch ihm Freunde gewinnen, um so mehr muß man die Aufrichtigkeit bewundern, mit der er niedergeschrieben wurde.

Sie lachen

Ich habe einen wunderbaren Trickfilm gesehen: den Titel weiß ich nicht mehr, er spielte im Orient, und es war was mit einem als Schönheitstänzerin drapierten Kätzchen, nach dem der als Pascha drapierte Kater seine begehrlichen Trickfilm-Gummiarme ausstrecke; aber nun geschah das Aufregende: die Piraten kamen, sie kamen durch die Luft auf fliegenden Teppichen, kreisten ein paar Mal um das Katerschloß herum, beugten sich über den Rand der Teppiche und blickten voller Geilheit auf das tanzende Kätzchen. Und dann schossen sie! Die fliegenden Teppiche – das zeigte sich jetzt – lagen nämlich auf Rohren, die nichts anderes waren als Maschinengewehre und kleine Bordkanonen, und nun schossen diese lustigen Trickfilmjabos aus sechs oder sieben Rohren, und es klang genau so, wie wir alle es noch im Ohr haben. Ganz genau so. Und dann warfen die Piraten Bomben, so eine Art explosiver Stinktöpfe, die erhebliche Unruhe im Schloß des Märchenkaters verursachten. Man nahm volle Dekkung. Und die Zuschauer lachten! Es sei zu ihrer (anonymen) Ehre gesagt, daß sie nicht alle lachten, aber es lachten viele, und das Lachen klang gespenstisch für die Bewohner einer Stadt, die fast völlig ausgebombt ist. Die Zuschauer lachten, obwohl die Geräusche des Films genau dieselben waren wie die, die sie in tausend Nächten in ihren Kellern gehört haben.
Lachen ist so gesund, aber ich zweifle an der Gesundheit der Zuschauer.

Bekenntnis zur Trümmerliteratur

Die ersten schriftstellerischen Versuche unserer Generation nach 1945 hat man als Trümmerliteratur bezeichnet, man hat sie damit abzutun versucht. Wir haben uns gegen diese Bezeichnung nicht gewehrt, weil sie zu Recht bestand: tatsächlich, die Menschen, von denen wir schrieben, lebten in Trümmern, sie kamen aus dem Kriege, Männer und Frauen in gleichem Maße verletzt, auch Kinder. Und sie waren scharfäugig: sie sahen. Sie lebten keineswegs in völligem Frieden, ihre Umgebung, ihr Befinden, nichts an ihnen und um sie herum war idyllisch, und wir als Schreibende fühlten uns ihnen so nahe, daß wir uns mit ihnen identifizierten. Mit Schwarzhändlern und den Opfern der Schwarzhändler, mit Flüchtlingen und allen denen, die auf andere Weise heimatlos geworden waren, vor allem natürlich mit der Generation, der wir angehörten und die sich zu einem großen Teil in einer merk- und denkwürdigen Situation befand: sie kehrte heim. Es war die Heimkehr aus einem Krieg, an dessen Ende kaum noch jemand hatte glauben können.

Wir schrieben also vom Krieg, von der Heimkehr und dem, was wir im Krieg gesehen hatten und bei der Heimkehr vorfanden: von Trümmern; das ergab drei Schlagwörter, die der jungen Literatur angehängt wurden: Kriegs-, Heimkehrer- und Trümmerliteratur.

Die Bezeichnungen als solche sind berechtigt: es war Krieg gewesen, sechs Jahre lang, wir kehrten heim aus diesem Krieg, wir fanden Trümmer und schrieben darüber. Merkwürdig, fast verdächtig war nur der vorwurfsvolle, fast gekränkte Ton, mit dem man sich dieser Bezeichnung bediente: man schien uns zwar nicht verantwortlich zu machen dafür, daß Krieg gewesen, daß alles in Trümmern lag, nur nahm man uns offenbar übel, daß wir es gesehen hatten und sahen, aber wir hatten keine Binde vor den Augen und sahen es: ein gutes Auge gehört zum Handwerkszeug des Schriftstellers.

Die Zeitgenossen in die Idylle zu entführen würde uns allzu grausam erscheinen, das Erwachen daraus wäre schrecklich, oder sollen wir wirklich Blindekuh miteinander spielen?

Als die Französische Revolution ausbrach, brach sie für den größten Teil des französischen Adels mit der Plötzlichkeit eines

Gewitters aus; die Überraschung war ebensogroß wie das Entsetzen: man hatte nichts geahnt. Ein ganzes Jahrhundert fast hatte man in idyllischer Abgeschiedenheit verbracht; die Damen als Schäferinnen, die Herren als Schäfer verkleidet, war man in einer künstlichen Ländlichkeit einhergegangen, hatte gesungen, gespielt, sich Schäferstündchen gegeben – innerlich verfault von Verderbnis wie von einer fressenden Krankheit – mimte man nach außen die ländliche Frische und Unschuld und – man spielte Blindekuh miteinander. Diese Mode, deren süßliche Verderbtheit uns heute Erbrechen verursacht, war durch eine Literatur ins Leben gerufen und am Leben erhalten worden: durch Schäferromane, Schäferspiele. Die Schriftsteller, die sich schuldig daran machten, hatten tapfer Blindekuh gespielt.
Aber das französische Volk beantwortete dieses idyllische Spiel mit einer Revolution, deren Wirkungen, obwohl sie mehr als einhundertfünfzig Jahre zurückliegt, wir heute noch spüren, deren Freiheiten wir heute noch genießen, ohne uns ständig der Ursache bewußt zu sein.
Aber zu Anfang des 19. Jahrhunderts lebte in London ein junger Mann, der kein erfreuliches Leben hinter sich hatte: sein Vater hatte Bankrott gemacht, war ins Schuldgefängnis geraten, und der junge Mann selbst hatte in einer Fabrik für Schuhwichse gearbeitet, ehe er seine vernachlässigte Schulbildung aufholen und Reporter werden konnte. Bald schrieb er Romane, und in diesen Romanen schrieb er über das, was seine Augen gesehen hatten: seine Augen hatten in die Gefängnisse, in die Armenhäuser, in die englischen Schulen hineingesehen, und was der junge Mann gesehen hatte, war wenig erfreulich, aber er schrieb darüber und das Merkwürdige war: seine Bücher wurden gelesen, sie wurden von sehr vielen Menschen gelesen und der junge Mann hatte einen Erfolg, wie er selten einem Schriftsteller beschieden ist: die Gefängnisse wurden reformiert, die Armenhäuser und Schulen einer gründlichen Betrachtung gewürdigt und: sie änderten sich.
Allerdings: dieser junge Mann hieß Charles Dickens, und er hatte sehr gute Augen, die Augen eines Menschen, die normalerweise nicht ganz trocken, aber auch nicht naß sind, sondern ein wenig feucht – und das lateinische Wort für Feuchtigkeit ist: Humor. Charles Dickens hatte sehr gute Augen und Humor. Und seine Augen hatten so gut gesehen, daß er es sich leisten

konnte, Dinge zu beschreiben, die sein Auge nicht gesehen hatte – er nahm keine Lupe, wandte auch nicht den Trick an, ein umgekehrtes Fernglas zu nehmen, wodurch er die Dinge sehr präzise, aber sehr entfernt sah, er hatte auch keine Binde vor den Augen, und wenn er auch Humor genug hatte, hin und wieder mit seinen Kindern Blindekuh zu spielen – er lebte nicht im Blindekuhzustand. Das letztere scheint das zu sein, was man vom modernen Autor verlangt, Blindekuh nicht als Spiel, sondern als Zustand. Aber ich wiederhole: ein gutes Auge gehört zum Handwerkszeug des Schriftstellers, ein Auge, gut genug, ihn auch Dinge sehen zu lassen, die in seinem optischen Bereich noch nicht aufgetaucht sind.

Nehmen wir an, das Auge des Schriftstellers sieht in einen Keller hinein: dort steht ein Mann an einem Tisch, der Teig knetet, ein Mann mit mehlbestaubtem Gesicht: der Bäcker. Er sieht ihn dort stehen, wie Homer ihn gesehen hat, wie er Balzacs und Dickens' Augen nicht entgangen ist – den Mann, der unser Brot backt, so alt wie die Welt, und seine Zukunft reicht bis ans Ende der Welt. Aber dieser Mann dort unten im Keller raucht Zigaretten, er geht ins Kino, sein Sohn ist in Rußland gefallen, dreitausend Kilometer weit liegt er begraben am Rande eines Dorfes; aber das Grab ist eingeebnet, kein Kreuz steht darauf, Traktoren ersetzen den Pflug, der diese Erde sonst gepflügt hat. Das alles gehört zu dem bleichen und sehr stillen Mann dort unten im Keller, der unser Brot backt – dieser Schmerz gehört zu ihm, wie auch manche Freude dazugehört.

Und hinter den verstaubten Scheiben einer kleinen Fabrik sieht das Auge des Schriftstellers eine kleine Arbeiterin, die an einer Maschine steht und Knöpfe ausstanzt, Knöpfe, ohne die unsere Kleider keine Kleider mehr wären, sondern lose an uns herunterhängende Stoffetzen, die uns weder schmücken noch wärmen würden: diese kleine Arbeiterin schminkt sich die Lippen, wenn sie Feierabend hat, auch sie geht ins Kino, raucht Zigaretten; sie geht mit einem jungen Mann spazieren, der Autos repariert oder die Straßenbahn fährt. Und es gehört zu diesem jungen Mädchen, daß ihre Mutter irgendwo unter einem Trümmerhaufen begraben liegt: unter einem Berg schmutziger Steinbrocken, die mit Mörtel gemengt sind, unten tief irgendwo liegt die Mutter des Mädchens, und ihr Grab ist ebensowenig mit einem Kreuz geschmückt wie das Grab des Bäckersohnes. Nur hin und wieder

– einmal im Jahr – geht das junge Mädchen hin und legt Blumen auf diesen schmutzigen Trümmerhaufen, unter dem seine Mutter begraben liegt.
Diese beiden, der Bäcker und das Mädchen, gehören unserer Zeit an, sie hängen in der Zeit, Jahreszahlen sind um sie geschlungen wie ein Netz; sie aus dem Netz zu lösen hieße, ihnen ihr Leben zu nehmen, aber der Schriftsteller braucht Leben, und wer anders könnte diesen beiden ihr Leben erhalten als die Trümmerliteratur? Der Blindekuh-Schriftsteller sieht nach innen, er baut sich eine Welt zurecht. Zu Anfang des 20. Jahrhunderts lebte in einem süddeutschen Gefängnis ein junger Mann, der ein sehr dickes Buch schrieb; der junge Mann war kein Schriftsteller, er wurde auch nie einer, aber er schrieb ein sehr dickes Buch, das den Schutz der Unlesbarkeit genoß, aber in vielen Millionen Exemplaren verkauft wurde: es konkurrierte mit der Bibel! Es war das Buch eines Mannes, dessen Augen nichts gesehen hatten, der in seinem Innern nichts anderes hatte als Haß und Qual, Ekel und manch Widerwärtiges noch – er schrieb ein Buch, und wir brauchen nur die Augen aufzuschlagen: wohin wir blicken, sehen wir die Zerstörungen, die auf das Konto dieses Menschen gehen, der sich Adolf Hitler nannte und keine Augen gehabt hatte, um zu sehen: seine Bilder waren schief, sein Stil war unerträglich – er hatte die Welt nicht mit dem Auge eines Menschen gesehen, sondern in der Verzerrung, die sein Inneres sich davon gebildet hatte.
Wer Augen hat zu sehen, der sehe! Und in unserer schönen Muttersprache hat Sehen eine Bedeutung, die nicht mit optischen Kategorien allein zu erschöpfen ist: wer Augen hat, zu sehen, für den werden die Dinge durchsichtig – und es müßte ihm möglich werden, sie zu durchschauen, und man kann versuchen, sie mittels der Sprache zu durchschauen, in sie hineinzusehen. Das Auge des Schriftstellers sollte menschlich und unbestechlich sein: man braucht nicht gerade Blindekuh zu spielen, es gibt rosarote, blaue, schwarze Brillen – sie färben die Wirklichkeit jeweils so, wie man sie gerade braucht. Rosarot wird gut bezahlt, es ist meistens sehr beliebt – und der Möglichkeiten zur Bestechung gibt es viele –, aber auch Schwarz ist hin und wieder beliebt, und wenn es gerade beliebt ist, wird auch Schwarz gut bezahlt. Aber wir wollen es so sehen, wie es ist, mit einem menschlichen Auge, das normalerweise nicht ganz trocken und nicht

ganz naß ist, sondern feucht – und wir wollen daran erinnern, daß das lateinische Wort für Feuchtigkeit Humor ist –, ohne zu vergessen, daß unsere Augen auch trocken werden können oder naß; daß es Dinge gibt, bei denen kein Anlaß für Humor besteht.
Unsere Augen sehen täglich viel: sie sehen den Bäcker, der unser Brot backt, sehen das Mädchen in der Fabrik – und unsere Augen erinnern sich der Friedhöfe; und unsere Augen sehen Trümmer: die Städte sind zerstört, die Städte sind Friedhöfe, und um sie herum sehen unsere Augen Gebäude entstehen, die uns an Kulissen erinnern, Gebäude, in denen keine Menschen wohnen, sondern Menschen verwaltet werden, verwaltet als Versicherte, als Staatsbürger, Bürger einer Stadt, als solche, die Geld einzahlen oder Geld entleihen – es gibt unzählige Gründe, um derentwillen ein Mensch verwaltet werden kann.
Es ist unsere Aufgabe, daran zu erinnern, daß der Mensch nicht nur existiert, um verwaltet zu werden – und daß die Zerstörungen in unserer Welt nicht nur äußerer Art sind und nicht so geringfügiger Natur, daß man sich anmaßen kann, sie in wenigen Jahren zu heilen.
Der Name Homer ist der gesamten abendländischen Bildungswelt unverdächtig: Homer ist der Stammvater europäischer Epik, aber Homer erzählt vom Trojanischen Krieg, von der Zerstörung Trojas und von der Heimkehr des Odysseus – Kriegs-, Trümmer- und Heimkehrerliteratur –, wir haben keinen Grund, uns dieser Bezeichnung zu schämen.

Das Ende der Moral

Über Graham Greene, »Der Ausgangspunkt«

Greene stellt seinem Buch ein Motto von Léon Bloy voran: »Im Herzen des Menschen gibt es Winkel, die zunächst nicht bestehen, und in diese dringt das Leid ein, auf daß sie Bestand haben mögen« – und gegen Ende des Romans läßt Greene einen katholischen Priester sagen: »Wir können keine Sünde begehen, die nicht schon vor uns irgendeiner der Heiligen begangen hat.« Die Geschichte der Sarah Miles, von ihrem Liebhaber, dem Schriftsteller Bendrix, erzählt, ist vielfach ineinandergeschachtelt, die ungeheuren Spannungen zeitlich vor- und zurückgreifend ineinander verwickelt, und man muß die zahlreichen Klammern lösen, um den Inhalt kurz wiederzugeben: Sarah ist eine haltlose Frau, wechselt ständig ihre Liebhaber und lebt in einer sanften Anständigkeit mit ihrem Mann Henry zusammen, der nichts ahnt; ein perfekter Gentleman, der das Wort Ehebruch nicht einmal zu denken scheint. Kurz vor Ausbruch des Krieges lernt Sarah aber Bendrix kennen, der sich ihr zunächst nähert, um Einzelheiten aus der Lebensweise eines Beamten zu erfahren (Henry ist höherer Beamter), die er für einen Roman braucht. Die beiden vollziehen ihren wilden Bund noch am gleichen Nachmittag in einem Stundenhotel (sie hatten kein Kleingeld, um den Heizautomat in Gang zu setzen), und über der Leidenschaft zu Sarah vergißt Bendrix das billige Anliegen seines zu schreibenden Romans. Ihre Liebschaft zieht sich bis ins Jahr 1944 hin, ohne daß Sarahs Mann Verdacht schöpft. In einer Nacht während des V1-Beschusses verläßt Bendrix, der mit Sarah zusammen ist, das Bett, wird vom Luftdruck eines explodierenden Geschosses erfaßt, hinter die Haustür geschleudert und bleibt leblos liegen. Sarah folgt ihm kurz darauf, beunruhigt über die Explosion, sieht seine steife Hand unter der Tür herausragen und geht auf ihr Zimmer zurück, um zu beten. Sie, die »vom Beten genauso wenig hielt wie ihre Eltern, die sie nie dazu angehalten haben«, sie betet: »Lieber Gott, mach mich glauben. Ich kann nicht glauben. Mach mich glauben. Ich sagte schon, daß ich ein Luder bin, ein falsches Frauenzimmer, und ich hasse mich deshalb. Aus eigener Kraft kann ich nichts tun. Darum mach Du mich glauben. Gib, daß er lebt, und ich will glauben . . .« »Bedächtig« (so schreibt sie in ihrem Tagebuch) »fuhr ich fort: Ich werde ihn für alle Zeiten aufgeben. Nur gib, daß er noch lebt, daß er noch eine Chance hat. Die Menschen können lieben, ohne einander zu sehen. Sie lieben Dich ihr ganzes Leben lang, ohne Dich zu sehen.«

Als Bendrix kurz darauf ins Zimmer tritt, sieht er auf ihrem Gesicht nur den Ausdruck des Schreckens über seine Wiederkunft. Sarah bricht jedenfalls mit ihm, hält ihr Gelübde, und Bendrix, der keinerlei religiöse Bindungen kennt und nicht den geringsten Grund hat, bei Sarah welche zu vermuten, ist fest überzeugt, daß sie einen neuen Liebhaber hat und gehofft hatte, durch seinen Tod von ihm befreit zu sein. Zwei Jahre lang ist er von Eifersucht besessen, Eifersucht auf einen unbekannten Menschen. Aber seltsamerweise wird auch ihr Mann, der keines von Sarahs Verhältnissen bisher auch nur registriert hat, auch Henry Miles wird nun mißtrauisch, und das Maß seiner Erschütterung zeigt sich, indem er etwas tut, was kein Gentleman tun soll: Er vertraut Bendrix seinen Kummer an, bereut es allerdings im gleichen Augenblick und ist empört, als Bendrix vorschlägt, Sarah beobachten zu lassen. Aber worüber Miles so empört ist, das macht Bendrix wenig aus, er ist kein Gentleman, er ist ein eifersüchtiger Liebhaber und übergibt die Angelegenheit einem Detektivbüro. Doch der Detektiv spürt nichts Handgreifliches auf: einige Kirchenbesuche, Zusammenkünfte mit Richard Smythe, einem Hydepark-Fanatiker, der durch ein Feuermal im Gesicht entstellt ist und von dessen Harmlosigkeit sich Bendrix selbst überzeugt. Alles bleibt unklar, bis Bendrix sich Sarahs Tagebuch stehlen läßt, aus dem hervorgeht, daß ihr neuer Liebhaber Gott ist. In ihrem Tagebuch findet sich das ganze Ausmaß ihres Zweifels an Gott, dem sie dennoch ihr Versprechen hält. Sie sehnt sich nach der »alltäglichen, verderbten Liebe der Menschen«. Sie schreibt: »Belegte Brote möchte ich mit ihm«, Bendrix, »essen, in einer Bar möchte ich mit ihm trinken, Maurice will ich haben. Lieber Gott, Du weißt, ich habe den festen Vorsatz, Deinen Schmerz zu erleiden, aber jetzt will ich ihn nicht erdulden; nimm ihn eine kurze Weile von mir und bürde ihn mir ein andermal auf.« Aber sie schreibt auch: »Der Schmerz gehört zu Dir, wie das Glück niemals zu Dir gehört«, und aus ihrem Tagebuch spricht die unendliche protestantische Verachtung des Leibes an vielen Stellen, von denen eine lautet: »Wenn *ich* eine Lehre erfinden sollte, dann würde sie besagen, daß der Leib nie wieder neugeboren wird, daß er vielmehr mit dem toten Ungeziefer des vergangenen Herbstes verrottet.« Ihre Versuche, einen neuen Liebhaber zu finden (ihr Gelübde verpflichtet sie ja nur, auf Bendrix zu verzichten), scheitern. »Es ging nicht«, schreibt sie, »es hilft nichts. Wird es nie mehr gehen?« – »Aber es geht nicht, es geht nicht mehr. Ich kann Dich nicht kränken, wenn ich selbst kein Vergnügen daraus ziehe.«

Nein, es ging nicht mehr, nichts half ihr, sie war »vom Glauben befallen, wie von einer Krankheit«, erlebte alle die bitteren Zweifel des Gläubigen, bis sich in ihrem Tagebuch Sätze finden wie: »Ich glaube, daß Du geboren wurdest. Ich glaube, daß Du für uns starbst. Ich glaube, daß Du Gott bist. Lehr mich lieben. Mein Schmerz bedrückt mich nicht – ihr Schmerz ist es, den ich nicht ertragen kann. Wenn ich so leiden könnte wie Du, würde ich auch so heilen können wie Du.« So schleppt sie sich in maßlosem Elend dahin, von Husten gequält, ohne Liebhaber, hin und wieder eine Kirche betretend, wo die »abscheulichen Gipsstatuen mit ihren selbstzufriedenen Gesichtern« sie erschrecken, und als sie entschlossen ist, ihr Gelübde zu brechen, weil sie sich nach dieser »alltäglichen, verderbten Liebe« der Menschen so sehr sehnt, betet sie: »Hindere mich daran, wenn Du kannst«, und Gott hindert sie, indem er die Realität ihrer scheinbar so hinfälligen Ehe mit Henry wirksam werden läßt. Sie verspricht ihrem Gatten, »ihn niemals zu verlassen«, zerreißt den Abschiedsbrief und gibt dem Koffer, der schon gepackt war, einen Fußtritt, daß er unters Bett rutscht. Und kurz darauf stirbt sie an den Folgen ihrer verschleppten Erkältung.

Und nach dem Tode dieser Frau, die nicht einmal das Vaterunser auswendig kannte, niemals eins der Sakramente außer der Taufe empfangen hat (oder sollte ihre »Ehe« sakramental gewesen sein?), die hin und wieder in einer häßlichen Kirche betet und – wie sich nach ihrem Tod herausstellt – einige Zusammenkünfte mit einem Priester gehabt hat, nach dem Tode dieser Frau ereignen sich Wunder. Mr. Smythes Feuermal verschwindet, nachdem er nachts seine Wange auf ein Haarbüschel von Sarah gelegt hat; des Privatdetektivs immerfort Eis essender Junge, der an einer fieberhaften Magenerkrankung leidet, wird plötzlich geheilt, weil er eins von Sarahs Kinderbüchern im Bett sah; Sarah erscheint ihm sogar. Und Bendrix selbst, als er einem ihm lästigen und wahrscheinlich folgenschweren Zusammensein mit einer ihn anschwärmenden Kollegin entgegensieht, Bendrix selbst schickt einen Stoßseufzer zu Sarah, der sofort erhört wird: Sarahs Mutter tritt auf und erlöst ihn von seiner Verpflichtung.

Aber das alles ist nur der Inhalt, der eine ungeheuere Provokation bedeutet: Provokation an die Christenheit, die sich noch nicht entschieden hat, ob sie sich moralisch restaurieren wird – oder ob sie ihre wankende moralische Position als ernsthaft erschüttert hinnehmen wird. Greenes *The End of the Affair* bedeutet praktisch das Ende der Moral, zumindest das Ende der Moralisten – und damit auch eine Herausforderung an seinen antichristlichen Gegenspieler Sartre, dessen Romane an ihrem latenten Moralismus kranken.

Das Unglaubliche an Greenes Buch ist, daß es bei der Ungeheuerlichkeit seines Themas formal nur geringe Brüche aufweist: So wirkt Sarahs Mutter, die als Figur überzeugt, in ihrer Funktion fast schwächend, da sie den Beweis zu erbringen hat, daß Sarah irgendwann einmal katholisch getauft worden ist, und vorher war schon von dem Priester in den Strom dieser realistischen Prosa das Wort »Begierdetaufe« geworfen worden, explosiv genug, um im Bewußtsein des Lesers als Mine hochzugehen, sobald seine Selbstsicherheit berührt wird. Alle Gestalten sind echt Greenesch, von jenem Greene, der *Die Kraft und die Herrlichkeit* und *Das Herz aller Dinge* geschrieben hat, und sie sind überzeugend: Henry Miles, der Gentleman, Gentleman genug, um Sarah zuliebe dem christlichen Begräbnis zuzustimmen; und dieser bedeutsamerweise unsympathische, ewig gehetzt erscheinende Bendrix, der das christliche Begräbnis hintertreibt und Sarahs Verbrennung durchsetzt: Parkis, der Privatdedektiv, stets von seinem Eis essenden zwölfjährigen Sohn begleitet, der in das Geheimnis der Beobachtung ehebrechender besserer Leute eingeweiht zu werden begehrt, und Smythe, der Hydepark-Redner mit dem Feuermal, bitter und arm, mit einem Haß auf Gott beladen (diesem Haß, der Sarah als einer der Beweise für Gottes Existenz erscheint), und alle Gestalten dieses Buches lieben Sarah, diese fast unsichtbare Gestalt, die nur in zwei, drei Sätzen beschrieben wird – mit einer sanften Handbewegung berührte sie die Menschen an Kopf oder Schultern –, eine stets gegenwärtige, unsagbar bezaubernde Gestalt, die durch das ganze Buch geht und deren Charme am eindringlichsten und ergreifendsten aus den Eintragungen in ihren Kinderbüchern und den damit verbundenen Erinnerungen sichtbar wird. Alle lieben sie, sogar der Detektiv, der behauptete, daß man eine solche Frau eigentlich nicht beobachten dürfe, und trotz der beruflichen Niederlage triumphiert, weil er ihr keinen Ehebruch nachweisen kann. Sarahs Moral besteht darin, daß sie nach dem Gelübde einfach nicht mehr sündigen kann, weil sie glaubt, und ihre geringe Glaubenssicherheit wirkt eher hemmend als fördernd für die Sünde (ein starkes Argument gegen die Selbstsicherheit vieler Christen). Man muß es lesen, wie Sarah sich Bendrix auf dem Fußboden ihrer Wohnung hingibt, während ihr Gatte, der oben krank lag, die Treppe herunterkommt; dieselbe Sarah, nach deren Tod sich Wunder ereignen; man muß es lesen, um zu wissen, zwischen welchen weit voneinander entfernten Polen sich die Spannung dieses Romans erstreckt.

Gott sucht die Sünder

Über Henri Queffélec, »Gott braucht die Menschen«

Es wäre einer besonderen Abhandlung wert, festzustellen, was man mit *filmischen Mitteln* aus einem Buch machen kann: negativ und positiv. Da notwendigerweise Photographie und Regie das ersetzen, was den eigentlichen Autor ausmacht: den Stil, bleibt die Verfilmung immer zweifelhaft, und es fragt sich, ob es fair ist, mit einem Film für ein Buch oder einem Buch für einen Film zu werben. Niemals wird es möglich sein, den Idealfall zu schaffen, daß jemand von Buch und Film gleichermaßen beeindruckt ist: positiv oder negativ. Wenn aber das Buch mit einem Umschlagbild in den Handel kommt, der dem Film entnommen ist, beweist es fast schon, daß es dem Film unterlegen ist. Was aus dem Film eindeutig hervorging: *daß die Menschen Gott brauchen,* und Gott besonders die Sünder sucht und in jedem Menschen der Priester verborgen ist – das verliert im Buch nie den leisen Geruch der bauernschlauen Sippen-Simonie, ein wenig Kirchturmpolitik betreibend.
Der bescheidene Titel des französischen Originals beweist, daß der Verfasser nicht mehr wollte als eine saubere, manchmal etwas langatmige Schilderung dieser speziellen harten, etwas bokkigen Frömmigkeit eines bretonischen Fischer- und Strandräuberdorfes. Und die Schilderung endet ja dann doch ziemlich happy – nach einigen theologisch unklaren Handlungen des Helden –, denn Thomas wird nach manchen Widerständen doch zum Priester geweiht – während – merkwürdige, fast witzige Umkehrung des Üblichen – der Film kein happy end hat und theologisch klar bleibt. Queffélec nennt seinen Roman: *un Recteur de l'Ile de Seine* – ein anspruchsloser Titel für ein Werk, das mehr Anspruch verdient, aber nicht soviel wie in dem Titel beansprucht wird, der dem Film gerecht wird, dem Buch aber nicht zukommt: *Gott braucht die Menschen.*

Heißes Eisen in lauwarmer Hand

Über Erich Maria Remarque, »Der Funke Leben«

Es ist betrüblich, wenn ein politisch begrüßenswertes Buch sich literarisch als teilweise angreifbar erweist. Zweifellos gehört Mut dazu, einen KZ-Roman zu schreiben, mehr noch, ihn zu verlegen. Wir sind so empfindlich geworden: wir wissen zwar, daß es KZs gegeben hat (nicht einmal die Gegenseite streitet es mehr ab); wir wissen, daß 6 093 000 Menschen ermordet worden sind, Juden; es gibt legitime und legitimierte Berichte darüber, Eugen Kogons *SS-Staat*, Goldsteins *Die Sterne sind Zeugen* (Europäische Verlagsanstalt Hamburg), und es gibt Herseys Roman *Der Wall* (Diana-Verlag, Stuttgart). Die Nüchternheit der Berichte ist erschreckend und eindringlich, fast könnte man sagen eindringlich genug, denn zu einem Roman über dieses Thema gehörte die Größe Dantes und die konsequente Bitternis Swifts – oder die Menschlichkeit eines Mannes wie Hersey, der im *Wall* die Geschichte des Warschauer Gettos, den dokumentarischen Stoff, einen unmenschlichen, wirklich menschlich vollendet. Wo er von Unmenschlichkeiten spricht, spricht er menschlich darüber. Erich Maria Remarque aber (*Der Funke Leben*, Kiepenheuer und Witsch, Köln) scheint geglaubt zu haben, er müsse als Erzähler über große Strecken den Jargon der SS annehmen, um über die Greueltaten der SS zu schreiben. »Sie düngten die Kartoffeln eines frommen Bauern in Westlage« und »er blühte als Primelbusch im Garten des Kommandanten«, und es wird berichtet, wie gut diesem Kommandanten der Spargel schmeckt, der mit Menschenasche gedüngt war: »Der Papiersack enthielt die Asche von sechzig Personen, darunter zwölf Kindern.« Da weiß ich nicht mehr, ob sich nicht der spezielle Nazi-Materialismus des Erzählenden bemächtigt hat. Über Unmenschlichkeiten unmenschlich schreiben – das ist keinesfalls der richtige Weg.

Wir wissen auch, daß es Kleinbürger waren, die diese so blutige und kalte Revolution vollzogen, eine Revolution, die keine war, weil diese Kleinbürger legale Rückendeckung brauchten: der Mord mußte erst Gesetz und Pflicht werden; aber es ist ein Irrtum anzunehmen, diese Kleinbürger wären undämonisch gewesen: der neue, der sentimentale Dämon, der bürokratische, war hier am Werk, ein echter Dämon, fast ungreifbar, aber wirklich. Dieser Dämonie könnte man schriftstellerisch nur mit Unterbetonung beikommen, und es befriedigt nicht, wenn Remarque den KZ-Kommandanten, einen ehemaligen kleinen Postbeamten, *nur* Kleinbürger, seine Frau blond und fett, mit einem Morgenrock aus lachsfarbener, ausgerechnet französischer Seide bekleidet sein läßt. Und die geistige Position, von der Remarque ausgeht, wird fragwürdig, wenn er seinen Helden, den Gefangenen 509, der den Mut zum Widerstand findet, sagen läßt: »Es ist eine verdammte Romanphrase, daß Geist nicht zu brechen sei.« Dieser Gefangene 509 ist nämlich eine der überzeugenden Gestalten des Buches, und gerade ihr, die beweist, daß Geist wirklich nicht zu brechen ist, legt Remarque diesen Schlüsselsatz in den Mund.

Ob die Psychologie des Hungers schon geschrieben ist, weiß ich nicht, aber es scheint mir einfach unwahr, daß ein seit Jahren hungernder Mensch sich nach Spiegeleiern mit Speck sehnt. Spiegeleier mit Speck, das ist etwas für jemand mit scharfem Appetit nach drei- bis viertägigem Fasten, etwas für Jäger, Sportler – aber der vom Hunger völlig Ausgehöhlte, dessen Begehr geht nach Süßigkeiten, wie das endlose, sinnlose, fast tödliche Geschwätz in den Gefangenenlagern bewiesen hat, und es ist einfach peinlich, wenn Remarque in einem so wesentlichen Punkt danebenhaut.

Das Leben im Zentrum des Infernos entzieht sich gewiß dem Urteil dessen, der in einem der äußeren Kreise gelebt hat, aber die Härte, mit der die geheime Lagerorganisation über die »Muselmänner« hinweggeht, bleibt *schrecklich* – denn auch Muselmänner sind Menschen – und der Gestalter des KZ-Stoffes kann sich keinesfalls einfach auf die Seite der Helden gegen die »Muselmänner« stellen; mag sein, daß sie die Späne sind, die fallen müssen, wenn gehobelt wird – aber ein Schriftsteller ist kein Hobler, schon eher einer, der Späne sammelt; denn der Abfall ist oft interessanter als das glatte Meisterwerk, bei dem er angefallen ist.

Remarques Buch *Der Funke Leben* wird immerhin eine Funktion erfüllen, eine wichtige, politisch gerade im richtigen Augenblick: es wird die ermüdete Aufmerksamkeit auf einen Stoff lenken, der der Gestaltung noch wartet, denn Herseys Buch allein füllt die Lücke nicht aus. Es ist die Geschichte eines Kamp-

fes (episch also auch leichter zu gestalten) – während die Hölle der KZs dumpf und schrecklich, endlos und ungewiß, diese gewaltige Bürokratie des Todes, möglicherweise von einem vergessenen Muselmann gestaltet werden wird.
In einem sehr überzeugenden Kapitel schildert Remarque, wie Juden aus einem Durchgangstransport an die Baracken der Lagerinsassen kratzen, leise um Einlaß flehend um »ihrer Mütter willen«; den Juden in ihrer Verzweiflung erscheinen diese häßlichen, dünnen Wände, die nur Elend bergen, wie »Archen« in der großen Flut: hier fallen Realität und Symbol zusammen, und vielleicht könnte der große Roman unserer Zeit, der KZ, Krieg und Nachkrieg umfaßt, »Die Baracke« heißen.

Der Wüstenfuchs in der Falle

Da strömen sie nun hin, die Deutschen, um ihre empfindliche Ehre (die gegen Judenmord, KZ, Deportation so unempfindlich war, die sie ansonsten aber leicht befleckt glauben) chemisch gereinigt auf der Leinwand wiederzufinden. Kein Zweifel: die alliierte Fleckwasserperiode hat begonnen, und gewiß nicht zufällig taucht dieser Film über die drei letzten Lebensjahre Erwin Rommels gerade jetzt auf. Dem Besuch der Kollektivschuld folgt nun der Bogen der Verzeihung, und Erwin Rommel eignet sich vorzüglich für einen Film über jenen Typ, der sehr gefragt ist: persönlich integer, führergläubig, frischfröhlicher Draufgänger, so recht eine Art Sonny Boy, der sich gut als Titelphoto für Illustrierte eignete, strahlend und aufrichtig, soviel Kredit bei Hitler genießend, daß er El Alamein nicht zum zweiten Stalingrad werden ließ. Und konsequent gerät Rommel in die Sackgasse seiner Naivität, die ihn annehmen ließ, ein Generalfeldmarschall Hitlers habe mit Politik nichts zu tun. Noch 1944 bedurfte er eines Beweises, daß Hitler ein Verbrecher war – ein bißchen viel Naivität. Und in der Auseinandersetzung mit Dr. Ströhlin fällt das Wort »und die Juden« (was soviel bedeutet wie 6 093 000 Morde). Immerhin, eingesehene Irrtümer sind keine mehr, und Rommel geht die Sackgasse bis ans Ende, läßt sich den öffentlichen Prozeß als Hochverräter gegen die Sicherheit seiner Frau und seines Sohnes aushandeln, und da wird die Sache etwas merkwürdig: in Afrika fielen Tausende für Hitlers Krieg, für Hitlers Sieg, Väter wie Rommel, Ehemänner wie Rommel, sie starben unter dem Feldzeichen, das Rommels Brust mindestens siebenfach zierte und nachher auch auf der Anklagebank zu lesen war: unter dem Hakenkreuz; Erwin Rommel aber nahm das Gift, das die Nazis ihm überreichten, und sprang am Ende der Sackgasse über die Mauer, hinter die keiner mehr blicken kann.

Da spricht Herr von Rundstedt etwas verspätet vom »böhmischen Gefreiten« (von dem er sich zum Generalfeldmarschall machen ließ), gibt zu, daß er eine Puppe ist, mit einer Generalfeldmarschallsuniform behängt, ist sich aber offenbar nicht der Schuld bewußt, die darin liegt, sich zur Puppe machen zu lassen. Denn Puppe zu sein, gereicht dem Mannequin, das seinen bitteren Reis damit verdient, zur Ehre, ziert aber nicht den Herrn Generalfeldmarschall. Der ganze Film übermittelt den Eindruck, daß Generäle und Generalstäbler von Humanität triefen; ihr einziges Sinnen und Trachten scheint es zu sein, Menschenleben zu retten, aber noch in der hoffnungslosen Lage bei El Alamein macht Rommel strategische Experimente, bei denen er zu lernen hofft – und was ein strategisches Experiment an Menschenleben kostet, mag ein Generalstäbler ausrechnen. Fragt sich nur, warum die Generäle nicht Vorsitzende von Lebensrettungsgesellschaften geworden sind, da die Bürde der Humanität gar so schwer ihre Schultern drückt.

Daß man Hitler durch einen fünftklassigen Komiker darstellen läßt, führt zu einer schrecklichen Offenbarung: im Kino wird gelacht, wenn er auftritt: da wird es wirklich gruselig, wenn die Deutschen zu lachen beginnen, sobald sie die hakenkreuztragende Ratte des Untergangs sehen. Aber – da bisher noch niemals irgendein Zweifel an der persönlichen Integrität Rommels geäußert worden ist, fragt man sich vergeblich, warum soviel Persil auf eine Wäsche verwandt wird, von der man weiß, daß sie sauber ist.

Da strömen sie also hin, die Deutschen, von merkwürdiger Spannung erfüllt, fast munter – aber sie verlassen das Kino seltsam still, ein wenig erschüttert, denn der Film über Erwin Rommels Leben hat kein Happy-End. Rommel hatte die Wahl zwischen Strang und Gift, er, der Liebling des Führers, der Sonny Boy, der anständige deutsche General – er hatte keine andere Wahl als den Tod, und zum Schluß legt sich *James Masons* Wange auf die Wange *Jessica Tandys,* und er sagt etwas, was in der einfachen menschlichen Wirklichkeit verständlich und echt sein kann, im Film aber peinlich wirkt, er sagt: »Sei stark«, und fährt zwischen seinen beiden Henkern weg, zwei Generälen, die das Vokabularium jener Unterwelt, der Erwin Rommel auf den Leim gegangen war, genau beherrschen.

Seltsam genug, daß in einem Film über das Leben eines Marschalls kein toter Soldat zu sehen ist, nicht einmal ein Friedhof – wo man ansonsten doch in Hollywood in diesem Punkt nicht empfindlich ist: die Toten aber, die man in diesem Film nicht sieht – sie werden weder lebendig durch diesen Film, noch erscheint ihr Tod gerechtfertigt. Mögen sie willig oder widerwillig in den Tod gegangen sein unter dem Oberbefehl Rommels: gleichgültig weht der Wind der Wüste über ihre Gräber.

Ein religiöser Film

Im *Polizeirevier* 21 von New York tauchen sie auf, die Gesichter der Stadt: kleine Diebe, große Diebe, Bestohlene, Biedermänner, Verbrecher und Hysteriker. Es geht zu wie in einem kleinen Warenhaus: Telefongeklingel, Schreibmaschinengeklapper, Fingerabdrücke werden genommen, Akten herausgesucht, und in einem Hinterzimmer rasiert sich der Chef: Figuren, alle von einer solch zauberhaften Wirklichkeit, daß sie in diesem grauen, häßlich möblierten Raum, in dem der ganze Film spielt, wie in einer Unwirklichkeit umherzuschwimmen scheinen. Da gibt es die sanften Polizisten, die groben und die großartige hemdsärmelige amerikanische Konventionslosigkeit, und es gibt einen Detektiv Mc Leod, der aus einem ganz bestimmten Grund zur Polizei gegangen ist, weil er das Böse haßt mit einer engelhaften Inbrunst – ein Mann mit grobem Gesicht – und es gibt die schöne Raubtierkatze Charlie, von einer erschreckenden Zartheit, schleichend, hysterisch schreiend. Aber im Zentrum dieses grauen Films spielt sich Mc Leods persönliche Tragödie ab: sein Kampf gegen den Abtreibungsspezialisten Shandler, ein hoffnungsloser Kampf, da Mc Leods Zeugen sich im letzten Augenblick bestechen lassen oder sterben, und der tragische Kreislauf vollendet sich, wenn Mc Leod die Ohnmacht des Gesetzes gegen das Böse spüren muß und in die Sackgasse des Fanatikers gerät – denn die Ebene des menschlichen Kampfes gegen das Böse ist nicht die des Engels, sondern die des Heiligen, und wer versucht, heilig zu sein, wird nie fanatisch. Und für Mc Leod, der sich Kinder wünscht, ist es der tödliche Schlag, zu erfahren, daß seine Frau unfruchtbar wurde, weil sie sich vor Jahren einem Eingriff dieses Shandler unterzog. Da schließt sich der tödliche Kontakt, und das Geschoß Charlies ist für Mc Leod wirklich eine Erlösung von diesem Leben, von der Last seines Gehirns – und im Tode begreift er, was ihm gefehlt hat: die Liebe, und er beginnt zu beten: Ich bekenne, daß ich viel gesündigt habe . . .

Kein einziges Wort in dem meisterhaft synchronisierten Film, den die Stimme René Deltgens erfüllt, erinnert an die übliche Kategorie des »religiösen« Films à la *Nachtwache,* nirgendwo der Zeigefinger unechter Belehrung oder der Holzhammer des »mit aller Gewalt religiösen« Films: hier sprechen die Gesichter, hier erfüllt sich das Schicksal eines Menschen, der gegen das Böse auf der Ebene des Polizisten zu kämpfen versucht und dem Bösen unterliegt, weil ihm die Liebe fehlt.

Jenseits der Literatur

Über deutsche Ausgaben Léon Bloys

Es ist erstaunlich, schon verdächtig, daß Léon Bloy fünfunddreißig Jahre nach seinem Tode in Deutschland kein verlegerisches Risiko mehr zu sein scheint, zu einer Zeit, da die Verleger beständig unter der Last ihrer Risiken stöhnen. Léon Bloy scheint modern zu sein, vielleicht gar Mode zu werden; jedenfalls ist der Widerspruch, den sein Werk auslöst, so gering, daß man Bedenken äußern könnte angesichts der Popularität dieses Geistes, den man offenbar gnadenlos der Literatur auszuliefern gedenkt.

Der Schmerz, das maßlose Elend des *Undankbaren Bettlers* scheinen auf der Straße zu liegen, vielleicht genießt man sie wie eine Pikanterie, macht posthum ein Wort Bloys an ihm selbst wahr, das Wort nämlich, daß der Arme die einzige Speise sei. Tatsächlich hat Bloys Werk Züge, die – auf eine unheimliche Weise mißverstanden – pikant wirken und das Unmenschliche in den Zeitgenossen ansprechen könnten. Bloy als Trostlektüre für Stoiker mit heroischem Einschlag, für Epikuräer mit gnostischen Ambitionen, welch eine Vorstellung.

Nach diesem Kriege sind wir mit Memoiren und Journalen überschwemmt worden, das Tagebuch ist als legitime Literaturform begrüßt worden. In dieser Atmosphäre nur scheinbar bekenntnishafter Aufzeichnungen und geschickt arrangierter Intimität wird das Salz der Bloyschen Sprache sich wie in einer Flut lauwarmen Wassers auflösen, und seine Tagebücher – ohne biographisches Vorwort – werden nur noch interessant bleiben.

Bloy aber existiert wirklich in diesen Tagebüchern, während der moderne Bekenner sich raffiniert in den seinen verbirgt oder eitel darin herumposiert. Fünfundzwanzig Jahre lang hat Bloy wirklich nur in seinen Tagebüchern gelebt.

Beginnend mit dem *Undankbaren Bettler* (1892–1895) über das (unübersetzte) *Mon Journal, Vier Jahre Gefangenschaft in Cochons sur Marne* (1900–1904) bis ins Jahr 1917 geht dieses elende Tagebuch – Leben des ewig Zahlungsunfähigen, der wenige Wochen vor seinem Tode seine Notizen mit der Eintragung über eine Geldsendung schließt, am 20. Oktober 1917: »Nachmittags Anweisung über 50 Francs von Lamoure. Jeanne antwortet ihm.« So endet das Leben dieses permanent Armen, der ständig die Wohnung wechselnd, bettelnd und Bettelbriefe schreibend durch Paris zog, seine Existenz in Gott und in der Armut. Immer von unerbittlichem Stolz seinen Gegnern gegenüber. Aber seinem Freund Raoux schreibt der siebzigjährige Bloy im November 1915: ». . . ich bin übrigens fest überzeugt, mein Leben schlecht genutzt zu haben. Ich tröste mich mit dem Gedanken, Bücher geschrieben zu haben, die einigen Menschen nützlich sind.«

In den Briefen an seine Braut hat er seine spätere Frau vor diesem Leben gewarnt »Du mußt stark sein, sehr stark, du mußt so weit kommen, daß du unter Gerede, unter den blödesten Vorurteilen, nicht einmal unter Verleumdungen mehr leidest. Die Frau, die einen Ausgestoßenen wie mich liebt, darf sich auf keinerlei Schonung gefaßt machen.« Und er bekennt von sich »Oft habe ich mich gegen Gott empört, öfter noch habe ich seine Gaben an mich vergessen. Und es gibt Handlungen in meinem Leben, die mich mit Entsetzen erfüllen . . . beschmutzt, verdorben, zertrampelt und verwüstet durch ein fürchterliches Leben, das mit den Leidenschaften der Hölle angefüllt war.« Wer solches über sich selbst schreibt, braucht sich nicht zu fürchten vor den Anekdoten boshafter Gegner, die später die einzigen Versuche darstellen werden, den brüllenden Löwen zum Schweigen zu bringen. Diese Briefe des 43jährigen Bloy an die junge dänische Protestantin offenbaren ein Zartgefühl, eine so tiefe Schwermut und zugleich eine so außerordentliche stilistische Größe, daß man begreifen lernt, wie sehr Bloy unter dem Totschweigen seiner Zeitgenossen gelitten haben muß.

Aber Schreiben, die Kunst überhaupt, ist nicht die höchste der vielen Ebenen, auf der sich Leid vollzogen hat. Er leidet als Gatte, als Vater, als Freund, als Künstler, aber nichts von diesem Leid zählte für ihn, wenn er es nicht als Christ erlitt. Und Christ zu sein, bedeutete für ihn, arm zu sein. Als Christ leiden: überflüssig zu sagen, daß Christsein die Armut einschließt. Die Fieberkurve beständiger Armut bestimmt sein Leben, er erfährt sie, erleidet sie in solcher Intensität und Permanenz, daß er berechtigt war, die schönsten und schrecklichsten Bücher über die Armut zu schreiben. In *Die Armut und die Gier* greift er souverän einen Kolportage-Stoff heraus, aber diese Kolportage-Figuren halten grandiose Monologe, wilde Predigten, und in den erzählenden Teilen stellt Bloy seine großen Themen dar: die Armut und die geschlechtliche Liebe. Bloy, der große Liebhaber, der die *Briefe an seine Braut* und die *Briefe an Veronika* geschrieben hat, weiß über die Liebe fast soviel zu sagen, wie er als großer Armer über die Armut zu sagen weiß. Der große Brüller, der Pamphletist, der sein grandioses Vokabularium aus der Gosse zu nehmen schien, wird von einer bezaubernden Sanftmut, ohne an Kühnheit zu verlieren, wenn er von der geschlechtlichen Liebe spricht.

Sein eigentliches Thema, das große, zentrale seines Lebens und seines Werkes ist die Armut. Als der kleinen, aber stetig wachsenden Bloy-Gemeinde in Deutschland, die Karl Pflegers Aufsätze, seine Übersetzungen der Brautbriefe kannte; als dieser Bloy-Gemeinde 1936 *Das Blut des Armen* geboten wurde, war es ein religiöses und literarisches Ereignis ersten Ranges. Erstaunen, Abwehr und Begeisterung rief dieses Buch hervor, Erstaunen auch die Tatsache, daß es im Deutschland des Jahres 1936 überhaupt zu kaufen war (erschienen war es bei Anton Pustet in Salzburg). Aber bald nach Erscheinen wurde das Buch verboten, weil das Kapitel »Der Schutzherr des Heiligen Grabes«, dem Andenken des jüdischen Arbeiters und Dichters Morris Rosenfeld gewidmet, ein einziger Hymnus auf die Armut, auf die Verlassenheit, auf den Schmerz des jüdischen Volkes war. Nach dem Verbot ging das Buch von Hand zu Hand, die Bloy-Gemeinde in Deutschland wuchs, und es war die große Überraschung, nach dem Krieg zu erfahren, daß es in der ganzen Welt inzwischen Bloy-Gemeinden gab.

In dem Band *Das Heil und die Armut* ist nun das *Blut des Armen* neu aufgelegt worden, erweitert um ein Bekenntnis Georges Bernanos' zu Bloy, um einen Bericht Raissa Maritains, der zugleich eine Würdigung des Bloyschen Werkes ist. Raissa Maritain ist mit ihrem Gatten Jacques Bloy seine letzten zwölf Lebensjahre Patenkind und Freundin gewesen, und ihre, einer Jüdin Stimme ist wichtig in diesem Buch, nicht nur, weil sie Bloy persönlich gekannt hat, von ihm zu erzählen weiß; wichtig ist ihre Stimme, weil in diesem Band auch *Das Heil durch die Juden* zum ersten Male in deutscher Fassung erscheint. Wildester Haß und zärtlichste Liebe streiten sich in dieser Schrift, und Bloy prophezeit – im Jahre 1892! – dem jüdischen Volk mit tödlicher Sicherheit so unermeßliches Leid, daß man glauben kann, er habe geahnt, welcher ungeheuerliche Pogrom sich in Europa vorbereitete, ein Pogrom, der mehr als sechs Millionen Juden das Leben kosten sollte. Lesend nach diesem Pogrom, was lange vor ihm geschrieben worden ist, erschrecken wir, aber es ist vielleicht gut, daß die deutschen Leser auch den fürchterlichen Bloy kennenlernen, den Hasser, der 70jährig, ein Jahr vor seinem Tode, Weihnachten 1916, seinem Freund das Eintreffen einer Gans aus der Bretagne bestätigt, und schreibt, daß seine Genugtuung größer wäre, wenn er »die vollkommene Sicherheit hätte, daß in dem Augenblick, wo wir Weihnachten halten, ganz Deutschland fast verhungerte. Um diesen Preis würde ich selbst sehr gern einverstanden sein, vor Entbehrung zu sterben. Die Verzweiflung dieses niederträchtigen Volkes ist meine einzige irdische Hoffnung. Das ist das ungeheure Bedürfnis meiner Seele, mein einziger Traum, Tag und Nacht, dem gilt die Flamme meines Gebetes. In diesem Sinne bin ich wirklich ein Mensch guten Willens.«

Das ist fürchterlich, geschrieben von einem Manne, der täglich, soweit es seine Gesundheit erlaubte, noch zur Heiligen Messe ging – ebenso fürchterlich wie das, was er im *Heil durch die Juden* über die Juden schreibt, aber ich zitiere diese Sätze als Bewunderer und Verehrer Bloys, Bewunderer und Verehrer trotz der Notiz von Weihnachten 1916, die zu einer Zeit gemacht wurde, als meine Mutter, eine Deutsche, darum betete, ihre fünf Kinder sättigen zu können. Für die Deutschen kannte Bloy nur Haß, einen Haß, der ebenso religiöser Ursache war wie sein Haß auf die Juden, für die er außerdem eine große und tiefe Zärtlichkeit empfand.

Spürt man das Schwanken Bloys zwischen Haß und Liebe im *Heil durch die Juden,* so spürt man auch, wie sicher, wie stark und ruhig seine Sprache wird, wenn er auf das zentrale Thema seines Lebens kommt: auf die Armut. Die Neuauflage dieses Buches in *Das Heil und die Armut* wird für alle, die Bloy kennen, eine große Freude sein. Diese neunzehn Kapitel, neunzehn Variationen über das Thema Armut, gehören zum Schönsten, was je über die Armut geschrieben worden ist, und sie sind geschrieben von einem Katholiken. Schon im Jahre 1889 hatte Bloy seiner Braut geschrieben »In meinem Buch über das Geld, das ich eines Tages schreiben werde, wird es ein Kapitel geben, welches heißt: Die Würde des Geldes.« Aber erst zwanzig Jahre später, mehr als sechzigjährig, schrieb er dieses Buch im Jahre 1909.

In zahlreichen Versuchen sind die Kirchen um eine Lösung dessen bemüht, was sie die »soziale Frage« zu nennen übereingekommen sind, aber diese offiziellen Versuche einer Lösung zeichnen sich dadurch aus, daß sie weder die Besitzenden noch die Besitzlosen zu erschrecken sich bemühen. Bloy aber wußte es, wußte, was niemand dem Armen zugestehen will, obwohl es bekannt sein müßte: arm sein ist schrecklich, ist schrecklich in dieser Gesellschaft, die sich im 19. und 20. Jahrhundert gebildet hat. Arm sein ist fürchterlich, weil es in dieser Gesellschaft keinen Platz mehr für die Armen gibt, sie keinen Rang mehr genießen, sie, denen der erste Rang zukommt. Wenn arm sein und Christ sein in dieser Gesellschaft schrecklich ist, so gibt es noch etwas Schrecklicheres: reich sein und sich Christ zu nennen. Angesichts der stets sich vervielfältigenden Zahl der Armen, die die moderne Gesellschaft in Kriegen und Krisen geradezu produziert, indem sie ihnen gleichzeitig ein besseres Leben verspricht, müßte Bloys Stimme immer bedeutungsvoller werden, und angesichts der munter sich restaurierenden Gesellschaft besitzender und besitzverteidigender Christen ist die Lektüre Léon Bloys ein großer Trost; er beschönigt nichts, wo nichts zu beschönigen ist. »Wenn die modernen Reichen«, so schreibt er im Vorwort zum *Blut des Armen,* »doch wirklich erklärte Heiden, Götzendiener wären! Dann wäre nichts dazu zu sagen. Ihre erste Pflicht wäre es offenbar, die Schwachen umzubringen, und die der Schwachen ihrerseits, die Reichen ins Jenseits zu befördern, wenn sich dazu Gelegenheit bieten sollte. Aber sie wollen trotzdem Katholiken sein. Sie wollen ihre Götzen noch in den anbetungswürdigen Wunden verbergen.«

Es leuchtet ein, daß niemandes Freund sein konnte, wer solches schrieb zu einer Zeit, wo ein katholisches Besitzbürgertum einer sich massierenden sozialistischen Bewegung gegenüberstand, deren Ziel die Revolution war: zwischen diesen beiden Mühlsteinen war Bloy isoliert; er bestritt den einen ihr Recht auf Besitz, den anderen das Recht auf Revolutionen, weil für ihn die Armut nicht nur ein gottgewollter, sondern der Zustand Gottes war; für ihn war die Armut nicht nur eine mögliche, sondern die einzige Würde des Menschen. Freilich gehörte ungeheurer Mut dazu, das damals zu sagen, und Bloy hat bezahlt, hat bezahlt, grausam und permanent totgeschwiegen sein Elend auskostend.

Wie sinnlos fade wirkt der christliche und sozialistische Optimismus, wenn man liest, was dieser permanent Arme über die Armut schreibt. Sie alle – die Christen und die Marxisten – versprechen den Armen ein »besseres Leben«, aber Bloy wußte es: es gibt kein besseres Leben als das, was wir haben, und in dem wir versuchen sollten, Brüder zu sein, aber die ungeheure Trennung zwischen den besitzenden und den besitzlosen christlichen Brüdern war vollzogen für ihn, der für die Armen keinen Platz mehr in der Gesellschaft sah.
Und wie flau wirkt der Antiklerikalismus der Ungläubigen gegen das, was ein so glühender Katholik wie Bloy über die Priester geschrieben hat. Freilich der Antiklerikalismus der Ungläubigen mußte ja flau werden, weil sie eingesehen haben, wie unschädlich die weltlichen Priester sind – für die Welt. Bloy aber schreibt für Gläubige, und in einem Brief, den er am 18. 9. 99 an den Maler de Groux aus Dänemark schrieb, steht der Satz: »Haben Sie nicht seit langem begriffen, daß die katholischen Schurken nur gerichtet werden können durch einen Katholiken meiner Art. Um sie zu richten, so wie es nötig ist, muß man unbedingt vorher über Zola das Kotzen bekommen haben – das werden Sie später verstehen.« Irgendwo in seinen Tagebüchern steht der lakonische Satz: »Der Herr Pfarrer von B. erweckt unser Interesse. Er sieht tatsächlich so aus, als glaube er an Gott.« Ein ganzes Kapitel im *Blut des Armen* ist den »weltlichen Priestern« gewidmet. »Wenn Sie Millionär sind«, läßt er einen Priester sagen, »so haben Sie ein Depositum zu verwalten, das die göttliche Weisheit Ihnen anvertraut hat. Sie müssen es für Ihre Kinder unversehrt erhalten, es durch geschickte Spekulationen, die der Himmel zu segnen nicht unterlassen wird, möglichst hoch verzinsen, wenn Sie sich sorgfältig hüten vor den unbesonnenen Begeisterungen einer falsch verstandenen Nächstenliebe. Wir werden Sie übrigens recht gerne beraten, da wir ja mehrere Register auf unserer Orgel haben.«
Bloy ist immer derselbe, in allen seinen Büchern: er lebte seine großen Themen, glaubte sie und schrieb sie. Ihm war es vorbehalten, die Abgründe der Gemeinplätze zu entdecken, dieses ebenso großartige wie erschreckende Vokabularium des Bürgers, des Mittelmäßigen, das inzwischen – in den 60 Jahren, seitdem Bloy darüber geschrieben hat – das Vokabularium der Presse und der Staatsmänner geworden. »Armut ist keine Schan-

de«, und »Geschäft ist Geschäft«, von dem Bloy schreibt, daß er der Nabel der Gemeinplätze sei. Das Losungswort des Jahrhunderts: »Das Geld arbeiten lassen« – »sich die Hände waschen wie Pilatus« – und wie sie alle heißen mögen, die Platitüden des Alltags, die gefährlichen abgeschliffenen Worte, die uns, indem wir uns ihrer bedienen, demaskieren; deren man sich zu bedienen pflegt, um sich Nachdenken zu ersparen: Bloy durchbricht diese großartigen und schrecklichen Worte wie Papierkulissen, hinter denen er das blutige Gerümpel des Unmenschen entdeckt.

Jede Bloy-Veröffentlichung, jede Übersetzung ist ein Verdienst, weil Bloy einer der wenigen ist, die uns behüten können vor dem marxistischen Irrtum, der uns manchmal verlocken mag, wenn wir zusehen müssen, wie sich eine Gesellschaft christlicher Millionäre munter ihres Besitzes freut, während die Armen Gott verlassen.

Für alle, die kein Geld haben, sich einen Überblick über das gesamte Werk Bloys zu verschaffen, hat Helene Kuhlmann, ein ausgezeichnetes Bloy-Lesebuch übersetzt und ausgewählt, ausgewählt auch aus den unübersetzten Büchern, Tagebüchern und Pamphleten.

Wer aber Bloy als literarische Novität begrüßt, ihn einfach hin- oder bloß interessant nimmt, ihn in eine bestimmte Abteilung des Bücherschranks einordnet, der würde sich in die Lage eines Menschen begeben, der ein hochexplosives Pulver irrtümlich als Zucker vernascht.

Denn diese Zeit ist bitterschwer . . .

Über Gabriele Tergit, »Effingers«,
Inge Scholl, »Die weiße Rose«
und Erich Maria Remarque, »Der Funke Leben«

Im erzählerischen Fluß des umfangreichen Buches von Gabriele Tergit schleppen sich vier Generationen der Effingers, Oppners, Goldschmidts durch das Deutschland der Jahre 1880 bis 1942: es beginnt mit einem Brief des 17jährigen Lehrlings Paul Effinger und schließt mit einem Abschiedsbrief des 80jährigen, der in ein Vernichtungslager deportiert wird. Und in der Zeit dazwischen hat man gelernt, Geschäfte gemacht, Fabriken gegründet, sich gut verheiratet, hat Aufstiege erlebt, Niederlagen, den Rausch der Gründerjahre, den Krieg und die Depression. Man hat versucht, den alten, biederen Kaufmannsgeist gegen die neue Zeit zu verteidigen, so wie jede alte Generation sich gegen die neue verteidigt – vergeblich. Man ist normal gewesen, dekadent, wieder normal. Wenn nicht immer wieder betont würde, wie der alte Matthias Effinger dort unten in Kragsheim, in einer biederen Ecke Deutschlands, im liturgischen Rhythmus des Jahres, zum Passahfest betet: »Was unterscheidet diese Nacht von allen anderen Nächten . . .«, wie er das Bittere, das Süße zum Mahle bereitet, und wenn nicht im Laufe der Jahrzehnte stärker werdend, in den Gesprächen der »anderen« betont würde, daß diese Effingers, Oppners, Goldschmidts Juden sind, wir würden es nicht merken. Sie sind weder Heroen noch Verbrecher, Menschen wie wir alle und dennoch: Juden, und das große, immer breiter werdende, tüchtige und kluge Geschlecht, das reich geworden ist, als Deutschland reich wurde, arm wird, immer ärmer, als Deutschland arm und ärmer wird, gerät in die tödliche Mechanerie des Antisemitismus, der, die Isolierung immer mehr forcierend, schließlich mitten im Kriege – 1942 – endgültig zupackt und mit allen technischen Mitteln den größten Pogrom der Weltgeschichte vollzieht. Man sieht die wachsamen jungen Juden aussteigen aus diesem Waggon, der Deutschland heißt, sieht sie auswandern, aber die alten, liberalen, diese so patriotischen preußischen Juden bleiben im Lande, obwohl man ihnen keine Chance mehr gibt, sich redlich zu nähren. Und diese Juden, die weder Heroen noch Verbrecher sind, sondern Menschen, ernsthafte und leichtsinnige – sie besteigen 1942 die Güterzüge, die sie in die Vernichtung tragen. Dieser breit erzählte, im zeitgenössischen Kolorit sehr genaue Roman, ist für uns, die wir ihn heute lesen, mit einer schrecklichen Spannung erfüllt, weil wir ja wissen, wie es enden wird, das Leben dieser Liberalen, der Häuslichen, der Ernsthaften, der Strebsamen, der Koketten, der Künstler – wir sehen sie harmlos und blind ihr Leben dahinleben mit all ihren Schwächen, sozialen Dummheiten, diese Berliner Juden und die süddeutschen in ihrer verschlafenen Kleinstadt, die Klugen und Unklugen. Zwar erschreckte sie die Grobheit des SA-Jargons, das Knallen der Stiefel, es klang bedrohlich, war der Auftakt zur Musik des Untergangs, aber sie ahnten nicht das Ausmaß des Unheils, das ihnen bevorstand. Man lebte doch im 20. Jahrhundert, in einem fortschrittlichen Zeitalter – aber sie alle bestiegen die Züge und fuhren in die Hölle, die Remarques Buch ausführlich schildert.

Von den 735 Seiten des Buches der Gabriele Tergit sind nur die letzten 30 dem Untergang gewidmet, von dem Remarques Buch ausschließlich erzählt. Für Remarque sowohl wie für seinen deutschen Verleger gehörte Mut dazu, dieses Buch zu veröffentlichen: einen KZ-Roman, der nicht die Form des Tagebuchs, nicht die des Berichtes hat, sondern – unter Benutzung entsprechenden Materials – auf einer Erfindung des Autors Remarque beruht, der immerhin in Deutschland Popularität zu verlieren hat. Remarque wählte zum Helden seines Buches den Gefangenen 509, einen namenlosen Journalisten, der, als die amerikanischen Eroberer sich dem Lager zu nähern beginnen, den Mut zum Widerstand findet, und die Stimmung seiner Kameraden stärkt. Aber gerade diesen Gefangenen 509 läßt Remarque sagen: »Es ist eine verdammte Romanphrase, daß Geist nicht zu brechen ist.« Ihm, der eigentlich die Wahrheit des angezweifelten Satzes beweist, legte Remarque diesen Schlüsselsatz in den Mund.

Remarque schildert die Hölle genau, von der alle wußten und keiner, er schildert sie – so könnte man sagen – zu genau, kniet sich stellenweise in den grauenhaften Stoff und verfällt in eine Sprechweise, die dem Jargon der SS ähnlich ist. Um ein KZ zu beschreiben, brauchte man nicht die grausigen Einzelheiten zu sehr zu betonen, diese endlose, ungewisse Hölle, in der die Effingers und Oppners, die Goldschmidts und unzählige andere nichtjüdische Menschen, die den Nazis hinderlich waren, sozialistische und kommunistische, christliche Politiker starben oder ermordet wurden. Diese gewaltige Bürokratie des Todes könnte man mit leiseren Mitteln legitimer darstellen, als Remarque es versucht hat. In einem der überzeugenden Kapitel schildert Remarque, wie Juden aus einem Durchgangstransport an die Baracken der Lagerinsassen kratzen, leise um Einlaß flehend »um ihrer Mütter willen«, Juden, die dann später mit Suppentöpfen, die man vor ihnen herträgt, wieder aus dem Lager gelockt werden müssen. Den Juden in ihrer Verzweiflung erscheinen diese häßlichen dünnen Wände, die nur Elend bergen – wie Archen in der großen Flut. Es gehört nicht viel Phantasie dazu, sich vorzustellen, daß unter diesen Juden möglicherweise Annette Effinger war, die elegante, die schöne, ein wenig törichte Berlinerin, oder ihr Schwager Paul, der bescheiden, fleißig, von sozialem Gerechtigkeitssinn erfüllt, seine Autofabrik zu leiten versucht hatte.

Das Remarque-Buch – bei allen Schwächen, die es hat – wird eine wichtige Funktion erfüllen, politisch gerade im richtigen Augenblick. Es wird die ermüdete Aufmerksamkeit auf einen Stoff lenken, der zuerst im Bausch der Kollektivschuld betont wurde, nun aber im Bogen der Verzeihung offenbar vergessen werden soll. Gabriele Tergits Buch schließt mit dem Jahr 1942, Remarques Roman beginnt 1944, im Jahre 1943 aber geschah in München etwas, das – trotz der Herrschaft der Angst – von Hochschule zu Hochschule weitergeflüstert wurde und manchen mit wirklichem Trost erfüllte, keine hochpolitische Konspiration, sondern eine spontane und konsequent durchgeführte Aktion gegen Hitler, die so rasch und so hart unterdrückt wurde, daß selbst Ahnungslose die Gewalt des totalen Polizeiapparates zu begreifen begannen: Münchener Studenten waren es, die nicht mehr und nicht weniger gesehen hatten als alle, die Augen gehabt hatten, nicht mehr und nicht weniger gehört als alle, die es hören wollten, und die wußten, daß Mord regierte in Deutschland, sinnlos Krieg geführt wurde, Deportation fremder Völker erfolgte, und die den Bann des Schreckens brachen, Flugblätter schrieben, vervielfältigten und verteilten, und so scheinbar kindliche Dinge taten wie an die Häuser, auf die Straßen Münchens zu schreiben: Nieder mit Hitler! Aber man muß sich ins Jahr

1943 zurückzuversetzen versuchen, um zu begreifen, was es bedeutete, damals, in der tiefsten Depression, an einer Wand, auf einer Straße, diesen Satz gelesen zu haben. Es bedeutete wirklich eine Stärkung für alle, die zwar das gleiche dachten, sich aber einsam fühlten. Diese Münchener Studenten hatten das Ziel, die Widerstandskraft der Deutschen zu stärken; sie waren nur wenige, aber sie haben dieses Ziel erreicht und es mit ihrem Leben bezahlt. Ihre Namen: Hans und Sophie Scholl, Christoph Probst, Willi Graf, Kurt Huber und Alexander Schmorell.

Inge Scholl berichtet von ihren Geschwistern und deren Freunden, den einfachen Lebenslauf und die einfache Geschichte dieser Erhebung gegen den Wahnsinn, Geschichte einiger weniger aus einer Generation, die durch Hitlerjugend, Arbeitsdienst, Militär gingen und dennoch nicht blind oder dumpf geworden waren.

Man braucht nur die Gesichter dieser Hingerichteten zu sehen, Gesichter von jungen Menschen, um derentwillen Roland Freisler von Berlin nach München fliegen mußte – damit man sicher sein konnte, daß sie keine Gnade fanden. In dem Buch *Die weiße Rose,* das in jeder Bibliothek stehen sollte, werden die Opfer des Hasses weder heroisiert, noch ihres menschlichen Wertes beraubt, es wird einfach von ihnen berichtet und die Einfachheit des Berichtes sagt genug von ihrer Größe.

Jünger Merkurs

Ich singe mein Lied auf einen unscheinbaren Menschen, der eine Brille trägt, einen selten besungenen Jünger Merkurs, einen plattfüßigen Erzengel: ungerühmt und viel zu schlecht bezahlt ist er, *mein Briefträger.*

Zwar erfahre ich durchs Radio, ob irgendwo ein Erdbeben oder eine Flutkatastrophe ein Land heimgesucht haben, erfahre von Komsomolzen und Korea, von Adenauer und Atombomben, die großen Neuigkeiten werden mir nicht erspart, er aber, die personifizierte Hoffnung, das goldene Posthorn auf dem blauen Rockaufschlag, vieler Balladen würdig, mein plattfüßiger Erzengel mit Brille bringt mir die persönlichen Neuigkeiten! Durch ihn werde ich erfahren, ob Ilse sich mit Günter verheiratet hat, werde wissen, ob Geld auf mein Konto geflossen ist. Irgendwo in Südamerika in einem gottverlassenen Nest klebt jemand eine Briefmarke auf einen gelblichen Umschlag, wirft ihn gleichmütig in einen Kasten, gibt ihn dem Kreislauf anheim – durch viele Hände wird der Brief gehen, in viele Säcke hineingeworfen, aus vielen Säcken herausgenommen, unzählige Hände werden ihn berühren, ehe er in der Ledertasche meines Freundes landet, aus dessen Händen ich ihn empfange . . .

Die Zeitung, die die großen Neuigkeiten bringt, hat wenig Gewicht in seiner Hand, aber die *Briefe,* die er mir lächelnd übergibt, werden schwer, bedeutungsvoll und wichtig. Sie lassen mein Herz heftig schlagen, und noch ehe ich sie öffne, schaue ich ihm nach, wie er durch die Blätter der Allee schlendert, und die Häuser, an denen er vorbeigeht, scheinen mir wie mit einem Fluch geschlagen: traurig liegen sie da im frühen Regen – sie haben keine Post bekommen. Eine junge Frau im Morgenrock verhandelt eben mit dem Milchmädchen, als der Briefträger an ihr vorbeigeht: sie hat die Zeitung in der Hand, wird die großen Neuigkeiten beim Frühstück erfahren – aber das milde Kopfschütteln des Briefträgers bringt Trauer in ihr Gesicht, ich sehe ihrem Nacken an, daß das Frühstück ihr nicht schmecken wird, weil der plattfüßige Erzengel mit Brille an ihr vorbeigehen mußte.

Keine Post zu bekommen – das ist fast ein Fluch, ein Fluch, den wir unmittelbarer empfinden als die Wirkungen der großen politischen Gewitter! Der Engel der kleinen persönlichen Neuigkeiten, die unser Leben bestimmen, ist an unserem Hause vorbeigeschwebt, er ließ uns im Schatten liegen, ließ uns hinter den Gardinen warten, macht uns für Stunden traurig, bis die Hoffnung wieder anfängt, die Hoffnung auf die nächste Postzuteilung, und wir warten hinter den Gardinen, warten auf den unscheinbaren Menschen, der für uns die Hoffnung personifiziert, diesen selten besungenen Jünger Merkurs, der eine Brille trägt und viel zu schlecht bezahlt wird . . .

Einsames Herz

Über Carson McCullers, »Das Herz ist ein einsamer Jäger«

Wenn die 30- bis 40jährigen, die heute in Deutschland zu schreiben beginnen, das Buch dieses zweiundzwanzigjährigen Mädchens zu lesen bekommen (das inzwischen älter geworden ist und andere Bücher geschrieben hat), so müßten sie, wenn nicht gerade schamrot, so doch ein wenig verlegen werden. Mag sein, daß dieses junge Mädchen ein bißchen gelernt hat, bei Steinbeck, bei Faulkner ein wenig – wer lernt nicht? Aber diese gegensätzlichen Einflüsse, deren Möglichkeit ich nur zögernd erwähne, haben nicht zu verhindern vermocht, daß Carson McCullers mit Sicherheit auf ihre eigene Weise die brüchige Welt einer amerikanischen Kleinstadt beschreibt.

Ein Taubstummer, Mr. Singer, ist die zentrale Gestalt. Um ihn sammeln sie sich: zunächst Antonapolous, ein anderer Taubstummer, den Singer offenbar seiner Gegensätzlichkeit zu ihm wegen liebt. Singer ist freundlich, beherrscht zu jedermann, er tut Dinge, erstaunliche: er geht auf einen alten, grauhaarigen Neger zu, der mit seiner Zigarette an der Straße steht und gibt diesem Neger Feuer, ganz von sich aus, nur weil er sieht, daß dieser Neger kein Feuer für seine Zigarette hat. Singer ist eine fast engelhafte Gestalt, die in dieser kleinen Stadt zur Mythe wird – sein Freund Antonapolous aber ist dem Essen zugeneigt, ein dicker, schmieriger, popanzartiger Kerl, der im Irrenhaus landet. Um Singer sammelt sich nun das merkwürdige, aber bezaubernde Quartett: Biff Brannon, ein Cafétier, der die Einsamkeit des menschlichen Herzens spürt, der Doktor Copeland, ein Negerarzt, dem Singer einmal Feuer gab. Copeland versucht verzweifelt gegen die Indolenz seiner Rasse zu kämpfen, für Hygiene, Selbstbewußtsein, und er versucht, die Trinität Christus – Karl Marx – Dr. Copeland herzustellen und verbrennt an diesem Kurzschluß, er, der mitten in der Lektüre aufklärender Bücher so oft vom »düsteren, schreckensvollen Gefühl des Negers« erfaßt wird. Der dritte ist Jake Blount, Säufer, Marxist, hoffnungslos verstrickt in jene Neunzehntelwahrheit von der Ungerechtigkeit der Welt, er ist ein »Wissender«, der vergebens versucht, sein Wissen weiterzugeben. Und die vierte ist die kleine Mick Kelly, eine Dreizehnjährige.

Diese vier versammeln sich bei Singer, ihm erzählen sie alles, der es ihnen vom Munde ablesen muß und in seine stille Welt aufnehmen kann. Er kauft sogar ein Radio für sie alle, und das kleine Mädchen kann dem »Motsart« lauschen, dem Beethoven, die es sonst nur auf den Türschwellen fremder Leute hockend hat erwischen können.

Singer aber fährt hin und wieder zu Antonapolous ins Irrenhaus, hält das Ziel seiner Fahrten geheim wie eine Pilgerschaft zu etwas Widerwärtigem, und er erschießt sich, als er erfährt, daß Antonapolous gestorben ist. Die vier zerstreuen sich wieder: Biff Brannon hockt in seiner Kneipe, von nachts zwölf bis morgens fünf, wartet auf etwas, das die Einsamkeit seines menschlichen Herzens erfüllen könnte. Dr. Copeland gibt seinen Kampf auf, läßt sich von seinen Kindern auf das Gut des Großvaters verfrachten, Jake Blount setzt seine Wanderschaft wieder fort, um sein »Wissen« an den Mann zu bringen, die kleine Mick Kelly aber, neben Singer die bezauberndste Gestalt des Buches, beugt sich der Notwendigkeit, Geld zu verdienen, verkauft Töpfe, Pfannen und Modeschmuck bei Woolworth, und wenn sie Geld hat, kehrt sie bei Biff Brannon ein, um Schokoladeneis zu essen und Bier zu trinken – »beides recht kalt«.

Das andere Amerika

Über Truman Capote, »Die Grasharfe«

Kinder und Erwachsene, die sich die kindliche Vorstellungswelt bis ins hohe Alter erhalten haben, sind die Gestalten dieses Romans, dessen Zauber sich kaum jemand wird entziehen können. Collin Fenwick, der Junge, hat zwei so bezaubernde Freundinnen wie Dolly Talbo und die Negerin Catherine, beide sechzigjährig, und manchmal belauscht er sie: »ein süßes müßiges Summen, in der Art der reizenden Töne, die man von kleinen Mädchen hört, wenn sie allein spielen.« Dollys ganzer Besitz ist »eine leere Honigwabe, ein Hornissennest, eine mit Gewürznelken besteckte Orange und ein Eichelhäher-Ei von vollendetem Blau –« und Catherine hat einmal einen Brief bekommen: »Hallo, Catherine, komm nach Miami und heirate mich. In Liebe Bill.« Sie erfuhr nie, wer der Absender dieses Briefes war, denn sie hatte verschiedene Bills gekannt. Dieses Trio – Collin, Dolly und Catherine – steht in seinem Zauberkreis so überzeugend, daß niemand eindringen kann; ihre einzige »vernünftige Beschäftigung« ist die Herstellung einer Kräutermedizin, zu der Dolly einmal das Rezept von einer Zigeunerin geschenkt bekam. Und wenn sie im Walde sind, beim Kräutersammeln, hören sie sie, die Grasharfe – »die immer eine Geschichte erzählt. Sie weiß die Geschichte aller Leute dort vom Hügel, aller, die jemals gelebt haben, und wenn wir tot sind, wird sie auch die unsere erzählen.« Zwar hat Collin eine Narbe von etwas so gänzlich Realem wie einer Coca-Cola-Flasche, aber auch er ist eine Zaubergestalt, völlig eingesponnen in die märchenhafte Welt, die Capote meisterhaft und eindringlich darzustellen weiß. Dollys Medizin wird in kleinen Fläschchen verkauft, die Etikette mit der Hand geschrieben, und von dem Erlös kaufen die drei sich »immer das Zeug, das in Magazinen annonciert war.« »Lerne Holz schnitzen – das Puffspiel für jung und alt. Jedermann kann Bazooka schießen.«

Ihre Welt aber wird von der geschäftstüchtigen Verena bedroht, von »Jener«, die Dollys Medizin industriell herzustellen und in großem Stil zu verkaufen gedenkt. Die Kinder fliehen ins Baumhaus, einer Hütte oben im Geäst eines riesigen Baumes, werden dort belagert, der Richter Cool gesellt sich ihnen zu und der jugendliche Jäger Riley. »Mag sein«, sagt Richter Cool oben im Baumhaus, wo sie im Gewoge der Blätter wie in einem Meere zu schwimmen scheinen, »mag sein, daß es für uns alle keinen Ort gibt, obwohl wir wissen, daß es einen geben muß, irgendwo. Und wenn wir ihn fänden, wenn wir dort auch nur einen Augenblick sein dürften, würden wir uns selig preisen. Dies hier könnte unser Platz sein.«

Es ist bezeichnend für Capotes »realistische Romantik«, daß er Ironie genug aufbringt, sich die Baumhaus-Bewohner einen Schnupfen holen zu lassen, daß er sie heimkehren läßt zu Verena, zu »Jener«, die im Grunde ja nur bedauernswert ist, denn sie hatte sich dem jungen Juden Moritz Ritz assoziiert, der sich als ein platter Betrüger erwies.

Capotes Roman ist so schön – er erinnert, ohne daß man von Abhängigkeit im geringsten sprechen könnte, an den großen Clemens Brentano – das Buch ist so bezaubernd, daß die Schwächen um so schmerzlicher sind: der eingehängte Mutterschaftsmythos, den Ida vertritt, die mit ihrer fast unzähligen Kinderschar in einem Wohnwagen durch die Lande reist, und die Tatsache, daß der Betrüger ein Jude ist. Schon in einem realistischen Roman würde uns ein jüdischer Betrüger überflüssig erscheinen, aber in einem von Symbolen bestimmten, fast märchenhaften Buch, wird auch der böse Jude zu einem bösen Symbol, und es ist schade, daß man den Zauber Capotes nicht ohne diesen Giftspritzer genießen kann.

Trompetenstoß in schwüle Stille

Über Alfred Andersch, »Die Kirschen der Freiheit«

Angesichts der dräuenden Remilitarisierung ist eine schwüle Stille entstanden um jene Bücher der seit 1945 Schreibenden, die sich eindeutig gegen den Krieg entschieden haben, während die milde Kriegsliteratur der Romantiker, die Memoiren der Generale heftig begehrt werden und der Wüstenfuchs im Sturm »die Herzen erobert hat«. Es müßte einmal besonders untersucht werden, warum das Antikriegsbuch in Deutschland so wenig Chancen hat, während der gemäßigte Bericht so begehrt ist.
Alfred Andersch schrieb seinen Bericht mit erfrischender, sehr wohltuender Offenheit, er schrieb ihn als einer, der nicht mit dem Faustschlag des Datums vom 8. Mai 1945 zur Besinnung kam und nachzudenken begann, sondern sich den schwermütigen Luxus des Nachdenkens von 1933 an erhalten hatte. Er berichtet über seine Jugend, die symptomatisch ist für die Generation, der er angehört: Wirtschaftliche Depression, Auflösung bürgerlicher Lebensumstände und Begriffe. Folgerichtig wurde er Kommunist, mit der gleichen Folgerichtigkeit, mit der er es heute nicht mehr ist. Er war einer der ersten Insassen des KZ Dachau, als Achtzehnjähriger, wurde wieder entlassen, als seine Mutter – die nationalen Verdienste seines Vaters ausspielend – intervenierte, und entzog sich der stumpfsinnigen Mechanerie des Dritten Reiches, indem er in die Literatur emigrierte. Dem Mechanismus des Militärs konnte er sich nicht entziehen, aber er geriet *denkend* in ihn hinein und entzog sich ihm denkend, wohl wissend, daß mehr Mut zur Desertion gehörte als zum blinden Gehorsam. Sein ganzer Bericht zielt auf jenen Augenblick der Freiheit hin, der ihn am 6. Juni 1944 seinen »privaten 20. Juli« vollziehen, ihn die Kirschen der Freiheit pflücken ließ, die »frisch und herb schmeckten«.
Den landläufigen Begriffen »Angst« und »Eid« und »Kameraden« widmet Andersch je ein besonderes Kapitel, in seinem kühlen Stil operiert er ihnen sauber und genau ihre phrasenhaften Auswüchse weg, reduziert sie auf ihren wirklichen Gehalt, und er entdeckt, daß sie Fiktionen sind, mit viel propagandistischen Phrasen geimpfte Fiktionen, die wie düstere Luftballone über den Köpfen derer schweben, die nicht den Mut haben, jenen

winzigen Nadelstich zu tun, der beweisen würde, daß sie nichts enthalten. Anderschs Buch *Die Kirschen der Freiheit* ist für jeden, der das Denken nach 1933 nicht vergaß, eine Wohltat – es ist der Trompetenstoß, der in die schwüle Stille fährt und die Gewitter zur Entladung zwingt.

». . . und das Korn, in das man sie wirft«

Über Jaroslav Hašek,
»Die Abenteuer des braven Soldaten Schwejk«

Von der epischen Existenz des braven Soldaten Schwejk habe ich nichts gewußt, und daß man uns Schwejk verschwiegen hat, ist schlimmer als das Verschweigen anderer »seriöser« Bücher. Mit »seinem weichen, warmen Lächeln«, der Sanftmut seiner gutmütigen Augen, sich des komplizierten Vokabulariums der K. u. K. Armee bedienend, trägt Schwejk sein Gesicht mit unendlicher Geduld durch Krieg und Frieden. Mit der Souveränität des Schelms, von dem man nie wissen wird, ob er weiß, daß er einer ist, betritt er Gefängnisse, Arrestzellen, Krankenhäuser, Irrenhäuser, verkauft er Hunde, fälscht sie, stiehlt Hühner, bringt Raserei in die Welt durch seine paradoxe Existenz. Er wird wegen Blödheit aus der Armee entlassen, im Irrenhaus aber als Simulant bezeichnet. Man liest mit Spannung immer wieder, daß er exekutiert werden soll, daß Strick, Kanone, Maschinengewehr oder Pistole seiner harren, aber man weiß im Grunde, daß ihm nichts passieren kann, weil er einfach unsterblich ist. Man könnte ihn zum Ziel ganzer Batterien treffsicherer Geschütze machen, den tödlichen Ernst der gesamten Artillerie auf ihn wenden: Nach der Kanonade würde Schwejk, mit seinem weichen, warmen Lächeln, die Pfeife im Mund, zwischen rauchenden Granattrichtern herausspaziert kommen: er ist die Vereinigung von Sancho und Pansa und Eulenspiegel, zugleich aber auch Swinigel, und die Hasen des ernsten Lebens rennen sich zu Tode in den Furchen der Bürokratie, um Schwejk zu besiegen: Polizisten und Generäle, Leutnants und Spitzel, ihr Bemühen ist sinnlos: Schwejk siegt immer, lächelnd sein warmes, weiches Lächeln steht er, die Pfeife im Mund, immer als Sieger da.
Es ist sinnlos, ihm einen Kopf abzuschlagen: schon wachsen ihm drei neue, sinnlos, bei ihm ungeduldig zu werden, denn in Augenblicken höchster Eile erzählt er das, was jeden ungeduldigen Menschen zur Raserei bringt: lange Anekdoten aus seinem unendlichen langen Leben, das offenbar alle Berufe umfaßte. Seine Weisheiten sind tödlich für alle, die ihm begegnen. Da gibt es recht unerfreuliche Feldkurate – und einen, der eine gutgläubige gerade Seele ist, die noch an Gott glaubt. Es gibt Generäle,

deren große Sorge die Verdauung der Truppe ist und die wegen anständigen Benehmens auf der Latrine Orden verleihen, und es gibt den Oberst Friedrich Kraus, »Besitzer des Prädikats von Zillergut, ein ehrenwerter Idiot«. Es gibt den General, der seiner Frau lustige Briefe über Exekutionen schreibt, und dem – zu seinem maßlosen Zorn – Schwejks Exekution nicht gelingt – Schwejk schreitet durch dieses Spalier von Narren, läßt sie sich an ihm reiben, diese Toren, die glauben, ihm etwas anhaben zu können, einschließlich des Leutnants Dub. Aussehend wie der griechische Gott des Diebstahl in der nüchternen Uniform eines österreichischen Infanteristen – beweist er dem zivilen und militärischen Apparat seine Absurdität, indem er ihn wörtlich nimmt, und wenn überhaupt Orden in dieser törichten Welt einen Sinn haben, dann einzig und allein den, Schwejks Brust zu zieren, und sie zieren sie: drei an der Zahl, zwei silberne, eine bronzene Medaille, die er sich redlich erwarb: »Melde gehorsamst, ich werde Seiner Kaiserlichen Majestät dienen bis zum letzten Atemzug . . .«

Schwejks Abenteuer aufzählen zu wollen, wäre sinnlos: sie haben keinen Anfang und kein Ende. Schwejk ist so episch, so lebendig, eine der Gestalten, die fünfzig Bände füllen könnten. Es ist reine epische Strickerei – unendlich lang, aus der man nur ein Stück herausgenommen hat, um es – den Konventionen gemäß – Roman zu nennen. Schwejk ist eine Zwiebel mit unendlich vielen Schalen, ist eine Wurzel – Drachensaat wohnt ihm inne, und er hat mehr Köpfe als eine ganze Armee Schwerter, sie ihm abzuschlagen.

Mitten im Krieg trifft er Verabredungen mit scheidenden Kameraden »Nach 'm Krieg um sechse im ›Kelch‹« – und gibt Weisheiten von sich, unbezahlbare, von denen eine lautet: »Auf die armen Leute muß man Strenge sein und jemand muß sie ausüben; wenn's keine Strenge nicht gäb, müßten die studierten Leute stehlen gehen.«

Der Verfasser aber, Jaroslav Hašek, der Schwejk erfand, so lebendig, daß man ihm begegnet zu sein glaubt, streut hin und wieder Sätze ein, die an den tödlichen Ernst erinnern sollen, der diese heitere Existenz umgibt: »Im Weltkrieg zelebrierten Feldkuraten aller Armeen Feldmessen für den Sieg jener Partei, deren Brot sie aßen.« Er spricht ein Wort aus, das man jedem zukünftigen Rekruten, wenn man ihm dieses Buch schenkt – und man

sollte es tun – unterstreichen müßte: »Korporalsmystizismus«.
Schwejk imponiert weder der Generals- noch dieser Korporalsmystizismus, er trägt sein weiches, warmes Lächeln und die Sanftmut seiner gutmütigen Augen durch diese absurde Welt, er folgt – so schrieb Alfred Polgar – dem Gott, »der die Flinten wachsen ließ und das Korn, in das man sie wirft«.

Der Zeitgenosse und die Wirklichkeit

Die bloße Nennung des Wortes Wirklichkeit löst im allgemeinen Unbehagen aus. Wirklichkeit – das klingt nach Zahnarzt, und den Besuch beim Zahnarzt schiebt man möglichst hinaus, obwohl man weiß, daß es sinnlos ist, ihn hinauszuschieben. Der Zeitgenosse glaubt zu wissen, daß die Wirklichkeit häßlich und quälend sei, daß man sie nicht herankommen lassen darf; nah genug kommt die Wirklichkeit des Alltags, die eigenen Sorgen und Nöte in Permanenz. Wozu da noch ferne, noch fremde Wirklichkeiten an sich herankommen lassen. Aber die fremden Wirklichkeiten sind nur scheinbar fremd, und die fernen sind nur scheinbar fern. Es gibt nichts, was uns nichts angeht, das heißt positiv: alles geht uns etwas an.

Die Wirklichkeit ist wie ein Brief, der an uns gerichtet ist, den wir aber ungeöffnet liegenlassen, weil die Mühe, ihn zu öffnen, uns lästig ist – oder weil uns die Vorstellung quält, der Inhalt könne unerfreulich sein, eine Vorstellung, die uns fast gewiß erscheint. Die Wirklichkeit ist eine Botschaft, die angenommen sein will – sie ist dem Menschen aufgegeben, eine Aufgabe, die er zu lösen hat. Die Wirklichkeit verleugnen – das ist wie Schulschwänzen, und es gelingt leider niemals, permanent die Schule zu schwänzen. Wir sitzen auf dem Sekundenzeiger, der die Vergangenheit von der Zukunft trennt, und der Zeiger bewegt sich so schnell, daß wir seine Bewegung kaum erkennen – so wie wir die Bewegung der Erde nicht spüren, obwohl sie stattfindet; die Zeit ist ein Karussell, das sich so geschwind dreht, daß wir seine Bewegung nicht mehr erkennen und zu ruhen scheinen, zu ruhen in der Gegenwart, während die Zeit vergeht; was hinter dem Sekundenzeiger liegt, ist Vergangenheit, was vor ihm liegt, Zukunft; und wir sitzen auf dieser schmalen Gabel und vergehen mit der Zeit. Die Wirklichkeit des Augenblicks ist die Vergänglichkeit, die unsere Kinder mit so beneidenswerter Intensität genießen, daß sie ihnen ewig erscheint, ohne Ende im Schmerz und ohne Ende in der Freude: Gras und Wind, Wasser und der Ball – und die grellgefärbte Zuckerstange – die Ewigkeit des buntbemalten Luftballons: das ist die Wirklichkeit des Vergänglichen, das auf der Spitze des Sekundenzeigers neben uns herfährt. Das ist die Verzauberung durch die Zeit, der wir uns hingeben kön-

nen, wissend, daß wir die Schule schwänzen, und wissend, daß es herauskommen wird – während die Kinder noch glauben dürfen, daß es nicht herauskommt: daß die grellgefärbte Zuckerstange ewig, der Luftballon unsterblich und die Kirmes eine Dauereinrichtung sei.
Aber die Zuckerstange wird dahinschmelzen, der Luftballon wird platzen oder davonfliegen, und die Kirmes wird abgebrochen. Wir wissen es und sind damit der Wirklichkeit ausgeliefert, sind es von jenem uns bekannten Punkt an, wo wir aufhören, Kinder zu sein.
Wir müssen den Brief öffnen, die Aufgabe zu lösen versuchen.
Da durchblättert man möglicherweise einmal einen alten Schulatlas und berührt gleichgültig jene öde erscheinenden grünlichen Flächen im nördlichen Teil Rußlands. Nur wenige, nicht sehr große schwarze Punkte lassen auf eine geringe Besiedlung schließen. Man hat einmal etwas von Tundra, etwas von Taiga gehört – und doch, diese grünlichen, öde erscheinenden Flächen werden erst wirklich, wenn wir darüber lesen: »Es ist das Land mit der niedrigsten Temperatur: etwa 70 Grad unter Null. Die Verschiffung von Sklaven und Kolonisten nach Kolyma, wobei die Verschiffung über das Eismeer nicht berücksichtigt ist, umfaßt vierhundert- bis fünfhunderttausend Menschen jährlich. Die Sterblichkeit beträgt 20–25 Prozent jährlich. Vorsichtige Berichte nennen zehn Millionen Gefangene.«
Durch dieses winzige Zitat von sieben Zeilen Umfang sehen wir den fernen und fremden Teil der Erde mit so vielen Menschen bevölkert, wie die Bevölkerung Schwedens, Norwegens, Dänemarks ausmacht – und der Bericht ist schon fünf Jahre alt. Wir ahnen die Existenz manches Verschollenen, und es könnte möglich sein, daß die Wirklichkeit dieses Teils der Erde, den wir beim Durchblättern des Schulatlanten gleichgültig mit den Händen berührt haben – daß diese Wirklichkeit bis in unser Haus reicht: daß der Mann, der in der Wohnung unter uns wohnte, dort *lebt* – oder der, der einmal die Badewanne benutzt hat, die in dem zerstörten Haus nebenan immer noch zwischen Himmel und Erde hängt.
Auch unsere Phantasie ist wirklich, eine reale Gabe, die uns gegeben ist, um aus den Tatsachen die Wirklichkeit zu entziffern. Phantasie hat nichts mit Phantasterei zu tun, nichts mit Phantomen – Phantasie, das ist unsere Vorstellungskraft, unsere Fähig-

keit, uns ein Bild von etwas zu machen: und das Bild ist die Verbindung der Badewanne, die nebenan im zerstörten Haus dem Regen seit neun Jahren preisgegeben ist – die Verbindung dieser Badewanne mit der öde erscheinenden grünlichen Fläche, die wir beim Durchblättern unseres Atlanten gleichgültig berührt haben.

Die Wirklichkeit wird uns nie geschenkt, sie erfordert unsere aktive, nicht unsere passive Aufmerksamkeit. Geliefert werden uns Schlüssel, Ziffern, ein Code – es gibt keinen Passepartout für die Wirklichkeit: Bücher, Tatsachen, sie sind immer nur – sind es bestenfalls – Teile von oder Schlüssel zu Wirklichkeiten, sie öffnen Wirklichkeiten, wie man Türen zu Gebäuden öffnet, damit der Eintretende sich darin umsehe. Und man muß eintreten in den noch unbekannten Raum und sich darin umsehen. Das Wirkliche liegt immer ein wenig weiter als das Aktuelle: um einen fliegenden Vogel zu treffen, muß man *vor* ihn schießen: man muß dazu die Geschwindigkeit des Vogels, die des Geschosses kennen, zahlreiche Imponderabilien noch: Wind und Luftdruck, Dinge die sich errechnen lassen, und wenn die Berechnung fehlgeht, fliegt der Vogel davon in Entfernungen hinein, wo er unerreichbar für das Geschoß wird. Auch die Wirklichkeit bewegt sich.

Schon fast vergessen sind die japanischen Fischer, die vor Monaten bei Atomversuchen verseucht wurden, und doch hätten wir uns ihre Bilder ausschneiden, sie aufkleben und an die Wände unserer Zimmer hängen sollen, denn diese Fischer waren die ersten Märtyrer einer neuen Wirklichkeit des Todes. Für einige Tage waren sie aktuell – eine kurze Welle des Erschreckens lief um die Welt, und man begann zu ahnen, was dort geschehen war: Die Möglichkeit zum kollektiven Selbstmord der Menschheit war zum ersten Male offenbar geworden. Die Fischer, und was mit ihnen geschah, war aktuell, wie vieles für Tage aktuell ist. Was aber *wirklich* an diesem Tage geschehen war, wurde kaum offenbar; der Regen, der auf uns herabfällt, die Luft, die wir atmen, sie können diesen neuen Tod enthalten. Der Bäcker kann uns – ohne es zu ahnen – diesen neuen Tod ins Brot kneten, der Briefträger kann ihn mit der Post ins Haus bringen.

Papst Pius XII. sagte: »Vor den Augen der aufgeschreckten Welt steht das Bild ungeheurer Zerstörungen, das Bild von ganzen Ländern, die unbewohnbar wurden und unbrauchbar für den Menschen.«

Und der Vorsitzende der Atomkommission in den USA, Robert Oppenheimer, sagte: »Die Physiker haben die Sünde kennengelernt, und das ist ein Wissen, das sie nicht abschütteln können. Es gibt nichts, kein Recht und keine Sache in der Welt, die die Anwendung der Atombombe rechtfertigen könnte. Der Präsident sollte dem Volke mitteilen, daß die Bombe von Grund auf und ethisch falsch ist.«

Das ist ein starkes Wort aus dem Mund eines Wissenschaftlers: Die Physiker haben die Sünde kennengelernt. Damit ist die Physik in Bezirken angekommen, wo nicht mehr bloß wissenschaftliche, sondern theologische Begriffe gelten.

Aktuell – eine grausame Aktualität – waren die Fischer, die sich außerhalb der Sicherheitszone bewegten und mit dem neuen Tod angesteckt wurden: wirklich – eine wirkliche Gefahr ist der Tod, der mit dem Regen auf uns herabfallen, der in unser tägliches Brot geknetet werden kann.

Aus dem Aktuellen das Wirkliche zu erkennen, dazu müssen wir unsere Vorstellungskraft in Bewegung setzen, eine Kraft, die uns befähigt, uns ein Bild zu machen. Das Aktuelle ist der Schlüssel zum Wirklichen.

Jene, die das Aktuelle für das Wirkliche halten, sind oft sehr weit davon entfernt, das Wirkliche zu erkennen. Ein sehr weit vom Aktuellen entfernter, irgendein kurzsichtiger, zerstreuter Mann, der die Karikatur eines Professors abgeben könnte – er kann der Wirklichkeit näher sein als jener, der mit hängender Zunge hinter dem Aktuellen herrennt und es für das Wirkliche hält. Wer den fliegenden Vogel treffen will, muß ruhig zielen, gelassen muß er auf dem Sekundenzeiger sitzen, der das Vergangene vom Zukünftigen trennt, und muß mutig in den luftleeren Raum schießen, auf daß der Vogel ins Geschoß hineinfliege und das Wirkliche ihm in die Hand falle.

Der Zeitgenosse ist einem Reisenden vergleichbar, der auf dem Heimatbahnhof in einen Zug steigt und in die Nacht hinein zu einem Ziel fährt, dessen Entfernung unbekannt ist: im Dunkeln wird der Reisende oft aus halbem Dösen aufschrecken und aus dem Lautsprecher eines unbekannten Bahnhofs die Stimme des Ansagers vernehmen, der ihm sagt, wo er sich gerade befindet: es werden ihm Namen genannt, die er nicht kennt, die ihm unwirklich erscheinen, Namen aus einer fremden Welt, die nicht zu existieren scheint: ein phantastischer Vorgang, der aber absolut wirklich ist. Das Wirkliche *ist* phantastisch – aber man muß wissen, daß unsere menschliche Phantasie sich immer innerhalb des Wirklichen bewegt.

Der Brief an uns ist geschrieben, die Aufgabe ist gestellt, die Schlüssel bekommen wir überreicht: wir können die Schule schwänzen, wir können den Besuch beim Zahnarzt hinausschieben, die Schleusen geschlossen halten, obwohl die Wirklichkeit dahinter drängt. Auf dem Sekundenzeiger sitzend, der uns ständig zwischen Vergangenheit und Zukunft hält, können wir die Luftballons für unsterblich, die grellgefärbte Zuckerstange für ewig halten – was unseren Kindern noch gestattet ist –, aber wir wissen ja, wissen es leider, daß es kein permanentes Schulschwänzen gibt: daß wir den Vogel abschießen müssen, unser Leben nur in der Wirklichkeit vollziehen können: es geht auf Leben und Tod.

Offener Brief an den Pfarrer von Meyenn

Sehr geehrter Herr Pfarrer von Meyenn,
erlauben Sie mir bitte, Ihnen zunächst zu danken für die freundliche, aus ernsthafter Besorgnis heraus geschriebene Kritik an meiner Erzählung *nicht nur zur weihnachtszeit* (erschienen im »studio frankfurt« der Frankfurter Verlagsanstalt), die Sie in Ihrem offenen Brief an mich im Evangelischen Presse-Dienst (epd) veröffentlicht haben.
Sie schreiben zunächst, ich sei der Gefahr erlegen, über der Abstraktion einer Wahrheit die Wirklichkeit des Menschen vergessen zu haben, schreiben aber einige Zeilen weiter: »In verantwortlicher Kulturkritik haben Sie eine beißende Zeitsatire geschrieben. Das war Ihr gutes Recht. Und auch die Form, die Sie dafür wählten, ist literarisch wohl legitimiert. Es war also nicht nur Ihr gutes Recht, sondern Sie hatten auch recht damit.«
Nun verzeihen Sie, mir scheint darin ein Widerspruch zu liegen, denn im Grunde sagen Sie ja, daß meine Satire satirisch sei, abstrakt, Sie billigen mir das Recht zu, eine zu schreiben, beanstanden aber, daß sie – den Gesetzen der Satire entsprechend – abstrakt ist. Nun geht Ihr Einwand »über der Abstraktion einer Wahrheit die Wirklichkeit des Menschen vergessen« ins Philosophische, geht ins Theologische, und obwohl ich weder Philosoph noch Theologe bin, sondern ein Schriftsteller, dem es durchaus nicht bloß um die Kunst geht, scheint mir doch, man müsse sich in der Philosophie, in der Theologie erst im Abstrakten über etwas klar sein, ehe man es um der »Wirklichkeit des Menschen willen« auswerten kann. Und ich beanspruche als Schreibender das Recht, die Dinge abstrakt zu sagen, genau wie ich den Malern, den Bildhauern, den Komponisten das Recht erhalten wissen möchte, die Dinge abstrakt darzustellen.
Was nun abstrakt wahr ist, muß ich als Schreibender in möglichst reiner Form bieten, kann mich nicht mit vermischten Produkten begnügen, und eine Wahrheit, meine ich, ist eine Wahrheit, gilt in Seminaren und gilt für jeden, der Ohren hat, sie zu hören.
Natürlich ging es mir nicht um den klinischen Fall »Tante Milla«, ging mir nicht darum, die christliche Weihnachtsbotschaft zu diffamieren, ganz im Gegenteil: Es ging mir um den unerträglichen äußeren Betrieb, der darum gemacht wird, der jedem

menschlichen Gefühl widerspricht und der um des Geschäftes willen gemacht wird. Mit dem deutschen Gemüt läßt sich ein großartiges Geschäft machen, und wer so in der Adventszeit durch die Straßen einer Großstadt schlendert, dem kann wirklich bange werden, und es wäre zu empfehlen, den Schuhe-, den Seife-, den Schokolade-anbietenden Engeln ein Spruchband in den Mund zu hängen mit dem Wort des großen Christen Chesterton: »Reklame ist die Bettelei der Reichen. Kauft Y heißt: Gebt mir mehr Geld, gebt mir noch mehr Geld, als ich schon habe.« Stellen Sie sich, sehr geehrter Herr Pfarrer, einen Advent ohne Reklame vor! Das müßte wirklich etwas wie Frieden in den Straßen unserer Städte sein.

Nun muß ich mich ernsthaft und entschieden gegen alles wehren, was Sie mir von Stalins Geburtstag, von den Deutschen in der Ostzone schreiben. Ich wehre mich um so entschiedener, als ich aus Ihrem ganzen Brief Offenheit und ernsthafte Sorge herausspüre. Mir wird wirklich bange, wenn ich lese, »daß der Baum der deutschen Weihnacht mit seinen Weihnachtsliedern« dort drüben zur Existenzfrage wird, und daß es deshalb bedenklich sei, eine Satire auf die deutschen Weihnachtssitten zu schreiben. Fast alle Deutschen, die von drüben kommen, die der Unmenschlichkeit dort entfliehen, empfinden zwar die Freiheit in der Bundesrepublik als außerordentlich, aber auch Schrecken ergreift viele angesichts der teilweise widerwärtigen Prosperität, die hier herrscht. Mir wird bange, wenn ich das Wort »deutsches Gemüt« lese oder höre, denn ich werde die Vorstellung von jenem sehr gemütvollen Mann nicht los, der seine Kinder liebte, ihnen Schokolade schenkte, Rührung empfinden konnte über leidende Tiere, den aber all sein Gemüt nicht hinderte, blindlings und mit jener dem Gemüt nahe verwandten Brutalität in einem KZ seine Pflicht zu tun, die darin bestand, Menschen zu ermorden, weil das Gesetz es befahl. Sie sind sich gewiß, sehr verehrter Herr Pfarrer, dieser Gefahren bewußt, die in der Verwandtschaft der Sentimentalität und Brutalität liegen, die beide auch eine Erscheinungsform des Gemütvollen sind. Und um auf die Deutschen aus der Ostzone zurückzukommen, so kann ich Ihnen versichern (ich bin bereit, Ihnen die Namen der Leute zu nennen), daß mich kurz vor Weihnachten zwei Flüchtlinge von drüben besuchten, denen ich – wohl wissend, was ich tat – zum Abschied meine Erzählung *nicht nur zur weihnachtszeit* schenk-

te, und daß ich nach wenigen Tagen einen Brief von diesen beiden bekam, in dem sie mir zwar ihren Schock bekannten, zugleich aber schrieben, daß in ihrer Familie seit 1945 das Lied *Stille Nacht* nicht mehr gesungen worden sei. Diese außerordentliche Tatsache, daß es – gerade drüben – eine Familie gegeben hat, die seit 1945 dieses Lied nicht mehr gesungen hat, bestärkte mich, wo ich anfing, wirklich bange zu werden angesichts der bevorstehenden NWDR-Sendung.
Ich selbst habe die Herren vom NWDR aufrichtig bewundert, daß sie den Mut hatten, diese Erzählung am 30. Dezember lesen zu lassen. Ob ich selbst – als Redakteur – den Mut gehabt hätte, weiß ich nicht, aber ich glaube nicht, daß es etwas schaden kann, unserem westdeutschen restaurativen Selbstbewußtsein einen Schock zu versetzen.

Mit herzlichen Grüßen
Ihr Heinrich Böll

Thomas Wolfe und das bittere Geheimnis des Lebens

Über Thomas Wolfe, »Es führt kein Weg zurück«

Wer glaubt, die Geschichte der Gants und Pentlands (in diesem Roman heißen sie Joyners und Webbers) schon zu kennen, und deshalb ein wenig bangend an die Lektüre dieses neuen Wolfe geht, wird seine kleine Angst bald verlieren und erfahren, daß dieses einmalige Exemplar Mensch, das Thomas Wolfe hieß, unerschöpflich war, unerschöpflich auch die Gants und Pentlands.

Tante Maw erzählt mit ihrer »nötigen« Stimme geheimnisvolle Geschichten aus der Familie: daß Rance Joyner gesehen wurde, ja, er wurde gesehen, was bedeutet, daß er an zwei weit auseinanderliegenden Stellen zugleich gesehen wurde; wir erfahren von Fate Joyner, von Bill: Helden des Bürgerkrieges waren sie, große Redner, Poeten und Denker, fast vom Dunst einer Frühzeit umgeben – später dann wird plötzlich die Optik gewechselt, und von Mark Joyner aus gesehen, werden dieselben Gestalten zu Spinnern, Heuchlern, Faulenzern, Angebern, die durch geschichtliche Patina idealisiert sind. Und das beweist wiederum, daß »jede Frau eine Tory ist«, dem Herkömmlichen verhaftet, in Tradition wühlend. Diese eine nach Grauen hungernde, zeitverschlingende Sippe der Joyners ist allein unerschöpflich, aber es kommen neue Kometen mit herauf, die noch einmal das Klima von *Schau heimwärts, Engel* beschwören: Nebraska Crane, der Indianerjunge, schwangere Frauen in den Slums, eine Metzgerfamilie, rosig, unschuldig – aber ebenso entsetzlich; Dick Prosser, der Neger, der um ein wenig zu lautlos, zu geschickt, zu freundlich ist – und eines Sonntagnachmittags mit seiner auf Hochglanz polierten Maschinenpistole den Amoklauf durch die kleine Stadt beginnt. Jim Randolph, an dem sich Glanz und Elend eines College-Champions erfüllen und eines Weltkriegshauptmanns, der etwas zu genau wußte, daß er der »verlorenen Generation« angehört. Der Boxkampf Dempsey-Firpo, und daneben Jerry Alsop, still, fromm, eitel, vollkommen; alles Gestalten, die wir gekannt zu haben glauben, im Grunde aber erst durch Thomas Wolfe kennenlernen. Sie alle sind der Linse George Webbers nicht entgangen, sind in die Optik seines Herzens gestürzt, eines Herzens, das wußte, daß das Leben »bitter« ist, der auch wußte, daß es »wild« ist, »schrecklich« und »geheimnisvoll«, und sich nicht verkneifen konnte, es immer wieder zu sagen, sich nicht scheute, Adjektive, wenn ihm eins nicht ausreichte, zu koppeln, so daß alles »namenlos-unergründlich« und »zeitlos-unsterblich« wurde.

Dieser Riese mit dem Appetit auf achtpfündige Braten und Bibliotheken, dieser Schreihals und Trotzkopf mit seinen 1400 Seiten langen Manuskripten, der über sein drittes Lebensjahr hinaus von der Mutter genährt wurde: ihn uneingeschränkten Analytikern überliefern – es würde nicht viel mehr übrigbleiben als ein »Komplexbündel« mit einer »gewissen, vielleicht großen Begabung«. Gewiß, er wühlte in Adjektiven, während andere seiner Generation sie sorgfältig zu vermeiden suchten. Es scheint, als habe er sämtliche Adjektive noch einmal verschlissen und verschlungen, damit es uns leichter fällt, sie zu meiden, wo wir glauben, sie meiden zu müssen. Aber wir sollten uns hüten, aus der Not eine Tugend zu machen, und es bleibt zu unterscheiden, ob eine Prosa schlicht und einfach ist, weil man für schlicht auch mager und für einfach auch dürftig setzen könnte. Ob man also den Mangel als modern ausgibt, unsinnlich ist, weil man keine Sinne hat oder sie nicht zu gebrauchen versteht – oder ob man – wie Thomas Wolfe – der Fülle einfach nicht Herr wurde.

Es mag wohl sein, daß die Komposition »straffer« sein könnte, daß diese Klötze sorgfältiger behauen, diese Teigklöße besser durchbacken sein könnten, aber Thomas Wolfe hatte keine Zeit dazu: der Schatten, der Ben verschlungen hatte, bedrohte auch ihn, er mußte voran, immer weiter, unersättlich war seine Neugierde, grandios war sie, er hatte unendlich viel zu erledigen, bevor er so plötzlich starb. Hundert Leben wollte er gleichzeitig leben, zugleich auch über diese hundert Leben schreiben. Es gab unermeßlich viel zu sehen, zu hören, zu riechen, zu schmecken, das Leben war bitter, sehr bitter . . .

Da taucht plötzlich – wieder ein Brocken für die Psychoanalytiker – bei ihm der Hunger nach der »nimmersatten, gesunden, ehelichen Liebe« auf – und es kommt das Verhältnis mit und zu Esther Jack, der um 16 Jahre älteren »guten Künstlerin«, die eben um ein weniges zu gut ist, zu gesund für diesen Bitternis schluckenden und ausspeienden Webber. Tödlich-teuflische Reibungen entstehen, Kräche, die immer wieder mit Versöhnung enden, Kompromisse, von denen jeder weiß, daß sie nicht dauern können, bis sich Webber losreißt, nach Europa fährt, nachdem er noch einmal gründlich über die intelligenten, reichen, brillant argumentierenden New Yorker Snobs hergezogen hat.

Und dann fällt Thomas Wolfe abschnittweise ganz in den Ton eines mittelmäßigen Reiseführers, wenn er München beschreibt, das »deutsche Himmelreich« mit seinen Bierhäusern. Hier und da auch dringt deutlich jene Art von Romantik durch, die uns als Blubo verdächtig und endgültig abgeschrieben ist, aber es kommt darauf an, wieviel Sympathie ein Autor einflößt und wieviel man ihm verzeiht, und Thomas Wolfe verzeiht man eben, was bei anderen nie durchgehen würde.

Wird er merkwürdig unbeholfen, stellenweise sogar trocken, wenn er Europa und Deutschland beschreibt, so wird er wieder sicher und fest, wenn das »wilde« und »bittere«, das »schreckliche« und »schöne« Amerika wieder in die Optik seines Herzens gerät: die ungeheuere Weite und Vielfalt dieses Kontinents, dem wir immer noch mit Vorurteilen gegenüberstehen, mit ähnlichen Ressentiments, wie Wolfe sie vielleicht Europa gegenüber trug, dringen hier in uns ein: Differenziertheit und Barbarei, Sensibilität und Stumpfsinn, stupide Massen und überfeinerte Cliquen und dazwischen der Riese, der die Vokabel »bitter« erfunden hätte, wenn sie nicht schon zur Verfügung gestanden hätte.

An Thomas Wolfe ließen sich einige schiefe deutsche Vorstellungen von einem »Dichter« widerlegen: daß ein Dichter kein Ästhet, sondern fast genau das Gegenteil davon ist, daß er weder bleichsüchtig noch appetitlos zu sein braucht, daß anderseits Appetit und gesunde Hautfarbe keinen Dichter machen, und nicht das, was man so einfach Vitalität nennt, die Wolfe in hohem Maße besaß, aber zugleich das Gegenteil: die Gewißheit vom Schatten des Todes, der ständig über uns liegt. Kein Werk von Thomas Wolfe ist perfekt, aber sie sind alle vollkommen, sind vollkommen Thomas Wolfe, und es ist ein Verdienst der Übersetzerin, Vokabular, Rhythmen und Temperament so übertragen zu haben, daß man Wolfe selbst zu hören glaubt.

»Ich bin doch Soldat«

Über James Jones, »Verdammt in alle Ewigkeit«

Es kann natürlich nicht gutgehen, wenn jemand aus einer sozialen Zwangslage heraus eine so ausgesprochen freudlose Lebensform wie die des Soldaten wählt, sich außerdem gleich für dreißig Jahre engagiert. Da ist also das arme Schwein Prewitt, der dem Hunger, der Landstraße, dem sich zwangsläufig draus ergebenden Gefängnis zu entfliehen sucht und keinen anderen Weg sieht als den zum Kommiß. Zunächst geht es sogar gut (warum auch nicht!): man boxt sich durch, kommt in den Musikzug, bläst sogar den Zapfenstreich in Arlington – was so eine Art amerikanisches Potsdam im Rahmen der großen Manöver zu sein scheint, wird aber dann der homosexuellen Intrigen des Musikzuges überdrüssig und läßt sich ausgerechnet in die Kompanie des Hauptmanns Holmes versetzen, ich sage ausgerechnet, denn Holmes ist der Boxtrainer des Regiments, Prewitt aber hat den Plan, *nicht* zu boxen, weil er einmal einen Kameraden so unglücklich verletzte, daß dieser erblindete. Die Spannung des Buches, die auf dem Kampf des Einzelnen gegen die anonyme Korruptheit eines ganzen Regiments beruht, wird also künstlich, nicht durch eine erzählerische Notwendigkeit herbeigeführt, wenn man den mehr oder weniger sentimentalen Trotz Prewitts nicht als notwendig betrachten will. Diese Versetzung gibt das Thema her – Kampf des Einzelnen um sein Recht, hier das Recht, nicht boxen zu müssen.

Nun muß man aber unterscheiden, ob jemand Unrecht erleidet oder ob er sich genau die Position sucht, aus der er es herausfordern kann. Prewitts Weigerung zu boxen hat die Folgen, die man erwarten kann: die heuchlerische Trockenheit und die windige Humanität der üblichen Heeresvorschriften – in diesem morschen Zaun gibt es soviele Lücken, daß man ganze Regimenter »renitenter Burschen« auf legalem Weg verschwinden lassen kann. Letzten Endes beruht das ganze Geheimnis militärischer Disziplin auf dieser Zerbrech-Methode. Freiwillig lädt Prewitt dieses Martyrium auf sich – aber ich frage mich wozu: wenn schon Märtyrer, möchte ich wissen, wofür sie leiden. Prewitt aber – das typische Landsergemisch aus Sentimentalität und Brutalität in sich vereinigend – hat weder die geistige Voraussetzung zur konsequenten Anarchie – noch kommt er über jenen sentimentalen Trotz hinweg, der ihn hindert, die Ordnungen hinzunehmen, die ihre Brüchigkeit natürlich in sich haben: Staat und Heer und wie sie heißen mögen. Wäre er ein Zivilist, wäre sein Martyrium das eines Zivilisten, der von diesem grausamsten aller Apparate aufgefressen wird, würde man sein Martyrium mitleiden – aber ein Zivilist wäre wahrscheinlich Tramp geblieben und hätte sich nicht für dreißig Jahre in eine Armee begeben und in dieser Armee versucht, so etwas wie Gerechtigkeit zu erfahren. Als ob es in einer Armee Gerechtigkeit geben könnte! Ganze Horden von Feldwebeln stürzen sich auf Prewitt, Kreaturen ihres Hauptmanns Holmes, der nicht nur Druck von seinem Alten, dem Oberst Delbert, sondern noch die Majorswürde versprochen bekommt für den Fall, daß das Regiment eine Divisionsboxmeisterschaft erringt. Spannung erfüllt das Buch, weil es die spezielle amerikanische Methode unter der speziellen Lebensbedingung, die Hawaii heißt, zeigt. Die Kapitelüberschriften: Versetzung, Kompanie, Weiber, Gefängnis – umfassen alle Kategorien des militärischen Daseins, – interessant genug und lesenswert ist das Buch – nur muß man sich mit Händen und Füßen dagegen wehren, daß es als »antimilitaristisches Buch« durchgeht, wie es weithin durchgegangen ist.

Als Prewitts Kampf dann siegreich auszugehen droht, läßt er sich von einem Feldwebel zu einer Schlägerei provozieren, die ihn ins Gefängnis bringt.

Man sollte nun meinen, daß jemand, der sein Recht sucht, auch auf seinem Recht besteht; Prewitt aber verzichtete darauf, zu beweisen, daß er mit dem Messer bedroht worden ist (er könnte es beweisen) – und dieser künstliche Eingriff, der dem Erzähler gestattet werden muß, von dem man aber nichts merken darf, wird angewandt, damit sich nun Gelegenheit ergibt, vom Leben innerhalb der Militärgefängnisse zu erzählen. Und ausführlich wird die Praxis beschrieben in jenem Gefängnis, in dem John Dillinger beschloß, nicht Politiker, sondern Verbrecher zu werden. Für uns als potentielle Alliierte der Alliierten ist es wissenswert, zu erfahren, daß Nierenschläge, harte Zerbrech-Methoden, die zum Tode führen, auch dort geschickt als Unfälle verschleiert werden können: es wimmelt von interessanten Einzelheiten, und wenn man nicht zu genau liest, ist man immer wieder verführt zu sagen: endlich, ein Antimilitarist! – aber dann tauchen Formulierungen auf, die diesen Eindruck als unecht beweisen: wie ungeheuer stolz dieser brave Prewitt darauf ist, daß man ihn durch Schleifen nicht kleinkriegt, weil er ein »guter Soldat« ist, neben Warden, seinem Spieß, vielleicht der beste Soldat des Regiments. Und wie stolz er auf Maggio ist, der sich im Gefängnis als »hart« erweist, stolz, weil Maggio aus »seiner Kompanie« ist: dieser ebenso sinnlose wie typische Satz auf ein verhaßtes und doch so geliebtes Kollektiv ist bezeichnend für den ganzen gefährlichen »Antimilitarismus« von Jones.

Die echteste und schönste Stelle des ganzen Buches, wo beschrieben wird, wie Prewitt den Zapfenstreich bläst: da wird etwas gesagt von der wirklichen, durch die ganze Menschheitsgeschichte gehenden Trauer des Söldners, der abends in sein Zeltlager, in seine Kaserne muß und den Zwang spürt, der sein Leben bestimmt. Ob man nun als armes Schwein unmittelbar – durch ein Gesetz gezwungen – Soldat wird, oder aus irgendeinem sozialen Zwang heraus freiwillig sich der Stupidität der soldatischen Lebensform unterwirft – der Schrecken des Lebens innerhalb einer Armee wird sichtbar an allen Gestalten des Buches. Zwei großartige Gestalten, Warden, der Spieß, komplex und sich seiner Komplexität bewußt, und Karen, seine Geliebte, die Frau des Hauptmanns Holmes: wäre es der Roman dieser beiden geworden, die stellenweise das Übergewicht zu gewinnen scheinen: ohne Einschränkung wäre das Buch begrüßenswert, aber im Grunde siegt doch Prewitts Lili Marleen-Sentimentalität: das arme Schwein ist weder bereit, gegen den sozialen Zwang zu kämpfen, der ihn zum Militär trieb, noch ernsthaft bereit, auf die Lebensform des Militärs zu verzichten.

Als Prewitt nach dem Mord am Schinder Judon desertiert, sich unter den günstigsten Umständen in der Wohnung zweier Huren verbirgt, bricht der Krieg aus – und da muß er nun unwahrscheinliche Mengen Alkohol in sich hineinschütten, einzig und allein aus dem Kummer, nicht »dabeizusein«. Die beiden Huren verwöhnen ihn, bieten ihm Alkohol, zu essen, sich selbst, holen Bücher aus der Leihbibliothek: nichts nützt. »Ich bin doch Soldat«, schreit Prewitt ihnen zu: es ruft ihn, ruft ihn die Kaserne, ruft ihn das stumpfsinnige Kollektiv, Kompanie genannt, ruft ihn das sentimentale Geblase der Zapfenstreichtrompete, es ruft ihn dahin, wo er hingehört: in die Armee. Beim Versuch, zu seiner Kompanie zurückzukommen, wird er von einer Streife erschossen. Verdammt für die Zeit – nicht für alle Ewigkeit – sind die armen Schweine: nicht zufällig hat Jones den Titel seines Buches aus einem Kipling-Gedicht: da scheint sich ein Kontakt zu bilden, der nichts weiter ist als ein Kurzschluß: wer aus enttäuschter Liebe zum Militär heraus grobe Einzelheiten des Zwanges schildert, der dort herrscht, tut es nicht immer, weil er die Freiheiten eines Zivilisten schätzt. Der abgefallene oder ausgestoßene Prätorianer trampelt nur zornig in der Sackgasse herum, in die er sich eingeschlossen hat.

Englisches Talent aus Griechenland

Über Kay Cicellis, »Flut und Ebbe«

Die junge Schriftstellergeneration Amerikas hat sich uns in so gegensätzlichen Erscheinungen wie Mailer und Capote, Jones und McCullers ausgeprägt vorgestellt, die Generation der Nachfolger von Hemingway und Faulkner, Steinbeck und Dos Passos; aber unsere Vorstellung vom literarischen Nachwuchs Englands ist noch vage: zwar haben wir Rex Warner gelesen, ist Fry auf allen Bühnen gespielt worden, viel diskutiert, und neuerdings liegt das bemerkenswerte lyrische Werk von Dylan Thomas *Tode und Tore* (Verlag Kerle, Heidelberg) vor, unsere Vorstellung von der neuen englischen Literatur insgesamt ist jedoch immer noch von den Namen der älteren bestimmt: von Eliot und Auden, Greene und Waugh, die eher zur Generation der Hemingway und Faulkner gehören als zu der, die durch Mailer und Capote repräsentiert wird. Was aus dem Englischen bisher übersetzt vorliegt, ist weniger, als wir von der Literatur eines Landes erwarten, das Auden, Virginia Woolf, Stevenson, Conrad – eine Fülle von Namen hervorgebracht hat, die die europäische Literatur beeinflußt haben.

Vielleicht sollten wir uns mehr mit Kay Cicellis beschäftigen, die als Zweiundzwanzigjährige Erzählungen von ungewöhnlicher Reife veröffentlicht, mit sechsundzwanzig einen Roman geschrieben und jetzt einen weiteren Erzählband angekündigt hat. Kay Cicellis ist von der englischen Kritik mit außerordentlicher Herzlichkeit begrüßt worden. Ihre Sprache hat nichts von jener erregenden Schärfe oder der »spielerischen« Prägnanz, wie sie Arbeiten so antipodischer Erscheinungen wie Mailer und Capote auszeichnet, jene fast wütende Originalität des Stils, die den Erfolg in sich schließt. Kay Cicellis arbeitet mit stillen, für eine so junge Frau erstaunlich stillen erzählerischen Mitteln. Ihre Sprache ist von einer Zartheit, die nicht romantisch-verspielt ist und die Kraft ausschließt, sondern Kraft voraussetzt. Es ist ihre Stärke, die Stimmungen jugendlicher Menschen wiederzugeben, das Hin und Her der Gedanken und Gefühle in dem reizvollen Stadium der Reifezeit, aber sie beschreibt diese Stimmungen so sauber und klar, daß ihr Stil die Überwindung dieses Stadiums beweist. Die leise Ironie, die Prägnanz ihrer Bilder und eine südliche, rationale Sinnlichkeit – solcherlei Merkmale zeigen uns den Stil einer Schriftstellerin, von der nicht nur zu sagen ist, daß sie begabt ist, sondern daß sie ihrer Begabung gerecht geworden ist. Ihre ruhige Sprache ist beherrscht von Gestalten, die, wenn auch modern, von jenem Zauber erfüllt sind, den die griechische Mythologie ausübt: Fischer und Bauern, Künstler, junge Menschen sind die Figuren ihrer Erzählungen und ihres Romans *No name on the street,* der inzwischen in England erschienen ist. Kay Cicellis beschreibt die einfachen Dinge des menschlichen Lebens und entdeckt, daß sie kompliziert sind, ihre eigenen Gesetze haben, und wenn wir ihre einfache Sprache betrachten, die ein Kritiker »honigschwer« genannt hat, so fällt es schwer, ein Vorbild dafür zu nennen. Bei den meisten Erstveröffentlichungen – mögen sie auch kräftig und originell sein – sticht ein Stilelement heraus, das uns auf die Spur hilft und das Vorbild nahe bringt. Aber Kay Cicellis scheint mir in ihrer Sprache zu den Ursprüngen des Erzählens zurückzuführen, und dieses Ursprüngliche – das ist die Überraschung – schließt nicht die Beschäftigung mit modernen Themen aus. Das Gefühl der Vereinzelung, das den Menschen angesichts des Lebens, der Gesellschaft, der Natur befällt, ist das Thema ihres Romans, der meisten ihrer Novellen. Und jeder dieser Menschen wird mit einer schmerzlichen, fast zärtlichen Genauigkeit in allen seinen Stimmungen verfolgt, jeder von ihnen ist auf der Suche nach dem, was Kay Cicellis Mythe nennt, nach einem Sinn, einem Zusammenhang. Der am nächsten liegenden Gefahr, die in ihren Themen und in ihrem Stil liegt, ist sie bisher entronnen: der Gefahr der Mystifikation.

Léon Bloy

Über »Das Heil und die Armut«

Als im Jahre 1936 der kleinen, aber stetig wachsenden Bloy-Gemeinde in Deutschland, die Karl Pflegers Aufsätze, seine Übersetzung der Brautbriefe Bloys kannte; als dieser Gemeinde *Das Blut des Armen* geboten wurde, war es ein Ereignis ersten Ranges, ein religiöses Ereignis, denn irgend etwas, was Bloy geschrieben hat, anders als religiös zu verstehen, hieße ihn mißverstehen. *Das Blut des Armen* wurde bald nach Erscheinen verboten, vor allem, weil eins seiner Kapitel dem jüdischen Arbeiterdichter Morris Rosenfeld gewidmet war: ein Hymnus Bloys auf die Bitternis und Armut der jüdischen Existenz.

Diese drei Stimmen: Georges Bernanos, Raissa Maritain und Karl Pfleger bereiten den Leser auf etwas Großartiges und Schreckliches vor: auf das schönste Buch über die Armut, das je geschrieben worden ist. Angesichts der stets sich vervielfältigenden Zahl von Armen, die die moderne Gesellschaft in Kriegen und Krisen geradezu produziert, indem sie ihnen gleichzeitig ein »besseres Leben« verspricht, müßte die Stimme Bloys immer bedeutungsvoller werden. Milliarden Arme mag es seit Bestehen der Welt gegeben haben, die die Armut schlimmer noch als Bloy, mindestens ebenso schlimm erlebt haben; Bloy aber nur konnte diesen wilden und zärtlichen Hymnus schreiben, weil sich drei Kräfte auf eine wunderbare Weise in ihm vereinten: die Kraft eines Schriftstellers von außergewöhnlichem Format, die Kraft eines glühend gläubigen Katholiken und die Kraft eines permanent Armen, der nicht Priester war, nicht Mönch, sondern mit Frau und Kindern in der Welt lebte, ewig zahlungsunfähig, ständig die Wohnung wechselnd durch Paris zog.

Die neunzehn Kapitel des *Blut des Armen* sind neunzehn großartige Variationen über die Armut. Das Geheimnis, das Bloy der Welt anzubieten hat, ist das Geheimnis der Armut Gottes. Die Armut ist für ihn nicht nur eine mögliche, sondern die einzige Würde des Menschen, und gefoltert vom alltäglichen Elend, bescheinigte er der katholischen Gesellschaft seinerzeit seinen Haß, seine Verachtung, weil für den Armen in ihrer Gesellschaft, kaum noch in ihren Kirchen Platz war. Er streitet aber den Christen nicht nur das Recht auf Besitz, mit ebensolcher

Schärfe das Recht auf Revolution ab: was er schrieb, paßte weder der katholischen Bourgeoisie noch den Marxisten, und kaum jemals ist ein Schriftsteller so gründlich und grausam totgeschwiegen worden wie Bloy.

In dem Band *Das Heil und die Armut* ist dem *Blut des Armen* außer den Bekenntnissen Bernanos' und Raissa Maritains die erste deutsche Übersetzung des *Heils durch die Juden* hinzugefügt, das nur durch das Zeugnis Raissa Maritains, einer Jüdin, Bloy vor dem Mißverständnis bewahrt, unter die Antisemiten gezählt zu werden.

Wildester Haß und zärtliche Liebe streiten sich in diesem Buch, und er prophezeit dem jüdischen Volk – im Jahre 1892 – so unermeßliches Leid, daß man glauben könnte, er habe geahnt, welch ungeheuerlicher Pogrom sich in Europa vorbereitete: der Mord an mehr als sechs Millionen Juden. Wir erschrecken ein wenig, lesend nach diesem Pogrom, was lange vor ihm geschrieben ist, obwohl wir zugleich die Zärtlichkeit spüren, die Bloy für das jüdische Volk empfand. Wir können zwar möglicherweise Bloys theologische Gedanken nachvollziehen, können uns auch vergewissern, daß Raissa Maritain, eine Jüdin, des *Heils durch die Juden* wegen einen begeisterten Brief an Bloy schrieb, ihn kennenlernte, durch ihn konvertierte; aber wir sind Zeugen des großen Pogroms gewesen, Zeugen des Mordes an mehr als sechs Millionen Juden, und wir begreifen Bloys Haß nicht mehr.

Sein eigentliches Thema ist die Armut: über sie schrieb er so, daß jeder verstehen wird, daß *Das Blut des Armen* nach dem Verbot 1936 von Hand zu Hand ging.

Rendezvous in Paris

Zwar treffen sich die deutschen Autoren hin und wieder, sie treffen sich nach Thornton Wilders Meinung viel zu oft, aber wenn man den Beginn einer neuen deutschen Literatur mit dem Jahre 1945 ansetzt und den beachtlichen Umfang betrachtet, den sie seither angenommen hat (mit ihren Autoren zwischen zwanzig und sechzig, mit linken, rechten, konservativen und »Jacobinern«), so ist es doch bezeichnend, daß einige von ihnen sich erst 1953 in Paris persönlich kennengelernt haben. Schon das erste Frühstück im gemeinsamen Hotel vereinte Gegner, die ihre Duelle verschoben, das »Kriegsbeil begruben«, und deren Hände sich immerhin über dem Brotkorb trafen, in dem die Croissants lagen; der Boxkampf hätte stattfinden können, denn – in Kilogramm gerechnet – wiesen die Partner wohl ungefähr das gleiche Gewicht auf. Aber latente Spannungen sind schlimmer noch als offene, und zeigten die Lyriker sich erstaunlich gelassen, so knisterte es ein wenig in der Gruppe von Erzählern und Publizisten, flammte auf, schwelte, brachte zwar nicht die öffentliche, aber die private Diskussion in Gang.

Es war gut, daß René Wintzen, Initiator und Organisator des Treffens, die deutschen Teilnehmer nicht »geschlossen« transportierte: so trafen sie einzeln ein, alle ein wenig unsicher, und hatten vorher keine Zeit gehabt, sich gruppenweise zusammenzutun, zu massieren und die Repräsentation vorzubereiten; so stand nach dem ersten Frühstück jeder wieder ziemlich allein, balancierte Sekt- und Apéritifgläser, als sei er nichts anderes gewohnt. Der Alkohol hob die französischen Sprachkenntnisse, Eis, schnell am Büfett geangelt, kühlte für einige Minuten, denn es war heiß in Paris: die Sonne brütete über einer dunklen Wolkendecke, und der Schriftstellerschweiß floß in Strömen; diese Art hektischen Nichtstuns, von Party zu Party eilend, den Lebensstandard einiger Pariser Taxichauffeure hebend (denn die Metro streikte und Lyriker mußten Erzählern, Erzähler Lyrikern Geld pumpen), diese Haupt- und Weltstadtluft war ein wohltuender Gegensatz zur provinziellen Stille des deutschen Literaturbetriebes. Hin und wieder, in der Masse verloren, blaß und sichtlich geniert von so viel Rummel, tauchte dann ein französischer Kollege auf, mit dem man ein paar Worte sprach, hastig und verlegen; so wie Schuljungens in der Pause von ihren Klassenaufsätzen reden, so sprach man über seine Bücher, beschloß, sie zu tauschen, und lächelte sich verwirrt zu, während man dezent an der Schulter gepackt und weitergeschleppt wurde. Ahnungslos in ein freundliches Getümmel geraten, beschloß man, einigermaßen »Haltung« zu wahren.

Es war wichtig für uns, das französische Literaturgetriebe gleichsam von innen kennenzulernen, denn die Aussprachen und Referate fanden in Verlagshäusern statt: bei René Juillard, bei Calman-Lévy und in den Räumen der Editions du Seuil: Treppen, die noch Balzacs Auge gesehen haben mag, eine unbeschreibliche zärtliche Intimität, für die mir nur eine negative Vokabel einfällt: unamerikanisch; sehr wenig Nickel, sehr viel Holz und nirgendwo Kohorten nagelneuer Schreibmaschinen, wenig Aufwand offenbar und wenig Umstände, und obwohl man auch hier seine »Sache versteht«, so wurde das Eigentliche doch nicht mit konzentriertem Ernst, sondern eben *»en passant«* erledigt. Aber es wurde erledigt.

Merkwürdig, obwohl alles so ganz anders aussah als in den großen deutschen Verlagen, daß im Grunde gar nichts »so anders« ist: auch in Paris zittert man um die Dreitausenderauflage eines jungen Autors, auch dort sträubt man sich gegen Erzählungsbände, und die Bestseller-Überraschung der vergangenen Saison war auch dort: *Don Camillo und Peppone*; erstaunlich und unterschiedlich allerdings der geringe Umstand, mit dem dort Zeitschriften gemacht werden: zwei, drei Leute, eine Schreibmaschine, eine Sekretärin, und das Ergebnis sind so ausgezeichnete Zeitschriften wie *Esprit, Temps modernes* und *Lettres Nouvelles.* Erdrückend überhaupt die Fülle literarischer Zeitschriften und ihre Auflage (an der Spitze der *Figaro Littéraire* mit 130 000). Wichtig auch, zu erfahren, daß hier die Literaturkritik noch mit einiger Sicherheit ihre legitime Funktion erfüllt: den Leser zum Kauf des Buches zu veranlassen; was bei uns nur noch in Ausnahmefällen angenommen werden kann. Und trotz so viel literarischen Interesses der Öffentlichkeit ein wenig beschämend für uns Gäste, daß die meisten französischen Kollegen einen Brotberuf haben, während wir doch alle als »freie Schriftsteller« dorthin gefahren waren. Im privaten Gespräch zwischen deutschen und französischen Schriftstellern wurde deutlich, welche Rolle in Deutschland der Rundfunk als Auftraggeber und Ernährer der

Schriftsteller spielt. Ich glaube, darauf hinzuweisen und dieses praktische Ergebnis der Begegnung zu betonen, ist wichtig, denn wir neigen alle ein wenig dazu, unsere Situation für schwieriger zu halten, als sie von Natur ist; zwar muß jeder junge deutsche Autor sich tummeln, wenn er seinen Lebensunterhalt durch Funkarbeit stabilisieren will, aber wenn er sich tummelt, bekommt er seine Chance, sobald er als Ersatz für seine Visitenkarte seine Bücher vorzeigen kann; französische Autoren aber der gleichen Generation wie Robichon, Curtis, Kern und Estang sind Lehrer, Angestellte, oder im Getümmel eines Redaktionsbetriebes vergraben.

Sachlich, informativ und solide waren die Referate über die literarische Presse und Zeitschriften (Sigaux und Andersch am ersten Tage), auch Holthusens Überblick über die deutsche Lyrik (am dritten Tage); am Mittag des zweiten aber traf man sich im ehrwürdigen Hause Calman-Lévy, nahe der Opéra, wo Manès Sperber interpretierte, gleichsam stellvertretend für eine Generation von Emigranten, deren Situation der Heineschen nicht unähnlich ist. Im Hause Calman-Lévy schien kaum etwas verändert seit den Zeiten Heines (der dort verlegt wurde): im ersten Stock eine hölzerne Galerie, die um einen überdachten Innenhof herumlief, und leise, fast melodisch klangen die Geräusche einer Buchungsmaschine herauf, während Robert Kanters seinen Vortrag über den französischen Roman hielt; verspätete Gäste kamen (die Metro streikte), und als die (zweifellos prekäre) Lage des deutschen Romans der Gegenwart, erst von Luise Rinser, später von Rudolf Krämer-Badoni zur Diskussion gestellt wurde, fiel plötzlich der Name Ernst Jünger, und es geschah, was um der Pointe willen nicht verschwiegen werden kann: Temperamente prallten aufeinander, fast schien es teutonisch zu werden, bis der Feuerlöscher zur Raison rief: er löste sich vom Halter, platzte, und sein weißer Schaumstrahl rief Erschrecken bei den nahe Sitzenden, Lachen bei den weiter weg Postierten hervor. Und leider ging die Vorstellung der französischen Kollegen in diesem Getümmel unter, und die eigentliche Diskussion mußte ausfallen, weil die Zeit überschritten war.

Zwischendurch immer wieder Empfänge: Konfekt, Eis und Sekt und das sanfte Gesumme vieler Stimmen: in der Wohnung Wilhelm Hausensteins, im Hause Plon, wo wir eine solide Pracht bewundern konnten, die erstaunlich unmuseal wirkte, bei den

Preuves, der *Page Internationale,* den Editions du Seuil und im Hause Conrad Schlumbergers, wo Joseph Breitbach Rudolf Hagelstange zur Vorbereitung des kurzfristig abgeforderten Referates in ein Zimmer schloß. Plötzlich erkannte man jemand im Getümmel: Annette Kolb, liebenswürdig und ein wenig streng zugleich, oder Gabriel Marcel, und es war wohltuend, deutsche Kollegen zu treffen, denen die Pariser Atmosphäre geläufiger war: Friedrich Hagen oder Paul Celan, Hermann Kesten und Georg Glaser.

Erst jetzt tauchen langsam Gesichter wieder auf, denen sich ein Name zuordnet, und es fällt einem ein, was alles man hätte sagen müssen; daß etwa – wie man in Paris zu glauben scheint – nicht nur die Namen Brecht, Benn und Jünger für Schulen stehen, die sich gebildet haben, und Thomas Mann: daß es weitergeht, tiefer, Einflüsse, die nicht genau zu umschreiben sind: unsere schamhaft immer wieder verschwiegenen Erzähler Stifter, Fontane und Joseph Roth und der unvergleichliche Hebel, der Pate gestanden hat zwischen Anekdote, Novelle und Story: französische Einflüsse aus der Gegend Bernanos' und Mauriacs, die sich vielfach mischen mit den großen amerikanischen Impulsen. Vieles fällt einem ein, was man unbedingt hätte sagen müssen, aber vieles wurde privat gesagt, wenn man sich so um Mitternacht herum traf in einem der Cafés zwischen Montparnasse und dem Seinekai. Um drei ging es gewöhnlich ins Bett, und beim Frühstück vereinte man sich wieder. Ach, würden die Literaten doch öfter miteinander frühstücken! Zwar braucht eine sachliche und saubere Gegnerschaft nicht bagatellisiert zu werden – es wäre schade darum –; aber es ist wichtig, sich einmal Zucker zu reichen und Milch und in Verlegenheitspausen sich des *»deus ex machina«* zu bedienen: der Zigarette, die immer wieder Gesprächsstoff hergibt und sich bereitwillig verqualmen läßt. Wußte man schon, daß X auch Kinder hat? Nein – ach, wie reizend sie sind, die Kinder – und wie die puren und die engagierten gemeinsam unter der Hitze leiden!

Es ist müßig, zu fragen, ob sich das Treffen gelohnt hat: Begegnungen lohnen sich immer, und diese lohnte sich vielfach: auf verschiedenen Ebenen, es wurde offiziell gesprochen, privat geplaudert, und Paris wurde nicht auf der schiefen Ebene der Touristik erschlossen, sondern in Menschen und Häusern. Verträge wurden geschlossen, Freundschaften angebahnt, und es wäre

allein eine Reise nach Paris wert gewesen, zu erfahren, daß die deutsche Tüchtigkeit eben *»le tuchtigkeit«* ist, oder nach einem sehr langen Gespräch von einem Verleger etwas zu erfahren, was deutsch wohl heißen würde: »Wenn man nicht arbeitet, tut man am meisten.«
Ein wenig bangend wohl gingen wir alle in die Schlußveranstaltung in der Sorbonne, und als wir den Namen »Amphitheater Descartes« hörten, kamen wir uns wohl ein wenig wie verlorene Gladiatoren vor, doch milderten so liebenswürdige Germanisten wie Edmond Vermeil und Robert Minder das Lampenfieber, und was bei einer präzisen Vorbereitung sicher schiefgegangen wäre, wurde glänzend beendet durch Rudolf Hagelstange, der verspätet und völlig erschöpft mit seinem Konzept kam: Hagelstange hielt nicht nur eine glänzende Rede, sprach keineswegs für sich selbst, sondern was zufällig schien, wurde offenbar Bestimmung: er sprach für eine Generation, die auf der *»tabula rasa«* ihre zögernden Schritte begann, inzwischen aber sich formiert hat, nicht zur Marschkolonne, sondern zu etwas, was ich lieber nicht Bewegung, sondern *mouvement* nennen will, die – ob pur oder engagiert – eine »neue Strophe zu beginnen« entschlossen ist. Rudolf Hagelstange, der fern aller Parteiung steht, war nicht vorgesehen als Referent, aber gerade er vertrat uns am besten, und wenn ich uns sage, meine ich uns wirklich alle, auch die, die nicht in Paris waren.

Was ist aktuell für uns?

Wir haben uns daran gewöhnt, hin und wieder, in einem bestimmten, für uns nicht kontrollierbaren Rhythmus, das Gesicht des ägyptischen Exkönigs Faruk auftauchen zu sehen: in der Illustrierten, in der Wochenschau, in unserer Tageszeitung. Wir kennen ihn, vielmehr, glauben ihn zu kennen: diesen Menschen, von dem wir im Grunde fast gar nichts wissen, als ein paar immer wiederkehrende, immer wieder genannte Fakten, die geeignet sind, ihn uns unsympathisch erscheinen zu lassen. In Wirklichkeit wissen wir nichts von ihm, nichts von diesem ägyptischen König, der einmal ein Prinz war, ein junger Mensch, der genau so seine Ideale hatte wie mancher andere junge Prinz, sie offenbar verlor, als er hinter die Kulissen der Politik zu sehen anfing. Wir werden sein Gesicht nicht vergessen, es ist uns eingeprägt, eingehämmert, uns nahegebracht, wir begegnen ihm, sehen es, ohne es zu wollen: schlagen wir beim Zahnarzt gelangweilt eine Zeitung auf, blicken wir jemand, der in der Straßenbahn neben uns sitzt, über die Schulter, gehen wir ins Kino, irgendwo, irgendwann werden wir ihn sehen: den Exkönig Faruk – wir werden ihn oft sehen, so oft, daß wir ihn nie mehr vergessen werden. Wenn uns in zehn Jahren der Name wieder begegnet, werden wir uns seiner erinnern, und wir werden denken: Ach so, ja, dieser Faruk, das war doch der Dicke, der diese widerwärtigen Korruptions- und Weibergeschichten hatte.

Aber wir werden nie wissen, ob dieser Eindruck richtig war oder ist. Wir können nichts kontrollieren und vor allem, wenn wir einmal darüber nachzudenken versuchen, werden wir keinen Grund finden, warum uns dieser Faruk so oft gezeigt wird. Es gibt sehr viele Könige noch in der Welt – die meisten von ihnen machen keinen glücklichen Eindruck, und mancher von ihnen wird nicht besser, auch nicht schlechter sein als Faruk – jeder wird seine private Tragödie haben, von der wir nie etwas Wesentliches erfahren.

Dabei gibt es im Leben Faruks kaum etwas, was diese Sensation, zu der er gemacht, rechtfertigt: gewiß, er hat eine Frau verstoßen, weil sie ihm keine Söhne gebar – das geschieht häufiger, als wir glauben; man hat ihn gewisser Schiebungen überführt – das geschieht täglich mit anderen, von denen wir nie erfahren, und

die Gesichter derjenigen, die mit großem moralischem Geschrei die Schiebungen ihres Exkönigs verkünden, diese Gesichter sehen kaum vertrauenswürdiger aus als das Gesicht des Königs selbst, und seine Frau, seine Schwiegermutter, die – mit dem Ausdruck großer moralischer Entrüstung auf dem Gesicht – ein Flugzeug bestiegen, ins befreite Ägypten zurückflogen: diese beiden erwecken nicht gerade große Sympathie in uns.
Inzwischen aber – unmerklich – geschieht etwas anderes, ganz nahe neben uns geschieht etwas anderes, von dem wir nichts bemerken, obwohl es uns mehr angeht als die Gesichter dieser Fremden. Unsere Kinder gehen in die Schule: sie verlassen um acht das Haus, kommen gegen eins zurück, werfen den Ranzen ab, essen, spielen, machen ihre Aufgaben – wir fragen sie einmal etwas, bekommen eine kurze Antwort – und geben uns zufrieden, schlagen die Illustrierte auf und blicken in die Gesichter dieser fremden und fernen Zeitgenossen, während wir kaum etwas von dem ahnen, was unsere Kinder erleben, was sie wissen, erfahren, was sie möglicherweise quält.
Inzwischen sterben in Korea täglich junge Männer, die nur gelegentlich einer Schlagzeile für wert befunden werden, und es werden Verträge unterschrieben, und ein Drittel der Erdbevölkerung lebt im Zustand chronischer Unterernährung; täglich fliehen irgendwo Menschen, geschehen Unglücke, und Katastrophen brechen herein – aber selbst eine so große Katastrophe wie die Überschwemmung niederländischer und englischer Gebiete, die mehr als tausend Tote erforderte und viele tausend Menschen arm machte, selbst eine so gewaltige Katastrophe wird kaum länger als eine Woche für aktuell genug gehalten, um Gegenstand laufender Berichte zu sein: Zäh schlägt die andere, die Scheinaktualität wieder durch, sie wird sichtbar wie ein Wasserzeichen: Köpfe der Könige und Schauspielerinnen, die uns im Grunde gar nicht interessieren, uns auch nichts angehen und die auswechselbar sind wie die Köpfe eines Kasperletheaters.
So lernen wir den Tageslauf irgendeiner Filmschauspielerin auswendig, wissen, wann sie aufsteht, was sie frühstückt, welche Gymnastik sie treibt, kennen jeden einzelnen ihrer Hunde mit Namen, wissen möglicherweise seine Krankheiten und seine Diät – oder wir sehen irgendeinen pensionierten König mit gelangweiltem Gesicht über den Golfplatz gehen, wissen von ihm, welche Manschettenknöpfe er trägt; von jenem Drittel der Erd-

bevölkerung aber, das ständig hungert, erfahren wir nichts, unser Wissen über große Länder der Welt ist aus ein paar Vorurteilen zurechtgeschustert. Gleichgültig gleiten unsere Hände, wenn wir irgendeinen Punkt auf der Erde suchen, über große Flächen hinweg: in der östlichsten Ecke Sibiriens, wo Millionen Menschen in Lagern, in unbekannten Städten, in riesigen Industriebezirken Sklavenarbeit leisten und ein Sklavenleben leben.

Fast einhundertzwanzig Minuten – zwei Stunden täglich – jede neunte Minute im Programm unseres Systems hören wir Nachrichten. Wir lauschen der Stimme jenes Mannes, der sachlich – so wie man bei ihm voraussetzt – von den Dingen berichtet, die in der Welt geschehen sind, aber hinter einer einzigen Suchmeldung, die nur den Bruchteil einer einzigen dieser einhundertzwanzig Minuten ausmacht, hinter einer einzigen Suchmeldung verbirgt sich mehr Schmerz, als zu erklären wir uns anmaßen können. Über jede einzige dieser winzigen Notizen ließe sich eine Tragödie schreiben: Verlust eines Kindes, eines Mannes, einer Mutter. Wir hören immer nur Worte, aber Worte stehen für Dinge, und weil die Worte zu verschleißen in Gefahr sind, kommen die Dinge in Gefahr, an Bedeutung zu verlieren.

Wir wissen genau, welchen Weg der Krönungszug in London genommen hat, aus welchen Geweben die Gewänder hergestellt sind, wir sind über das gesamte, sehr komplizierte Zeremoniell unterrichtet – den Namen des Abgeordneten aber, dem wir bei der letzten Wahl unsere Stimme gegeben haben, kennen wir nicht mehr: Wir haben uns kaum für ihn interessiert, haben uns blind darauf verlassen, daß der Apparat irgendwie funktioniert, die Partei, die wir gewählt haben – »es schon machen wird«. Wir verschwenden unsere Aufmerksamkeit auf völlig nebensächliche Dinge, und wir haben dann keine Zeit mehr für die Dinge, die unser tägliches Leben wirklich bestimmen: Unsere Verfassung ist uns unbekannt, sehr ungenau wissen wir Bescheid über den Aufbau unserer Gemeindeverwaltung. Unsere staatsbürgerliche Freiheit lassen wir ungenutzt. Wir haben uns daran gewöhnt, auf die Steuer, auf die Verwaltung zu schimpfen, aber keine Gelegenheit, uns darüber zu informieren, was mit unserem Geld geschieht, nehmen wir wahr. Eine westdeutsche Großstadt ließ ihren Haushaltsplan zur Einsicht ihrer Bürger eine Woche lang aufliegen: Es waren insgesamt drei Bewohner der Stadt, die es der Mühe für wert hielten, sich wirklich zu informieren.

Wir halten es für wichtig, Bescheid zu wissen, wer am Begräbnis irgendeines Fürsten teilgenommen hat – aber den Lehrer unseres Kindes kennen wir nicht; ihn uns einmal anzusehen, mit ihm zu sprechen, halten wir für unwichtig – ohne ihn zu kennen, vertrauen wir ihm unsere Kinder an, deren Gedanken, deren religiöse, politische Anschauung er wesentlich beeinflussen wird.
Das Lächeln unseres Lieblingsfilmschauspielers ist uns vertraut, was aber morgens zwischen acht und eins mit unseren Kindern geschieht, scheint uns gleichgültig zu sein. Wir betrügen uns um unser eigenes Leben, betrügen unsere Kinder, indem wir unsere Aufmerksamkeit auf scheinbare Aktualitäten verschwenden. Wir wissen nicht, ob es unserem Nachbarn schlecht- oder gutgeht, werden eines Tages überrascht, indem wir beobachten, daß ein Sarg aus dem Nachbarhaus getragen wird: Unser Nachbar ist gestorben; aber wir wissen, ob der Kapitän der Fußballmannschaft, auf die wir setzen, einen Schnupfen hat. Es ist uns lästig, wenn unsere Frau abends zu erzählen beginnt, wie sie ihren Tag verbracht hat, was geschehen ist, welches ihre Sorgen sind, aber wir interessieren uns für den Kummer eines Filmstars, der wahrscheinlich erfunden ist, um unsere Aufmerksamkeit zu fesseln.
Aktuell ist unser eigenes Leben, alles, was damit zusammenhängt; es geht uns wirklich etwas an, und wir müßten wissen, wie es in unserer Nähe aussieht: Der Raum, den wir zur notwendigen Entspannung und Ablenkung für die geschickt erfundenen Einzelheiten aus dem Leben von Film- und Sportgrößen, von Königen und Fürsten, aussparen können, dürfte nur gering sein. In Wirklichkeit ist er größer, als wir verantworten können angesichts der Unkenntnis, die wir unserem eigenen Leben gegenüber besitzen: Was an wirklich Neuem uns angeht, für uns aktuell ist, geschieht ganz nahe neben uns: Jeden Tag verändert sich das Gesicht unseres Kindes, jeden Tag könnten wir etwas Neues an unserer Frau, an unserem Mann entdecken, denn kein Mensch kennt den anderen, und viele Abenteurer, die durch die ganze Welt gezogen sind, Gefahren bestanden und die Erregungen fremder Erdteile erlebt haben, kehrten heim und waren erstaunt über die Abenteuerlichkeit eines alltäglichen Lebens.
Es geht uns nichts an, daß ein pensionierter König morgens sechs Eier zum Frühstück ißt, es ist uninteressant für uns, zu wissen, wieviel Meter Samt bei einer Fürstenhochzeit verbraucht wor-

den sind, und es ist nicht im geringsten aktuell für uns, daß ein Filmschauspieler sich einen Schnurrbart wachsen läßt. Wir entfliehen unserem eigenen Leben, indem wir uns mit den Einzelheiten eines fremden beschäftigen; was uns an fremdem Leben angeht, ist das, von dem wir wenig erfahren: vom Tod junger Männer, die täglich in Korea und Indochina sterben, vom Hunger eines Drittels der Erdbevölkerung und vom unbekannten Leiden vieler Millionen, die in Ländern leben, die uns kaum dem Namen nach bekannt sind. Jeden Augenblick geschieht das Ungeheuerliche, das wirklich Aktuelle: Menschen werden geboren und sterben, es geschieht ganz nahe neben uns, wir aber sind in Gefahr, über dem Grinsen Faruks das Lächeln unseres Kindes zu vergessen.

Ernst Kreuder, 50 Jahre alt

Ernst Kreuder, der am 29. August fünfzig Jahre alt wird, ist in Deutschland nicht vergessen, aber man muß seinem Werk größere Beachtung wünschen, als es in den letzten Jahren genossen hat. Es muß noch einmal daran erinnert werden, daß Kreuder – neben Borchert – der erste deutsche Autor nach dem Krieg war, mit dem wir wieder Anschluß an die europäische Literatur gewannen. Seine Erzählung *Die Gesellschaft vom Dachboden* hat in England außerordentliches Aufsehen erregt und einen Kritiker zu der Äußerung veranlaßt: Eine dichterische Aussage, wie man sie in den letzten hundert Jahren kaum mehr aus Deutschland vernommen hat.

Durch Kreuders Gesamtwerk zieht sich die Auseinandersetzung mit der Wirklichkeit, die er in seinen Erzählungen und seinem Roman in ihrer Vielschichtigkeit ausdeutet. Er ist wohl einer der wenigen lebenden deutschen Autoren, die ganz in der Tradition der Romantik stehen, ohne der Elemente zu entbehren, die ein hier und jetzt Schreibender beherrschen muß. Doch zögere ich, Vokabeln wie Romantik und modern anzuwenden, denn deutend an Kreuders Werk heranzugehen würde heißen, ihm einen großen Teil seines Zaubers zu nehmen. Elisabeth Langgässer hat ihn einen unendlich liebenswerten Zauberer, seinen Roman *Die Unauffindbaren* ein Zauberbuch genannt. Und Kreuder, den man auch mit der Bezeichnung Surrealist falsch etikettieren würde, ist wirklich ein Zauberer, der die verschiedenen Wirklichkeiten übereinanderzuschieben, sie ineinanderzuflechten versteht.

»Die Traumbilder der Kindheit werden durch den kalten Wasserstrahl der Vernunft ausgelöscht« und es werden ihnen windige Parolen entgegengestellt: Dem Tüchtigen gehört die Welt. Früh übt sich, was ein Meister werden will. Gut rasiert, gut gelaunt. Wer photographiert, hat mehr vom Leben. »In den Schulen wird der erste blindwütige Infanterismus, der Fußdienst der Seelen betrieben«, und die den Traumbildern der Kindheit nicht abschwören, denen gehört Kreuders Aufmerksamkeit: den Männern Wilhelm, Oskar, Waldemar und Berthold dort oben auf dem Dachboden, der zwischen den Wirklichkeiten schwebt wie der Hängeboden eines Theaters; dem lebensuntüchtigen

Herrn Quichow, den großartigen Gestalten seines Romans *Die Unauffindbaren*: Pat Flint, dem Manne, dem durch ein Eisenbahnunglück sein Lebenswerk, eine Erfindung, innerhalb einer Minute zerstört wurde, dem Artisten Charles Pitt, dem seltsamen Sektierer Arthur Orlins, seinem Sohn Gilbert, dem Mädchen Jessie Hobbarth. Sie alle sind zusammengehalten durch ein geheimnisvolles Band und ein ebenso geheimnisvolles Signalsystem, in dem simple Briefe so bedeutsam sind wie Wolken von bestimmter Farbe und Gestalt, die als Zeichen gelten; sie alle haben sich gefunden und zusammengetan, um gegen Irrenhäuser, Zuchthäuser, die üblichen Verwaltungspraktiken, gegen Vivisektion – »die geheime Poesie des menschlichen Daseins« wieder ins Recht zu setzen.

Alle Gestalten Kreuders sind einfache, kindliche Menschen, die es fertigbringen, mit Eisenbahnen und Schiffen zu spielen, die einander an kleinen Spielzeugkaufläden Bonbons verkaufen. Gestalten, deren Recht und Größe Kreuder gegen die Großen und Gewaltigen dieser Welt mit soviel Liebenswürdigkeit wie Leidenschaft verteidigt:

»Sie sehen auf den einfachen Mann herab, der doch auch dein Geschöpf ist. Wohl riecht er ein bißchen, und seine Hände sind schrundig, und die Fingernägel nicht rosig und gefeilt. Sein Kittel ist geflickt, und sein Betragen simpel. Die Feinen hängen an schönen Kleidern, Wohlgerüchen, Schmuck und Tand, ihr Gebet ist das Bad, ihr Glaube das Geld, und sie sind herzlos und stets frisiert. Du brauchtst sie nicht zu strafen, das tut schon die Langeweile.«

Weg ist nicht nur der Weg, den man gerade sucht, und Ort nicht nur der Ort, auf den man gerade zustrebt. Es gibt nicht den Zufall bei Kreuder, nicht die emsige Sucht, in jeder Minute etwas zu tun. Kreuder ist der ausgesprochene Gegner der Eifrigen, Tätigen, Strebsamen, und gerade das macht seinen Zauber aus. Weg ist für ihn der Weg durchs Leben im Leben, und Ort ist für ihn der Ort des Menschen in dieser Welt, und weil er die Sprache in ihrer Vielschichtigkeit wirken läßt, gewinnt er ein Verhältnis zu den verschiedenen Wirklichkeiten, entsteht dieser merkwürdige Zauber seiner Erzählungen, in denen der Leser plötzlich den Boden verliert, zu schweben beginnt, um in einer anderen, sehr nahe liegenden und doch sehr fernen Wirklichkeit sich wiederzufinden, die »an einem Gartenzaun, einem Holunderhügel, am

Rande eines verlassenen Feldweges« ihren Beginn hat. Es kommt nur auf den Blickwinkel an, auf die Optik des Herzens – und das Glaubwürdige wird unglaubwürdig, und das Unglaubwürdige glaubwürdig; und wir wissen plötzlich, daß es nie etwas Wichtigeres gab als die Augenblicke, die Minuten oder Stunden, Tage, Wochen – denn auch die Zeit löst sich zwischen den Schichten der Wirklichkeit auf; daß es nie Wichtigeres gab als das, was wir in der Ziegelei hinterm Haus gespielt haben, damals, als wir Kinder waren. Der Alte vom Wehr in der *Gesellschaft vom Dachboden* sagt:

»Darauf kommt es nicht mehr an, ob Sie dort oder hier sind, früher oder später. Merken Sie sich allein die Worte:

Stunde und Ort
sind in einem fort.«

Alle Werke von Ernst Kreuder sind im Rowohlt Verlag, Hamburg, erschienen: *Schwebender Weg, Die Gesellschaft vom Dachboden, Die Unauffindbaren.* Im Frühjahr 1954 wird dort sein Roman *Auf unbestimmte Zeit verreist* erscheinen, auf den wir sehr gespannt sein dürfen.

Verführtes Denken

Über Czeslaw Milosz, »Verführtes Denken«

Milosz' Buch, das vor kurzem in Frankreich und Amerika erschienen ist, wird auch in Deutschland einen besonderen Rang einnehmen. Es ist nicht das Buch eines Kommunisten, der zur Einsicht kam, floh, und nun seinen Haß auf das System mit latenten Schmeicheleien dem Westen gegenüber verbindet. Milosz schreibt als jemand, der nie Anhänger des Systems war, aber trotzdem 1945 in den Dienst der polnischen Regierung trat, Zusammenarbeit versuchte, aber absprang, als sie sich als unmöglich und lebensgefährlich erwies. Seine Beobachtungen während dieser Jahre ergaben eine aufrichtige Analyse, deren Grundstimmung nicht der Haß, sondern der unendliche Schmerz eines leidenden Menschen ist, der die Schrecken und die Taktiken eines totalitären Regimes mit der Sensibilität eines Lyrikers beobachtete und mit der Präzision eines leidenschaftlichen Schriftstellers niederschrieb, sie nun dem Westen bietet, indem er diesem in einem großartigen Kapitel »Der Westen vom Osten aus gesehen« seine eigenen Schwächen entgegenhält. Was sich aus den genau analysierten Lebensläufen polnischer Schriftsteller, die Milosz Alpha, Beta, Gamma, Delta nennt, die aber wohl für einen Kenner der polnischen Literatur genau auszumachen sind; was sich aus diesen Lebensläufen ergibt: wie das Denken von innen heraus langsam »verführt« wird, ausgehöhlt wird, wie sie sich der Barbarei des sozialistischen Realismus unterwerfen, der für jeden Künstler den Tod bedeutet – ähnlich ist es merkwürdigerweise – und das ist die für uns so wichtige Erkenntnis aus diesem Buch – ähnlich ist es mit den großen Parolen der westlichen Politiker: Vaterland, Ehre, Volk, ähnlich ist es mit der liberalen Massenkultur, von der Milosz beweist, daß sie auch auf einsichtige Menschen aus den totalitären Staaten keinerlei Anziehungskraft ausübt. Gerade diese Schwäche des Westens ist es, die es den Zynikern im Osten leichtmacht, sich dem System preiszugeben, weil sie im Westen nichts sehen, was ein Martyrium lohnenswert machen könnte. Der Reaktionär – sagt Milosz – ist wie jemand, der nach einer Überschwemmung seinen Garten so wiederzufinden hofft, wie er vorher war: aber er findet nur die gleiche Zahl von Quadratmeter wieder, die Wassermassen haben

Mutterboden weggeschwemmt, haben Bäume entwurzelt, Zäune weggerissen. Das ist ein großartiges Bild für die Mentalität eines großen Teils der Männer, die im Westen »den Ton angeben«.

Gerade weil Milosz sich aller gehässigen Töne enthält, weil er die reziproke Propaganda des Abgefallenen vermeidet, ist sein Buch für uns voller erschreckender Einsichten, Einsichten, die wir nicht umgehen, an denen wir uns nicht vorbeidrücken sollten. Die Kapitel Murti Bing und Ketman, in denen von neuen Denkpraktiken, von einer Droge berichtet wird, die es erleichtert, in neuen Kategorien zu denken, bedeuten Bereicherung des Vokabulariums im Gespräch über den Totalitarismus, die nicht mehr wegzudenken sein werden.

Köln eine Stadt – nebenbei eine Großstadt

Es ist fast müßig, eine Stadt zu loben, die fast zweitausend Jahre lang ohne viel Geschrei ihre Anziehungskraft bewiesen hat. Köln zu loben ist also wirklich fast müßig, und doch muß es einmal geschehen, obwohl es schwer ist, etwas zu beschreiben, was unbeschreiblich ist. Die wirklichen Städte haben die Eigenschaft, daß sie die Vorzüge eines Dorfes mit den Reizen einer Stadt verbinden: sie bestehen aus Vierteln, Quartieren oder Faubourgs, die sich, um ein Zentrum gruppiert, ihre Eigenart bewahrt haben, und es gibt Leute in Köln, die zehn Minuten vom Dom wohnen, aber »in die Stadt gehen«, wenn sie sich ins Zentrum begeben. Man kann nach jemand, der mitten in der Stadt wohnt, fragen und erhält die Antwort: »Er ist in die Stadt gegangen.« Eine wirklich schöne Frau braucht nicht zu beweisen, daß sie es ist: mögen Eifersüchtige ihr nachweisen, daß ihre Nase nicht vollendet, ihre Taille zu schmal, ihr Mund zu groß sei; sie lächelt über diese Tadel, denn sie weiß, daß sie etwas besitzt, das undefinierbar und unmeßbar ist: Schönheit; etwas was nicht perfekt, aber vollkommen ist. Köln ist nicht perfekt, aber vollkommen, es ist vollkommen Köln, und wieder wird es mir schwer, zu sagen, was Köln ist:

Den Kölner Dom zu loben, ist wirklich überflüssig: er ist so groß, läßt sich gar nicht übersehen, steht außerdem gleich am Bahnhof und wirft seinen Schatten fast über alle einfahrenden Züge: man steigt aus, blickt unwillkürlich zu ihm auf und einige Minuten später ist man drin, möglicherweise noch bevor man den Koffer ins Hotel gebracht hat; auch der Rhein ist eigentlich ziemlich breit, von vielen Schiffen befahren und von vielen Brücken überbrückt, und wenn man ausgestiegen ist, riecht man ihn, wenn man ihn auch noch nicht sieht; da wären eher die romanischen Kirchen zu loben, die viel zu bescheiden sind: ein ganzer Kranz von ihnen, die sanft und grau um den Dom herum liegen. Es ist schwer zu definieren, was Sympathie erweckt: jedenfalls vieles in Köln erweckt sie, und ich weiß nicht, ob der Geruch des Rheines nicht so bedeutsam ist wie der Dom; ob es die vielen sanftgrauen romanischen Kirchen sind, oder die Kölner Straßenbahnschaffner: ich weiß es nicht. Vielleicht ist es das stetige Gefühl, in einer Stadt zu sein, was viel mehr bedeutet, als in einer Großstadt zu sein. Großstädte gibt es unzählige, aber schöne Städte gibt es nicht so sehr viel, und überdies sind sie Großstädte noch ganz nebenbei.

Wenn ich mich entscheiden müßte, was eigentlich den Ausschlag gibt in meiner Liebe zu dieser Stadt, die Straßenbahner würden siegen, weil sie sich aus einer sagenhaften Rasse rekrutieren, die es eigentlich gar nicht gibt; die aber aus dem Unsichtbaren heraus sich immer wieder manifestiert in den Schaffnern: aus der sagenhaften Rasse der Kölner, die aus soviel Elementen besteht wie es Heere, wandernde Völker in Europa je gegeben hat; alles was zwischen Moskau und Calais, zwischen Neapel und Stockholm je auszog, das Fürchten zu lernen, von allem ist in Köln etwas hängengeblieben; schließlich und endlich die ebenso biederen wie geschickten Ubier, die in Köln ihre Götter verehrten. Diese Mischung hat in zweitausend Jahren allerlei Weisheit angehäuft, und sie gibt ihre Weisheit, wohldosiert, weiter an alle Zugewanderten, an jeden, der sie hören mag, sie gibt sie weiter durch den Mund ihrer Straßenbahnschaffner! Jemand – ein Fremder – hat mir einmal zu beweisen versucht, daß die Stadtverwaltung (heimlich natürlich) ihre Schaffner in Psychotherapie unterweisen lasse, aber Psychotherapie ist ein dummes Wort, und der Fremde hatte natürlich unrecht. Wie es in Berlin wenig Berliner gibt, gibt es in Köln wenig Kölner: irgendwo aber muß diese geheimnisvolle Rasse existieren, denn sie sendet immer wieder ihre Boten in die Stadt, damit ihr Geist sich den Zugewanderten mitteile. Wer sich zu ihnen in die Kur begibt, also mit der Straßenbahn fährt, wird bestimmt geheilt entlassen, geheilt von der Vorstellung, das Leben sei lang genug, daß man Zeit habe, sich aufzuregen. Auch die Vorstellung, das Leben sei so tödlich ernst, wie es manchmal aussieht, wird von ihnen widerlegt, und außerdem (und ich hoffe, daß die Stadtverwaltung es nie erfährt) bestehen sie, falls man kein Geld mithaben sollte, nicht unbedingt darauf, daß man bezahlt: man kann mit ihnen reden: überhaupt lassen die Kölner mit sich reden: sie sind die am wenigsten fanatische Rasse, die ich kenne, und es ist gewiß kein Zufall, daß Hitler sich in keiner Stadt so wenig wohlgefühlt hat wie in Köln; die Souveränität der Bevölkerung liegt so sehr in der Luft, daß kein Tyrann, kein Diktator sich in Köln wohlfühlen kann.

Man kann mit dem Auto durch eine Stadt fahren, kann sie vom

Flugzeug aus betrachten, schließlich die abenteuerliche Perspektive des Radfahrens wählen, aber die abenteuerlichste bleibt die des Fußgängers, der gelegentlich die Straßenbahn benutzt: er taucht in die Bevölkerung ein wie in ein Element, er nimmt an ihrem Leben teil, an ihrem Alltag und dieses Erlebnis nimmt ihm das ein wenig befremdende Gefühl, ein Tourist zu sein.

Köln ist eine Großstadt – gewiß –, aber das sagt nicht viel: es ist eine Stadt, und in einer Stadt fühlt man sich zu Hause, in einer Großstadt nicht immer.

Auf dem Weg zum Zahnarzt

Über Ennio Flajano, »Frevel in Äthiopien«

Während des abessinischen Krieges wird ein junger Leutnant zum Zahnarzt geschickt: ein abenteuerlicher Weg durch eine fremde und feindselige Landschaft, die die Absurdität eines Krieges erduldet. Hitze quält den Leutnant und Durst, er verirrt sich, eine uralte Karte (»Möglicher Aufenthaltsplatz von Hirten«) erweist sich mehr verwirrend als hilfreich, und irgendwo im Busch findet der junge Offizier, dessen Name bis zum Ende des Romans nicht genannt wird, eine badende Eingeborene, die nach einigem Widerstreben seine Geliebte wird. Aber als er dann fortgehen will, hält sie ihn fest, holt Brot und Eier aus einer Siedlung in der Nähe, und die beiden verbringen die Nacht in der Steinmulde eines Felsens. Alles sieht so harmlos und nett aus, und doch weiß man vom ersten Satz an, daß Unheil geschehen wird, und es geschieht: nachts umstreunt ein Tier den Lagerplatz, der Leutnant schießt, ein Querschläger trifft den Bauch des Mädchens, Blut fließt, unstillbares Blut; Hilfe holen zu wollen ist zwecklos in dieser Einsamkeit, und außerdem ist Mordverdacht zu befürchten, und im Morgengrauen entschließt sich der Leutnant, das Mädchen Mariam zu erschießen. Er bedeckt ihr Gesicht, um ihre Augen – diese grauen Augen – nicht zu sehen, knallt drauf los – und begräbt sie, nachdem er seine Uhr, die er ihr geschenkt hatte, von ihrem Arm gelöst hat.
Der Weg zum Zahnarzt wird erfolgreich fortgesetzt, und in der Stadt kommt das Übliche: afrikanisches Bordell, Schwermut, Dunkelheit und Trockenheit des Kontinents. Rückkehr zum Bataillon, großes Hallo im Kasino (Toller Kerl, so viele Tage für einen Zahnarzt-Besuch zu brauchen).
Aber dann wird das Bataillon in jenes Tal verlegt, in dem der Mord geschah. Täglich hockt der Leutnant am Grabe Mariams, und ein merkwürdiger Aussatz zeigt sich an seinen Händen: flechtenartige Flecken, die nicht weggehen. Johannes und Elias tauchen auf, ein alter Mann und ein Junge, von denen man sofort weiß, daß sie »zu Mariam gehören«. Wieder geht es in die Stadt, und dort spricht der Leutnant zwei hübsche Mädchen an, die ihm zwar zulächeln, mit ihm sprechen, aber dann ihre Hände erheben: von Lepra verstümmelt. Trug nicht auch Mariam diesen

weißen Turban, der offenbar das Zeichen der leprosen Frauen ist? Angst, Unruhe, Schuldgefühl steigern sich, ein Buch über Lepra wird besorgt, eine Hand ist auf der ersten Seite abgebildet: »Es war meine Hand.«
Mordversuch an dem Arzt, der Mitwisser zu sein scheint, gerade in dem Augenblick, wo ein vierwöchiger Urlaub nach Italien bewilligt ist. Aber »immer wieder kehrten meine Gedanken zu Mariam zurück, zum Tod, den wir uns gegenseitig gegeben hatten«, und in Massaua befällt ihn die Angst in vollem Umfang, als er das Schiff besteigen will, das ihn zu ihr bringen soll, seiner Frau in Italien.
Um Geld für eine Schwarzfahrt nach Italien zu besorgen, Raubmordversuch an einem Major. Zwar gelingt der Raub, aber der Mord schlägt fehl. Die Rückkehr nach Massaua ist versperrt. Und nun verbringt der Leutnant seinen vierwöchigen Urlaub in Mariams Heimatdorf in Gesellschaft des feindseligen Johannes und eines verirrten Maulesels. Trostlose Wochen in Dreck, Hunger und Durst, ohne Zigaretten, bis ihm eines Tages einfällt, daß Mariam seine Uhr trug, als sie Eier und Brot holte, dieselbe Uhr, die er nun in Gegenwart ihres Vaters trägt; daß der Alte also um seine Schuld weiß und wußte.
Am Grabe spricht nun der Leutnant mit Mariam: »Mir schien, als sei das Leben eines Menschen gar nicht so viel wert – eines Menschen, der nur etwas mehr als ein Baum und etwas weniger als eine Frau zu sein schien. Ja, du warst hier, damit ich ein Maß für die Dinge bekam.«
»Auch die Bibelverse waren gegen mich, sie klagten mich an mit der Eindringlichkeit und Grausamkeit der schlichten Worte, die unvermittelt ihre wahre Bedeutung wiedererlangen.«
Zwar erweist sich zum Ende, als der Leutnant zu seinem Bataillon zurückkehrt, seine Angst vor der schrecklichen Krankheit als ebenso irrig wie seine Angst vor der Verfolgung durch die Polizei, aber dieses Happy-End nimmt der Tat und der langen Qual nichts von ihrem Schrecken. Das ungeheure Gewicht eines einzigen Menschenlebens, noch dazu eines eingeborenen Lebens, das dem Eroberer »wie ein Teil der Landschaft« erschien, erfüllt diesen Roman, der nur ein wenig darunter leidet, daß der Leutnant später mit einem Kameraden reflektierend das ganze Erlebnis zerpflückt, um seine »Lücken« herauszufinden. Trocken und mit einer grandiosen Ironie dem ganzen Kriegsapparat gegen-

über erzählt Flajano diesen Roman eines jungen Leutnants, der winzig und verloren in diesen Kontinent Afrika einzudringen versucht. Flajano hat meisterhaft die Dumpfheit des Krieges gestaltet, das alberne Geschwätz in Kasinos und Bordellen und die lähmende Passivität Afrikas.

Ein skythischer Knabe

Durch die Martyrologien aller Jahrhunderte hindurch, von dem zeitgenössischen des heiligen Hieronymus bis in die vatikanische Ausgabe vom Jahre 1948, hat sich die Nennung der heiligen Brüder Argaeius, Narcissus und Marcellinus erhalten, die zu Tomi (Constanza) in der Dobrudscha von den Soldaten des Kaisers Licinius gemartert worden sind. Der fünfzeilige Absatz im römischen Martyrologium, der sich – nur wenigen kleinen Veränderungen unterworfen – fast 1600 Jahre erhalten hat, ist von protokollarischer Nüchternheit; unter dem 2. Januar steht dort: »Zu Tomi in Pontus gedenken wir der heiligen Brüder Argaeius, Narcissus und Marcellinus. Dieser wurde unter dem Kaiser Licinius unter die Rekruten gezogen, wollte aber nicht als Soldat dienen und wurde, nachdem er im Kerker lange mürbe gemacht worden war, zu Tode geschlagen, endlich ins Meer versenkt und vollbrachte so das Martyrium. Seine Brüder wurden mit dem Schwerte enthauptet.«

Übereinstimmend berichten alle Texte, daß Marcellinus noch puer, ein Knabe war, und einer älteren Fassung zufolge verweigerte er den Kriegsdienst, weil »er beteuerte, ein Christ zu sein« und nicht in die Stammrolle eines Heeres aufgenommen werden wollte, das heidnische Feldzeichen auf seinen Standarten trug. Seine Brüder wurden verhaftet, als sie ihn im Gefängnis besuchten und sich im christlichen Glauben standhaft zeigten.

Übereinstimmend auch berichten die Texte, daß Marcellinus lange mürbe gemacht wurde. In einigen deutschen Martyrologien hat man das Wort maceratus mit »halb totgeschlagen«, »gequält« übersetzt, aber das Lexikon gibt die einfache Auskunft: macerare heißt »mürbe machen«; das Wort leitet sich aus dem Griechischen ab; es kommt von magis, Backtrog. Teig wird mürbe gemacht: geschlagen, gerollt, getreten, geknetet; in die Sprache unserer zeitgenössischen Spezialisten übersetzt, würde macerare nichts anderes als »fertigmachen« bedeuten. Sie haben ihn also »fertiggemacht«, bevor sie ihn töteten, weil er nicht Soldat werden, ihren Feldzeichen nicht folgen wollte. Auch die Schimpfwörter werden entsprechend gewesen sein. Der kleine Marcellinus war mindestens ein Verräter, ein Feigling, ein Lump. Der Haß seiner Mörder kann nicht besser dargestellt

werden als durch die Tatsache, daß selbst seine Leiche sie noch zur Wut reizte.
Der Kaiser Licinius, unter dessen Herrschaft sich das Martyrium der drei skythischen Brüder vollzog, war Schwager, Verbündeter, dann Gegner, wieder Verbündeter und zuletzt wieder Gegner des großen Konstantin. Er wurde in Nikomedia, dem heutigen Ismid, erdrosselt. Wahrscheinlich war auch er zuletzt ein Verräter.
Es ist erschreckend, daran zu denken, daß Millionen christlich getaufter Soldaten einem so heidnischen Feldzeichen wie dem Hakenkreuz gefolgt sind, begleitet von Priestern, auf deren Uniform dieses krumme Kreuz aufgenäht war, nicht weit von der Stelle entfernt, wo das wahre Kreuz Christi hing, als offizielles Zeichen ihres Ranges und ihres Standes.

Selbstvorstellung eines jungen Autors

Geboren bin ich in Köln am 21. 12. 1917, dort auch ging ich dreizehn Jahre zur Schule und machte 1937 mein Abitur: aber vorher war etwas geschehen, an das ich mich genau erinnere: 1933, als ich fünfzehn Jahre alt war, war Hitler an die Macht gekommen: Deutschland – niemand hat bisher davon gesprochen – wurde im Dezember 1932 und Januar 1933 von einer Grippeepidemie heimgesucht: die Schulen waren geschlossen, das öffentliche Leben ziemlich lahmgelegt, und die Schnapsbrennereien florierten: Arbeitslosigkeit herrschte, fast niemand hatte Geld, und manchmal, wenn ich zur Schule ging – der Weg führte mich durch ein großes Arbeiterviertel –, waren die Straßen gesperrt, es gab Schießereien, und ich sah zum erstenmal in meinem Leben Panzerwagen, deren ich später sehr viele sehen sollte! Jedenfalls: Hitler kam an die Macht, und ich sehe noch vor mir das Gesicht eines Schulkameraden, der mich besuchte (auch ich lag mit Grippe im Bett) und mir freudestrahlend dieses Ereignis mitteilte.

Merkwürdigerweise wurde ich davor bewahrt, den politischen Irrtümern zu erliegen, obwohl ich generationsmäßig dazu ausersehen war. Meine Eltern, meine Geschwister, viele Freunde und Freundinnen meiner Geschwister – und mancher meiner Lehrer: sie alle zusammen bewahrten mich davor: meine Eltern hatten immer ein offenes Haus, obwohl wir wenig Geld hatten, und es wurde tagelang, Nächte hindurch bei uns diskutiert: sehr oft und in sehr großem Kreis. Eine von den vielen Freunden und Freundinnen, die bei uns verkehrten, wurde später meine Frau (ist es heute noch).

Es kam die Röhmrevolte, die wir alle mit großer Anteilnahme und großer Erregung verfolgten: wir waren die ganze Nacht auf den Beinen: in der Stadt waren die Straßen voller Menschen, und die Extrablätter wurden den Verkäufern aus den Händen gerissen.

Aber diese Erregung und Erwartung erwies sich als irrig: Hitler stabilisierte sich, das Heer kam ganz in seine Hand, und der Terror breitete sich aus: ein lautloser Terror: hier und da verschwand einer unserer Freunde, kam nach Monaten wieder, merkwürdig verändert und bitter, und sehr schweigsam. In den

Schulen wurde der Staatsjugendtag eingeführt, und es gab versteckte Schwierigkeiten für mich, der ich nicht in der Hitlerjugend war. Doch wurde ich von vernünftigen Lehrern geschützt und vor Schlimmem bewahrt, und ich war froh, als ich die Schule endlich hinter mir hatte. Ich begann eine Lehre als Buchhändler, wurde damit automatisch Mitglied der Arbeitsfront, besuchte keine einzige Versammlung. Aber im Herbst 1938 war meine Einziehung zum Reichsarbeitsdienst nicht mehr hinauszuschieben, und ich machte meine erste Bekanntschaft mit dem Nazismus aus der Nähe: gleich gründlich für 7 Monate Stumpfsinn, Brutalität und schwere körperliche Arbeit, dazu ein sehr zynischer und intelligenter Oberstfeldmeister (Lagerführer) und jeden Tag stundenlang das Singen von Naziliedern, das Repertoire war unerschöpflich. Es folgten – mit einer kleinen Unterbrechung von 3 Monaten, während derer ich Germanistik und Kleinkaliberschießen an der Universität Köln studierte – 7 Jahre Stumpfsinn, Brutalität und das Singen jener Lieder aus dem unerschöpflichen Repertoire. Was vom Elternhaus, von unseren Freunden her eine theoretische Abneigung gewesen war (Abneigung gegen die Nazis und gegen Gemeinschaftsgesang, der unmittelbar damit zusammenhängt), vertiefte sich in den Jahren 1938 bis 1945 gründlich. Den Krieg machte ich als Infanterist mit, auf verschiedenen Kriegsschauplätzen zwischen Kap Gris Nez und der Straße von Kertsch, und obwohl ich ihn interessant genug erlebte (ich wurde viermal verwundet und war einige Mal »da vorne«, was man »Front« nannte), so erschien mir der Krieg doch wie eine ungeheure Maschinerie der Langeweile, die durch die Nazis noch langweiliger gemacht wurde, als sie von Natur schon ist: blutige, unendliche Langeweile, die durch nichts unterbrochen wurde als durch Briefe von meiner Frau und meinen Eltern, und die Verwundung, die ich begrüßte, weil sie immerhin einen Urlaub einbrachte. Einen weiteren Eindruck vom Krieg: den der Stümperei. Es mag viele Schriftsteller geben, die Stümper sind, viele Tischler wahrscheinlich und viele Politiker, aber ich glaube, in keinem Berufsstand gibt es so viele Stümper – und in keinem Stand hat die Stümperei so blutige Folgen – wie in dem des Militärs.

Für das Dümmste und Gefährlichste halte ich die Orden: dieses blinde patriotische Blech, das noch geduldiger ist als Papier. Wie gefährlich es ist, lehrte mich die Kriegsgefangenschaft: wir wur-

den Ende 1945 aus amerikanischen in englische Lager überführt, und was bei den Amerikanern verboten war, war bei den Engländern offenbar erlaubt: das Tragen von Orden, und siehe da: diese ausgehungerten, zum Teil zerlumpten Gestalten, sie hatten in Seifenstücke oder Brot eingeknetet, an irgendwelchen Stellen verborgen, ihre Orden aufbewahrt und ihre erste Handlung im englischen Lager bestand darin, daß sie sie wieder annähten. Das hat mir den Rest gegeben. Aber wenn ich in Urlaub kam, erwartete mich etwas anderes: Köln war völlig zerbombt, wurde fast täglich angegriffen, ich mußte mit meiner Frau ein paar Mal die Wohnung wechseln, und als es keine mehr gab, landeten wir wieder in der Wohnung meiner Eltern: in diesem Hause wohnten ein paar jüdische Familien, die den Luftschutzkeller nicht benutzen durften: wir ließen sie das Ende des Angriffs in unserer Diele abwarten, stellten ihnen unser Telefon zur Verfügung: es gab Ferngespräche nach Lissabon, ein wildes, eifriges Telefonieren, dessen Sinn wir erst 1942 verstanden, als die jüdischen Familien abtransportiert wurden: immer wieder wurde mir erzählt, mit welchem Schmerz sich eine Jüdin von ihrer alten Mutter, eine andere von meiner Mutter verabschiedete, und wie sie weinend mit ihren Deckenbündeln die Möbelwagen bestiegen, die sie ins Kölner Messegelände brachten, von wo aus sie in die Vernichtungslager transportiert wurden.
Es kam das entsetzliche Ende des Krieges, das ich, mit gefälschten Papieren versehen, bei meiner Frau erlebte: Hinrichtungen Fahnenflüchtiger, Befehle, deren Unmenschlichkeit nicht mehr zu überbieten war, und ich schloß mich, um der drohenden Verhaftung und dem Todesurteil zu entgehen, einer Infanteriedivision an und erlebte hier die Auflösung der Wehrmacht, die eine komplette Auflösung von innen heraus war: Horden – wie sie seit dem 30jährigen Krieg nicht mehr gesehen worden waren, durchzogen das Land, Brücken wurden gesprengt und ein Rausch der Vernichtung war über alle gekommen: Soldaten wurden erhängt, erschossen, zwei Minuten vor Kriegsende, und irgendwo in einem Bunker in Berlin saß Hitler, die Ratte des Untergangs, und kaute an den Fingernägeln, während Generäle und Feldmarschälle den Willen der Ratte vollzogen.
Einer unserer Freunde, den wir seit 20 Jahren für einen vernünftigen Menschen hielten, kam neulich mit einem merkwürdigen Abzeichen im Knopfloch, als wir ihn fragten, errötete er und

mußte gestehen, daß es das »Erinnerungszeichen eines Regiments« war. Wir haben ihm sofort die Freundschaft gekündigt.

Als ich aus der Gefangenschaft nach Hause kam, lebte meine Frau noch auf dem Dorf, von dem sie mich zuletzt hatte an die »Front« ziehen sehen, die acht Kilometer von diesem Dorf entfernt war. Wir zogen gleich in das völlig zerstörte Köln zurück, und ich lebe heute wieder dort, obwohl meine Freunde mich oft fragen, warum ich diese völlig unliterarische und ruhige Stadt nicht verlasse, aber etwas spricht für Köln, etwas sehr Bedeutsames: in keiner Stadt Deutschlands hat Hitler sich so wenig wohl gefühlt, hat er sich so selten blicken lassen, und die Kölner haben etwas penetrant Unmilitärisches: das spricht für Köln, und ich lebe gerne dort.

Ich hatte schon in den Jahren 1936 bis 1938 zu schreiben begonnen, aber in den Jahren bis 1945 schrieb ich fast nichts, außer Briefe an meine Frau: mindestens einen jeden Tag, und ich bekam jeden Tag einen von ihr: manchmal, wenn ich plötzlich versetzt wurde, oder verwundet ins Lazarett kam, wenn meine Feldpostnummer wechselte – und sie wechselte häufig –, bekam ich monatelang keine Post, und irgendwo sammelten sich die Briefe, fünfzig, achtzig, hundert waren es oft, die ich öffnete, hintereinander legte und dann wie ein Buch las.

Seit 1947 veröffentlichte ich Kurzgeschichten in verschiedenen literarischen Zeitschriften, eine größere Erzählung *Der Zug war pünktlich* kam 1949 als Buch heraus; ein Sammelband von Erzählungen *Wanderer, kommst du nach Spa . . .* 1950, 1951 ein Kriegsroman *Wo warst du Adam* (alle im Verlag Middelhauve, Opladen) 1952 eine satirische Erzählung *Nicht nur zur Weihnachtszeit* im Studio Frankfurt der Frankfurter Verlagsanstalt und 1953 ein Roman *Und sagte kein einziges Wort* im Verlag Kiepenheuer und Witsch, Köln.

Europäische Schwermut konzentriert

Über Eyvind Johnson, »Fort mit der Sonne«

In der Hütte eines Berges, um den – wegen seines Urangehalts – ein Krieg auszubrechen droht, treffen nacheinander Flüchtlinge ein, die bei Kriegsausbruch Lager, Verschleppung, Folter zu befürchten haben und die Grenze des Nachbarlandes zu erreichen suchen, aber sie alle fliehen vor mehr als diesem Krieg, dessen erste Granaten am Ende des Romans einige von ihnen töten; sie fliehen vor der Vergangenheit, ihrer eigenen oder der, die die Geschichte ihnen auferlegte, einer Vergangenheit voller Irrtümer, Qualen, voller Lagerleben, Folter und Trennung von Frauen, Kindern und Männern, Vätern und Müttern, die sie fast alle irgendwann in der Zeit, die hinter ihnen liegt, verloren – und nun in dieser Hütte wiederfinden. Aber dieses Wiederfinden, das sich aus dem ergibt, was sie alle einzeln erzählen, ist kein entzücktes, sondern ein erschrecktes, denn Jules hat keinen Grund, seinem Vater Gallo um den Hals zu fallen, und Sylvia findet in der abgefeimten, durchgedrehten Gina keine Mutter, die ihr ersetzt, was sie entbehrte. Sie alle gehören der heimatlosen Linken an, sie alle wollten das Beste, vor allem Gallo, der die Gewaltlosigkeit liebte, aber immer wieder Gewalt heraufbeschwor, mit ihr in Konflikt geriet, andere ihr auslieferte, ohne es zu wollen. An diesem einen Tag in der Hütte oben wird ihrer aller Leben erzählt, analysiert, und ihre Berichte ergänzen einander, verzahnen sich wie die Räder eines Getriebes, und aus ihren Worten, ihrem Gebaren spricht die totale Schwermut Europas, das auf den Frieden hofft, auf »Brot für alle«, ohne so recht daran zu glauben. Zwar finden die meisten den Weg ins Nachbarland, zwar sagt Gallo: »Seid guten Mutes«, und der Engländer Crofter Brace, der diese ganze Geschichte – nur scheinbar unbeteiligt – erzählt und beobachtet, gedenkt hoffnungsvoll Churchills und seiner Reden, wenn er sein eigenes Leben in die Handlung hineinflicht. Doch weder das Gelingen der Flucht, noch Gallos Optimismus oder Churchillzitate täuschen über die totale Schwermut hinweg, die diesen präzise und sauber erzählten Roman erfüllt. Jenseits aller Manieriertheit schafft Johnson wirklich Gestalten, keine politischen Leitfiguren: Caterina und Eugenio, Gina und Paul, Sylvia und Jules, Gallo und Biller, sie erwecken beim Leser nicht den

Eindruck, daß an ihnen etwas dargestellt werden soll, sondern sie stellen selbst etwas dar: an ihnen wird etwas klar: eben jene Schwermut, die über Europa liegt.

Über Francis Stuart, »Die Wolkensäule«

Es ist aufregend genug, die Zeit der Vorwährungsreform, die wir zwar als unvergeßlich empfinden, aber doch zu vergessen entschlossen scheinen, obwohl sie Lehren enthielt, die zu bewahren sich gelohnt hätte: diese Welt nicht nur von einem Ausländer dargestellt, sondern auch mit ausländischen Hauptpersonen dargestellt zu finden. Der Ire Dominic, die Polinnen Lisette und Halka, der Rumäne Petrow, die Franzosen Renier und Descoux, Marianne und Paula – sie alle erfahren dieses sattsam bekannte Deutschland zwischen 1945 und 1948, teils vom Elend lebend, teils dem Elend ausgeliefert, antichambrierend vor schmutzigen Büros, verhaftet und verhört, schlaflos vor Hunger und in engen Quartieren, spürend, was wir alle – jedenfalls lange Zeit hindurch – gespürt haben, was Stuart präzise formuliert: »Damen und Herren. Schon die Worte wirken heute beinahe lächerlich. Bald wird man sie nur auf den WC-Türen in einigen altmodischen Cafés finden.«
Zwar sind inzwischen zahllose neue Cafés gebaut worden, auf deren WC-Türen wieder Damen und Herren zu lesen ist, und es hat sich erwiesen, daß Stuarts Prognose – jedenfalls für Deutschland zunächst – nicht zugetroffen ist. Wir genießen in vollen Zügen das, was wir Restauration zu nennen uns gewöhnt haben, aber das sollte uns nicht hindern, uns nachdenklich und schmerzlich jener Zeit zu erinnern, in der wir zwar arme Brüder, aber immerhin Brüder waren. »Ihnen« schreibt Stuart, und er meint die Deutschen – »fehlte ganz einfach jeglicher Lebensstil – nicht erst seit ihrer Niederlage, sondern schon vorher. Sie schienen schwer beladen, sorgfältig Schritt um Schritt abwägend und mit der Geduld pflastergewohnter Packesel durch ihr Dasein zu trotten.« Die umständliche Überlegung, mit der sie alles anpackten, legte sich ihm, wann immer er mit Deutschen zusammenkam, schwer auf die Brust. »Und Dominic hatte die deutschen Filme immer wie eine Beleidigung für seine Nerven empfunden.« Diese Sätze sind geschrieben nicht von jemand, der billigem Deutschenhaß frönt, sondern der die deutsche Not der Jahre 1945 und 1948 freiwillig teilte, auf die Sicherheit eines Lebens in Irland verzichtete, und die Chance der Zukunft in einer religiösen Besinnung sah, die nichts mit jener opportunen, selbstgefälligen Frömmig-

keit zu tun hat, die wir gerne als religiöse Erneuerung ausgeben. Die einzige deutsche Gestalt dieses Buches ist Frau Arnheim, in deren Wohnung sich diese »Ausländer« hin und wieder treffen, und an dieser Gestalt wird die Gutmütigkeit, aber auch Brüchigkeit und Haltlosigkeit des Deutschen offenbar, von dem man fürchten könnte, er würde eines Tages an Schlagsahne ersticken. Der Roman dieses Schlagsahne-Deutschen müßte geschrieben werden von einem Autor wie Stuart.

Rundfrage über Gottfried Benn

Ich frage nicht nach warm und kalt, ich frage nach dem Thermometer. Ein Vergleich aus dem physikalischen Bereich würde physikalische Meßgeräte erfordern; sehr hohe Kältegrade können als Hitze empfunden werden und als solche wirken. Nur *eine* Temperaturebene ist immer leicht erkennbar: lau. Härten, kalt machen, kalt halten – diese Vokabeln sind der Schmiedesprache entnommen, stammen aus dem handwerklichen Bereich. Ein Schmied ohne Feuer und Blasebalg wäre kein Schmied mehr, und wo könnte etwas gehärtet werden, das nicht vorher erhitzt worden wäre. Ich nehme an, Gottfried Benn hat die Erhitzung vorausgesetzt, den privaten Vorgang der Erhitzung. Wie wäre sein Labor ohne Brenner denkbar; was aus dem privaten Bereich nach außen dringt, muß kalt sein, starr, Formel, die man hinnehmen oder ablehnen kann, die aber keine Verbiegung mehr zuläßt, unerbittlich und unveränderlich wie die Responsorien einer Litanei; nicht: »hab Mitleid mit uns«, sondern: »erbarme dich unser«. Ob mit warmer oder kalter Stimme gesprochen, ob heruntergeleiert oder empfunden, es ist da, ist geformt, und alles Geformte ist kalt und nicht mehr von dem, der es empfängt, zu verändern. Wer würde an einer Plastik herumhämmern, um sie nach seinem Wunsche zu verändern, wer an einem Bilde herummalen? Härter und kälter noch ist das Geschriebene: schwarz auf weiß, keine Hände, die wie an einer Plastik tasten können, kein Auge, das, wie an einem Bild, mitarbeiten kann. Lesen ist ein Vorgang von hohem geistigem Rang. Schwarz auf weiß. Aus. Geschriebenes hat immer den Charakter und Anspruch von Offenbarung. Über das Gelingen, die Berechtigung oder das Unberechtigte dieses Anspruchs wäre im Einzelfall und nur am Beispiel zu sprechen. Und dazu wäre das Thermometer erforderlich, das uns fehlt.

Die Scheidung Kunstträger – Kulturträger betrifft – so glaube ich – nur den Norden Europas, den aber mit jener Härte, wie Benn sie formuliert. Im Süden ist Form etwas so Selbstverständliches, fast Natürliches, auch sprachliche Form, daß (auch Frankreich gehört insofern zum Süden) die Scheidung Kunstträger – Kulturträger dort wahrscheinlich Kopfschütteln verursachen würde; dort kann man Künstler sein und Kultur tragen, so wie man dort ungestraft Wein trinken kann, ohne ins Schwätzen zu verfallen. In unseren Breiten ist Kultur immer aufwendig, während Kunst immer unter geringem Aufwand geschaffen wird: ein Fetzen Leinwand, ein paar Tuben Farbe, ein Pinsel; ein Stück Papier, ein Bleistift, ein paar Zigaretten; ein Briefumschlag, zwanzig Pfennig Porto – welche Summen werden dagegen verschleudert, wenn es um Kultur geht: allein der Sekt, der bei kulturellen Anlässen strömt, kostet oft mehr als die Herstellung eines Gedichtbandes. Über den Schutzumschlag eines Buches wird drei Wochen lang diskutiert, über seinen Inhalt und seine Form einen halben Nachmittag ... Kunst und Kultur sprechen zwei verschiedene Sprachen, und doch sind sie aufeinander angewiesen, wäre der Künstler ohne den Kulturträger verloren, der Kulturträger ohne den Kunstträger ein Witz; sobald ein Künstler stirbt, gehört er den Kulturträgern; man stelle sich vor, Vincent van Gogh, mit seinem blutigen Kopfverband, nachdem er sich sein Ohr abgeschnitten hatte, würde Einlaß in ein Museum begehren, um *seine* Bilder noch einmal zu sehen, Einlaß in unsere ästhetisch einwandfreien, großartigen, sehr aufwendigen Museen. Kein Museumswärter würde ihn über die Schwelle lassen, und doch sind die Bilder, die dort hängen, *seine* Bilder. Ein Witz – und kein guter, sich das vorzustellen. Ein Abgrund trennt Künstler und Ästheten, und doch sind beide ohne einander undenkbar. Wäre die Trennung immer sauber zu vollziehen, würde das Problem leichter; schwierig wird es dadurch, daß es sich mischt; daß jemand von beidem etwas hat und in wechselnden Mischungsgraden; es gibt ihn: den künstlerischen Menschen, in dem sich beides mischt; er ist immer mehr Kulturträger als Kunstträger, hat aber von letzterem etwas; nur etwas, *wieviel* – das festzustellen, dazu fehlen die Meßgeräte. Sie fehlen überhaupt. Vielleicht könnten wir sie erfinden.

Über De Quincey, »Bekenntnisse eines englischen Opiumessers«

Es mag merkwürdig erscheinen, daß hier auf ein Buch hingewiesen wird, daß vor hundertdreißig Jahren veröffentlicht wurde und *Bekenntnisse eines englischen Opiumessers* heißt. Der Verdacht liegt nahe, es handele sich um eine Sensation, und das bloße Wort »Opiumesser« ist geeignet, uns Kolportage wittern zu lassen, fragwürdige Enthüllungen eines Lasterhaften und eine wild aufgemachte Folge düsterer Szenen. Statt dessen werden wir den einfachen Bericht eines Mannes kennenlernen, der das Opium nicht suchte, sondern vom Opium gefunden wurde, den mehr die Leiden, die es ihm brachte, beschäftigten, als die Freuden, und der dennoch nicht von ihm loskam. De Quinceys Bericht zufolge war der Opiumgenuß in seiner Zeit fast so selbstverständlich, wie es heute der von Alkohol und Tabak ist. Es war in den Apotheken offenbar ohne besondere Verschreibung erhältlich, als Tinktur oder in Pillenform, und De Quincey berichtet an einer Stelle seines Buches, daß er Arbeiter beobachtet hat, die nach Erhalt ihres Wochenlohnes in die Apotheke stürzten, um sich Opium zu kaufen. Wie er Opiumesser wurde, wird De Quincey selbst erzählen, und wir werden blicken in die »Architektur seiner Träume«, wie er es nennt, wir werden mit ihm in die verschiedenen Räume der Weltgeschichte stürzen, werden aber zugleich teilhaben am Londoner Alltag der Jahre um 1820. De Quinceys Stil, die liebenswürdige Gelassenheit seines Wesens, die aus jeder Zeile seiner Schrift spricht, sie öffnen uns nicht nur die furchtbare Welt seiner Träume und schließen nicht nur Kammern seiner Schwermut auf, sondern lassen uns zugleich in die Zeit hineinsehen, in der er schrieb. Wir blicken hinein wie in einen Raum, der uns fern und fremd, zugleich aber sehr, sehr nahe ist, wie in einen jener Räume, von denen wir glauben könnten, sie im Traum einmal betreten zu haben: das Wort »Wirklichkeit«, auf De Quincey angewandt, gewinnt eine neue, eine andere Bedeutung, als wir ihm zuzumessen gewohnt sind.
Es ist das Geheimnis De Quinceys, daß er zwar von sich berichtet, einfach sein Leben erzählt und die Rolle erläutert, die das Opium in diesem Leben gespielt hat – und dennoch ist dieser Bericht ohne jene penetrante Eitelkeit, wie sie den meisten Memoi-

ren und den modernen Autobiographien eigen ist: schon nach wenigen Zeilen spürt der Leser, wie liebenswürdig, wie gelassen sich selbst gegenüber, wie wenig eitel der Verfasser dieser kleinen Schrift ist, der sich mit seiner schrecklichen Gewohnheit auseinandersetzt, sich zu ihr bekennt.

Wir lesen den Lebensbericht eines Fünfzehnjährigen, der – wie seine Lehrer ihm bestätigen, das Griechische so beherrschte, daß er eine Rede an eine athenische Volksmenge hätte halten können, und der diese außerordentliche Fähigkeit nicht nur seiner Begabung, sondern der Tatsache verdankte, daß er die Zeitung täglich ins Griechische übersetzte. Einer Schule, in der die Lehrer den Lehrstoff weniger beherrschten als der fünfzehnjährige Schüler, entfloh er, irrte durch verschiedene englische Landschaften, einmal hier, einmal dort für wenige Tage unterschlüpfend, bis er, als ihm das Geld ausging, nach London kam. Dort durchlitt er sechzehn Wochen lang die körperlichen Qualen des Hungers in unterschiedlichen Graden der Heftigkeit. Zusammen mit einer obdachlosen Zehnjährigen bewohnte er ein fast leerstehendes Haus, und wir sehen diese beiden Kinder dort nachts frierend aneinandergeschmiegt, während im Hause die Ratten tobten: Prozeßakten als Kopfkissen, zugedeckt mit einem alten Kutschermantel, während im Treppenhaus und im Flur die Ratten tobten; seine zweite Gefährtin war eine junge Prostituierte, mit der er nachts zusammen in den dunklen Londoner Straßen ging, mit der er auf den Steinstufen düsterer Häuser saß, und er berichtete von ihr, daß sie ihm das Leben rettete, indem sie ihm, als die Wirkung des Hungers eine tödliche zu werden begann, ein Glas gewürzten Portweins holte: eine winzige Geste scheinbar, ein sentimentales Paar scheinbar, das da vor einhundertvierzig Jahren durch das dunkle London irrte: aber unvergeßlich für De Quincey – und unvergeßlich auch für uns, die wir es lesen, erdrückt von Büchern, unter denen De Quinceys nur ein schmales, kleines Bändchen ist. Das Geheimnis der Schlichtheit und Aufrichtigkeit, jener winzige, unbeschreibliche Schlüssel, mit dem die Zeit und das Erlebnis aufgeschlossen wird.

Später kehrt De Quincey zu seiner Familie zurück, studiert, verfällt dem Opium, als er es plötzlicher heftiger Schmerzen wegen zum erstenmal genießt, und bleibt ihm sein Leben lang verfallen: diese kleine Droge, irgendeiner Tinktur beigemischt oder als Pille bereitet, warf De Quincey mitten hinein in die Geschichte der Welt, schleuderte ihn durch die Weltteile, durch die Kulturen, sie schien ungeheure Kräfte in ihm freizumachen oder ungeheure Kräfte auf ihn herabzurufen: römische Legionäre marschieren durch seine Träume, ostasiatische Gottheiten quälen ihn, Tiere dringen auf ihn ein. Erdteile, die er nie gesehen oder betreten hat, werden mit all ihren Schrecken für ihn so gegenwärtig, daß er glücklich ist, zu erwachen, seine Kinder zu umarmen. Dieser kleine und zarte englische Edelmann der nie sehr weit über seine engere Heimat hinausgekommen ist, erfährt und erleidet die Schrecken der gesamten Weltgeschichte in den Opiumträumen.

De Quinceys Bericht ist geeignet, uns nachdenklich zu machen, vielleicht geeignet, uns ein neues Verhältnis zu schaffen zu dem, was wir unter Wirklichkeit verstehen, er erschließt uns eine neue Welt, in der wir plötzlich zu schweben beginnen, uns durch die verschiedenen Schichten verschiedener Wirklichkeiten bewegen, hindurchfallen bis zu einem Schicksalsgrund der Menschheit. Aber nicht nur, indem wir an den Schrecken seiner Träume teilnehmen, wird uns, die wir diesen Bericht lesen, De Quincey wie jemand, den wir gekannt zu haben glauben; ebensosehr durch die frische Einfachheit seines Berichts über zeitgenössische Dinge. Es gibt nicht viele Bücher dieses Alters, die uns so nahe kommen, uns berühren, mehr berühren als mancher Bericht, der unsere Zeit betrifft. Es ist das Geheimnis des Stils und das Geheimnis des Verhältnisses zu den Dingen, das De Quinceys kleines Buch zu einer Ausnahme werden läßt.

Die Tränen des Gummibaumes

Über Vicki Baum, »Cahuchu: Strom der Tränen«

Irgendwo in Südamerika kehrt ein verzweifelter Missionar von seiner Missionsstation zurück, die von Wilden überfallen, verbrannt, völlig zerstört worden ist. Zwei Dinge sind es, die er gleichsam als einzige Trümpfe seinen Oberen mitbringt: einen kleinen Indianerjungen, der Priester werden soll, und ein Paar, in der Hitze formlos gewordene Gummischuhe, schmutzige, bräunliche Klumpen aus einem Stoff, den die Welt damals noch nicht kannte, nur ein paar Missionare, die die Indianerkinder mit wirklich springenden Bällen, seltsamem heidnischen Spielzeug beobachtet hatten.

Aber der Indianerjunge verkommt, den Missionar wird weder er noch seine Cahuchuklumpen rehabilitieren – aber wenige Zeit später hat oben in Boston ein gewisser Mr. Goodyear sich schon mit der Veredelung dieses merkwürdigen Stoffes befaßt, und wieder ein wenig später schreit die ganze Welt nach Gummi, kann nicht mehr leben ohne einen Stoff, den sie nicht entbehrte, solange sie ihn nicht kannte. Der irrsinnige Run beginnt, Industrien entstehen, und Mr. Tyler irgendwo in USA zahlt 4000 % Dividende. Kutschen werden mit Gummi bereift, das Auto wird erfunden: immer wilder wird der Run nach Gummi, den irgendwo verarmte Bauern, die man mit Handgeldern fing, Indianer, die man schlug, vergewaltigte, zu Tode quälte, aus den Gummibäumen brasilianischer Urwälder zapfen: die weißlichen Tränen des Gummibaumes . . .

Aber Mitte der 70er Jahre des vorigen Jahrhunderts schmuggelt Mr. Wickham Samen des Gummibaumes aus dem Amazonasgebiet heraus, sie werden in Londoner Treibhäuser gepflanzt, Setzlinge werden gezüchtet, und in englischen Kolonien wächst sie heran: die große Konkurrenz, Wälder, die in wenigen Jahrzehnten mehr Rohgummi liefern werden als Brasilien.

Immer wieder, wenn von der Industrie, die den Kautschuk verarbeitet, von Dividenden, Pleiten und Haussen erzählt worden ist, von Arbeitern in Fabriken und dem Labyrinth der Bürokratie führt Vicki Baum in den Urwald zurück, wo die Gummisklaven dem Gummibaum seine Tränen abzapfen: wo das milchige Rinnsal kostbar ist wie Blut, weil es Freiheit bedeuten könnte, Freiheit, die es nie geben wird, weil die Sklaven, die in tödlichem Klima den Gummibaum anzapfen, niemals den Kopfpreis werden zurückzahlen können, den man für sie bezahlt hat.

Im ganzen die abenteuerliche Geschichte eines Stoffes, der inzwischen die Welt beherrscht, viel Jammer und Reichtum, ungeheure Bewegung verursacht und viel Blut fließen gemacht hat. Mit Herz und Verstand und ungeheurem Fleiß hat Vicki Baum Material gesammelt, das nicht bloßes Material geblieben ist, sondern zu einem spannenden Roman verarbeitet wurde. Der Roman spielt in der ganzen Welt, jeder Erdteil ist beteiligt und alle Menschen, die vom Gummi leben oder an ihm sterben: angefangen vom verzweifelten Seringueiro bis zum Millionär.

Die Welt Sean O'Caseys

Die irische Literatur ist ohne lokale Elemente undenkbar. Das gilt für einen der größten Prosaisten Europas, für Jonathan Swift, dessen Prosa nach mehr als zweihundert Jahren noch erstaunlich frisch ist, es gilt – auf einer anderen Ebene – für James Joyce, dessen Prosa ohne Dublin undenkbar wäre, es gilt auch für Sean O'Casey, dessen ganzes Werk in Dublin und aus Dublin lebt; es geschieht selten, daß Literatur, die so mit lokalen Elementen und mit Folklore – wie etwa bei dem irischen Dichter William Butler Yeats – durchsetzt ist, in den Rang der Weltliteratur aufsteigt, und das kleine Irland, das weniger Einwohner hat als Berlin, hat der Welt eine überraschend hohe Zahl großer Dichter geschenkt: außer den Genannten noch Shaw, Wilde, Synge, sowie jüngere, die die Theater noch erobern werden.
Der Ort für O'Caseys Schauspiel ist in jenen Dubliner Straßen um St. Patrick herum zu suchen, in denen Swift lebte und starb, die Zeit: zweihundert Jahre nach Swift; und doch O'Caseys Anliegen dem von Swift fast gleich, wenn auch in O'Casey die Bitterkeit geringer ist. Swift schrieb im Jahre 1729 sein bitterstes Stück Prosa: *Bescheidener Vorschlag, zu verhüten, daß die Kinder armer Iren ihren Eltern oder dem Lande zur Last fallen* – in O'Caseys Schauspiel kämpft Ayamonn Breydon um Toleranz, soziale Gerechtigkeit, spielt Shakespeare auf Liebhaberbühnen, verfaßt Texte für Lieder, die auf Arbeiterversammlungen gesungen werden, schließt sich dem Streik der Eisenbahner an. In den Straßen um St. Patrick herum hat sich seit Swifts Tod im Jahre 1745 einiges geändert, und doch würde Swift erstaunt sein, wie wenig sich geändert hat. Immer noch herrscht Elend, wandern jährlich 40 000 Iren aus, immer noch sinkt die Bevölkerungszahl trotz Geburtenüberschuß, und im Jahre 1913 war das Elend gewiß noch um einige Stufen tiefer. Damals wartete Irland noch auf seine Freiheit, die es nach langem Kampf, sich von einem völkerrechtlichen Status zum nächsten vorkämpfend, erst vollständig im Jahre 1949 erreichte. In dem Schauspiel *Rote Rosen für mich,* das im Jahre 1913 spielt, hat O'Casey seine Vorstellung eines befreiten Irland dem jungen Ayamonn Breydon in den Mund gelegt und ihn mit Personen umgeben, die jeweils *eine* irische Möglichkeit darstellen: Breydons Mutter, die Vorurteilslosigkeit

praktiziert, weder religiöse noch Standesunterschiede anerkennt und einfach hilft; der unorthodoxe Protestant Brennan O'The Moor, der dem Madonnenbild heimlich einen neuen Anstrich stiftet; der Atheist Mulcanny, der – ausgerechnet! – mit Haeckels *Welträtseln* durch Dublin läuft, aufklärt und Darwin auf Umwegen in die irische Volksseele pflanzen will; der Pfarrer Clinton, der jenen Typ vertritt, der in der irischen Geschichte eine so wichtige und bedeutsame Rolle gespielt hat: den irenfreundlichen protestantischen Engländer, schließlich Sheila Moorneen, Ayamonns Braut: katholisch, fromm, bürgerlich, dem Aufruhr abhold und für Streik nicht zu haben. »Bleib hier«, sagt sie zu Ayamonn, »wo die Zeit vorüberwandelt in leichten Sandalen, wo die Tage verfallen, leise wie Blütenblätter, wo man nicht merkt, wie dunkles Haar grau wird.« Aber Ayamonn antwortet: »Ich muß gehen, um für die zu kämpfen, die die Armut nie in Frieden läßt; ich bin von ihnen, so Gott mir helfe, und mit ihnen.« Dowzard und Foster vertreten den anderen Typ: die Unterdrücker und Verächter irischen Lebens. Wo das Volk auftritt, tritt es in Gruppen auf: drei Nachbarn, drei Nachbarinnen. Sie sind nicht Träger von Ideen, sondern der Körper, das eigentliche Irland; demütig, liebenswürdig, unerwacht.

Es sind die Elemente des irischen Lebens, die O'Casey in seinem Schauspiel vereinigt hat: Fuchsienblüten, eine Marienstatue, Frömmigkeit, Dumpfheit, der jahrhundertealte Druck der Armut. Die Poesie liegt in Irland auf der Straße.

Der Knabe im Brunnen und der in der Mietskaserne

Über Siegfried Sommer, »Und keiner weint mir nach« und Stefan Andres, »Der Knabe im Brunnen«

Den kleinen Steff, der in der Mühle im Dhrontal, später in Schweich an der Mosel in einem Bauernhof aufwächst, langsam die Geheimnisse des Lebens entziffert, auf seine Weise, eingebettet in Melancholie und Humor des ländlichen Lebens – ihn hier mit Leonhard Knie zu konfrontieren, dem elternlosen Jungen aus der Münchener Mietskaserne, das bedeutet, zwei Welten und zwei Literaturen miteinander vergleichen, an denen sich nachweisen ließe, zwischen welchen, weit voneinander entfernten Polen sich das literarische Leben in Deutschland abspielt. Jeder dieser beiden Romane hat seine eigene, dem Stoff und dem Temperament des Verfassers entsprechende Sprache, seine Komposition, und man könnte kaum größere Gegensätze finden als diese beiden Romane von Stefan Andres und Siegfried Sommer.

Andres erzählt behäbig, saftig zuweilen, doch ohne zu triefen, mit einer unerschütterlichen Gelassenheit von dem kleinen Jungen, der behütet und liebevoll kontrolliert, bewahrt und gelenkt Leben und Tod erfährt, Schule und Elternhaus, der Krieg und Rassenhaß, Nationalwahn aus der gesunden bäuerlichen Mentalität des Elternhauses kommentiert bekommt und aus eigener Gesundheit sich das Notwendige dazu denkt. Gerüche und Geheimnisse, Eisenbahnfahrt, die Paarung der Tiere, der Unterschied zwischen dem Pudding kochenden ländlichen Proletariat, der »Heischermannswirtschaft« und der Ordnung des besitzenden Bauern – nichts wird hier hart und nackt, und nirgendwo kommt die Timmermanssche Spielart durch, die einem solchen Stoff verderblich werden könnte. Sparsam angewandtes Platt und die große, fromme Gestalt des melancholischen Vaters verhindern hier jegliche Blut-und-Boden-Variante, und obwohl auch der kleine Steff Gefährdungen erlebt, bleibt doch alles heil und rund, bleibt es auf eine berechtigte und legitime Weise, die völlige ungekünstelt ist.

In Sommers Roman dagegen ist kaum etwas heil, nichts ist rund, und wo sich der kleine Steff wie im Kreise bewegt, Spiralen hinauf und hinunter, da jonglieren Leonhard Knie und Marilli Kosemund auf Spitzen, auf Nadel- und Gratspitzen, und es kann nichts heil werden, nichts heil bleiben, gerade weil dieser Leonhard Knie mit einer gefährlichen und gefährdenden Eigenschaft belastet ist: mit Nachdenklichkeit, die noch durch ebenso verhängnisvolle wie beglückende Lektüre gesteigert wird. Hier wird die Bibliothekarin, die dem Jungen *Martin Eden* in die Hand gibt, zur Schicksalsgöttin, und die Schulentlassungsfeier wird, weil sie die einzige wirkliche Feier des Lebens ist, zu einem grandiosen Akt. Die Sentimentalität ist hier echt, hart und verhängnisvoll. Der billige Tanzpalast zum »Maskottchen«, wo die Jungen aus der Mondstraße ihr gesellschaftliches Debüt geben, ist – wie er es im Leben von Millionen wirklich ist – wichtiger und einflußreicher als der Religionsunterricht in der Schule, der sich nur noch moralisch manifestiert. Über allem aber liegt das, was Sommer meisterhaft gestaltet hat: Vergänglichkeit und Tod, Mord und Selbstmord, Ehebruch und Schmutz und das schnelle Hinausgleiten aus der Kindheit, die noch Träume gestattete. Das Scheitern des jungen Leonhard Knie an dem Luxus, den er teuer bezahlen muß, dem Luxus, nachdenklich und sensibel zu sein, gewissenhaft und ein wenig verkrampft. Die Paarung, die ihn erlösen könnte, vollzieht er nicht, die Paarung mit Marilli Kosemund, der rothaarigen kleinen Spielgefährtin, die unweigerlich verkommt und verschlampt, vielleicht, weil Leonhard im entscheidenden Augenblick der Mut fehlte, sie in Besitz zu nehmen. So dreht sich Leonhard Knie im Zentrum dieses Strudels von Vergänglichkeit der zwanzig Mietparteien des Hauses in der Mondstraße und wird unweigerlich hinabgezogen von Armut und Verlassenheit. Es bleibt nichts als ein Selbstmord und der auf die beschlagene Scheibe geschriebene Satz »Und keiner weint mir nach«. Mietparteien wechseln im Hause an der Mondstraße, Krieg kommt, Leonhards Spielgefährten fallen, und der tödliche Zufall trifft auch die rothaarige Marilli Kosemund . . . 15 Jahre nachdem Leonhard gestorben ist. Selbst die Kritzler an der Wand werden übertüncht werden, und keiner wird Blumen legen auf irgendein Reihengrab, die letzte, allerletzte Spur auf dieser Erde, die nach einem bestimmten Turnus von der Friedhofsverwaltung auch ausgelöscht werden wird. Denn niemand wird sich melden, die Lizenz zu verlängern.

Leonhard Knie wurde weder von einer Religion noch von einer

politischen Ideologie erreicht, ausgestattet mit ein paar Richtlinien, nicht einmal bereichert durch triebhafte Sicherheit, wie sie im Dschungel der Mietskasernenwelt eine gewisse Stärke verleiht, mußte er scheitern. Gewiß werden auch dem kleinen Steff, der als elfjähriger das Elternhaus verläßt, um in ein Konvikt einzutreten, auch ihm werden keine Krisen erspart werden, Schmerz und Enttäuschung werden ihn nicht verschonen, aber er hat Rüstzeug mit, um mit dem Leben fertig zu werden: Religion, Säfte und Bilder und etwas, was von einem einsamen Jungen in einer Mietskaserne nicht erworben werden kann: Weisheit und Humor. Die Säfte sind in der Mondstraße zu sauren Brühen geworden, und für Humor ist dort kein Feld, wo die Vergänglichkeit fast absolut wird, wo ein Heranwachsender nicht einmal mehr den Hordentrost genießen kann und harte Sentimentalitäten seine einzige geistige Nahrung bleiben. Dem verzweifelten Individuum der gebildeten, der sogenannten bürgerlichen Schicht bleibt immer noch die mit Watte gepflasterte Sackgasse des Snobismus, ein kostspieliger Luxus, für den der Stempelbruder aus der Mondstraße, der es riskiert, ein Individuum zu sein, einfach kein Geld hat. Sommer macht mit seinem Roman auf Menschen aufmerksam, denen nachzuweinen wir allen Grund haben.

Auferstehung des Gewissens

Ein Dichter kam aus Paris nach Deutschland, um hier in verschiedenen Städten seine Gedichte zu lesen. Er hatte Freunde hier und gewann auf dieser Reise neue Freunde, aber so »nebenher« bewirkte er etwas Außerordentliches: er bewirkte, daß ein elfjähriges Mädchen in die nächste Klasse aufstieg. Unumstößlich war das Schicksal des Mädchens schon besiegelt, es sollte sitzenbleiben, aber der Dichter korrigierte das Unabänderliche. Wer je in Gefahr war, sitzenzubleiben oder je sitzenblieb, weiß, wie schrecklich die Angst in den Tagen vor Beginn der Osterferien sein kann. Jeder kennt auch die schreckliche Endgültigkeit amtlicher Beschlüsse. Aber in diesem Falle erwies sich das Endgültige als nicht endgültig, und wie der Dichter diese Korrektur des Schicksals erzwang, ist ebenso einfach wie unerklärbar; durch sein Wort, durch seine Person: er beschwor die Lehrerin, stellte ihr die Schrecken des Kindes dar, er kämpfte um dies Kind, das er nicht kannte, nie kennenlernen wird; was weinende Eltern und das Kind nicht erreicht hatten, der Dichter erreichte es: das Kind stieg in die nächste Klasse auf. Das Glück eines Kindes wiegt schwer.

Diese Geschichte ist geschehen, und sie könnte rührend sein, wenn nicht in derselben Klasse, in der dieses Mädchen sitzt, wenige Tage vor der Ankunft des Dichters folgendes sich gezeigt hätte: Die Lehrerin hatte über die Juden gesprochen, und es stellte sich heraus, daß nicht ein einziges von vierzig Kindern um die Judenvernichtung wußte, um den kaltblütigsten Pogrom, der je in der abendländischen Geschichte stattfand.

Der Dichter aber ist ein Jude, seine Eltern sind ermordet worden, wie sechs Millionen dreiundneunzigtausend Juden ermordet worden sind.

Unsere Kinder wissen nicht, was vor zehn Jahren geschehen ist. Sie lernen die Namen von Städten kennen, mit deren Nennung sich ein fader Heroismus verbindet: Leuthen, Waterloo, Austerlitz, aber von Auschwitz wissen unsere Kinder nichts. Seltsam und recht fragwürdige Legenden werden unseren Kindern erzählt: vom Kaiser Barbarossa, der mit dem Raben auf der Schulter im Kyffhäuser sitzt; aber die historische Realität der Stätten wie Treblinka und Maidanek ist unseren Kindern unbekannt.

Und doch wären die Spuren des Massenmordes an den Juden auch in Köln zu finden. Der Sammelplatz für die Kölner Juden war das Messegelände, einer der Orte, an die das »deutsche Wunder« viele Tausende von Ausländern lockt. Schon die Bezeichnung »Wunder« für den wirtschaftlichen Aufstieg sollte uns Christen nachdenklich machen: ein Wunder ist die Auferstehung Jesu Christi, und – genaugenommen – ist es blasphemisch, eine wirtschaftliche Blüte als Wunder zu bezeichnen. Möbel und Kameras, Stoffe und Maschinen werden heute ausgestellt an dem Ort, der für Tausende von Juden aus Köln und der Umgebung Kölns die erste Station auf dem Wege zum Tode war.

Unsere Kinder wissen davon nichts, und wir, die wir es wissen, reden und denken darüber hinweg, ein Vorgang, den man mit der billigen Vokabel Vitalität zu erklären versucht. Aber jene Vitalität, die das »deutsche Wunder« bewirkt, ist kein ausreichendes Alibi für unser Gewissen. Wir beten für die Gefallenen, für die Vermißten, für die Opfer des Krieges, aber unser abgestorbenes Gewissen bringt kein öffentliches, kein klares und eindeutig formuliertes Gebet für die ermordeten Juden zustande, und doch müßte, wer Augen hat zu sehen, wer Ohren hat zu hören, es überall sehen, es überall hören. Eine Spur, die sich unbekannt in der Namenlosigkeit des Massenmordes verlor, führt über ein holländisches Lager, ein holländisches Kloster unweigerlich nach Köln zurück: die Spur von Edith Stein; ihr Name blieb erhalten, weil sie als Philosophin bekannt war; aber der Name von Edith Stein zeugt nicht nur für ihre Philosophie, für ihr Leben als Karmeliterin, er zeugt auch für den Mord an den Juden. Ein Güterzug, der von Holland aus ostwärts fuhr, ein Zettel, aus dem fahrenden Zug geworfen: das ist die Spur, die in eins der Vernichtungslager im Osten führt, eine Spur, die in das Herz von Köln, in den Kölner Karmel zurückführt. Viele dieser Spuren, die sich in Güterwagen verlieren, führen nach Köln zurück, wie sie in jede deutsche Stadt führen. Wie die Unwissenheit der Kinder beweist, ist das Gewissen der Eltern – unser Gewissen – tot: getötet vielleicht von Scham, getötet vielleicht von Vitalität, aber wir wollen uns nicht täuschen: die Vitalität, die das »deutsche Wunder« wirkt, ist kein Alibi für das Gewissen der Christenheit. Es gibt eine christliche Vitalität, aber sie ist nicht dieselbe, die das »deutsche Wunder« bewirkt hat.

Der Schrei nach Schinken und Pralinen

Der Schrei nach dem Schinken betrifft nicht unseren Frühstückstisch, der nach Pralinen nicht unser latentes Verlangen nach konzentrierter Süßigkeit. Beide Schreie sind literarische Naturtöne von verschiedenen Orten. In den Lektoratsstuben der Verlage macht sich hin und wieder in einem verzweifelten Geschrei Luft: der Schrei nach dem Schinken, dem Buch, das den Umfang von *Vom Winde verweht* hat, jenen unbestimmbaren flutschigen Inhalt, der sich nicht genau definieren läßt, niemals genau zu definieren sein wird. Das Buch muß sich auf 19,80 DM kalkulieren lassen, und man weiß im voraus, daß es gehen wird. Seitdem die Verleger wissen, woher der Wind weht – ohne den Wunsch, zu wissen, wohin er sie weht –, projiziert sich der Schrei nach dem Schinken in Briefen an den Autor, der sich plötzlich umworben fühlt, alle Torheiten einer spröden Schönen begeht, die von ihrem Sex-Appeal nichts ahnte, sich dessen plötzlich bewußt wird und ihn rücksichtslos auszunutzen gedenkt. So geschieht es denn, daß manch gutes Manuskript einfach breitgetreten, ausgewalzt oder wie Gummi behandelt wird, einzig und allein aus dem Grund, weil es für 19,80 DM besser zu verkaufen ist als für 7,50 DM.

Ich habe nichts gegen Schinken, die von Natur welche sind, jedes Kunstwerk hat sein Maß und sein Ausmaß, aber das Ausmaß allein kann kein Einwand gegen oder Argument für ein Kunstwerk sein. Die *Marquise von O.* wäre ein großartiger Romanstoff, und aus *Moby Dick* könnte man eine großartige Kurzgeschichte machen, aber Kleist hat das eine und Melville das andere geschrieben, und es ist gut so, gut für Kleist, gut für Melville, daß sie wußten, welche Form sie zu wählen hatten.

Aus manchem Schinken läßt sich die großartige Kurzgeschichte, die er einmal gewesen ist, bevor er die Injektion Bestsellerserum bekam, noch herauslesen, aber sie schmecken so fad, wie kürbisgroße Äpfel schmecken würden, Ergebnis eines fragwürdigen Experiments. Die Verleger lieben es, mit ihren Schinken, ihren Bestsellern ein wenig anzugeben, ihren eigenen Instinkt zu preisen, aber noch kein Verleger hat je von den Bestsellern erzählt, die welche werden sollten und keine wurden: von den großen Erfolgen wird immer, von den Reinfällen nie erzählt, denn das ist das Merkwürdige: gar mancher Schinken, der ein Bestseller werden sollte, alle Eigenschaften eines solchen hatte, getestet, geglättet, wohlverpackt war, den richtigen Preis hatte, der genau den snobistischen Nerv traf, den er treffen sollte, so mancher dieser Schinken wurde madig, endete ruhmlos und ward den Hunden vorgeworfen.

Aber während die Verlage zuviel Papier haben, haben die Zeitungen zu wenig: dasselbe Publikum, das nach dem Schinken zu gieren scheint, verlangt im Feuilleton nach der literarischen Praline: einem sorbetartigen, zusammengekochten Zeug, das offenbar die Funktionen eines Desserts zu erfüllen hat. Es gibt Pralinchen, die von Natur welche sind: gut, mögen sie munden, aber der junge Autor, dem anderseits der Schinken von 800, einerseits die Praline von $1\,{}^1/_2$ Schreibmaschinenseiten abverlangt wird, dem die Schublade zu platzen droht von Manuskripten, die weder das eine noch das andere sind, der außerdem natürlich Geld nötig hat, versucht sich nun sowohl als Bonbonkocher wie als Schinkenfabrikant: er streicht die eine Erzählung zu einem Konzentrat zusammen und injiziert der anderen Schinkenserum. Es wird nicht gut.

Jedes Kunstwerk hat sein Maß und sein Ausmaß. Es gibt keine Regel. Jeder Künstler kennt – immer mit dem notwendigen Gran Unsicherheit – seine Möglichkeit, seine Grenzen: er mag sie hin und wieder überschreiten, mag Pralinen produzieren, um sich Brot zu kaufen, aber wenn er anfängt, Pralinen zu produzieren, um sich Pralinen zu kaufen, wird die Geschichte heikel.

Ich spreche pro domo, spreche für die Schriftsteller, spreche gegen eine Literatur, die nur gemacht ist. Man kann viel machen, aber nicht alles.

Heimkehr in die Fremde

Über Cesare Pavese, »Junger Mond«

Ripeness is all – »Reife ist alles« steht als Motto über diesem Roman eines Mannes, der aus Amerika nach Italien heimkehrt und vergeblich versucht, in die Ebene der Kindheit zurückzufallen; der versucht, als Heimkehrender zu genießen, was er als Kind vermißte: das Gefühl, zu dieser Erde zu gehören, mit ihr im Rhythmus der Jahreszeiten eins zu werden. »So lange habe ich geglaubt, dieses Dorf, in dem ich geboren bin, sei die ganze Welt. Nun ich die Welt wirklich gesehen habe und weiß, sie besteht aus vielen kleinen Dörfern, weiß ich nicht, ob ich als Junge mit diesem Glauben so unrecht hatte.« In seinem Freund Nuto, in dem Knaben Cinto, der, Bankert wie er, bei einem Bauern hart arbeiten muß – in allem sucht er die Heimat, nicht die, die er verlor, sondern die, die er nie hatte. »Ein Dorf brauchst du, und wäre es nur, damit du es hin und wieder gerne verläßt – oder wenigstens ein Stück Erde so groß wie eine Frau.« Die Leute im Dorf begreifen nicht, daß er nicht tut, was alle heimkehrenden »Americanos« tun: sich Land kaufen, ein Haus, einen Autobus oder die verfallene Kapelle renovieren, ein Mädchen heiraten – aber der Heimkehrer versucht immer wieder, Vergangenheit und Gegenwart übereinanderzulegen wie geometrische Figuren von komplizierter Gestalt, die nie ganz kongruent werden. Gerüche sind ihm mehr als Häuser, Lichter und Schatten mehr als Besitz, und es bleiben nur die Toten. (»Wenn es um die Toten geht, haben die Priester immer recht. Das wußte ich, und das wußte auch er.«) Die Töchter des alten Patrons; Gestalten, die aus dem Dunkel der Erinnerungen heraufsteigen; Mädchen, die so heftig das Leben begehrten, daß sie früh den Tod fanden; unvergänglich, weil sie so sehr das Vergängliche liebten: Klavierspiel im Dämmer, Blumen, lachende Kavaliere im Garten – knatternde Motorräder; Mädchen, die »nicht fähig waren zu herrschen über einen Mann und ein Haus«.

Paveses Ruhm, der diesem Buch, das als sein erstes in Deutschland erscheint, vorauslief, findet sich in diesem Roman voll bestätigt: diese Sprache ist zärtlich, ohne zu verschwimmen, sie ist sinnlich ohne im geringsten Ton geschmacklos zu werden, und doch ist sie alles andere als »geschmackvoll«. Sie bestätigt, daß nicht in den *Ereignissen* der Wert erzählerischer Werke besteht, sondern in den *Gestalten*, und in diesem kurzen Roman, der nicht ein einziges Mal hastig oder atemlos wird, kommen viele Gestalten herauf: der Held, der fast namenlos bleibt, Nuto, sein Freund, Bauern und Adelige, Priester und Mädchen: alle sind sicher und klar aus dem Dunkel herausgeschnitten, und aus den vier oder fünf Seiten, auf denen der Held aus seinem Leben in Amerika berichtet, scheint dieser gewaltige Kontinent durch wie ein Wasserzeichen und bestätigt die Weisheit, die Pavese deutlich ausspricht: »Ein Weg übers Meer in ferne Länder ist nicht viel anders, wie wenn die Burschen zu meiner Zeit zu den Festen gingen, die rings in den Dörfern gefeiert wurden.«

Sehr viel Weisheit, Ruhe und eine große Zärtlichkeit dem Leben und den Lebenden gegenüber liegt in diesem Roman, der »erdhaft« ist ohne Blut-und-Boden-Krampf, feierlich, ohne nach falschem Pathos zu schmecken.

Ein entfernter Verwandter des unwiederbringlichen Schwejk

Über Saroyan, »Wesleys Abenteuer«

Daß wir unseren Wortschatz revidieren müßten, ist schon oft und von vielen Leuten gesagt worden, aber diese Revision wird nur selten vorgenommen. Aus Verlegenheit bedienen wir uns verbrauchter Wörter, deren Sinn sich längst so eingeengt oder erweitert hat, daß sie einfach nicht mehr passen: Unsere Väter oder unsere älteren Brüder, wir selbst waren es bis 1945: Antimilitaristen; aber diejenigen, die als Antimilitaristen auftraten – wir merkten es spät –, waren so verkrampft, so humorlos wie die Militaristen selbst, und das schmale Wort »anti« erscheint uns nun als eine zu geringe Basis für diese wichtige Frage unserer Existenz. Deshalb schon, weil in diesem winzigen Wort nichts von dem enthalten ist, was uns wirklich von den Militaristen trennt; auch diese sind andere geworden, ganz vernünftige Leute scheint es, die uns zu dem, wozu wir früher einfach gezwungen werden konnten und bald wieder gezwungen werden können, zunächst überreden, die uns überzeugen wollen. Wir wissen nur eins: Sie wenden – indem sie remilitarisieren – das einzige Mittel an, von dem wir genau wissen, daß es immer unheilvolle Folgen gehabt hat.

Die Spekulation aller, die auf der Suche nach überzeugten Mitmachern sind, geht immer auf jene, denen es so dreckig geht, daß sie keine andere Chance zu haben scheinen, als zum Militär zu gehen, wo ihnen Essen, Trinken, Kleider, Tabak, ein Taschengeld und Freifahrscheine in alle Erdteile geboten werden gegen eine Leistung, die in friedlichen Zeiten weitaus geringer ist als die eines Arbeiters, eines Angestellten, und die im Krieg – für mehr als die Hälfte aller Soldaten aller Ränge – bedeutend unter der Leistung eines Zivilisten liegt, der unter widerwärtigen Umständen, schlechter ernährt als die Soldaten, seiner Arbeit nachgehen muß. Deshalb stimmt einer der Haupteinwände gegen die Widerspenstigen nicht: daß sie ein bequemes Leben dem harten eines Soldaten vorziehen. Daheim, das noch zu sagen, wo im letzten Krieg Millionen von Frauen und Kindern weitaus mehr erduldet und geleistet haben als die meisten Männer, von denen viele ein geradezu absurdes Wohlleben genießen konnten.

Die soziale Verlockung angesichts des Wehrsoldes, der günstigen Lebensbedingungen in einer modernen Armee, ist also groß für diejenigen, die in sozialer Zwangslage leben – das aber und das nicht notwendigerweise in die Armee zwingt, beweist in Saroyans Roman Wesley Jackson, der, als er einberufen wird, Gelegenheitsarbeiter ist, knapp an Dollars, fern von Ham and Eggs und jener fast der eines Manikürsalons ähnelnden Hygiene, wie sie die amerikanische Armee zu bieten hat. Wesley Jackson ist kein Antimilitarist; keine Idee, keinen Gedanken ist ihm diese Armee wert: Er ist einfach von Natur kein Soldat, und Schelme, die eine Armee sprengen können wie Dynamit, sind leider seltener als Antimilitaristen, wie Originale eben selten bleiben. Wider seinen Willen also gerät Wesley Jackson in die Armee, er findet sie töricht, die dort verbrachte Zeit (obwohl sie ihm auf merkwürdig paradoxe Weise Nutzen bringt) rein verschwendet. Saroyan hat keine Theorie, er beschreibt einfach, wie das Militär »mit einem Burschen umgeht«; Wesley zieht eine Gasmaske übers Gesicht, betritt eine Gaskammer und atmet Gas ein; er kriecht hundert Yards durch Maschinengewehrfeuer, er fliegt nach Alaska, lernt eine moderne Frau kennen, findet auf der Straße Briefe, die an das Volk der Erde adressiert sind, gerät schließlich in einen Truppenteil, wo er den wahren Feind kennenlernt, nämlich die Leute, die Szenarios für Instruktionsfilme schreiben. Und in London findet eine Diskussion statt: »Was soll nach dem Krieg mit Deutschland geschehen?« Und da diese so schwierige Frage (es ging um uns) nicht lösbar scheint, steht Wesleys Freund auf und sagt »ganz ruhig«: »Die einzige Möglichkeit ist die, jeden einzelnen von ihnen umzubringen, bis sie alle tot sind.« (Damals wollte Churchill noch für alle Zeit ein Volk von Pflügern aus uns machen.)

Viele Leute lernt Wesley Jackson in diesem Krieg kennen: Lords, Ladys, Gentlemen, auch Millionäre, aber er findet sie alle dürftig. Wichtiger ist, daß er Jill in London kennenlernt, mit ihr getraut wird, einen Sohn bekommt, heil aus dem Krieg heimkehrt, mit jener Weisheit ausgestattet, die er von seinem Vater ererbte: »Es gibt keine Wahrheit, keine Schönheit, keine Gerechtigkeit, keinen Himmel, es sei denn aus Liebe.«

Wesley Jackson ist ein entfernter Verwandter des unwiederbringlichen Schwejk: Er ist uns näher als jener dickhäutige Abkömmling Sancho Pansas, er ist subtiler, sentimentaler, ein sensibles Kind späterer Geschlechter, aber ebensowenig Soldat wie jener. Sicher ist, daß die strammen Antimilitaristen ihn ebensosehr verachten würden wie die strammen Militaristen, weil er keine Ideologie wie einen Panzer mit sich herumschleppt, er ist von Natur gegen das Militär, weil er für eine Menge anderer Dinge ist: für die Liebe, das Leben, sein Kind – und zweifellos wäre er, ähnlich wie sein Vater, lieber eine Art Landstreicher geworden, als gegen Tabak, Ham and Eggs das Leben in der Armee einzuhandeln. Saroyans Roman ist ein erfreulicher Beweis dafür, daß man auch, wenn es einem dreckig geht, nicht auf den Leim kriechen muß und daß Humor etwas anderes ist als jene verteufelte Etappenhasenkomik, die den strammen Mitmachern nach Feierabend von jeder Heeresleitung gern gegönnt wird. Es wird niemals als ein hinlänglicher Grund zur Verweigerung des Wehr- oder Kriegsdienstes angesehen, daß jemand sich einfach nicht von seinen Kindern, seiner Frau, seinem eigenen Leben trennen möchte, um ein anderes, ihm aufgezwungenes zu leben um jener Ziele willen, die jeweils verdächtig laut, verdächtig oft ausgetrommelt werden müssen, um halbwegs plausibel zu erscheinen. Es geht immer darum, irgend etwas zu retten, zu schützen – aber die Witwen der Gefallenen leben hart mit den Groschen ihrer Rente, die Kinder der Gefallenen hocken in engen Schulklassen zu fünfzig aufeinander. Der simple und doch so einleuchtende Grund, Weib und Kind nicht zu verlassen, sie durch die eigene Gegenwart wirksam zu schützen, hat niemals gegolten, und doch ist er der gültigste, und er beweist, daß die Anarchie der Widerspenstigen durchaus eine positive ist: Nichts ist so familienfeindlich wie das Militär; für Väter, die ihre Kinder, für Gatten, die ihre Frauen lieben, gibt es nichts Schlimmeres als die Einberufung. Das Miteinanderleben einer Familie ist damit zu Ende.

Für Wesley Jackson ist der Dienst in der Armee sinnlos, langweilig und dumm, weil er ihn an seinem eigenen Leben hindert.

Neue italienische Romane und Novellen

Über Dino Buzzati, »Die Festung«,
Cesare Pavese, »Junger Mond«,
Ennio Flajano, »Frevel in Äthiopien«,
Luigi Pirandello, »Angst vor dem Glück«
und Mario Soldati, »Die geheimen Gründe«

Moravias, Silones, Vittorinis Werk gewährte schon einen Einblick in die Vielfalt und Verschiedenheit der italienischen Literatur; seither kommen fast in jedem Jahr neue Namen herauf, die den Eindruck der Vielfalt und Verschiedenheit bestätigen. Nachdem die *Story,* die leider nicht mehr existiert, bereits seit 1946 fast jeden Monat eine italienische Kurzgeschichte oder Novelle gebracht hatte, an der wir beobachten konnten, daß im Lande Boccaccios Novelle und Kurzgeschichte meisterhaft weiterentwickelt wurden, kamen viele italienische Romane in Deutschland heraus, und fast an keinem schien die Mühe des Übersetzers und Verlegers vergeblich.
Auch von Buzzati, der von der italienischen Kritik in die Nachfolge Kafkas verwiesen wird, waren Kurzgeschichten aus der *Story* und eine Novelle, *Panik in der Scala,* bekannt. In seinem Roman *Die Festung* wird der junge Leutnant Drogo in die Festung Bastiani versetzt, und schon der Ritt dorthin geht unter geheimnisvollen Umständen vor sich: erst erscheint die Festung nah, verlockend und erleuchtet wie die Gralsburg, dann entschwindet sie, taucht wieder auf, und als Drogo sie erreicht hat, erweist sie sich eher als ein Gefängnis. Drogos Vorgesetzte dort oben sind teils von jener grinsenden Undurchsichtigkeit, wie wir sie heuchlerischen Priestern zusprechen würden, teils sind sie ernst, freundlich und gläubig, was hier bedeutet: sie vertrauen darauf, daß die Festung wirklich ihren Sinn habe, im Falle des Ansturms der Tataren das Königreich zu schützen. Doch seit Jahrhunderten ist kein einziger Tatar mehr gesichtet worden auf der düsteren Ebene nördlich der Festung. So wird die Sinn- und Trostlosigkeit in vielen strengen, sehr komplizierten Reglements zelebriert, wie eine Liturgie. Mondlicht liegt über diesem ganzen Roman, nackte Felsen, düstere Mauern, dumpfe Keller, Gänge, Festungswälle bilden sein Mobiliar. Erhöht wird das Schreckliche durch die scheinbare Freiwilligkeit des Aufenthalts. Auf Ba-

stiani dienen: das war einmal eine hohe Auszeichnung; immer noch zehrt die Festung von diesem Ruhm, und immer wieder, obwohl sie die reale Chance haben, sich zurückzumelden, verfallen die Offiziere dem merkwürdig gemischten Zauber dieser Welt. Buzzati bedient sich eines sehr überzeugenden Mittels, um den Ablauf der Zeit darzustellen in dieser Welt, in der Tag für Tag, Jahrhunderte hindurch sich dasselbe vollzieht; der Ablauf der Zeit wird in den Beförderungen sichtbar: Leutnant, Hauptmann, Major, Oberstleutnant – jeder weiß, wie weit der Weg von Rang zu Rang im öden Trott der Garnisonsjahre ist. Drogo selbst, nachdem vielerlei merkwürdige Erscheinungen immer wieder auf einen Einfall der Tataren hinzudeuten scheinen und nachdem einige Urlaube in der Heimat ihm bewiesen, daß das Leben da unten einfach nicht mehr für ihn da ist (eine entscheidende Begegnung mit seiner Verlobten verläuft wie eine Begegnung von Gespenstern, die wie durch Glas miteinander sprechen) – Drogo selbst ist schließlich Major: aus dem zwanzigjährigen Leutnant ist ein fast fünfzigjähriger Mann geworden, der schon beim Treppensteigen von Schwindel befallen wird. Obwohl vieles an Geschehnissen eingeflochten ist, so scheint es doch dem Leser, als sei Drogo innerhalb fast eines einzigen Nachmittags zum alten Mann geworden, wenn sich auch dieser Prozeß über 300 Buchseiten hinzieht. Wie unendlich langsam und wie überraschend schnell das menschliche Leben vorübergeht, beides darzustellen ist Buzzati in diesem Roman auf jeden Fall gelungen: Symbolisches und Reales legt sich übereinander, wobei die Trennungslinie nie genau auszumachen ist. Zum Schluß geschieht, was niemand je erwartet hat: die Tataren fallen ein; aber Drogo ist so krank, daß er abtransportiert werden muß, während Verstärkung für die Festung anrückt. Er muß noch erfahren, wie tückisch sein Freund ist, wie wenig man es ihm gönnt, nun den Sinn dieses unendlich langen und so kurzen Lebens kennenzulernen. Er wird in ein Gasthaus gebracht, während oben die Schlacht beginnt, und Buzzati läßt ihn hier denken: »Mut, Drogo, Mut. Gott wird verstehen und Gott wird vergeben und wird ein milder Richter deiner kleinen Sünden sein.« Weder Drogo noch der Leser erfährt etwas von dem Krieg: ob die Tataren siegen oder besiegt werden, das ist vollkommen uninteressant, wichtig sind Leben und Tod des Leutnants Drogo, der noch erfuhr, daß die Gläubigen dort oben recht hatten, während die Heuchler nun betrogen sind, obwohl es jahrhundertelang umgekehrt zu sein schien. Drogo, der die Liturgie der Festung Bastiani fast dreißig Jahre hindurch zelebrierte, stirbt lächelnd. Es mag sein, daß man Buzzati zu Recht in die Nachfolge Kafkas verweist; dennoch bleibt dieser Roman, der den Leser bis zuletzt in Spannung hält, ein großartiger Versuch, das menschliche Leben zu deuten.

Während Buzzatis Roman fast unsinnlich ist – Essen, Trinken, Frauen: das alles wird zwar erwähnt, bleibt aber unwirklich, und das Leben der Soldaten vollzieht sich wie das von Mönchen in fast vollkommener Askese –, leuchtet Sinnlichkeit bei den anderen Italienern deutlich durch. Wo er auch in Strenge und Einfachheit der Komposition den anderen gleicht, unterscheidet er sich hierin deutlich von ihnen. Cesare Paveses Roman *Junger Mond* ist wohl gleichfalls als ein Versuch der Deutung des menschlichen Lebens anzusprechen. Ein Mann, der als armer Junge auswanderte, kehrt reich aus Amerika heim und versucht nun, zu genießen, was er als Kind – er wuchs als »Bankert« bei fremden Eltern auf – vermißte: das Gefühl, zu dieser Erde zu gehören. Er sucht die Heimat, nicht die, die er verlor, sondern die, die er nie hatte. »So lange«, sagt er, »habe ich geglaubt, dieses Dorf sei die ganze Welt. Nun ich die Welt wirklich gesehen habe, weiß ich nicht, ob ich als Junge mit diesem Glauben so unrecht hatte.« »Ein Dorf brauchst du, und wäre es nur, damit du es hin und wieder verläßt – oder ein Stück Erde, so groß wie eine Frau.« Aber am Leben der Toten, das sich in Erzählungen seines Freundes Nuto rundet, erfährt er, daß auch sie »Bankerte« waren: keine Heimat hatten, obwohl sie wie Silvia, Irene und Santina – die Töchter seines früheren Patrons – sogar einen Hof hatten, ein Stück Erde also, viel größer als ein Mann oder eine Frau. Nicht sehr viel blieb von ihnen; aus dem Dunkel der Erinnerung steigt es herauf: Klavierspiel im Dämmer, Blumen, lachende Kavaliere im Garten, knatternde Motorräder der Liebhaber. Weisheit, Ruhe und eine große Zärtlichkeit für das Leben und alle Lebenden liegt in diesem Roman von Pavese, der erdhaft ist ohne Blut-und-Boden-Krampf, feierlich, ohne nach falschem Pathos zu schmecken, und es bleibt dem Lesenden die Weisheit, um derentwillen man vielleicht nicht einmal gereist sein muß: »Ein Weg übers Meer in ferne Länder ist nicht viel anders, wie wenn die Burschen zu meiner Zeit zu den Festen gingen, die rings in den Dörfern gefeiert wurden.«

Flajano erzählt in seinem Roman die Abenteuer eines jungen Leutnants, der während des Krieges in Äthiopien zum Zahnarzt geschickt wird und auf dem Weg durch die fremde und feindselige Landschaft eine badende Eingeborene findet, die nach einigem Widerstreben seine Geliebte wird. Mariam, so heißt das Mädchen, hält ihn fest, als er fortgehen will, sie holt Brot und Eier aus ihrem Dorf, die beiden verbringen eine Nacht in der Steinmulde eines Felsens, und was für den Soldaten nur ein flüchtiges Abenteuer ist, ist für Mariam offenbar eine unter Zeremonien gefeierte, dauerhafte Verbindung. Alles wirkt harmlos, fast könnte man versucht sein, die unverbindliche Vokabel »nett« anzuwenden; aber was man schon vom ersten Satz an weiß: Unheil geschieht; ein Tier umstreunt nachts den Lagerplatz, der Leutnant schießt, ein Querschläger trifft Mariam, Blut fließt aus ihrem Leib, unstillbares Blut; Hilfe holen zu wollen wäre zwecklos in der Wildnis, außerdem ist Mordverdacht zu fürchten. Einsamkeit, Stille, die Nacht in einem fremden, dunklen Erdteil, das erschreckend ergebene Wimmern des Mädchens. Im Morgengrauen erschießt der Leutnant das Mädchen, bedeckt ihr Gesicht, um ihre Augen – diese grauen Augen – nicht zu sehen, knallt drauflos, begräbt die Tote, nachdem er ihr die Uhr, die er ihr geschenkt hatte, wieder vom Arm gelöst hat: unvergeßlich diese winzige Leichenfledderei an der Frau, die ihn liebte, gewichtiger als alles, was an Düsterem noch folgt; der Weg zum Zahnarzt wird fortgesetzt, es folgt das übliche: Eingeborenenbordell, Kasinogeschwätz – das Bataillon wird in jenes Tal verlegt, wo Mariam ermordet wurde, und täglich hockt nun der Leutnant an ihrem Grab. Aussatz zeigt sich, ein Buch darüber wird besorgt, sofort aufgeschlagen, eine Hand gleich auf der ersten Seite: »Es war meine Hand«. Wie ein Verfluchter irrt er weiter, desertiert, begeht Mord – Raubmordversuch, alles vergeblich, bis er in Mariams Heimatdorf landet, dort fürchterliche Wochen ohne Wasser, ohne Nahrung, ohne Zigaretten verbringt, unter den Augen von Johannes und Elias, von denen er sofort weiß, daß sie »zu Mariam gehören«. Wieder verbringt er Stunden an Mariams Grab. »Mir schien, als sei das Leben eines Menschen gar nicht so viel wert, eines Menschen, der nur etwas mehr als ein Baum und etwas weniger als eine Frau zu sein schien. Ja, du warst hier, damit ich ein Maß für die Dinge bekam.« Schade nur, daß Flajano am Schluß das Ganze in flauem,

snobistisch anmutendem, Kasinogeschwätz wieder auflöst und bagatellisiert; es scheint so, als habe der Leutnant das Maß für die Dinge wieder verloren.
Pirandellos Novellen, 38 von mehr als 200 ausgewählt, dürften für viele ein erwünschenswerter Einblick in das Werk des Berühmten sein, der nach seinem Tod in der Windstille, die dem außerordentlichen Ruhm folgte, liegengeblieben zu sein schien. In den Stimmungsbildern und in der Linienführung haben diese Novellen schon Elemente der modernen Kurzgeschichte; in der vorliegenden Auswahl überwiegt sogar der Kurzgeschichtencharakter, da sie fast alle durch Stimmung und Kolorit, die allerdings das außerordentliche Ereignis umkleiden, die Gestalten einhüllen – während in Soldatis Novellen das Psychologische überwiegt. In dessen drei Novellen *Die Grüne Jacke, Vater der Waisen, Das Fenster* wird das Ungewöhnliche (das den Leser spannt) meist gewöhnlich erklärt: ausschweifend, schnörkelig, stellenweise mit viel Stuck ausgestattet, ist die Sprache, ist die Konstruktion – und wenn auch viel Wissenswertes und Interessantes an Milieustudien beigeliefert wird, bleibt doch, eben weil alles so minutiös erklärt wird, ein merkwürdiges Gefühl, als sei nichts befriedigend erklärt. Die Gestalten bleiben haften: der berühmte Dirigent, der Paukenschläger Romualdi, der Direktor der Mailänder Scala, ein Artistenpaar und das charmante ältere englische Fräulein, das über Jahrzehnte hinweg den Operetten-Italiener liebt, die beiden lasterhaften englischen Damen, die jenen Italiener blockierten. Viele Gestalten in diesen drei Novellen, die unvergeßlich sind – aber jene fein ausgearbeiteten, psychologisch genau erklärten Geschehnisse, die die Handlung ausmachen, sind zu künstlich ausziseliert, um noch glaubwürdig zu erscheinen. Das Geschehnis scheint in der erzählenden Literatur nicht so wichtig zu sein wie die Gestalt, bei der fast gleichgültig ist, was mit ihr geschieht: bei Pavese geschieht wenig mit dem Helden, bei Buzzati fast gar nichts, bei Flajano wiederum viel, aber bei keinem der drei wird das Psychologische überschätzt, nicht einmal bei Pirandello, der doch ins 19. Jahrhundert zurückreicht. Soldati unterscheidet sich deutlich von den anderen, hier besprochenen Italienern; alle Werke aber geben den Eindruck einer sehr lebendigen, sehr vielfältigen Literatur, die der anderer europäischer Länder und der amerikanischen mindestens ebenbürtig ist.

Die Unschuldigen und die Bewußten

Courage hat ganz offenbar etwas mit Cœur zu tun, und im Deutschen sagt man vom Mutigen auch, daß er Herz gezeigt habe; doch entfernt sich der deutsche Mut oft genug vom Herzen und klammert sich ans abstrakte Ziel: das zeigte sich deutlich in Bad Grießbach, wo nicht weit von der Wegbiegung entfernt, an der 1921 Matthias Erzberger ermordet wurde, französische und deutsche Schriftsteller sich trafen, um über heikle Patienten zu sprechen: den Roman und seine Leserschaft. In jeweils einem französischen und einem deutschen Referat wurde vier Tage lang über abschreckend anmutende Themen gesprochen: Soziologische Analyse der verschiedenen Schichten des heutigen Publikums, Leserpsychologie, Phänomenologie des Leserbewußtseins und einiges mehr. Doch kletterten sowohl Referenten wie Diskutanten über die Stacheldrähte der Themen und trafen sich unverletzt in dem breiten Streifen zwischen den Themen; die Stacheldrähte erwiesen sich bloß als Schlingpflanzen, die man abstreifen muß, wozu eben Cœur und Courage, Mut und ein wenig Herz erforderlich sind.

Die französischen Freunde waren ganz offenbar überlegen, nicht nur war ihr Team umfangreicher, auch ihre Diskussionsbeiträge waren präzise und voller Cœur; hieran zeigte sich bedrückend deutlich, daß die deutschen Schriftsteller alle in der Provinz leben; daß sie selten miteinander sprechen, es ihnen einfach an Übung fehlt. Es wurde auch deutlich, wie sehr sich die Sprachen voneinander unterscheiden, im Guten und im Schlechten. Wie leicht konnten die Franzosen sich die schärfsten Dinge entgegnen: das wäre bei uns gleich mitten auf die Nase gegangen. Die Deutschen suchten nach Worten, und wenn sie sie fanden, blieb einiges offen, manches vage, doch forderten die französischen Bekenntnisse, diese Liebeserklärungen an die Literatur, die Deutschen heraus, und die Gegenbekenntnisse erfolgten schüchtern.

Betrüblich war nur, daß so wenige deutsche Romanschreiber es der Mühe für wert gehalten hatten, mit den französischen Freunden zusammenzukommen. Jede Tagung, auch wenn sie im offiziellen Teil innerhalb des Stacheldrahtes der Themen stattfindet, hat – unabhängig von ihrem sachlichen Erfolg – immer den persönlichen: daß man sich kennenlernt, miteinander ißt und spricht, trinkt und spazierengeht. Natürlich gibt es nie ein Ergebnis, wie wenn Arbeitgeber und Arbeitnehmer sich über etwas so Konkretes wie einen Tarif einigen, aber hier in Bad Grießbach bekannten sich beide Teile eindeutig dazu, daß der Roman als Ausdrucksmittel noch gelte, daß der Mensch zwischen Tod und Liebe, Gott und Teufel ein Wesen sei, das immer Spannung genug enthalte, um den Roman zu rechtfertigen. Klar distanzierte man sich von der Fabel, vom Ereignis, vom psychologischen Roman und bekannte sich zur »Personnage« und zur Intensität des Gestaltens. Niemals verlor sich das Gespräch in unverbindlichen Tümpeln der bloßen Fachsimpelei, und nach den Referaten, wenn die Frage nach Wortmeldungen erfolgte, kam nie jene peinliche Stille, in der der Diskussionsleiter die Sache in Gang bringen muß; die Sache lief von selbst. Der Romanleser – den man in Referat und Diskussion lange umkreist und nie gefunden hatte – kam schließlich zu Wort im Referat Paul André Lesorts, der ein Bekenntnis als Autor und als Leser ablegte, während Michel Ragons Gattin schweigend in der Ecke saß – und las.

Zeitweise schien es, als hätten freundliche Bären und liebenswürdige Füchse sich getroffen, um darüber zu sprechen, ob man den Wald noch Wald nennen könne. Man entschloß sich, ihm den Namen Wald zu lassen. Hin und wieder schlich ein Saurier des deutschen Wunders durchs Tal: ein Mercedes 300, dezent und doch gewaltig, beunruhigend-ruhiges Untier unseres Dschungels, und im Café gegenüber gab es jene Riesenstücke Butterkremtorte, die zum »Miracle allemand« gehören. Die französischen Gäste, teutonischer Trunksitten unkundig, zeigten sich begeistert ob des Brauches, aus gläsernen Stiefeln viele Liter Bier zu trinken.

Klugerweise war die »Arbeit« erst ab vier Uhr nachmittags angesetzt, und sie endete pünktlich um acht. Vielleicht kam der Erfolg des Treffens von dieser Anordnung: vier Stunden intensiver Arbeit an so heiklen Patienten bekommen diesen wohl besser als zwölfstündiges, unermüdliches »Ringen«.

Die Werke von Jean Cayrol, der als erster voll Cœur und Courage über den Stacheldraht sprang, werden im Styria-Verlag erscheinen (wie die Paul André Lesorts). Von Alain Robbe-Grillet erschien der erste Roman eben bei Christian Wegner in Hamburg (*Ein Tag zuviel*). Zum Schluß sagte Roland Barthes, Kritiker und Essayist, ihm scheine, es habe sich bei diesen Gesprächen eine Grenze gezeigt, die Gott sei Dank nicht zwischen den Nationen verlaufe, sondern auf beiden Seiten Franzosen und Deutsche vereine: die Grenze zwischen den »Unschuldigen« und den »Bewußten«. Die Unschuldigen hätten es leicht, sich zur Liebe zu bekennen, die Bewußten dagegen kämen leicht in den Verdacht, lieblos zu sein; er schlage vor, beim nächsten Treffen die Rollen zu tauschen, damit jeder Part zu seinem Recht käme. Der Wunsch nach einem neuen Treffen entsprang nicht der bloßen Höflichkeit; er kam vom Cœur und wurde von den Deutschen von Herzen erwidert. Günther Weisenborn, der Referate und Diskussion, Bekenntnisse und Schüchternheiten weise zueinander gelenkt hatte, schloß das Treffen, während René Wintzen, Redakteur der *Documents* und Initiator des Treffens, sich, beruhigt über den Erfolg, den Schweiß abwischen konnte.

Merkwürdigerweise wurde außerhalb der »Arbeit« das politische Gespräch weder gesucht noch krampfhaft vermieden; es schien Einigkeit zu herrschen, und sowohl die Franzosen wie die Deutschen schienen es für selbstverständlich zu halten, daß Jean Cayrols großartiger Roman über das Thema Konzentrationslager wohl keinen deutschen Verleger mehr finde. Am meisten Cœur und Courage zeigte beim deutschen Team übrigens dessen einzige Dame: Geno Hartlaub.

Ein Steinbeck und einige Steinbeckchen

Über John Steinbeck, »Das Tal des Himmels«, »Der fremde Gott«, »Eine Handvoll Gold« und »Von Mäusen und Menschen«

Einer, der von Steinbeck noch nichts gelesen hat und den Roman *Der fremde Gott* in die Hände bekäme, würde wahrscheinlich – zu seinem eigenen großen Nachteil natürlich – dem Namen Steinbeck keinen großen Kredit mehr geben; er würde die Leute, die ihm die *Straße der Ölsardinen,* die *Schelme von Tortilla Flat* und *Die Früchte des Zornes* loben – er würde sie für verrückt halten. Wenn er dann aber den Roman *Das Tal des Himmels* zur Hand nähme und zu lesen anfinge, er würde ihn nicht aus der Hand legen können – und zum Schluß würde der arme Leser sich die Augen reiben und nachschauen, ob der Steinbeck des *fremden Gottes* wirklich derselbe sei wie der vom *Tal des Himmels*: aber es ist wirklich derselbe Steinbeck. Man könnte sich, um es zu beweisen, auf die Schutzumschläge berufen, sie sind schließlich auf ihre Art Dokumente; man könnte auch mit Geduld und Umsicht literarisch den Steinbeck, der *Das Tal des Himmels* schrieb, im *fremden Gott* nachweisen, aber das ist eine Frage für Spezialisten und geht den nichts an, der einfach den Wunsch hat, ein Buch – ein möglichst gutes – zu lesen.

Wir, die wir Bücher schreiben, zugleich aber auch Leser sind, geraten in Komplikationen, sobald wir über Bücher, die wir lesen, schreiben sollen: mir kam der *fremde Gott* so fremd vor, daß ich wirklich mich auf dem Klappentext mehrmals des Namens Steinbeck vergewissern mußte. Blut ist eine großartige Substanz, Boden keine minder großartige – aber Blut und Boden, miteinander gemischt: vielleicht sind wir ein wenig zu empfindlich geworden für diese Mischung, um ihre möglichen wahren Reize würdigen zu können. Von den Brüdern Wayne, die da ihrem Bruder Joseph nach Kalifornien folgen auf die neugegründete Farm, die dort mit echter Leidenschaft wirtschaften, arbeiten und ein neues Leben anfangen, eine neue Sippe gründen, von diesen wackeren und sympathischen Brüdern war mir der sympathischste jener Benjamin, der weder vom Blut noch vom Boden etwas wissen wollte: der ins Dorf ritt, um zu trinken, vor den Fenstern der Mädchen Lieder sang – und schließlich von einem Indio beim Ehebruch ertappt und erstochen wurde. Dieser Bursche, der das Vergängliche liebte, erschien mir als der unvergänglichste der Gebrüder. Joseph, der Pionier dieser Sippe, möchte am liebsten selbst »die Kühe bespringen«, so sehr ist er nach Vermehrung aus; er verehrt – er tut es tatsächlich – in einem Baum seinen verstorbenen Vater, von dem er glaubt, daß er in dem Baum lebt; »schließlich«, so sagt er, »braucht der Mensch doch etwas, worauf er bauen kann, wovon er sicher weiß, daß es am Morgen sicher da ist«.

Vielleicht sind wir einfach unfähig, solche Gedankengänge nachzuvollziehen, nachdem wir erlebt haben, wie ganze Städte, von denen zehn Generationen sicher zu wissen glaubten, sie würden am Morgen noch da sein – wie diese Städte plötzlich nicht mehr da waren, und riesige Güter zurückgelassen werden mußten wie ein Paar verschlissener Schuhe, die man im Kleiderschrank des Hotels stehenläßt . . .

Der fremde Gott ist eine alte indianische Gottheit, die von den Bewohnern des Landes Menschenopfer fordert: Blut gegen Regen. Regen ist Leben, und Dürre ist Tod. Üppige Weiden, gesundes Vieh – oder Kühe, die tot am Wege liegen: Geruch der Verwesung, Aasvögel, die über den Tälern kreisen.

Als die Drohung der Dürre wahr wird, zieht Josephs Bruder mit dem Vieh aus. Joseph bleibt zurück und öffnet sich selbst auf dem alten indischen Opferfelsen die Pulsader: »Ich hätte es wissen sollen«, flüstert er, »ich bin der Regen . . .« Dann hört er den Regen niederklatschen.

Der Roman *Eine Handvoll Gold* hat einen ganz anderen Gegenstand: Ein Junge, von Abenteuerlust erfüllt, zieht von zu Hause (aus Wales) fort, um ein großer Bukanier zu werden: er wird es, nachdem er Jahre als Obersklave bei einem weltfremden Plantagenbesitzer zugebracht hat. Aber dieser Henry Morgan, der zur Zeit Cromwells lebte (und wohl eine historische Figur zum Vorbild hat), ist im Grunde nichts weiter als der Junge, der nicht den Mut hatte, das Mädchen, das er liebte, anzusprechen, sie zu küssen, Es bleibt ihm, der die Frauen enttäuschte, immer die Schwindsucht des »von den Frauen Enttäuschten« – auch als er längst der berühmteste Bukanier ist, der schließlich den goldenen Becher erobert, Panama, die Stadt, die als uneinnehmbar galt: La Santa Roja, die Frau, von der die ganze westliche Hemisphäre schwärmt, derentwegen Morgan eigentlich Panama eroberte und zerstörte, auch von ihr ist er enttäuscht. Sie erweist sich nicht – wie auf dem Klappentext steht – als ein Trug: sie ist für den schwindsüchtigen Idealismus Morgans ein Trug. Und dieser große Eroberer, vor dem die Häfen zitterten, endet, wie er nicht anders enden kann: als ein geadelter Spießer, der Gouverneur und Richter wird und seine eigenen Kumpane zum Tode verurteilt, eingefangen von seiner spießigen Kusine. Schließlich erfährt er im Tode eine gewisse Weisheit, jene, die ihn als Kind liebenswürdig machte. Man glaubt durch den ganzen Roman hindurch Errol Flynns Freibeuter-Ironie zu sehen (es wäre ein Film für ihn). Aber auch hier ist nur wenig von dem Steinbeck, der so viel Kredit verdient hat.

In dem Roman *Von Mäusen und Menschen* taucht er langsam, wenn auch schwächer, als wir erwartet haben, auf. Der riesige Lennie, der alles, was er anfaßt, tötet: aus Zärtlichkeit, aus Kraft; der kleine Georg, der dieses Ungetüm behütet; und die Bude auf Curleys Farm, in der die Landarbeiter wohnen: Candy und Carlson, Whyt und der große Slim; schließlich Curleys Frau: wild geschminkt, buntgekleidet, eine Vorstadtschönheit, die »einmal zum Film sollte«, diese bunte, großartige und unglückselige Puppe, die von Lennie zerdrückt wird – dieses Milieu mit seiner eigenen Hierarchie, seiner eigenen Zärtlichkeit und seinen Gesetzen ist mit leichter, ein wenig zu leichter Hand beschrieben, aber es ist da: das Blut-und-Boden-Proletariat in seiner ganzen Größe und Herrlichkeit und seiner Hoffnungslosigkeit. Der Traum von dem eigenen Stück Land, von den Kaninchen, die Lennie versorgen soll, das mag sentimental klingen; aber wir, die wir über solche Sentimentalitäten die Nase rümpfen mögen, haben unsere eigenen, verborgenen Sentimentalitäten, die nie ausgesprochen werden.

Der ganze Steinbeck kommt erst im *Tal des Himmels* zum Vorschein. Da ist in einem einzigen Bild von der Hose des Räubers Vasquez, die sich nach unten weitete wie eine Trompete, mehr Steinbeck als in Joseph Wayne – aber die Hose des Räubers Vasquez, die kommt nur in einem Nebensatz vor, wie der Räuber selbst eine Randfigur ist. Im fruchtbaren *Tal des Himmels* haben sich zahlreiche Sippen angesiedelt, ein ganzer Kosmos von Menschen mit amerikanischen, mexikanischen, holländischen, deutschen und polnischen Namen, und jeder einzelne von ihnen ist in seiner Weise ein Mensch: liebenswürdig und entsetzlich, umgeben von Liebenswürdigkeit und doch einsam. Es ist unmöglich, sie alle zu beschreiben, denn Steinbeck beschreibt sie und ihre Schicksale so knapp und präzis, daß man den Roman abschreiben müßte. Maltby ist ein kleiner Angestellter, der, fünfunddreißigjährig, erkrankt, ins Tal des Himmels zur Erholung geschickt wird, dort hängenbleibt und eine Witwe heiratet: Maltby tut alles, nur arbeiten nicht. Den hohen Reiz des Müßiggangs hat er als Kranker, als Genesender schätzen gelernt; seine Frau bekommt Kinder, stirbt an der Grippe, die Kinder sterben, und Maltby bleibt mit einem Säugling, den ihm die empörte Nachbarin auf den Arm legt, allein in seinem Haus zurück. Der Knecht Jakob Stutz kommt hinzu, und die beiden Männer erziehen nun das Kind auf ihre Weise, indem sie es einfach an ihrem Leben teilhaben lassen. Der Sohn heißt Robert Louis (nach Stevenson), denn die Hauptbeschäftigung von Junius Maltby, Robbie und Jakob besteht in der Lektüre von Stevenson: »Junius«, so heißt es, »behandelte ihn nie wie ein Kind, denn er wußte nicht, wie man Kinder behandelt. Wilde sind es, die drei, die sich hin und wieder aus dem Dickicht der verkommenen Farm eine Gurke holen, ihre Beine im Wasser des Baches baumeln lassen. Verachtet, verkommen, in grandioser Unbedeutendheit und Zufriedenheit verbringen sie ihr Leben, bis Robbie in die Schule muß: das Kind, das nie wie ein Kind behandelt wurde, übersteht sogar den Schuleintritt, es wird der Mittelpunkt der Schule, verehrt und umschwärmt, aber das alles bricht zusammen, als man ihm, dem Schlechtgekleideten, ein Bündel Kleider aushändigt. Die Wohltätigkeit tötet ihn, diese gutgemeinte, liebenswürdige Wohltätigkeit – und Junius Maltby schließlich, mit neuen Schuhen an den Füßen, tritt gebrochen seinen Weg in die Stadt wieder an, um wieder das zu werden, was er vor vielen Jahren einmal war: ein Angestellter, der gerne Bücher las.

Molly Morgan, die neunzehnjährige Lehrerin, wäre zu erwähnen, Tularecito, der kleine Frosch, der in ähnlicher Weise wie Robbie Maltby an Schule und Zivilisation scheitert. Aber wie könnte man sie alle erwähnen: dreißig, mehr als dreißig Schicksale treffen sich hier im Tale des Himmels, sind ineinandergeflochten in einer Sprache ohne Schwulst – und der Berichtende, der *Das Tal des Himmels* als letzten dieser Romane las, war froh, als Steinbeck endlich wieder da war.

Der Gefangene einer Anekdote

Der Engländer im deutschen, der Franzose im englischen, der Deutsche im italienischen, der Italiener schließlich in allen europäischen Romanen: diese Darstellungen befriedigen nie. Man kann das Thema beliebig variieren: den Russen in der ganzen europäischen Literatur beobachten, oder den Holländer. Es sind Roman-Russen, Roman-Holländer; die Russen bärtig, leidenschaftlich, ein wenig unzuverlässig, die Holländer ungelenk und kindlich, die Engländer entweder zu langweilig oder zu sehr mit Oxford-Duft besprengt, die Franzosen zu sinnlich oder zu geistig, die Deutschen zu sauerkrautisch oder zu musikalisch. Beliebt sind auch die Ungarn: wahnsinnig leidenschaftlich, dunkel, glühend wie elektrische Zigarettenanzünder.
Wie tief diese Roman-Vorurteile wirken, beweist das seltsame Erlebnis einer jungen Französin, die nach London fuhr, um dort mit englischen Verlegern und Redakteuren zu verhandeln, bieder strickend saß die junge Dame abends am englischen Kaminfeuer, unter lauter »Gebildeten«, legte ab und zu die Stricknadeln aus der Hand, um am Whisky zu nippen, aber die englischen Gastfreunde kamen auf ein Thema, das in London geradezu verpönt und in Frankreich recht ungewöhnlich ist: sie sprachen über Damenunterwäsche, und waren empört, als die junge Französin dieses Thema shocking fand und mit der Miene einer gekränkten Engländerin den Raum verließ.
Bekannt ist die Anekdote von jenen beiden Engländern, die in einem Abteil zusammen von London nach Glasgow fuhren und während der siebenstündigen Fahrt nicht ein Wort miteinander wechselten. Hoffnungsvoll mich dieser Anekdote erinnernd, bestieg ich vor vier Wochen todmüde in Glasgow den Zug nach London, sicher, daß ich sieben Stunden Ruhe haben würde. Ich teilte das Abteil mit einem Mann, der wie ein Bilderbuchengländer aussah: korrekt gekleidet, schmal, schweigsam wie die Felsen an der walisischen Küste. Aber noch nie im Leben bin ich einem solchen Schwätzer begegnet: wir hatten das Weichbild Glasgows noch nicht verlassen, da wußte ich schon, daß er geschieden war, schuldlos natürlich, wußte, daß er zwei Kinder habe, deren Fotos er mir zeigte, sie dabei mit seinen Tränen benetzend: gefühlsselig wie ein Kontinentaler. Der Mann – Jim

Dunadey hieß er – sang mir mindestens fünfunddreißigmal Lili-Marleen vor, ein Lied, das er sehr liebte, ich aber gar nicht liebe, weil ich es zu oft habe hören müssen. Es blieb mir die Hoffnung, zu glauben, sein Geburtsort liege irgendwo westlich von Dublin, aber ich erfuhr, daß er in London geboren war: sein Urgroßvater schon hatte dort einen Tabakladen gehabt, in dem Nelson seine Schnupftabakdose aufzufüllen pflegte. Ich sehnte mich nach einem schweigsamen Italiener, nach einem wortkargen Franzosen, einem schüchternen Deutschen, aber ich fuhr durch England und war der Gefangene einer Anekdote.

Seit zwölf Tagen steht »Mord« an der Tür

Notizen aus dem Kaiserslauterner Gerichtssaal

Am Eingang zum Sitzungssaal I im Kaiserslauterner Landgerichtsgebäude hängt schon seit zwölf Tagen hinter Glas der amtliche Vordruck, auf dem Name und vermutetes Delikt des Angeklagten zu lesen sind. Das Formblatt ist grauweiß und hat viele Zeilen. Aber nur die erste ist ausgefüllt. Eine der Stenotypistinnen des Landgerichts hat hineingetippt in die erste Spalte »Dr. Müller«, in die zweite Spalte »Mord«.

Am Eingang zum kleinen Sitzungssaal II, der gegenüber liegt, hängt auch eines dieser Formblätter hinter Glas. Dort wechseln die Namen der Angeklagten täglich, und die Zeilen sind fast alle ausgefüllt. Nur die Spalte, in der das Delikt benannt wird, zeigt wenig Variationen. Die Stenotypistin braucht nur in die oberste Zeile zu tippen »Kuppelei«. In den Zeilen darunter kann sie sich mit Pünktchen begnügen.

Der älteste der sechs Geschworenen ist zweiundsechzig Jahre alt, der jüngste sechsunddreißig. Es sind Handwerker, Arbeiter, Bauern und Kaufleute aus der Pfalz, und ihre Rolle bei diesem Prozeß ist die eindrucksvollste, weil sie schweigen. Sie hören und sehen nur, und sie tun beides mit Aufmerksamkeit und Ernst. Jede Regung von Dr. Müller wird von ihnen genau vermerkt. Wahrscheinlich kennen sie, die Ersatzgeschworenen, die Beisitzer und der Ersatzrichter Dr. Müller am besten, weil sie am wenigsten abgelenkt sind.

Die Geschworenen hören Müllers Freunde und Bekannte sagen, daß Frau Müller freundlich, gepflegt und lieb gewesen sei, aber nie über ihre Ehe gesprochen habe, und daß die Ehe eine normale gewesen sei. Sogar der Ausdruck »ideale Ehe« und das Wort »Musterfamilie« wurden genannt.

Dann plötzlich beschwört eine ruhige, vernünftig wirkende Frau, eine Näherin, daß Frau Müller ihr gesagt habe, sie wolle zu ihren Eltern ziehen. Sie sei schon von ihrer Mutter dazu aufgefordert worden. »Ich schwöre es, so wahr mir Gott helfe«, sagt diese Zeugin ohne Zögern, eine Näherin, die Frau Müller zum ersten Male sah und sich darüber wunderte, so unerwartet ins Vertrauen gezogen zu werden. Dann wieder kommen Zeugen,

die das Gegenteil bekunden, und es bleibt seltsam, befremdend, aber doch nicht unwahrscheinlich, was die ruhige, vernünftige Frau beschworen hat.
Wenn Müller sich als schuldig erweisen sollte, so dürfte er einiger Aufmerksamkeit und Nachdenklichkeit der Familienfanatiker wert sein.
Seine Ehe war nicht mehr zerrüttet, als es unzählige andere sind, und seine Söhne brauchen sich nicht zu schämen. Sie können nicht wissen, was viele sympathische und normale Kinder ihrer Art nicht wissen – wieviel Langeweile, Überdruß und Haß sich unbemerkt zwischen den Möbeln eines Eheschlafzimmers stauen können und wie tödlich der Automatismus des Ehealltags wirken kann.
In den Großstädten himmeln die männlichen Partner abgestorbener Ehen, abends auf Barstühlen hockend, sentimental das Lippenrot professioneller Trösterinnen an, jenes Lippenrot, das ihre Frauen nicht auflegen, weil sie Biederkeit für eine Tugend halten. Aber in den Kleinstädten gleichen die Fassaden der Villen so oft Gräbern, auf die schon lange kein Trauernder mehr Blumen gelegt hat.
Das Motiv, wenn es eines gibt, liegt nicht außerhalb, sondern innerhalb des Ringes, der die konventionelle Ehe umschließt.
Die erste Überraschung bei den Zeugenvernehmungen in dem Gattenmordprozeß kam unerwartet bei der Vernehmung von Müllers Bruder. Der Bruder hatte zuerst angegeben, er werde die Aussage verweigern, hatte sich dann aber entschlossen, auszusagen, um seinem Bruder beizustehen. Oberstaatsanwalt Dr. Lenhardt fragte ihn, ob er im Gespräch über das Unglück die Version gehört habe, sein Bruder sei wegen der verlorenen Radkappe ausgestiegen. Nach dieser Frage schwieg Müllers Bruder lange, ehe er sagte, er wisse nichts.
Müller hat am Tage nach dem Unglück diese Version in Gegenwart des Dr. Theis dreimal erzählt, sie später einige Male bei den Vernehmungen wiederholt, ehe er sie nach Monaten widerrief und sagte, er sei ausgestiegen und zurückgegangen, um einen Igel zu fangen. Auch auf die Frage des Oberstaatsanwaltes, ob über Rettungsversuche gesprochen worden sei, ob er sich der Stellung der Leiche, der Position der Kanister erinnere, sagte Müllers Bruder, er wisse nichts. Er hatte nach der kommissarischen Vernehmung ein Protokoll unterschrieben, in dem seine

Äußerung stand, er habe den Eindruck, das sei eine schmutzige Sache. Er hatte das Wort »schmutzig« widerrufen und dem Gericht geschrieben, es sei im Sinne von »komisch« zu verstehen. Heute nach der Bedeutung des Wortes »komisch« in diesem Zusammenhang gefragt, sagte er, er habe wohl gemeint »unklar«. Es wurde von der Staatsanwaltschaft beantragt, Müllers Bruder mit dem Kriminalkommissar, der ihn vernommen hatte, zu konfrontieren und die Entstehung des Protokolls zu klären.
Die Gegenüberstellung des Kriminalbeamten mit Müllers Bruder konnte am Freitag noch nicht erfolgen, weil der Beamte nicht reise- und vernehmungsfähig ist.
Ehemalige Hausangestellte und einige Freunde Müllers bezeugten am Freitag, daß seine Ehe normal gewesen sei. Immer wieder fielen die Worte: ordentlich, nett, harmonisch.
Die Verteidiger, die Rechtsanwälte Dr. Kuntz und Dr. Hoffmann, beantragten die Ladung eines Zeugen, in dessen Auto ein Katalytofen explodiert war, und baten das Gericht um seine Unterstützung bei dem Versuch, in Akten des britischen Militärgerichtes in Herford Einsicht zu erlangen. Dort soll das Ergebnis einer Untersuchung über den Tod eines englischen Soldaten vorliegen, der nach der Explosion eines Katalytofens verbrannte.

Literatur ohne Grenzen

Streng abgekapselte nationale Literaturen sind wie Sippen, die keine Mischung, keine Einheirat, keine Mesalliance mit einem »Unwürdigen« zulassen; die Kinder dieser vorausgeplanten Ehen sind dann reinrassig, zum Sterben langweilig, sie haben nicht einmal den zweifelhaften Reiz der Morbidität, weil sie auf eine verteufelte Weise gehegt und gepflegt sind.
Feuer und Größe sind meistens durch die Bastarde in die Literatur gekommen, Schönheit und Leben durch die Mesalliance. Innerhalb der nationalen Literaturfamilien wird leicht die Grenze zwischen Dilettantismus und Kunst verwischt, das Gewerbe blüht; der Dilettantismus verliert seinen privaten Charme und endet in der Schmollecke der Stümperei; Stile und Themenkreise, Formen, werden für alleinseligmachend erklärt, und alles, was außerhalb der Landesgrenzen geschrieben wird, unterliegt dem Banne. Die Mittelmäßigkeit wird in breiten Kolonnen gezüchtet: die italienische Novelle, das Sonett, sie sind, dem Mittelmäßigen ausgeliefert, schließlich unerträglich geworden, wie es die sogenannte deutsche Innerlichkeit geworden ist, die bei Stifter und Jean Paul Größe und Würde hatte, die aber, eifersüchtig durch mehr als ein Jahrhundert gehütet, so widerwärtig werden konnte wie eine besonders süße Marmelade, deren Herstellung Familiengeheimnis blieb.
Die stürmische Berührung der Literaturen nach 1945 hat manches dieser europäischen Familiengeheimnisse gelüftet, vieles ist eingeflossen, manches noch unverdaut, manches auch geschluckt worden; einiges ist auf der Ebene der Imitation stehengeblieben, anderes aber auf eine überzeugende Weise in den eigenen Sprachraum übernommen und verarbeitet worden, wie etwa die neue Form der amerikanischen »story« sich in Deutschland mit der Begabung zur Novelle gepaart hat.
Die Sprachgrenzen wären nur zu überbrücken durch eine Esperanto-Literatur; und eine solche wäre das Ende jeder Literatur; der Reiz des Nachbarn liegt in seiner Eigenart und in seiner Fremdheit, die Schönheit und Größe der Weltliteratur in ihrer Vielstimmigkeit. Es ist nicht Nachbarschaft, in Kasernen miteinander zu hocken, von morgens bis abends die gleichen Turnübungen zu machen, die gleiche Suppe zu essen, die gleichen

Lieder zu singen. Der sogenannte »sozialistische Realismus«, der keine nationale, sondern eine politische Inzucht ist, hat ja bis zu einem gewissen Grade die sprachlichen Grenzen überwunden. An dieser Inzucht nehmen nicht die Schriftsteller eines Sprachraums teil, sondern sie erstreckt sich über Sprachgrenzen hinweg und infiziert mit ihrer Mittelmäßigkeit ganze Völkergruppen; da unterscheidet sich der polnische Roman kaum noch vom deutschen, der tschechische wohl nicht mehr vom chinesischen: die Sprachen haben ihre Stimme verloren, ihr Gesicht, und alle Romane sehen aus wie Rekruten, denen der Staat Kleidung und Nahrung garantiert, und die sonntags, von einem Feldwebel begleitet, im Stadtpark ausgeführt werden. Das ist ein Stil- und Themenesperanto, eine »Literatur ohne Grenzen«, wie wir sie uns nicht wünschen wollen: der eintönige Singsang jener Affen, die so schnell begriffen haben, »worauf es ankommt«, die »den Dreh heraus haben« und das lesehungrige Publikum, das nach Brot und Wasser verlangt, mit gemanschtem Wein versorgen und mit schlechtem Kuchen, wie wir ihn aus der Zeit der Rationierung kennen.

Denkmäler (wenn überhaupt Denkmäler) sollte man den großen Übersetzern setzen, weil sie die Grenzen der Sprachen auf die einzige Weise aufheben, wie sie aufgehoben werden sollten: indem sie die komplizierten Partituren einer fremden in die eigene Sprache übertragen und mit der Sprache alles, was diese enthält: Geist und Leben der Nation, die diese Sprache spricht. Eine Literatur ohne Grenzen ist eine des Respekts und der Freundschaft, keine des Gleichschritts.

Es gibt eine bestimmte Gruppe von Schriftstellern, die immer über die Anzahl der übersetzten Bücher lamentieren; es sind bezeichnenderweise immer die provinziellen Geister, die Einflüsse fürchten, weil sie Grund dazu haben: sie fürchten, das ängstlich gehütete Familiengeheimnis könnte gelüftet, das Strickmuster könnte geändert, der Gleichschritt gestört werden; jede neue Vokabel, die auftaucht, ist für sie wie ein Geschoß, an dem sie zu verbluten drohen. Sie fürchten die fremde Sprache, weil sie die eigene nicht lieben, denn nur, wer die eigene Sprache liebt, kann sich der fremden erfreuen.

Die Stimme Wolfgang Borcherts

Nachwort zu Wolfgang Borchert, »Draußen vor der Tür und ausgewählte Erzählungen«

Diese Auswahl, die nun um den Preis eines einzigen Kinobesuchs zu haben ist, ist für diejenigen bestimmt, die jetzt so alt sein mögen, wie Wolfgang Borchert war, als er zum erstenmal im Militärgefängnis saß: die Briefe des zwanzigjährigen Soldaten Wolfgang Borchert waren als staatsgefährdend erkannt, Borchert war zum Tode verurteilt worden, und man ließ den Verurteilten sechs Wochen in der Zelle warten, ehe man ihn begnadigte. Zwanzig Jahre alt sein, sechs Wochen lang in einer Zelle hokken und wissen, daß man sterben soll, sterben einiger Briefe wegen, in denen man seine Meinung über Hitler und den Krieg geschrieben hatte! Die Zwanzigjährigen, die dieses kleine Buch in die Hand nehmen, mögen daran erkennen, wie kostspielig die eigene Meinung sein kann, wie hoch der Preis, den man dafür ansetzen muß.

Wolfgang Borchert wurde begnadigt, aber Begnadigung war in solchen Fällen nur einer jener Zufälle, die zu den Grausamkeiten der Diktatur gehören. Die Geschwister Scholl wurden nicht begnadigt, obwohl auch sie Zwanzigjährige waren. Später wurde der vierundzwanzigjährige Borchert noch einmal für neun Monate eingesperrt, einiger Witze wegen, die er erzählt hatte: die Briefe eines Zwanzigjährigen, die Witze eines Vierundzwanzigjährigen zu rächen, mußte der ganze verlogene Rechtsapparat in Bewegung gesetzt werden. So empfindlich sind die totalen Staaten: eine einzige Nadel, in eine Generalstabskarte gesteckt, bedeutete, Zehntausende Menschenleben, deren »Einsatz« man für notwendig hielt – sie aber, die Staaten, vertragen die Nadelstiche der Freiheit nicht: ihre Antwort ist Mord. Wolfgang Borchert war achtzehn Jahre alt, als der Krieg ausbrach, vierundzwanzig, als er zu Ende war. Krieg und Kerker hatte seine Gesundheit zerstört, das übrige tat die Hungersnot der Nachkriegsjahre, er starb am 26. November 1947, sechsundzwanzig Jahre alt. Zwei Jahre blieben ihm zum Schreiben, und er schrieb in diesen beiden Jahren, wie jemand im Wettlauf mit dem Tode schreibt; Wolfgang Borchert hatte keine Zeit, und er wußte es. Er zählt zu den Opfern des Krieges, es war ihm über die Schwelle des Krieges hinaus

nur eine kurze Frist gegeben, um den Überlebenden, die sich mit der Patina geschichtlicher Wohlgefälligkeit umkleideten, zu sagen, was die Toten des Krieges, zu denen er gehört, nicht mehr sagen konnten: daß ihre Trägheit, ihre Gelassenheit, ihre Weisheit, daß alle ihre glatten Worte die schlimmsten ihrer Lügen sind. Das törichte Pathos der Fahnen, das Geknalle der Salutschüsse und der fade Heroismus der Trauermärsche – das alles ist so gleichgültig für die Toten. Fahnen, Schüsse übers Grab, Musik – dies Pathos mag berechtigt sein für jene, die sich als einzelne freiwillig einer Freiheit opferten, für Aufrührer, denen die Geschichte so gerne ihre Torheit bescheinigt. Uns sollten Fahne, Schüsse und Musik nicht darüber hinwegtäuschen, daß unsere Brüder gestorben sind. Die Geschichte mag feststellen, daß bei X eine gewonnene, bei Y eine verlorene Schlacht geschlagen wurde, gewonnen für A oder verloren für B. Die Wahrheit des Dichters, Borcherts Wahrheit ist, daß beide Schlachten, die gewonnene und die verlorene, Gemetzel waren, daß für die Toten die Blumen nicht mehr blühen, kein Brot mehr für sie gebacken wird, der Wind nicht mehr für sie weht; daß ihre Kinder Waisen, ihre Frauen Witwen sind und Eltern um ihre Söhne trauern.
In der Memoirenliteratur begegnet uns so oft die humane Gelassenheit, das müde Achselzucken des Pilatus, der seine Hände in Unschuld wäscht.
Der Dialog Beckmanns mit dem anonymen Obersten in *Draußen vor der Tür,* wenige Seiten dieses kleinen Buches allein, dürfte mehr wiegen als jene humane Gelassenheit, als das müde Achselzucken des Pilatus, den man zum Schutzpatron der Memoirenschreiber ernennen sollte. In diesem Dialog wird Rechenschaft gefordert, Rechenschaft nur für elf, elf Väter, Söhne, Brüder, elf von vielen Millionen – aber Beckmann bekommt keine Antwort, die Last bleibt auf ihm, und er wird in die Geschichte verwiesen, in den kühlen Raum der Gelassenheit, wo die Blumen, die die Toten nicht mehr sehen, das Brot, das sie nicht mehr essen, keine Bedeutung hat. Stalingrad, Thermopylä, Dien-Bien-Phu – ein Ortsname bleibt und ein wenig Pathos, an dem sich die Überlebenden betrinken wie an schlechtem Wein.
Den Zwanzigjährigen, für die diese Auswahl bestimmt ist, mag ins Gedächtnis gerufen sein die Aufschrift, die auf den blutroten Waggons der Reichsbahn zu lesen war: 6 Pferde oder 40 Mann: das ist die Transportkategorie der Kriege. Diese Aufschrift wäre

ein Titel für eine Geschichte von Wolfgang Borchert gewesen. Die Eisenbahnwaggons sind noch dieselben, sie haben einen neuen Anstrich in anderer Farbe erhalten – aber es bedarf nur einiger Tonnen weißer Farbe, einiger Schablonen, um wieder einmal darüber zu malen: 6 Pferde oder 40 Mann – Soldaten, die sinnlos geopfert, Juden, die ermordet werden sollen, und als Rückfracht, damit kein Transportleerlauf entsteht, Sklaven für die Fabriken: Männer, Frauen, Kinder irgendeines Volkes, das man geschwinde zu einem Untermenschen-Volk erklärt.

Es ist viel vom »Aufschrei Wolfgang Borcherts« geschrieben und gesagt worden, und die Bezeichnung »Aufschrei« wurde mit Gelassenheit geprägt. Gelassene Menschen ihrerseits schreien nicht – die Propheten der Müdigkeit werden nicht einmal von der Bitterkeit des Todes gerührt. Aber Kinder schreien, und es tönt in die Gelassenheit der Weltgeschichte hinein der Todesschrei Jesu Christi –

Die Dichter, auch wenn sie sich scheinbar in der Unverbindlichkeit ästhetischer Räume bewegen – kennen den Punkt, wo die größte Reibung zwischen dem einzelnen und der Geschichte stattfindet, sie können – wie es in einem Vers von Günter Eich heißt – »nicht gelassen sein«. Sie sind immer betroffen, und niemand nimmt ihnen die Last ab, die auch die Last des jungen Borchert war, diese Betroffenheit in einer Form auszudrücken, die wie Gelassenheit erscheinen mag. Zwischen dieser Betroffenheit und der Gelassenheit der Darstellung liegt der Punkt, wo der Dichter seine größte Reibung zwischen Stoff und Form erlebt. Borcherts Erzählung *Brot* mag als Beispiel dienen: sie ist Dokument, Protokoll des Augenzeugen einer Hungersnot, zugleich aber ist sie eine meisterhafte Erzählung, kühl und knapp, kein Wort zu wenig, kein Wort zuviel – sie läßt uns ahnen, wozu Borchert fähig gewesen wäre: diese kleine Erzählung wiegt viele gescheite Kommentare über die Hungersnot der Nachkriegsjahre auf, und sie ist mehr noch als das: ein Musterbeispiel für die Gattung Kurzgeschichte, die nicht mit novellistischen Höhepunkten und der Erläuterung moralischer Wahrheiten erzählt, sondern erzählt, indem sie darstellt. An ihr, an der Erzählung *Brot* läßt sich auch der Unterschied zwischen Dichtung und der so mißverstandenen Gattung Reportage erklären: der Anlaß der Reportage ist immer ein aktueller, eine Hungersnot, eine Überschwemmung, ein Streik – so wie der Anlaß einer Röntgenaufnahme immer ein aktueller ist: ein gebrochenes Bein, eine ausgerenkte Schulter. Das Röntgenfoto aber zeigt nicht nur die Stelle, wo das Bein gebrochen, wo die Schulter ausgerenkt war, es zeigt immer *zugleich* die Lichtpause des Todes, es zeigt den fotografierten Menschen in seinem Gebein, großartig und erschreckend. Wo das Röntgenauge eines Dichters durch das Aktuelle dringt, sieht es den ganzen Menschen, großartig und erschreckend – wie er in Borcherts Erzählung *Brot* zu sehen ist. Die »Helden« dieser Geschichte sind recht alltäglich: ein altes Ehepaar, neununddreißig Jahre miteinander verheiratet. Und der »Streitwert« in dieser Geschichte ist gering (und doch so gewaltig, wie ihn die Augenzeugen der Hungersnot noch in Erinnerung haben mögen): eine Scheibe Brot. Die Erzählung ist kurz und kühl. Und doch ist das ganze Elend und die ganze Größe des Menschen mit aufgenommen – wie hinter dem gebrochenen Nasenbein auf der Röntgenaufnahme der Totenschädel des Verletzen zu sehen ist. Die Erzählung *Brot* ist Dokument und Literatur, in ähnlicher Weise wie die Prosa, die Jonathan Swift über den Hunger des irischen Volkes schrieb.

Diese kleine Erzählung und der Dialog Beckmanns mit dem Obersten allein weisen Borchert als einen Dichter aus, der unvergeßlich macht, was die Geschichte so gern vergißt: die Reibung, die der einzelne zu ertragen hat, indem er Geschichte macht und sie erlebt. Ein Strich über eine Generalstabskarte, das ist ein marschierendes Regiment; eine Stecknadel mit rotem, grünem, blauem oder gelbem Kopf ist eine kämpfende Division: man beugt sich über Karten, steckt Fähnlein, Nadeln, errechnet Koordinaten. Und das Maß aller dieser Operationen stand auf den blutroten Waggons der Reichsbahn zu lesen: 6 Pferde oder 40 Mann.

Für den einzelnen jedoch hat es nie taktische Zeichen gegeben: ein alter Mann, der sich heimlich in der Nacht eine Scheibe Brot abschneidet – seine Frau, die ihm ihre Scheibe Brot schenkt. Elf Gefallene: Männer und Brüder, Söhne, Väter und Gatten – die Geschichte geht achselzuckend darüber hinweg, Pilatus wäscht seine Hände in Unschuld. Ein Name in den Büchern, »Stalingrad« oder »Versorgungskrise« – Wörter, hinter denen die einzelnen verschwinden. Sie ruhen nur im Gedächtnis des Dichters, im Gedächtnis Wolfgang Borcherts, der nicht gelassen sein konnte.

Selbstkritik

> Gott sei Dank, daß niemand weiß,
> daß ich Rumpelstilzchen heiß.

Morgens, wenn ich erwacht bin, denke ich schon darüber nach, welches Problem schmutzig und zeitnah genug und damit wert ist, dargestellt zu werden. Wie andere Weihrauchstäbchen entzünden, lasse ich – um mich in die richtige Stimmung zu versetzen – von meinen Söhnen ein wenig Trümmerstaub im Schlafzimmer ausbeuteln; das geht so vor sich: Da die Trümmer meistens aus größeren Brocken bestehen, bitte ich meine Frau um ein ausgedientes Handtuch, eine aussortierte Windel und schicke einen meiner Söhne, natürlich geht das der Reihe nach, und jeder hat zweimal in der Woche Beuteldienst, in den Keller, wo ich stets einen größeren Vorrat Trümmerbrocken in Reserve halte. (In Wirklichkeit, entgegen dem, was amerikanische Reisebüros den Travellers als Warnung zurufen: Reist nach Europa, im nächsten Jahr seht ihr keine Trümmer mehr!, in Wirklichkeit gibt es von diesem Stoff noch genug; auch habe ich Geheimquellen und einen Mittelsmann, der versprochen hat, in Zeiten äußerster Knappheit mir Trümmerbrocken zu mäßigen Schwarzmarktpreisen zu besorgen.) Hat derjenige meiner Söhne, der Beuteldienst hat, die entsprechende Tagesration (etwa zwei bis drei Kilo) eingebeutelt (unser Familienjargon), so müssen nun die beiden anderen Söhne den Beutel gegen Wände, Decken, Schränke schlagen, woraufhin dem Beutel ein feiner, köstlich nihilistischer Staub entsteigt: jenes Stimulans, ohne das ich einfach nicht arbeiten kann; ich atme diesen Puder der Vernichtung, wie andere Opium, Haschisch schlucken mögen, tief ein, woraufhin sich bei mir ein rauschhafter Zustand einstellt, jener, in dem allein ich zu schreiben fähig bin.
Während meine Söhne die ausgebeutelten Brocken in den Garten tragen (auf diese Weise erhöhen wir heimlich unser Grundstück, denn wir wohnen hoffnungslos eben), saugt unsere Hausgehilfin mit dem Staubsauger den Staub auf, der leider kein zweites Mal zur Berauschung zu verwenden ist. Ich frühstücke unterdessen, englisch und vornehm, rasiere mich trocken und denke, während der Rausch sich steigert, darüber nach, wie ein Satz ausse-

hen muß, in dem sich mindestens drei Doppelpunkte – meine Lieblingssatzzeichen – verwenden lassen; aber außer der Interpunktion spielt natürlich der Inhalt eine gewisse Rolle; dieser muß unbedingt trostlos sein: er darf dem Leser keine Hoffnung lassen; etwa der Satz: Er schlug ihr die Essigflasche über den Kopf: grüne Glassplitter klirrten zu Boden, rollten an ihrem Körper herab, und die saure Brühe rann ihr über Brust, Hals und an den Beinen herunter: mager diese, mit Krampfaderknoten: blaue Geschwulste, die zu platzen drohten.
Habe ich diesen ersten Satz geschrieben, so gibt es kein Halten mehr: achtzig, neunzig bis zu hundertzwanzig Schreibmaschinenseiten rassele ich hinunter, bis mir am Abend die erstarrten Finger von den Tasten gleiten; ich taumele ins Bett, während meine Söhne mir den abendlichen Trümmerbeutel ins Schlafzimmer bringen; halbwach liege ich da, und im Abenddämmer erscheint mir der hin und her geschwungene Beutel manchmal wie ein Weihrauchfaß.

Wo ist dein Bruder?

Rede anläßlich der »Woche der Brüderlichkeit« 1956,
gehalten am 8. 3. 1956

Jede Generation ist genau so viel wert, wie die wenigen aus ihr, die heil über eine bestimmte Schwelle kommen, jene Schwelle, die man gewöhnlich zum erstenmal zwischen seinem dreißigsten und dreiunddreißigsten Lebensjahr überschreitet, dann in jedem weiteren Lebensjahr aufs neue; wo man sich entweder entschließt, in eine der bereitstehenden Schablonen zu fallen, in das gemachte Bett, wo man sich zur Behaglichkeit, zur Resignation entschließt, auf der Ebene mehr oder weniger gut entwickelter Taktik sich bis zum Ende seines Lebens durchzuschlagen gedenkt, geduldig Stufe um Stufe erklimmend – oder sich auffängt in dem Sturz, der auf der gesellschaftlichen Stufe gewöhnlich nach oben führt, und sich entschließt, eine aktive Nachdenklichkeit zu behalten, jene, in der die Frage »Wo ist dein Bruder?« noch möglich ist. Wo ist denn dein Bruder? Ist er ermordet worden in Auschwitz, gefallen oder erhängt als Deserteur, kurz bevor die fünfte Minute nach zwölf sich vollendete?

Dieser Sprung über die Schwelle in die Nachdenklichkeit, die die Frage nach dem Bruder noch zuläßt, ist kein einmaliger, nicht eine einzige Anstrengung, zu der man ansetzt, die man hinter sich bringt – und dann ist man gerettet; alltäglich muß dieser Sprung vollzogen werden, und ihn zu vollziehen wird immer schwieriger, je mehr Jahre über einen herfallen mit dem Schutt ihrer Enttäuschungen, preisgegebenen Hoffnungen; das Gewicht auf dem Nacken, das den Kopf über die Futterkrippe beugt, so daß der Blick für nichts mehr außerhalb ihrer frei bleibt, dieses Gewicht wird mit den Jahren immer schwerer.

Aus der Reihe derer, die den Sprung wagen, schließe ich alle die aus, die der pure Ehrgeiz wachhält; die Emsigen, allzu Geschäftigen, sie sind, mögen sie sich als Gläubige tarnen, doch nur Taktiker; ihnen, die der bloße Erfolg, der Rummel reizen mag, ihnen ziehe ich sogar die Schlafmützen vor. Eine Generation wird nie nach dem Gewicht der Ehrgeizigen gewogen. Sie wiegen oft schwer, scheinbar nur, weil sie es verstehen, über ihre spezifische Dichte hinwegzutäuschen; sie wissen sich so schwer zu machen wie Blei – aber ein Pfund Blei wiegt genau soviel wie ein

Pfund Makulatur. Ich zähle die Ehrgeizigen also nicht zu denen, die über jene Schwelle kommen, auch nicht etwa die Erfolgreichen, die öffentlich Bekannten, es sind jene, die meistens unbekannt sind – die nur nicht, weil sie dem stillen Terror der anderen unterliegen, den Mut haben, sich zu melden. Ihren Mut zu stärken, müßte unsere Pflicht sein. Die, die sich nicht von der Patina täuschen, sich von diesem Staub nicht ersticken lassen, der sich über die Ereignisse legt; ich meine die, zu denen man Bruder oder Schwester sagen könnte, ohne dabei den üblen Geschmack auf der Zunge zu spüren, den man spürt, wenn man eine Phrase, wenn man falsches Pathos aus sich herausgewürgt hat. Es sind die wenigen, sehr wenigen aus jeder Generation, denen man ausgeliefert sein, von denen man abhängig sein könnte, ohne Furcht, ohne Angst, ohne Terror spüren zu müssen. Ich meine weder Gipsfiguren noch Engel, sondern Menschen, denen das Gefühl des Triumphes fremd ist.

Wie wenige triumphieren nicht, nicht wenigstens insgeheim, wenn sie davon erfahren, daß auch andere Völker als das deutsche sich in ihrer Geschichte der Grausamkeit, des Mordes schuldig gemacht haben. Welcher Demokrat triumphiert nicht, wenn wieder ein Faschist oder ein Kommunist einer Gewalttat überführt ist, welcher Faschist, welcher Kommunist triumphiert nicht, wenn sich wieder ein Demokrat der Korruption, des Betruges, der Niedertracht schuldig gemacht hat.

Wer dieses Triumphes fähig ist, ist unfähig, die Frage »Wo ist dein Bruder?« zu beantworten; indem er triumphiert, billigt er schon den nächsten Mord. Die Völker, das ist eine der grausamsten ihrer Eigenschaften, halten sich gegenseitig ihre Untaten vor, zählen sie ab, teilen sich in die Morde der Geschichte wie Diebe in ihre Beute. Leichen werden immer wieder ausgegraben, immer wieder werden Kommissionen gebildet, die beweisen, daß der eine, daß der andere der Schuldige sei; dunkle Geschäfte der Propaganda werden mit der Leiche Abels getrieben. Geschichtsbücher werden mit hämischer Akribie auf Morde und Gewalttaten anderer hin untersucht, als ob dadurch die eigene Schuld auch nur um ein Tausendstel geringer würde. Es wird dadurch nur der Mord als eine Konsequenz, der man nicht ausweichen kann, in die zukünftige Geschichte transportiert. Die Verwirrung wird gesteigert, das Gewissen des einzelnen gestört. Hitler wird bei dieser Betrachtungsweise nur zu einem, der ein wenig zu weit ging, zu einer Art mißglücktem Napoleon. Nun, wir wissen genau, wie weit Hitler ging: Wohin sich seine Macht ausbreitete, breiteten sich Mord und Unrecht aus. Geschichte sollte die Aufzeichnung dessen sein, was geschehen ist, und die Frage, die an uns gerichtet wird – »Wo ist dein Bruder?« –, auf diese Frage sollten wir uns nicht die unverbindliche Antwort erlauben: Mein Bruder ist in der Geschichte verlorengegangen. Wo, an welchem Punkt dieser Geschichte ist er verlorengegangen? Ist er in Maidanek ermordet worden, in einem Kriegsgefangenenlager verhungert, in Rußland gefallen, oder ist er als Deserteur erhängt worden? Geschichte ist überall geschehen, und unsere Brüder, unsere Schwestern, sollen sie nichts weiter gewesen sein als das Material für diese Geschichte, nichts weiter als die ungezählten Toten, die nun einmal zur großen Geschichte gehören! Hier, vielleicht an dem Baum, der vor der Tür steht, ist mein Bruder erhängt worden – hier, von dem Bahnsteig aus, an dem heute prunkvoll und mit all der Würde, die ein junger Staat sich schuldig ist, ausländische Ehrengäste empfangen werden, von diesem Bahnsteig aus, von dem ich so oft mit meiner Rückfahrkarte nach Hause zurückgefahren bin, von dort aus ist er in das Vernichtungslager transportiert und auf dem Verwaltungswege ermordet worden. Historische Stätten, historische Denkmäler? Es gibt deren genug: Der Baum, an dem heute das Schild hängt »Höchstgeschwindigkeit 60 Kilometer«, das ist der Baum, an dem mein Bruder ermordet wurde, der nächste Trümmerhaufen: Dort mag vielleicht eine jüdische Familie gewohnt haben, nach der niemand mehr fragte, weil niemand von ihr überlebte. Das ist geschehen, ist Geschichte, und auf die Frage nach historischen Stätten sollte uns keine Verlegenheit überkommen: Jede Straße, jedes Haus ist eine historische Stätte, die Hallen, in denen die Männer des 20. Juli an Fleischerhaken aufgehängt wurden, sind historische Stätten, nicht die Denkmäler, die wir uns errichteten, um die Aufmerksamkeit vom Einzelnen auf das Allgemeine zu lenken.

Diejenigen, die den Sprung über die Schwelle wagen, das sind die, die noch wissen, was ihre Augen gesehen, ihre Ohren gehört haben, die nicht in die dumpfe Trägheit fallen, die der beste Vorbereitungsboden für den neuen Mord ist. Die sich, wenn sie nach dem Bruder, nach der Schwester gefragt werden, noch erinnern und sich nicht der betrügerischen Interpolierung unterwerfen, die in Geschichtsbüchern gern betrieben wird. Dort wird abgerundet: Wo ist denn dein Bruder? Er ist hinter den Nullen verborgen, die in den Geschichtsbüchern am Ende der vielstelligen Zahlen stehen. Die Zahl spielt dabei eine wichtige Rolle: Die überlebenden Mörder streiten sich darum, ob vier oder sechs Millionen Juden ermordet worden sind; in solchem Streit lebt die Barbarei, die sie ermordete, unvermindert fort. Abgerundete Zahlen erdrücken den einzelnen, sie sind so schnell ausgesprochen: 6 Millionen, da bleibt nur die Sechs im Gedächtnis; diese großen groben Zahlen verschieben das Geschehen ins Astronomisch-Unkontrollierbare, aber der Mord ist nicht auf dem Mond geschehen, hier, nicht sehr weit entfernt: Auschwitz liegt nicht sehr weit entfernt von Austerlitz. Austerlitz ist der Platz in unseren Geschichtsbüchern gesichert. Hoffen wir, sorgen wir dafür, daß auch für Auschwitz der Platz gesichert wird, und hüten wir uns vor den vielen Nullen, die in den Geschichtsbüchern am Ende der Zahlen stehen, unsere Brüder sind verborgen hinter den sieben Nullen einer achtstelligen Zahl: ein ganzes Volk von Toten, dessen Fürsten die ermordeten Kinder sind. Die Geschichtsschreibung liebt es, nach unten abzurunden, wie die Händler es lieben, nach oben abzurunden. Mein Bruder, mein liebster vielleicht, war der, den selbst die zuverlässigste Forschung vergessen könnte: der aus der Sieben am Ende einer achtstelligen Zahl eine Acht machen würde: Keiner darf verlorengehen durch die großzügige Interpolierung: ein Säugling, durch Bomben getötet, ein jüdisches Kind aus einem galizischen Dorf, verachtet von seinen Mördern, ein einziger russischer Knabe vielleicht, der in die Todesmühlen geriet.

Wir, die wir hier versammelt sind, sind nicht ganz Kain, nicht ganz Abel: Wir haben nicht die Hand erhoben, um unseren Bruder zu erschlagen, noch sind wir erschlagen worden. Wir sind Überlebende, Mit-Überlebende, denn mit uns zusammen lebt der Überlebende Kain. Kain, dieser Name erweckt in uns die Vorstellung von Blutrünstigkeit, aber das Kennzeichen des modernen Kain ist nicht seine Bestialität: er ist harmlos, sanft, ein Durchschnittsmensch, einer von denen, die keiner Fliege etwas zuleide tun können: er ist unfaßbar, undefinierbar, es ist ein Irrtum zu glauben, der Teufel sei groß oder großartig, er habe Format. Er hockt im Durchschnitt, das ist das ihm angemessene Gewand. – Rudolf Höß, einer der Kommandanten von

Auschwitz, der zugab, daß unter seiner Herrschaft in Auschwitz fast soviele Juden ermordet worden sind, wie Berlin Einwohner hat, Rudolf Höß sagte bei seiner Vernehmung in Nürnberg: »Seien Sie sicher, daß es nicht immer eine Freude war, diese Berge von Leichen zu sehen und den ewigen Gestank des verbrannten Fleisches zu atmen. Aber Himmler hatte es angeordnet, er hatte sogar erklärt, daß es notwendig sei, und ich habe mir, um die Wahrheit zu sagen, nie viel Gedanken darüber gemacht, ob das gut oder böse sei. Es erschien mir als eine Notwendigkeit, das ist alles.«

»Ich bin vollkommen normal«, sagte Höß. »Während meiner Liquidierungsarbeit führte ich ein normales Familienleben . . .« Aber er wundert sich dann, war sehr erstaunt, daß seine Frau nur noch selten das Bedürfnis verspürte, ihn zu umarmen, nachdem sie sein Handwerk entdeckt hatte.

Auf die Frage nach unserem Bruder bleibt uns als Antwort nur der Hinweis auf die großen Friedhöfe dieser Welt: Friedhöfe, die fast unsichtbar sind, Auschwitz, Maidanek, Treblinka, wo *ein* Mal für ungezählte steht. Friedhöfe für Arbeitssklaven, Soldatenfriedhöfe, über die längst Traktoren wieder den Pflug ziehen; andere, schön geschmückt, mit säuberlich ausgerichteten Kreuzen, in die Lebensalter und Dienstgrade eingeschnitzt sind. Die Trümmerhaufen der Städte, wo Banken und Kaufhäuser auf den Gräbern unserer Brüder und Schwestern errichtet werden.

Wenn die Ermordung der Juden, die Verschleppung der Sklaven erwähnt wird, bleibt eine kleine Provinz, in der das Unbehagen wohnt. Ich will diese kleine Provinz nicht ausräumen, damit es uns so recht gemütlich werde, damit wir in vollen Zügen unsere Vitalität genießen können; es geht nicht darum, unser Behagen wiederherzustellen, es liegt mir daran, über eine bestimmte Art von Prosemitismus zu sprechen, der mir so unheimlich ist wie der Antisemitismus – eine Art, die mich nachdenklich macht. Dieser Prosemitismus geht darauf aus, uns zu beweisen, wie viele anständige Juden es gegeben hat. Nun, nicht einmal die Nazis haben bestritten, daß es diese gab. Es ist bedenklich, zu argumentieren, aufzuzählen, es habe soundsoviel jüdische Erfinder, Künstler, Mäzene gegeben – damit geht man auf die Argumentation der Antisemiten ein, indem man ihnen das Gegenteil ihrer Behauptung zu beweisen versucht, man begibt sich auf ihre Ebene. Es müßte darum gehen, klarzumachen, daß das Unrecht nicht um einen winzigen Bruchteil geringer würde, selbst wenn alle Juden Verbrecher gewesen wären: unsere Brüderlichkeit dürfte sich nicht des Wortes »anständig« bedienen, eines Wortes, das mir aus einer Gesellschaft zu stammen scheint, die schon starb, als wir noch nicht geboren waren. Nun, es hat sogar anständige Nazis gegeben. Die Vokabel »anständig« sollten wir aus unserem Vokabular streichen, sie gehört nicht mehr in dieses Jahrhundert.

Wir, wir überlebten: Wir entkamen mit knapper Not der Ermordung in den Vernichtungsstätten, entflohen kurz bevor die Falle sich schloß – oder retteten unser Leben von einem Tag zum anderen durch die letzten Kriegsmonate, durch diese Hölle, die noch nicht beschrieben ist: blindlings aufgelöste Gefangenenlager, evakuierte Konzentrationslager, Ströme von Flüchtlingen, evakuierte Stadtbevölkerung, Soldaten, gehetzt von Erschießungskommandos, die immer wieder aufgefangen, willkürlich und sinnlos von Falle zu Falle gestoßen – alle, die wir hier sitzen zu einer dieser Gruppen gehörend, standen wir unter dem Terror einer Horde von Ratten, die das Gesetz auf ihrer Seite hatten.

Inzwischen ist das alles Erinnerung geworden, wie man sie in den Hinterzimmern der Kneipen austauscht; die Erinnerung an den Krieg als Würze für den öden Alltag, das bramarbasierende »Weißt du noch?«, Stammtischgewäsch, leicht mit Zoten untermischt, der Krieg als Abenteuer, aber kein echtes, keins, das man auf eigenes Risiko hin begann: ein Abenteuer, in das europäische Völker wider ihren Willen hineingezogen wurden – Paris, Rom, Athen und Kiew gesehen, Moskau sogar aus der Ferne, Amsterdam und Brüssel, über London geflogen, in Oslo spazierengegangen: alle Hauptstädte Europas gesehen, auf Freifahrschein – kann das ein Abenteuer sein, dessen sich ein Mann ernsthaft rühmt – was nur geschehen konnte, während Mütter um das Leben ihrer Kinder zitterten?!

Abenteuer werden nur auf eigenes Risiko unternommen und ausgestanden. Wenn ganze Völker zu gezwungenen Statisten dieser Abenteuer gemacht werden, dann bleibt das Wort »Abenteuer« doch wohl nur ein dummer Witz.

In diesem Zusammenhang wird der Entschluß, die alten Kriegsauszeichnungen *ohne* Hakenkreuz zuzulassen, zu einer lügnerischen Verniedlichung, die in der Geschichte noch ihresgleichen

sucht. Sie wurden *mit* Hakenkreuz verliehen, mit jenem Hakenkreuz, unter dem in den Konzentrationslagern die Morde geschehen sind. Sollen die, die ihre Auszeichnungen tragen wollen, sie *mit* Hakenkreuz tragen: wir werden dann wissen, wo wir die zu suchen haben, die nicht unsere Brüder sind. Aber diese kleine Spinne wegzulassen, sie auswischen zu wollen, das ist eine unverbindliche Nettigkeit, nicht der Opfer würdig, die dieses Zeichen gefordert hat. Es ist nicht unehrenhaft, sich zu irren, sich irreführen zu lassen, die Musik eines Rattenfängers mit der Melodie zu verwechseln, die eine neue Zeit einleitet – aber unehrenhaft ist es, diesen Irrtum als die Ehre der Toten in die Geschichte transportieren zu lassen.
Es blieb bis zum Ende des Krieges für jeden noch das Alibi möglich, *davon* nichts gewußt zu haben. Aber dieses Alibi gilt heute nicht mehr, gilt seit zehn Jahren nicht mehr. Mögen die, die das Geschehene leugnen oder es gar rechtfertigen wollen, sich die kleine Spinne wieder an die Brust oder an den Rockaufschlag heften: wir werden wissen, wo Kain, der sich geschickt zu verbergen wußte, zu suchen ist – aber das Zeichen zu verleugnen, das ist so vergeblich wie der Versuch der Lady Macbeth, die das Blut von ihrer kleinen weißen Hand nicht abwischen konnte. Es blieb jedem Schuldigen die Möglichkeit, zu bekennen, es blieb jedem die Möglichkeit der Konversion – aber es darf keinem in unserem Staat die Möglichkeit gegeben werden, das Geschehene zu leugnen oder gar zu rechtfertigen.
Nicht die Ehre eines einzigen Toten ist damit angetastet. Jeder Tod hat seine Hoheit, jeder Tote seine Würde, die Ehre eines Toten ist unantastbar, die des ermordeten jungen Juden aus Lemberg, die des gleichalterigen jungen SS-Mannes, der irregeführt war. Wir wissen nichts, nichts wissen wir, wir sind nicht befugt über die Toten zu richten, ausgenommen die, die ihren Namen unbedingt in das einschreiben wollten, was sie das Buch der Geschichte nannten. Wir haben ihre Reden, ihre Briefe, ihre Bücher. Sie bildeten einen Staat, der Gesetze erließ, die es verboten, Juden während des Fliegeralarms in die Schutzräume zu lassen; der es verbot, Hungernden, falls sie einem für minderwertig erklärten Volk angehörten, Brot zu geben; der es verbot, Fliehenden Obdach zu geben. Ganze Geschlechter sind für diesen Staat gestorben, der die Geschwister Scholl hinrichten, der die Männer des 20. Juli an Fleischerhaken aufhängen ließ; der ganze Völ-

ker nicht etwa im Kampf schlug, sondern auf dem Verwaltungsweg ermorden ließ.

Im offiziellen Pathos amtlicher Feiern – Trauermärsche, langsamer Schritt – und in der abgenutzten Rhetorik derer, die mit den Toten geschichtlichen Mißbrauch treiben: sind dort unsere Brüder? Oder sind sie dort, wo der gesellige Teil solcher Veranstaltungen anfängt, wo öde Anbiederei herrscht, die sich Kameradschaft nennt, wo selbst intelligentere Zeitgenossen unerträglich langweilig werden, wenn sie von ihren Kriegserlebnissen zu erzählen beginnen? Ist es das, was bleiben, was dauern soll über die Trauer hinweg? Wie muß den Müttern, die ihre Söhne, Frauen, die ihre Männer, und den Kindern, die ihre Väter verloren, wie muß denen, die der Vernichtung entronnen sind, zumute sein, wenn sie solches Geschwätz anhören müssen! Patriotische Schwüle wird hier geschaffen, Mythos, der in kleinen Dosen an die Heranwachsenden verteilt wird. Bei Totenehrungen – und ich wiederhole: die Toten haben ihre Ehre – sollte das Reden verboten werden, Musik nicht zugelassen sein: Im nackten Schweigen sollten wir uns versammeln, und niemand sollte sich anmaßen dürfen, die Toten in seine Taktik einzubeziehen.

Man liebt es, der Generation, zu der ich mich zähle, den Vorwurf zu machen, sie sei nihilistisch, sie vertraue zu wenig der ordnenden Gewalt des Staates, beteilige sich zu wenig an diesem: Nun, wir waren kaum dreißig, da hatten wir schon zwei Staaten sterben, zwei Währungen dahinsiechen sehen. Der Tod hatte viele Möglichkeiten, uns zu erreichen: Wir konnten sterben im Kampf mit regulären Truppen, konnten von Partisanen erschossen, von der Feldpolizei exekutiert, in einem Konzentrationslager ermordet oder im Urlaub durch Bomben getötet werden – wir konnten aber auch an der Riviera in einem Hotel wohnen, in die Sonne des Südens starren und in den ewig blauen Himmel, während unsere Frauen hungerten, während Sirenengeheul in den Hirnen unserer kleinen Kinder herumbohrte, während unsere Eltern täglich der Gefahr des Todes ausgesetzt waren. Millionen Soldaten haben ein solches Leben geführt, wie man es auf einem Prospekt vom Reisebüro versprochen bekommt, das Fahrten in den sonnigen Süden veranstaltet. Sollte da nicht der Krieg aufhören, für uns ein heroisches Alibi zu sein?

Was ist aber aus uns geworden, aus uns, die wir weder ganz Kain noch ganz Abel sind? Wir überlebten. Nachdenklich und hungrig kehrten wir aus dem Kriege heim, richteten uns im Dschungel ein und warteten ab. Aber je besser wir uns einrichteten, um so mehr verlor sich unsere Nachdenklichkeit, um so gieriger stürzten wir uns auf das Neue, das Aktuelle, das ein so gutes Alibi für unsere verlorene Nachdenklichkeit war: Brot mußten wir haben, ein Dach über dem Kopf, und diese Minima erforderten schon fast die ganze Lebenskraft eines Mannes, wenn er sich nicht entschloß, unter die Gangster zu gehen. Neue politische Konflikte zeigten sich, die es uns zur Pflicht zu machen schienen, in die *Zukunft*, nicht in die Vergangenheit zu blicken . . . in der Vergangenheit begraben aber blieben unsere Brüder, nach denen wir nicht mehr fragten. Wir bastelten uns einen gesunden, lebenskräftigen Zynismus zurecht und nannten ihn Vitalität. Von dieser fragwürdigen Vokabel lebten und leben wir. Oh, vital sind wir, wir haben es bewiesen, wir ordneten den Dschungel, kauften uns irgendeine Art von Knigge oder ließen uns von denen, die die Spielregeln noch nicht vergessen hatten, belehren, bei welcher Gelegenheit und wie oft man der Frau des Gastgebers Blumen mitzubringen habe. Das Parlament beriet sich, besann sich und schrieb dunklen Anzug vor. Oh, ich weiß, es ist eine sehr schöne, eine reizende Sitte, der Frau des Gastgebers Blumen mitzubringen, und ein schwarzer Anzug schändet so wenig wie ein zerrissener. Aber diese kleinen Nettigkeiten, die zur Dekoration gehören, sind kein Alibi für uns. Wo ist dein Bruder? Ist er für die paar Dekorationen gestorben? Ist das die Erbschaft der Toten? Sind unsere Brüder gefallen, unsere Nachbarn ermordet worden, sind ganze Völker, ganze Generationen ausgerottet worden, damit wir eine Gesellschaft von Snobs werden, die sich in der Sicherheit wiegen, es gehe uns allen gut genug oder zu gut?

Ja, wir kauften die Blumen, wie der Knigge es vorschrieb, wir setzten uns lächelnd zum Tee nieder, erwiesen uns als geschickte Schüler und plauderten über den Ost-West-Konflikt, anfangs mit einer gewissen Schadenfreude, mit Triumph, denn es schien uns ganz amüsant, nun die Alliierten in Schwierigkeiten zu sehen. Später – wir wurden immer gelehrigere Teestundenbesucher –, später begriffen wir, daß Schadenfreude nicht das angebrachte Gefühl war. In diesem Konflikt lag eine *Chance*! Zwischen den Stühlen zu sitzen, erwies sich als die günstigste der Positionen. Das römische »Vae Victis!« = Wehe den Besiegten! galt

nicht mehr. »Vae Victoribus!« = Wehe den Siegern! hätte es heißen müssen.
Das Geschäft, zwischen den Stühlen zu sitzen, gedieh. Der Tausendmarkschein, den unser Vater sich erspart hatte, bekam eine seltsame, eine neue Stabilität: er war fünfundsiebzig neuer, sehr stabiler Mark wert. Gleichzeitig aber war es möglich, daß eine Aktie vom selben Wert wie der Tausendmarkschein unseres Vaters eine andere Stabilität gewann: sie war plötzlich sechstausend jener neuen stabilen Mark wert. Die Gerechtigkeit, die in diesem unseren nationalen Geschäft »Zwischen den Stühlen zu sitzen« geübt wurde, schwankte also zwischen 0 und 8000 Prozent. Ich frage nun wie das berüchtigte, vielgelästerte Milchmädchen, ich identifiziere mich ohne Scham mit ihm, dem die Wirtschaftler so gern ihren Spezialistenjargon an den Kopf werfen, weil es ihn nicht versteht – ich frage: Wer bezahlt diese Schwankungen, wer steht auf dieser Leiter, die 8000 Stufen hat, auf der untersten? Ich glaube, ich kann diese Frage beantworten: Auf dieser untersten Stufe stehen die Witwen unserer Brüder, stehen deren Kinder und die Mütter, deren Söhne gefallen sind, Söhne, die alles getan hätten, um ihre Mütter und Väter vor dem Elend, dem unsere Gesellschaftsordnung sie überläßt, zu bewahren. Dieses Elend der Hinterbliebenen, zu denen ich auch die Überlebenden der Konzentrationslager rechne, dieses Elend ist nichts weiter als politisches Spekulationsfeld für alle Parteien. Nackte Taktik, mit einer Offenheit geäußert, schamlos zur Wahlparole erwählt und immer wieder kurz vor den Wahlen künstlich aufgebläht wie ein Reklameballon. Kein Mensch ist ersetzbar, aber es wäre die minimalste Geste der Ritterlichkeit unseren gefallenen Brüdern gegenüber, ihre Witwen, ihre Kinder, ihre Eltern vor dieser Entwürdigung zu bewahren, nichts weiter als taktisches Instrument der Parteien zu sein, ein Gegenstand bloßer Spekulation.
Wir, die wir nachdenklich und hungrig heimkehrten, uns im Dschungel einrichteten, wir hatten die Chance, dieses Unrecht, das sich nach jedem Krieg wiederholt, wir hatten die Chance, den Kreislauf des Stumpfsinns zu unterbrechen.
Wir Überlebenden aber traten rücksichtslos, auch der letzten Nachdenklichkeit beraubt, den Genuß jener Schwankungen zwischen null und achttausend Prozent an. Der Ost-West-Konflikt als Gesprächsthema hat nicht an Reiz verloren, dieses Thema hat sich auf eine fast liturgische Weise gefestigt, es ist zum

Repertoire geworden wie ein Tanz, dessen Regeln zu beherrschen man gelernt hat. Natürlich reden wir auch über andere Dinge. Juristen, wenn sie zusammenkommen, reden über das Recht, Schriftsteller über Literatur, Kaufleute über ihre Geschäfte, aber lebhaft wird das Gespräch erst, wenn der inoffizielle Teil unserer Zusammenkünfte beginnt, für Juristen, Schriftsteller, Kaufleute wird das Gespräch erst lebhaft, wenn sie über die Steuer sprechen.

Das sind also wir, die Überlebenden: gute Taktiker sind wir, geschickte Schüler, das Geschäft, zwischen den Stühlen zu sitzen, hat uns viel eingebracht; vital sind wir, wir beherrschen die Liturgie privater und öffentlicher Gespräche. Stück um Stück haben wir uns unsere Nachdenklichkeit abkaufen lassen, doch werden wir den genauen Preis erst erfahren, wenn unsere Nachdenklichkeit wieder erwacht ist.

Wir waren reif für eine neue Brüderlichkeit nach der Katastrophe, nach der Hungersnot, wir hatten eine Art Erstgeburtsrecht für diese neue Brüderlichkeit, weil wir weder kollektiv schuldig noch kollektiv unschuldig waren – aber wir haben dieses Erstgeburtsrecht verkauft, nicht für ein Linsengericht, sondern für ein Knallbonbon, in dem es recht hübsche Überraschungen gab. Unsere Kollektivschuld nahmen wir nicht am 30. Januar 1933 auf, nicht an einem der Daten bis zum 8. Mai 1945, eine Kollektivschuld gibt es erst seit dem Tag der Währungsreform, seit diesem Tage stehen die Signale immer auf Grün für die Starken, immer auf Rot für die Schwachen, die den Dschungel nie durchqueren können. Wir stützen uns auf eine recht fragwürdige Eigenschaft, auf das, was wir Vitalität nennen: Wir haben den Paragraphen gefunden, der es uns erlaubt, unsere Liebe von der Steuer abzusetzen und die Kultur auf das Unkostenkonto zu buchen.

Wir sollten einmal versuchen, unsere toten Brüder und Schwestern zu Zeugen des Lebens zu machen, das wir hier und heute führen: eine gespenstische Vorstellung, daß die Toten uns zusehen, daß sie uns beobachten: ein ganzes Volk von Toten, das sich rings um Europa gruppiert und uns zuschaut, eine dichte Klagemauer, in der ich die abenteuerlichsten Kleider nebeneinander sehe: jüdisches Proletariat aus den Dörfern und Städten Galiziens, Soldaten in den Uniformen aller Nationen, aller Ränge, erschossene Deserteure neben anderen, die hohe Auszeichnungen tragen, und diese wiederum neben Männern, Frauen und Kindern aus jenen Völkern, die sie vielleicht verachtet haben. Wenn wir uns Christen nennen und an die Unsterblichkeit glauben, so ist diese Vorstellung durchaus kein Hirngespinst. Ich sehe in den Gesichtern der Toten keinen Triumph, nur Trauer und die Bitternis einer verzweifelten Vergeblichkeit. Triumph sehe ich nur in den Augen derer, die schuldig waren und die allen Grund haben, zu triumphieren, denn nicht die Lehre, die die Toten uns geben, wird erfüllt, eher die Lehre der anderen. Wir fallen in die Schablonen, die vorgebildet waren, zurück, bedienen uns der Vokabeln, die uns verdächtig sein sollten, und in uns ist wenig Raum für Brüderlichkeit. Wir waren Verdurstende, auf der eifrigen Suche nach einer Quelle haben wir einen unterirdischen Strom angestochen, in dem wir zu ertrinken drohen. Selbst die Männer, die die Verantwortung für den angestochenen Strom so gerne, so lächelnd übernahmen, werden ängstlich wie die Zauberlehrlinge, denen das Stichwort nicht mehr einfällt. Eine neue Katastrophe würde uns nicht gewappnet finden mit Brüderlichkeit.

Biographische Notiz

Lieber Herr Vitt,
Gerne will ich Ihnen in der Eile, die Ihr Redaktionsschluß dem Durchreisenden gebietet, einige biographische Notizen geben: geboren 21. 12. 17 in Köln, Schulbesuch dort (Abitur 1937); Buchhandelslehre bis Ende 1937, abgebrochen, um – nun, um zu schreiben, und ich schrieb viel: Gedichte, Erzählungen, einen Roman – alle diese Manuskripte verbrannten in einer Mainacht des Jahres 1942, und das ist der einzige Verlust, den ich nicht bedaure. Von Herbst 1938 bis Frühjahr 1939 war ich zum Arbeitsdienst eingezogen, studierte in Köln für 2 Sommermonate Germanistik und wurde dann im Juli zu einer »mehrwöchigen« Übung eingezogen, die sich bis zum November 1945 hinzog; der Krieg, so glaube ich, ist kein Abenteuer, dessen sich ein Mann ernsthaft rühmen sollte; ein Abenteuer wird auf eigenes Risiko, auf eigene Gefahr unternommen – sollte das ein Abenteuer sein, was nur stattfinden kann, während unzählige Mütter um das Leben ihrer Säuglinge zittern? »Der Krieg«, schrieb Saint-Exupéry, »ist nur Abenteuerersatz; er ist eine Krankheit – wie der Typhus.«
Nach meiner Heimkehr fing ich gleich wieder an zu schreiben, übte aber nebenher verschiedene andere Berufe aus, war Hilfsarbeiter in der Tischlerei meines Bruders, Student, Angestellter und gab Nachhilfestunden in den beiden Fächern, die auf der Schule meine Lieblingsfächer gewesen waren: in Latein und Mathematik.
Seit 1950 lebe ich als freier Schriftsteller und Vater dreier Kinder in Köln.
Mit herzlichem Gruß und Wünschen für Sie und Ihre Leser

Ihr Heinrich Böll

Masken

Die allgemeine Maskerade hat ihren Höhepunkt erreicht und es mag nützlich sein, mitten im letzten Trubel, der auf den Ernst des Aschermittwochs zielt, etwas über Masken zu sagen, über das Bedürfnis des Menschen, sein Gesicht nicht nur zu verhüllen, sondern ein anderes Gesicht aufzusetzen: eins, das aus Pappe, aus Leder oder aus Seide gemacht ist: die, die sich schwach glauben, binden sich eine Maske vor, die sie stark erscheinen läßt; die, die sich häßlich glauben, geben sich ein, wenn auch künstliches, Gesicht, das sie schön erscheinen läßt, die Jungen machen sich alt, die Blassen legen sich künstliche Röte auf, und die Rotgesichtigen pudern sich mit Blässe, von der sie glauben, daß sie vornehm wirkt; die Mageren plustern sich mit Kissen auf, und die Dicken schnüren ihre Taille, weil sie einmal im Jahr wenigstens schlank erscheinen möchten. Aber was uns am meisten beschäftigt heute, ist die Verhüllung des Gesichts: sehen wir einmal von der Vielfalt der Kostüme ab, lassen wir die geschminkten, die mit Rouge belegten, die blaßgepuderten Gesichter beiseite, und blicken wir die an, die sich eine richtige Maske vorgebunden haben.
Wer einmal einer Demaskierung beigewohnt hat, sich selbst demaskieren mußte, weiß, welch ungeheure, fast schreckliche Überraschung hinter jeder Maske verborgen ist, etwas Ungeheuerliches, das plötzlich unser ganzes Interesse erweckt, uns zittern läßt mit einer Neugierde, die mehr als bloße Neugierde ist. Hinter jeder Maske ist es verborgen: das menschliche Gesicht, das Gesicht unseres Zeitgenossen, schutzlos preisgegeben. Es ist das Gesicht Adams, das Gesicht Evas, als sie erkannten, als ihnen verkündet wurde, daß sie sterben würden: In diesem Augenblick der Demaskierung entblößen wir etwas, was wir nur selten entblößen: unser Gesicht und das Gesicht unseres Partners wird zum Spiegel, nur für einen Augenblick, für jenen Augenblick, den er nötig hat, sein altes Gesicht wieder aufzusetzen, die Maske, die er täglich trägt, ohne sich dessen bewußt zu sein: die Maske des Geschäftsmannes, die Maske des Verkäufers, die Maske der Dame, des Kavaliers.
Längst ist uns der kultische Sinn entschwunden, den die Maske gehabt hat, bevor wir sie in unsere Gesellschaftsspiele aufnah-

men: aber das Spiel ist ernst – wie jedes Spiel, das wir als Erwachsene spielen, und in unsere Freude am Spiel hinein mischt sich der Ernst, der unser Leben – auch während des Karnevals bestimmt: es ist auch unserer Betrachtung wert, daß nirgendwo, niemals im Jahr soviel ernste Gespräche geführt, soviel Bekenntnisse gemacht werden wie in der Karnevalszeit: die Frau, die niemals mit jemand reden würde über Dinge, die ihr Kummer bereiten, die sie bedrücken; die spröde Schöne, die das ganze Jahr über ihre Maske unversehrt auf dem Gesicht trägt, bekennt sich irgend jemand, einem Unbekannten, den sie nie wiedersehen wird, bekennt sich ihm, der sie zu einem Glas Wein eingeladen hat, den sie mit seinem Vornamen, den sie »du« nennt; für diese Nacht demaskiert sie sich.
Vielleicht wird sie ihn später wiedersehen, den Cowboy, den Türken, oder was immer er sein mag: sie wird enttäuscht sein, ihn völlig normal gekleidet, mit einem verlegenen Lächeln im Gesicht im Café wiederzutreffen: diesen fast belanglosen Zeitgenossen, dem sie Dinge erzählte, die sie noch niemand erzählt hat und von denen sie hoffte, daß er sie vergessen wird: aber gleichwohl, sie hat darüber gesprochen, hinter ihrer Maske verborgen, fühlte sie sich stark genug, von ihrem eigenen Gesicht, ihrer alltäglichen Maske befreit, wurde sie frei genug, mit jenem unbekannten Cowboy, mit diesem Türken zu reden, von dem sie nur den Vornamen wußte, und der sie später langweilen wird, wenn sie ihn wiedersieht, so wie die meisten Zeitgenossen sie langweilen: aber was er, der Türke oder Cowboy ihr erzählte, war noch gewichtiger: was er von seinen Geschäften erzählte, hätte er niemandem von seinen Geschäftspartnern erzählen können; dann fing er von seiner Frau an, zog die Fotos seiner Kinder aus der Tasche, und seine Bekenntnisse wurden penetrant, Tränen schienen in seinen Augen aufzutauchen, wurden unterdrückt, und er bestellte eine ganze Flasche Sekt, um seinen tiefen Weltschmerz hinunterzuspülen. Er war eben nicht Willi Mader, der Kaufmann, der munter mit seinem Wagen durch die Lande fuhr, war Willi, der Türke, der alles vergessen wollte, und dem alles um so heftiger aufstieß, der aus seinem Durchschnittsgesicht in die Maske hineinsprach, er, der kleine und so große Unverstandene, ihn lockte die starr grinsende Pappmaske einer Japanerin, hinter der sich das Gesicht einer Unbekannten verbarg, von der er nur wußte, daß sie ein Mensch, eine Frau war.

Die Künstler haben es gewußt: daß der Mensch göttlichen Ursprungs ist und daß das menschliche Antlitz das Schönste ist, was es auf dieser Erde gibt, und der Schrecken, den wir im Augenblick der Demaskierung empfinden, mag davon herrühren, daß wir plötzlich in ein solches Gesicht blicken, wissen, daß es keine häßlichen Gesichter gibt: häßlich wird unser Gesicht nicht durch die Maske, die wir ihm im Spiel vorbinden, auch nicht schöner können wir es machen durch eine solche Maske, häßlich machen wir es durch die Maske, die wir morgens aufsetzen, wenn wir uns ins Leben begeben: sehen wir unsere Kinder an, die es nicht zu dieser zweifelhaften Fähigkeit gebracht haben, sich täglich durch eine Maske zu schützen: es gibt kein häßliches Kindergesicht, wenn wir von denen absehen, die es schon zu dieser Fähigkeit gebracht haben.

Es ist gewiß kein Zufall, daß die großen Künstler der Maskerade, die großen Clowns, schwermütige und zugleich sehr kindliche Menschen gewesen sind, und die etwas sentimentale Fabel vom Bajazzo, der die Menschen zum Lachen bringt, während ihm selbst zum Weinen ist, ist eine im tiefsten wahre Fabel, die jeden Menschen trifft. Wer den Mut hat zur Maske, muß den Mut haben, sich zu demaskieren: einen einzigen, sehr kurzen Augenblick lang sein Gesicht wirklich zu zeigen. Wie viele Menschen mag es geben, die ihr wahres Gesicht nie gezeigt haben, die sich früh genug eine Maske zulegten, sie ihr ganzes Leben ihrer Frau, ihren Kindern gegenüber aufbehielten: die Maske des strengen, die Maske des langweiligen Vaters und Ehemannes; Menschen, die ihr eigentliches Gesicht mit ins Grab genommen haben.

Wir kennen den Ausdruck »sein wahres Gesicht zeigen«, sind zu sehr gewohnt, diese Phrase negativ zu deuten, uns einzureden, daß das wahre Gesicht, das jemand zeigen mag in plötzlicher Erregung, ein schlechtes, ein böses Gesicht ist. Aber wie viele Menschen mag es gegeben haben, mag es geben, die ihr wahres gutes Gesicht nie gezeigt haben, die sich niemals aus dem Schutz ihrer Maske hinausbegaben, indem sie, das Spiel spielend, das wir Karneval nennen – sich eine Maske aus Pappe, Leder oder Seide vorbanden, bereit, dieses künstliche Gesicht abzulegen und für jenen einen entscheidenden Augenblick der Demaskierung ihr wahres Gesicht zu zeigen, das möglicherweise besser war, als sie zugeben wollten?

Der Karneval ist eine günstige Gelegenheit, die Alltagsmaske, die sich auf unserem Gesicht festgefressen hat, abzulegen. Erschreckender als die Maskierten sind die Unmaskierten, wenn wir sie genau beobachten: ihr Gesicht hat die Fähigkeit verloren, sich zu bewegen, sich zu verändern, und wir möchten ihnen etwas wünschen von der Unbefangenheit der Kinder, von jener kindlichen Unbefangenheit, die auch die erwachsenen Narren besitzen. Indem sie ihr Gesicht bedecken, beweisen sie, daß sie eines haben, und die vielen unbekannten großartigen Narren, die in diesen Tagen unsere Straßen bevölkern, die Originale, die ihren Namen niemals preisgeben, beweisen, daß sie etwas besitzen, was selten zu werden beginnt: Individualität – sich für einige Tage zum Narren zu machen, sein eigenes verbrauchtes, abgenutztes Gesicht, diese verschlissene Maske des Alltags ablegen zu können – das beweist wirklich, daß die kindlichen Elemente im Menschen noch nicht ganz verbraucht, nicht ganz verdeckt sind. Es hat ein Philosoph unserer Zeit, ein frommer, gesagt, daß der Mensch noch nicht ganz verloren ist, durch dessen Gesicht noch der Junge, das Mädchen hindurchzusehen ist, das er einmal gewesen ist.

Es wäre einer besonderen Betrachtung wert, den Unterschied zwischen Maske und Kostüm darzulegen: das Kostüm bietet der Eitelkeit zahlreiche Möglichkeiten, dient der Verführung, aber die Maske setzt den Augenblick der Demaskierung voraus, in dem das wirkliche Gesicht enthüllt wird: wir wollen versuchen, zwischen Kostüm und Maske scharf zu trennen, obwohl im Sprachgebrauch diese Begriffe nahe verwandte Zustände benennen mögen. Die Maske schließt das Einverständnis über eine vorübergehende Täuschung ein, während das Kostüm eine Täuschung ist, es mag eine liebenswürdige Täuschung sein, aber die Maske, aus alten, längst vergessenen Kulten in unser Gesellschaftsspiel übernommen, verbirgt den Schrecken, den nicht sie selbst, sondern das Gesicht auf uns ausüben wird, das sie verbirgt. Kostüme sehen wir viel, Masken aber weniger.

Vielleicht verhüllen wir unser Gesicht nicht mehr gern, weil wir es nicht zeigen möchten: weil wir zu sehr unsere Alltagsmaske lieben, unser bequemes Gesicht, das uns niemand nehmen kann. Wir haben sie wohl einstudiert, ohne es zu wissen, diese Maske, die unser wahres Gesicht verbirgt, dieses bewundernswürdige menschliche Gesicht, das wir vielleicht nicht einmal unserer Frau, nicht unseren Kindern, nicht unserer Geliebten zeigen:

unser wahres Gesicht, das möglicherweise viel weniger böse ist, als wir selbst annehmen mögen.

Die Offenbarung der Asozialen

Über E. E. Cummings, »Der endlose Raum« und Joseph Hayes, »An einem Tag wie jeder andere«

Fast gleichzeitig mit Hemingways *In einem anderen Land* erschien von dem gleichaltrigen E. E. Cummings ein Roman, der um dieselbe Zeit spielt wie Hemingways Roman und dessen Held fast dieselbe Funktion ausübt wie Hemingways Held: Freiwilliger in einer Sanitätskolonne. Hemingways großartiger Roman ist längst bei uns bekannt und schon klassisch geworden, während Cummings' Buch erst jetzt, dreißig Jahre später, von einer mutigen Verlegerin herausgebracht wird, und doch ist Cummings – auf eine andere Weise und innerhalb eines anderen Anspruchs – kaum weniger wichtig als Hemingway. Der Krieg ist für Cummings »nur ein Vorwand, um einen riesigen Raum zu erforschen, der so unglaublich weit entfernt ist, daß er uns mikroskopisch erscheint«. Dieser endlose Raum ist ein Saal in einem französischen Untersuchungsgefängnis, in das Cummings durch den dummen Übereifer eines Censors hineingerät. Für wenige Wochen nur; aber der junge Amerikaner entdeckt hier eine Welt, die für ihn aufregender ist, als für Columbus Amerika war: den Kontinent der Asozialen, der Unsauberen, den Kosmos der Verdächtigen – eine Welt, die Cummings in Begeisterung versetzt und die er in höchster poetischer Vollendung zu schildern versteht. Für den deutschen Leser ist vieles wohl schwerer verständlich, weil John Bunyans Buch *The Pilgrim's Progress* in England und Amerika eine ähnliche Popularität genießt wie bei uns etwa Thomas von Kempens *Nachfolge Christi*; aus Bunyans Buch übernimmt Cummings viele seiner Vokabeln, vor allem die »lieblichen Berge« (Stationen der ewigen Seligkeit bei Bunyan), den »Satan«, den »Teufel«, den »bösen Geist«. Seinen »lieblichen Bergen« begegnet Cummings im »endlosen Raum«, im Gefängnissaal, und er legt das Paradies, mit einer Entschiedenheit, die von Haß frei ist, endgültig in die Hände jener, die unsere landläufige Gesellschaftsordnung den Verwaltungsorganen der Wohlfahrtspflege, der Gefängnisfürsorge und in totalitären Zeiten den Konzentrationslagern überläßt: sozial sind für Cummings nur die, die wir asozial nennen. »Als ich das erstemal Wasser holte«, schreibt Cummings, »kam gerade die ganze Stadt aus der Kirche: das war ein schrecklicher Anblick. Vive la Bourgeoisie, dachte ich und duckte mich vor den spitzen Pfeilen, wobei ich meine Augen hinter dem fahrenden Wasserwagen verbarg.« Als einer seiner »lieblichen Berge«, Chorhemd, den endlosen Raum verläßt, wird er von Cummings mit einigen Kleinigkeiten beschenkt. »Ich vergesse Sie nicht, sagte er zu uns« – so Cummings –, »als wäre er in seinem Heimatland zumindest ein mächtiger König – und ich glaube, ich weiß, wo dieses Land ist, ich glaube, ich kenne es; ich, der Chorhemd nie erkannte, kenne es.« In solchen Partien, voll von einem Pathos, wie es nur der große Dichter erträglich machen kann, wird mit prophetischer Strenge auf das angespielt, was für die Christen die Gemeinschaft der Heiligen sein sollte, wären sie nicht so, daß sie Verachtung und Haß ausstrahlen, wenn ihnen nach dem Kirchgang ein Gefangenenzug begegnet. Viel deutlicher noch ist eine andere Stelle: »Nach dem Besuch beim ›Satan‹ schwelgte ich wieder im Luxus des Verdreckens. Und niemand kümmerte sich darum. Im Gegenteil, irgendwie bewunderten alle meine Schlampigkeit (sie stellten sich anscheinend vor, die Freude am Verdrecken sei die Voraussetzung für jede große Kunst).« – Auf dem Gipfel seiner Verwahrlosung wird Cummings dann aus der Haft, aus dem endlosen Raum entlassen.

Es ist nicht möglich, Cummings' Roman hier voll zu würdigen, alle seine »lieblichen Berge« auch nur aufzuzählen. Dieser Roman ist eine Offenbarung, und Offenbarungen entziehen sich dem Vokabular einer Rezension, die nur Hinweis sein kann. Sehr spät kommt diese Offenbarung zu uns, aber nicht zu spät, ich möchte fast sagen: gerade noch rechtzeitig. Denn wir haben keinen endlosen Raum, wir sind gerade dabei, uns in der platten Endlichkeit der Hygiene fangen zu lassen, und für den Humus der menschlichen Gesellschaft, für die Verdächtigen, die Gescheiterten, die Unzuverlässigen haben wir uns ein Wort gebildet, das die Rubrizierung vereinfacht, ein Wort, das freilich eines Christen nicht würdig sein sollte: asozial. Gewiß wurde auch der Dieb, dem Christus am Kreuz das Paradies versprach, in dieser Rubrik geführt.

Cummings' »liebliche Berge« sind alle sanftmütig, souverän und fast schön, sie sind alle ohne das, was die landläufige Psychologie Ressentiment nennt; sie sind gar nicht durch psychologische Begriffe erfaßbar: einzig der Dichter Cummings findet das Wort für sie.

In dem Roman von Joseph Hayes *An einem Tag wie jeder andere* (warum dieser Titel mit dem grammatischen Schnitzer und nicht der Originaltitel: *Stunden der Verzweiflung* oder *Verzweifelte Stunden?*) wird an einem Tag, der wirklich wie jeder andere zu sein scheint, über eine amerikanische Familie plötzlich die Taucherglocke der Verzweiflung gestülpt. Drei entsprungene Sträflinge wählen sich die Villa der Hillards, um hier auf Geld zu warten. Sie zwingen die Familie, ihr Leben minuziös weiterzuspielen, und was bisher Leben war, wird nun zu einem bloßen leeren Spiel, das um des Scheines willen aufrechterhalten bleiben muß. Inmitten der Gesellschaft lebt die Familie in einer tödlichen, grausamen Einsamkeit, in gleichem Maße von den Sträflingen wie von der Polizei bedroht. Essen ist nicht mehr Essen, Arbeit ist sinnlos, das Telefon wird zu einer nackten Drohung, die Außenwelt in ihrer Ahnungslosigkeit zum gefährlichen Feind. Die Familie Hillard würde zum bloßen Kugelfang zwischen den Sträflingen und der Polizei, wenn sie nicht mitspielte, und sie spielt mit. Dan Hillard zögert nicht eine Sekunde, das Gesetz zu übertreten; er denkt gar nicht daran, die Polizei zu verständigen, bis zum letzten Augenblick nicht; die Polizei ist es, die ihn entdeckt. Frau Hillard sagt zu ihrem Mann: »Sei nicht tapfer, mein Herz. Wir wollen nicht, daß du tapfer bist. Wir wollen, daß du wohl und am Leben bist, und bei uns.« – »Die Polizei«, schreibt Hayes, »ist kein Einzelwesen, kein berechenbarer Mensch; die Polizei umschließt alle Arten von Individuen, jedes mit eigenem Ehrgeiz, eigenen Ängsten und Nerven und eigener Tapferkeit.« Genau das zeichnet auch die Familie Hillard aus, den Liebhaber der Tochter und die Sträflinge: sie haben alle ihren eigenen Ehrgeiz, ihre Nerven, Ängste und ihre eigene Tapferkeit. Während zweier Tage kämpfen sich diese drei oder vier Gruppen aufeinander zu, berechnen ihre Stärke, stellen ihre Position fest, und es ist schließlich die Sträflingsgruppe, die, angeknackt von der anarchischen Festigkeit der Familie Hillard, zuerst auseinanderfällt: ihre eigenen Gesetze lösen sich unter dem Druck der anderen auf, und sie unterliegt.

Es wäre ein Irrtum, zu glauben, daß hier ein »ganz gewöhnlicher Mensch« – Dan Hillard – Außergewöhnliches vollbringt. Es gehört zur Meisterschaft von Hayes, daß er diesen Eindruck zu erwecken versteht, daß er als Milieu ein so »durchschnittliches« gewählt hat. Es gibt den Durchschnitt gar nicht, den man hier zu erkennen glaubt. Man könnte diese Taucherglocke des Schrekkens über eine Arbeiter-, eine Offiziers-, eine Millionärsfamilie stülpen – entscheidend wäre immer, was auch hier in Hayes' Roman entscheidend ist: die Härte und Schläue, der anarchische Instinkt des Mannes, der seine Familie schützt. Dieser Roman ist meisterhaft, weil er weit über seinen Anspruch hinausgewachsen ist, und er ist nicht nur gut gebaut, gut gemacht, sondern hat dabei eine tiefe innere Wahrheit: daß auch inmitten der Zivilisation mit ihrem Komfort die Familie ihre anarchische Kraft beweisen kann. Bei Cummings finden sich die Asozialen im endlosen Raum eines Gefängnissaales; Hayes läßt die Familie Hillard durch die entsprungenen Sträflinge in die Enge ihrer komfortablen Normalität einsperren wie in ein Modell-Konzentrationslager: die Milchflaschen stehen morgens vor der Tür, wie sie vor der Tür der Nachbarn stehen, Hillard und seine Tochter gehen zur Arbeit, wie Tausende in der Nachbarschaft zur Arbeit gehen, und die Zeit brennt ab wie eine Zündschnur, die harmlose Zeit, die doch für jeden Menschen so unweigerlich wie die Lunte zum Pulverfaß auf den Tod zuführt. In dem Roman von Hayes enthält die Zeit ihre volle Drohung, da sie voller Aktion ist – bei Cummings ist sie fast belanglos, man weiß am Ende kaum, ob Cummings Jahre, Wochen oder nur Tage im Gefängnis verbracht hat. Bei ihm ist die Asozialität fast paradiesisch – die Asozialität der Familie Hillard in Hayes' Roman ist die Hölle.

Wo liegt Paris?

Der Fremde, der Gast, der Tourist oder Besucher, der mit der Rückfahrkarte in der Tasche, mit dem Fremdenführer in der Hand, durch eine fremde Stadt spaziert, kommt leicht in die Gefahr, die Stadt mit ihren Vergnügungsvierteln zu verwechseln, aber Nachtlokale und Vergnügungsstätten, ihr Publikum und ihr Personal, gleichen sich überall auf der Welt auf eine verteufelte Weise. Mögen auch die gebotenen Attraktionen je nach Klima, Landessitte und Temperament sich ein wenig voneinander unterscheiden, so weiß man doch überall, was man dem Fremden schuldig ist, und wenn die Saison kommt, werden die entsprechenden Vorbereitungen getroffen, Rollen neuer Eintrittskarten kommen an, viel Farbe wird verbraucht, die Transparente geflickt und die große Kirmes beginnt. Die junge Französin, die für einige Monate in der Bar an der Place Pigalle arbeiten wird, kauft sich ein neues Abendkleid, rekapituliert ein wenig ihre deutschen, englischen, dänischen Sprachkenntnisse, sitzt dann gegen vier Uhr nachmittags gähnend und strickend in der Vorortbahn, schielt in die Abendzeitung, die ihr Nachbar liest, und in der Garderobe des Nachtlokals, in dem sie arbeitet, zieht sie ihr Abendkleid über und tritt seufzend ihren Dienst an. Ihr Seufzer unterscheidet sich nicht von dem der Schaffnerin, die ihre Ledertasche umhängt, nicht von dem der Arbeiterin, die am Fabriktor ihre Karte lochen läßt. Morgens um sechs sitzt dann die junge Französin wieder im Vorortzug, strickend und gähnend und schielt in die Morgenzeitung, die ihr Nachbar liest. Sie wird bis zwei Uhr schlafen, dann ein wenig im Garten arbeiten, Salat pflücken, Unkraut jäten, Blumen begießen und gegen vier wieder strickend und gähnend im Vorortzug sitzen, während der Fremde gerade erwacht und vor Sentimentalität Kopfschmerzen hat, weil er nicht die Ironie aufbringt, die allein Vergnügungsviertel einigermaßen erträglich macht. Paris ist besonders in Gefahr, mit seinen Vergnügungsvierteln verwechselt zu werden; das Wort »Paris« schon löst bestimmte Vorurteile aus.

Wie tief diese Vorurteile wirken, beweist das Erlebnis einer jungen Pariserin, die nach London fuhr um dort mit englischen Redakteuren und Verlegern zu verhandeln; strickend – nirgendwo in der Welt gibt es soviel strickende Frauen wie in Paris – saß die junge Dame abends am englischen Kaminfeuer, legte ab und zu die Stricknadeln aus der Hand, um am Whisky zu nippen; aber die englischen Gastfreunde kamen auf ein Thema zu sprechen, das in London geradezu verpönt und in Frankreich recht ungewöhnlich ist: sie sprachen über Damenunterwäsche und waren empört, als die junge Französin dieses Thema shocking fand und mit der Miene einer gekränkten Engländerin den Raum verließ.

Paris liegt nicht allein auf dem Montmartre und an der Place Pigalle, es liegt zwischen Emile Zola und Marcel Proust, es liegt an der Seine und zwischen Sartre und Claudel, es liegt zwischen Renoir und Picasso, zwischen Abbé Pierre und irgendeinem Millionär, dessen Frühstück soviel Geld kostet, wie Abbé Pierre brauchen würde, um zwei Familien einen Monat lang vor dem Hunger zu bewahren. Paris ist wie ein Mosaik, von dem niemand weiß, wer es zusammengestellt und zu dem Bild gemacht hat, das Paris heißt.

Diese Stadt liegt zwischen zwei Kinderwagen; das bedeutet nicht, daß der eine Kinderwagen, neben dem eine gepflegte junge Dame im Park steht, der Anfang eines Lebens sein muß, das an dem anderen Kinderwagen endet, hinter dem eine ältere Frau auf dem Bordstein sitzt und auf die Abfälle aus den Markthallen wartet; das Leben fängt nicht immer an wie ein Bild von Renoir und endet dann wie ein Roman von Zola; es kann anfangen wie Zola und enden wie Renoir, kann anfangen und enden wie Proust. Selten schreibt das Leben jene »wahren Geschichten«, die nur schlecht erfunden sind. Die Stationen sind so verschieden voneinander wie die Mosaiksteine, die das Bild Paris bilden, und die Reihenfolge, in der diese Stationen zu absolvieren sind, ist ungewiß. Das Bild Paris bewegt und verändert sich, es können Steine herausgenommen, andere eingesetzt werden; alljährlich strömen Tausende in die Stadt, die fest entschlossen sind, diesem Bild einen neuen Stein hinzuzufügen: Ehrgeizige und Gläubige, Heilige und Genies, wie wir sie schon aus den Romanen Balzacs kennen. Wenigen nur gelingt ihr Vorhaben, die meisten scheitern, denn Paris ist weich wie Sand und härter als der Granit, aus dem Aberdeen erbaut ist.

Mehr als hundert Welten liegen zwischen diesen beiden Kinderwagen, Welten, in die der Fremde nur eindringt, wenn er sich entschließt, die Linien, die der Fremdenführer vorschreibt zu überschreiten: die Welt der Verlage, wo die Holztreppen noch unverändert sind, die der junge Balzac hinaufeilte, um in den moderig riechenden Kontoren um Vorschuß zu kämpfen. Die Welt der Kirchen: das Grab des heiligen Vincent von Paul in der Rue de Sèvres und wenige Schritte davon entfernt das der Heiligen Katharina Labouré in der Rue du Bac, wo die Schmetterlingshauben der Vincentinerinnen vorherrschen, schneeweiße Flügel über den schwarzen und schokoladenbraunen Gesichtern junger Nonnen. Reitende junge Damen, morgens im Bois de Boulogne, und Bettler, die morgens unter den Brückenbögen herauskommen und rasch von der Straße ein paar Stummel zusammensuchen, aus denen sich eine Zigarette drehen läßt. Frivolität, die sich aus Lasterhöhlen in die Straßen ergießt – neben der sanften Liturgie früher Messen. Ganze Viertel, in denen es nie laut wird, sich nie Leben regt, wo Menschen wohnen, die dauernd auf Reisen zu sein scheinen – und andere, in denen das Leben nur für zwei kurze Stunden um Mitternacht herum ein wenig abflaut. Die Welt der Farbigen, Neger und Berber, junge Ehepaare aus Vietnam, wie Zwölfjährige wirkend, tragen sie in leichten Bambusgestellen Kinder zwischen sich spazieren, die wie große Blumen aussehen; grell gekleidete Negerinnen, die in den schattigen Seitenkapellen großer Kirchen auf den Knien liegen. Wilder, bizarrer Kitsch aus den neunziger Jahren und kühne chromsilberne Autos, die wie fahrende Espressomaschinen aussehen.

Wo liegt diese Stadt? Sie liegt zwischen diesen beiden Kinderwagen, liegt zwischen Zola und Proust, zwischen Sartre und Claudel und an der Seine. Sie riecht nach Hoffnung und trinkt Verzweiflung, sie blüht ständig und welkt dauernd dahin; manche Straßen sind wie jene Wohnzimmer, die nie benutzt werden, andere wie Küchen, in denen dauernd geplaudert, gebügelt, Kaffee gekocht und Wein getrunken wird.

Es gibt *auch* die Vergnügungsviertel, sie sind wie jene Hütchen, die man Karneval aufsetzt, wenn man von Ball zu Ball geht, nicht um sich zu amüsieren, sondern um Zigaretten oder Konfettibomben zu verkaufen . . .

Noch Plätze frei im Raritätenkabinett

Über James Jones, »Verdammt in alle Ewigkeit« und Jaroslav Hašek, »Die Abenteuer des braven Soldaten Schwejk«

Vor mir im Abenddämmer sehe ich zwei Männer sitzen, die man mir als scharfe Antimilitaristen avisiert hat; der links sitzt, ist blaß, verkrampft, hat eine ungeheure Leistung hinter sich, 772 Buchseiten lang hat er nicht ein einziges Mal gelächelt, nur hin und wieder kurz gegrinst.

Der rechts sitzt, ist breit, klein, rund, lächelt, so wie er 517 Buchseiten lang fast nur gelächelt hat.

Die beiden sitzen vor mir als Anwärter für einen Platz im Raritätenkabinett der wahren Nichtsoldaten. Ich habe mir ihre Lebensläufe angesehen:

Der links sitzt, hatte etwas angefangen, was nicht gut ausgehen konnte: aus einer sozialen Zwangslage heraus hat er freiwillig eine so freudlose Lebensform wie die des Soldaten gewählt, und das gleich für dreißig Jahre im voraus. Er ging zum Kommiß, um der Landstraße, dem Hunger, dem zwangsläufig sich daraus ergebenden Gefängnis zu entrinnen. Zunächst ging es gut. Er konnte boxen, kam in den Musikzug, durfte sogar einmal in Arlington (was eine Art amerikanisches Potsdam zu sein scheint) den Zapfenstreich blasen; er wird sein Leben lang stolz darauf sein; gut; aber dann wurden ihm die Intrigen der Homosexuellen im Musikzug zu lästig, und er ließ sich ausgerechnet in die Kompanie des Hauptmanns Holmes versetzen, ich sage ausgerechnet, denn Holmes ist der Boxtrainer des Regiments, der Regimentskommandeur macht ihm die Hölle heiß wegen der bevorstehenden Divisionsmeisterschaft; mein Anwärter fürs Raritätenkabinett ist ein guter Boxer, hat aber den festen Vorsatz, *nicht* mehr zu boxen, weil er einmal im Ring einen Gegner so unglücklich schlug, daß dieser erblindete.

Nun begann der Kampf des einzelnen gegen die anonyme Korruptheit eines ganzen Regiments; mein Anwärter hätte unterscheiden müssen: ob einer Unrecht erleidet, oder ob er sich genau die Position sucht, aus der er es herausfordert – das ist nicht das gleiche, aber er unterschied nicht, und alles, was zu erwarten war, geschah: die heuchlerische Trockenheit, die windige Humanität einer üblichen Heeresvorschrift, in diesem morschen

Zaun gibt es soviel Lücken, daß ganze Regimenter renitenter Burschen auf eine völlig legale Weise zu Tode gemartert, in Selbstmord, Wahnsinn getrieben – oder schließlich zum Nachgeben gezwungen werden können . . .
Aber er hält durch (und hier wünschte ich mir statt des Starken, Sportgestählten einen plattfüßigen Asthmatiker), und als sein Kampf siegreich auszugehen scheint, läßt er sich von einem Feldwebel zu einer Schlägerei provozieren, wo er doch wissen müßte, daß man so etwas nicht tut: wie kann man einen Feldwebel schlagen! Er kommt ins Gefängnis, in jenes, in dem John Dillinger beschloß, nicht Politiker, sondern Verbrecher zu werden.
Nur würde ich meinen, daß jemand, der Gerechtigkeit sucht, auf seinem Recht besteht, aber er verzichtete darauf, zu beweisen, daß der Feldwebel ihn mit dem Messer bedroht hat (er hätte es beweisen können!). Nun aber tut er etwas Schreckliches, im Gefängnis ist er stolz darauf, ein guter Soldat zu sein, ist stolz auch auf seinen Leidensgenossen Maggio, weil dieser aus seiner Kompanie und auch ein guter Soldat ist: dieser sinnlose und so typische Stolz auf ein gehaßtes und doch so innig geliebtes Kollektiv, bestimmt mich, ihm kopfschüttelnd den Platz im Raritätenkabinett zu verweigern, aber nicht einmal im Vestibül habe ich einen Platz für ihn frei, weil ich zuviel Lili-Marleenismus in ihm finde, zuviel schief heruntergeschluckte Zapfenstreich-Sentimentalität. –
Den anderen, der rechts sitzt, ansehen, heißt wissen, daß er kein Soldat ist, nie einer sein wird, daß nie jemand einfallen würde, ihn für einen zu halten, und es niemand gelingen würde, ihn zu einem zu machen. Sein Lebenslauf war einmalig und grandios: er wurde erst wegen Blödheit aus der Armee entlassen, während des Krieges dann im Irrenhaus als Simulant bezeichnet; seine Laufbahn führte ihn durch Gefängnisse, Arrestzellen, Krankenhäuser, er trug Uniformen, wie sie gerade anfielen: auch feindliche, es fiel ihm nicht weiter auf; mehrmals sollte er exekutiert werden: Strick, Kanone, Maschinengewehr, Pistole: alles, was tödlich sein kann, sollte auf ihn angewandt werden, aber nichts konnte ihn treffen, und er bekam sogar Auszeichnungen: die erste für anständiges Betragen auf der Latrine, eine bronzene nur, aber dann zwei silberne für Tapferkeit vor dem Feind, obwohl er keine Feinde hatte und Tapferkeit ihm so fremd war wie Feigheit.

Galligen Generälen, aufgeregten Spitzeln, nervösen Ärzten und todernsten Leutnants erzählte er in Augenblicken höchster Eile, was jeden ungeduldigen Menschen zur Raserei bringt: Anekdoten. Er bewies dem militärischen Apparat seine Absurdität, indem er ihn wörtlich nahm, war immer bereit »Seiner Kaiserlichen Majestät bis zum letzten Atemzug zu dienen« – und niemand bemerkte, daß er unsterblich war.

Wer meine beiden Kandidaten nebeneinander sitzen sähe, den blassen, schmalen, Prewitt heißt er –, und den runden, blühenden, Schwejk heißt er –, jeder würde den blühenden Schwejk mit seinen drei Orden auf der Brust für einen Nutznießer des Militarismus, den anderen ohne Orden für ein Opfer halten, aber es ist genau umgekehrt. Prewitt gingen die Orden, ging der ganze Krieg an der Nase vorbei, er starb an einer Krankheit, die unter scheinbaren Antimilitaristen weit verbreitet ist: am Lili-Marleenismus.

Für beide, weder für Prewitt noch für Schwejk jedenfalls, stimmt die Vorausbezeichnung, mit der man sie mir empfohlen hat: Prewitt ist nicht einmal ein Antimilitarist, und Schwejk ist viel mehr als ein Antimilitarist: er ist einfach kein Soldat, ist es von Natur nicht, und ich lasse ihn an mir vorbei ins Raritätenkabinett stolzieren, dort wird er stehen bleiben, mit seinen Orden auf der Brust, während ich dem anderen, Prewitt, den Zugang verwehren muß.

Schwejk wird, so fürchte ich, in marmorner Einsamkeit im Raritätenkabinett wie in einer Zelle leben, jedenfalls wird ihm – es scheint jedenfalls so – kein Kumpan aus den deutschen Kriegsromanen zuwachsen: dort wird der hochdekorierte Soldat, der im Grunde seines Herzens gegen den Krieg ist, als Romanfigur immer beliebter. Um ihre Helden vor dem Verdacht des Ressentiments zu schützen, statten die Verfasser sie mit hohen Rängen, Schönheit, Orden, Intelligenz und sportlicher Tüchtigkeit aus: dann wird dieser Illustriertentitelblattfigur ein Herzchen eingesetzt, so rein und demokratisch, wie man sich's nur wünschen mag. Da man sich dann schon einmal in den Niederungen der Psychologie bewegt, wird die weibliche Gegenfigur entsprechend zurechtgeschneidert; am besten nimmt man die supergescheite Tochter eines gescheiten Linken: sie muß natürlich auch einige erotische Reize haben, da man sonst bei ihr den Verdacht des Mauerblümchenressentiments zu fürchten hat.

Nun kann das Paar getrost in den totalen Krieg marschieren, der Held darf es – je nach Dauer des Krieges – bis zum Oberstleutnant bringen, darf das Ritterkreuz bekommen, und sie, die Geliebte, darf Verwundete pflegen, Suppe austeilen, straßenbahnschaffnern, Handgranaten drehen oder gar in des Bergwerks tiefster Sohle die kriegswichtige Kohle schürfen. Diese reinen Herzen sind so durchsichtig, daß niemand sie verdächtigen wird. Wer wird schon einen gläsernen Menschen schmutziger Gedanken zeihen?

Wichtig ist das faschistische Gegenpaar: der Militarist, der ums Verrecken das Ritterkreuz *nicht* bekommt; der – welch eine Überraschung! – als Feigling sich erweist; der es mit knapper Not bis zum Oberleutnant bringt, trotz Radfahrerei bei der Partei; der aber später dann bei der Entnazifizierung von Prinz Glasherz gereinigt wird und persilgepflegt im Amte Blank antichambrieren kann.

Seine Geliebte muß folgende Eigenschaften haben: auch gescheit (denn man ist gerecht), auch schön (denn man ist wirklich gerecht), Tochter eines Deutschnationalen, der Hitler eine Chance gibt (»Der Führer weiß ja von all diesem Schmutz nichts«). Aber die weibliche Gegenfigur müßte, und hier erweist sie ihre moralische Unterlegenheit, nicht etwa schaffnern und schaffen, sondern Krankenschwester in einer Nervenheilanstalt für höhere Offiziere sein; dort muß sie – mit Tränen in den Augen, aber dennoch willig – der vaterländischen Venus opfern; die Krim oder die schönen Badeorte Südungarns sind geeignete Schauplätze; waldreiche Gegenden sind zu bevorzugen.

Jedenfalls muß es so sein: die Nationalen sind Drückeberger, die Gegner des Regimes aber erfüllen ihre nationale Pflicht, und da es der Gegner des Regimes mehr gibt als der Anhänger, wird das nationale Soll auf eine paradoxe Weise erfüllt. Nun kann der Krieg so lange dauern, bis unser regimefeindlicher Offizier unter der Last seiner Orden zusammenbricht: einer der schönsten Tode für einen Soldaten.

In diesen Romanen bleibt nicht einmal der Hoffnungsschimmer eines Ressentiments, denn der Verfasser spritzt seine Helden sorgfältig mit Roman-DDT ab, bevor er das Manuskript abliefert. Was ein Ressentiment ist, hat sich nämlich inzwischen rumgesprochen, und diese Vokabel ist zur Mordwaffe geworden.

Da lobe ich mir sogar den Prewitt, denn er hat wenigstens eine positive Eigenschaft: er ist asozial, hat die Asozialität des echten Söldners und dessen Trauer. Ich wünschte mir nur drei Gramm Schwejk in einem Kriegsroman, ein Königreich aber für den Helden eines Kriegsromans, der plattfüßig, kurzsichtig, katholisch, feige ist, und eine Extraprämie für den Autor, wenn er sich entschließen kann, seinem Helden noch Asthma und eine Gefängnisstrafe mitzugeben.

Ein Denkmal für Joseph Roth

Über Joseph Roth, »Werke in 3 Bänden«

Als sich nach dem Krieg in Deutschland eine neue Literatur bildete, zögerte man nicht, Vierzig- und Fünfzigjährige jung zu nennen; dieses Prädikat wurde manchem greisen und kahlen Haupt zuteil. Joseph Roth war, als er im Mai 1939 in einem Pariser Spital starb, noch nicht fünfundvierzig – heute wäre er zweiundsechzig: er hinterließ dreizehn Romane, acht große Erzählungen, einige Essaybände, tausend Feuilletons, Reportagen, Kritiken, und er schrieb dieses alles an Caféhaustischen, Hotelnachttischen, sechs bis acht Stunden täglich widmete er seiner Vorzugsgeliebten: der deutschen Prosa, die er von all seinen Geliebten am wenigsten vernachlässigte.

Daß sein Werk nun erscheint, ist nicht nur ein Akt der Gerechtigkeit, es füllt nicht nur eine Lücke in den meisten Bibliotheken: diese Ausgabe ist ein Geschenk, eine Überraschung, weil sie das Werk eines Dichters bietet, den man klassisch nennen kann. Wer zunächst in diesen dreitausend Seiten blättert, bevor er sich die Freude gestattet, eins der Werke in einem Zug zu lesen (und wenn er gerade einen Romananfang aufschlägt, wird er sich der faszinierenden Prägnanz, die auf eine seltene Weise Trockenheit und Sinnlichkeit in sich vereint, nicht entziehen können), wer also zunächst nur blättert, wird kaum eine Stelle finden, wo Roth eine sprachliche oder gedankliche Schlamperei unterlaufen wäre: selbst die unwichtigste der Reportagen, das unverbindlichste Feuilleton sind klar in Gedanken und Stil: das dreibändige Werk eines Fünfundvierzigjährigen, eines Jungen also, wenn man so will, der freilich nach eigenem Geständnis zweihundert Jahre alt war.

Roth war älter: er war fünftausend Jahre alt: alle Weisheit des Judentums war in ihm, dessen Humor, dessen bitterer Realismus; alle Trauer Galiziens, alle Grazie und Melancholie Austrias, und Roth war ein Bohemien und ein Kavalier. Die Anfänge seiner Romane sind wie präzise komponierte Eröffnungstänze, die den Lesenden in den Großen Raum führen, wo der Ball stattfindet: ein Ball mit zahlreichem Publikum, mit Kaisern und Obdachlosen, von Schwermut trunkenen k. und k. Offizieren, Korallenhändlern, Schmugglern, Wirten und Kaufleuten; sie führen in Welten, die es nicht mehr gibt: die Welt des Ostjudentums, so wie Roth sie im *Hiob* (1930) beschrieb, existierte noch bis 1940: in diesem Jahr drangen die Mörder ein, und der Korallenhändler Piczenik, Mendel Singer, seine Frau Deborah – alle die zahllosen jüdischen Kinder, Männer und Frauen, sie sind in Auschwitz und Maidanek ermordet worden.

So ist Roths Werk nicht nur Dichtung und große Prosa, es ist auch Dokumentation des jüdischen Alltags, wie man sie selten findet. Roth, der von seinem Verleger Gustav Kiepenheuer im Jahre 1930 schrieb: »Er (Kiepenheuer) mag die Juden, ich nicht« – er veröffentlichte im gleichen Jahr seinen *Hiob*, wohl eines der schönsten Bücher, das zwischen den beiden Kriegen erschienen ist, wenn auch mit einem Schluß, der etwas leichtfertig wie die Krawatte eines Kavaliers geschlungen ist; ein Buch des jüdischen Alltags, der für Deborah Singer darin bestand, mit zwölfmal zwanzig Kopeken wöchentlich auszukommen und freitags den Boden zu scheuern, bis er »so gelb war wie Safran und dem heimkehrenden Manne entgegenleuchtete wie geschmolzene Sonne«.

Der *Radetzkymarsch*, der wohl am ehesten noch bekannt ist, ist der große Schwanengesang auf das alte Österreich: in dunklem Grenzgebiet Rußland–Österreich fristet der Enkel des »Helden von Solferino« ein Leben liebenswürdiger Resignation und zugleich bedrückender Verstrickung. Roths Genauigkeit in der Schilderung ist oft beklemmend: sie scheint – wie in einem Uhrwerk – auf Diamanten zu beruhen, einer verborgenen Härte; der Realismus wird hier gespenstisch, weil dem Autor keine Schwäche unterläuft, kein Bruch sichtbar wird.

Alles ist in Roths Werk: Polens Zauber, Austrias Trauer und Galiziens Schwermut, Wolhyniens Sümpfe, die unbestechliche Genauigkeit eines k. und k. Berichts. Wie idiotisch klingen alle Thesen von der Seßhaftigkeit, vom Wurzelschlagen, vom »Mit-dem-Boden-Verwachsensein« als einer Vorbedingung fürs Schreiben: in die Muffigkeit der äußersten Provinzecke verwiesen wird alle Biederkeit der Trefflichen, der hemdsärmelige Fleiß des Wackeren, der sich sorglos seiner schwachen Phantasie überläßt. Roth läßt die Sprache nicht naiv dahinfließen, noch überdreht er sie in ironischer Selbstbefriedigung, wie eine Locke, die der Eitle vor dem Spiegel zurechtlegt. Wie Glas gesponnen ist diese Sprache, leer von Sentimentalität und voller Gefühl, nicht nur im Handwerk, auch im Geist: eine kleine Besprechung des ersten Romans von Ernst von Salomon enthält schon die Kritik des *Fragebogens*, der dreizehn Jahre nach Roths Tod geschrieben wurde.

Der Vielschreiber Roth, dessen Gesamtwerk (das eines Fünfundvierzigjährigen) monumental wirkt, verlor sich nie in Geschwätz. Er beherrschte die Sprache, sie ihn, und sie gab ihm alles: Roman und Reportage, Buchbesprechung, Reisebericht, gab ihm die prophetische Prosa im *Antichrist*, wo sich Roths konsequenter Haß gegen Hitler ins Apokalyptische steigert.

Was an verlorener Tradition zu beweinen wäre, an zu Konservierendem in alle Winde zerstreut wurde, das ging zum Teil mit Roth und an ihm verloren: nicht der aufgewärmte Schwulst, der sich gemeinhin als Tradition gibt oder als solche verkauft wird. In Roth hatte die deutsche Prosa einen schöpferischen Bewahrer, ein Spektrum, in dem sich Glanz und Härte, Melancholie und Leichtsinn noch einmal fingen. Sein Werk, diese drei Dünndruckbände, sind wie ein Denkmal: es bleibt zu hoffen, daß es kein Denkmal bleibt, das man von außen betrachtet.

Amerika zwischen den beiden Kriegen

Über Saul Bellow, »Abenteuer des Augie March«

In Irland telegraphisch aufgefordert, innerhalb eines Nachmittags etwas über Bellows *Abenteuer des Augie March* zu schreiben, gerate ich in vollkommene Verlegenheit. Dieses Buch hat den Anfang: »Ich bin ein Amerikaner, geboren in Chikago«, – hat das Ende: »Mag sein, daß ich ein Versager bin – auch Kolumbus hielt sich wahrscheinlich für einen Versager, als sie ihn in Ketten nach Hause schickten; was nicht bewies, daß es Amerika nicht gab.«

Es gibt Amerika: Bellow beweist es, auf eine so eindringliche und einmalige Weise, wie Faulkner, Hemingway, Thomas Wolfe und Cummings es bewiesen haben – Bellow auf eine neue Weise ebenso überraschend wie seine Vorgänger. Sein Roman gleicht einem Stück, das aus einem Riesenepos herausgeschnitten wurde, von dem man hoffen möchte, daß es sich fortsetzen wird. Wie könnte ich die Kreindl, die Kleins, die Tambows, die Coblins und Renlings, wie könnte ich Thea und Stella und all die anderen Mädchen mit 90 Zeilen würdigen, und wie sollte ich dann noch Platz haben für die großartigen archaischen Gestalten der Einhorns, der Oma Lausch, und noch hätte ich dann keine einzige Zeile für Augie March selbst, für seinen Bruder Simon, und für den dritten Bruder, den schwachsinnigen George. Und immer noch wäre kein Platz für Augies Mutter, kein Platz mehr für Five Properties, für die Magnus', für Timouchian, für die Mexikaner, Kommunisten, Liberalen, die Millionäre und die Wohlfahrtsempfänger, für Chikago, diese schreckliche und großartige Stadt, die durch den ganzen Roman durchleuchtet wie ein dunkler Stern.

Es gibt Bücher, deren Inhalt man referieren kann; den Inhalt dieses Buches kann man nicht referieren: würde man bei diesem Referat auch nur jene »nebensächliche« Stelle unterschlagen, wo geschildert wird, wie Augie widerstrebend seinen schwachsinnigen Bruder George in ein Heim bringt, wie er ihm zeigt, das Kofferschloß zu handhaben; würde man vergessen, über Oma Lausch zu berichten, die mehr als einige tausend Schreibmaschinenzeilen wert ist – man würde dem Roman unrecht tun. Und um die Einhorns zu schildern, den jungen wie den alten – ich weiß nicht, wieviel Raum es fordern würde.

Dieser Roman ist zu groß – er entzieht sich der Rezension, weil er soviel Leben enthält: Kämpfe und Niederlagen in den Slums von Chikago, Kämpfe und Niederlagen in Hotels, die für Millionäre reserviert sind; Schmutz und Betrug, eine grandiose Absage an die Hygiene, und die merkwürdigen Sehnsüchte dieses Augie March, der den Weg des geringsten Widerstands geht, aus einer Art existenzieller Liebenswürdigkeit – und den harten, zielbewußten, brutalen Bruder Simon, der Dollars macht, während der schwachsinnige George in einem Heim Besen bindet; diese großartige Oma Lausch, eine Emigrantin aus Odessa, die in der Normierung eines Altersheimes langsam dahinstirbt, wie ein Adler im Käfig.

Amerika zwischen den beiden Kriegen ist in diesem Buch, ein anderes Amerika als das Faulkners, als das des Thomas Wolfe, mit dem Bellow sich noch am ehesten vergleichen ließe. Zweifellos tritt die jüngere Schriftstellergeneration Amerikas (Bellow ist 1915 geboren) hier mit einem neuen Stil und neuen Themen, mit einer vokabelreichen, wilden Sprache, bilderreich und üppig auf, ein Debüt, das sich mit dem der großen Väter Faulkner, Wolfe, Hemingway und Cummings messen kann.

Es ist eine außerordentliche Leistung, die Übersetzung dieses Buches gewagt zu haben, eine Arbeit, die Alexander Koval nur übernehmen konnte, da er auf eine persönliche Weise sich in die Bilder- und Stilwelt Bellows versetzen und nur dadurch dessen großartige, mit Slang wie mit Hefe durchsetzte Sprache übertragen konnte. Noch sucht man in Frankreich jemanden, der Bellows Roman übersetzen könnte und würde: man hat bisher den nicht gefunden, der diese eigenwillige Sprache ins Französische zu übertragen riskieren wird. Bellows Roman erobert eine neue, ungeheuerliche Welt. Seine Übersetzung bereichert die deutsche Sprache.

Aufstand der Ungarn

Ich glaube, daß wir weder den Opfern des ungarischen Freiheitskampfes noch den Toten und Verwundeten in Ägypten gerecht werden durch eine bloße Solidaritätserklärung; gewiß: die Solidarität ist das Selbstverständliche, und das Selbstverständliche tue ich hiermit: ich stimme dieser Erklärung zu. Gerecht aber werden wir den ungarischen Männern, Frauen und Kindern nur, wenn wir versuchen, zu verstehen, wofür sie kämpfen und leiden, einen ganzen Monat lang schon, mit einer Hartnäckigkeit, die das westliche Europa nicht nur überraschen, sondern auch beschämen sollte. Ich kann nicht Augenzeugenschaft für mich beanspruchen, und doch bin ich sicher, daß in Ungarn um eine Gerechtigkeit gekämpft wird, gelitten und gestorben wird, die wir im westlichen Europa uns nicht so leichtfertig als unsere auf die Fahnen schreiben, in die Leitartikel und Kommentare aufnehmen sollten: *Teile* dessen, was wir unter Gerechtigkeit und Freiheit verstehen, schweben sicher auch den ungarischen Revolutionären vor, und doch geht es dort um mehr, um etwas, das es auch bei uns noch nicht gibt, und dieser Kampf wird *für* uns gekämpft, ein bitterer Kampf, zu dem unser einziger Beitrag unsere Wohltätigkeit ist, kein geringer, und doch kein ausreichender, und doch ist kein anderer möglich: der Raum für unsere Beschämung liegt genau zwischen unserer Wohltätigkeit und dem Wissen, daß dieser Kampf *für* uns gekämpft, die Leiden für uns gelitten werden.

Das Risiko des Schreibens

Vor sieben Jahren besuchte ich den Herausgeber einer bekannten Zeitschrift, dem ich ein Manuskript vorlegen wollte; als ich vorgelassen wurde, überreichte ich ihm das Manuskript – – es war eine Erzählung – – aber er blickte es gar nicht an, legte es auf einen der Stapel, die seinen Schreibtisch bedeckten, ließ mir von seiner Sekretärin eine Tasse Kaffee geben, trank selbst ein Glas Wasser und sagte: »Ich werde Ihr Manuskript lesen, später, vielleicht erst in ein paar Monaten, Sie sehen, wieviel hier herumliegt, aber bitte, beantworten Sie mir eine Frage, die keiner Ihrer Vorgänger – es waren schon sieben heute morgen bei mir – mir befriedigend hat beantworten können: wie kommt es, daß es so viele – – ich meine es ohne Ironie – – so viele Genies gibt und nur so wenig Manager, wie ich einer bin. Ich liebe die Zeitschrift, die ich mache, aber ich würde nicht sterben, wenn ich meinen alten Beruf wieder ausüben müßte: ich war Reklamechef einer Rasierklingenfabrik und schrieb nebenbei Theaterkritiken, weil es mir Spaß machte. Haben Sie einen Beruf und welchen?«

»Im Augenblick bin ich Angestellter eines statistischen Amtes.«

»Und Sie hassen diesen Beruf, empfinden es als eine Erniedrigung, ihn auszuüben?«

»Nein«, sagte ich, »ich hasse ihn nicht und empfinde es keineswegs als eine Erniedrigung, ihn auszuüben; ich ernähre – wenn auch mehr schlecht als recht – meine Frau und meine Kinder durch die Ausübung dieses Berufes.«

»Aber Sie fühlen das Bedürfnis, mit zerknautschten, schlecht getippten Manuskripten durch die Gegend zu reisen oder sie der Post anzuvertrauen, und wenn sie auch alle zurückkommen, immer neue zu schreiben?«

»Ja«, sagte ich.

»Und warum tun Sie das? Überlegen Sie Ihre Antwort gut, denn sie wird zugleich die Antwort auf meine erste Frage sein.«

Diese Frage war mir noch nie gestellt worden, und ich dachte nach, während der Redakteur anfing, meine Erzählung zu lesen.

»Ich habe«, sagte ich schließlich, »ich habe keine andere Wahl.«

Der Redakteur blickte vom Manuskript auf, zog die Augenbrauen hoch und sagte: »Das ist ein großes Wort, ich hörte dasselbe einmal von einem Bankräuber; er wurde vom Richter gefragt, warum er den Raub geplant und ausgeführt habe. Ich hatte keine andere Wahl, sagte er.«

»Wahrscheinlich hatte er recht«, sagte ich, »das schließt nicht aus, daß auch ich recht habe.«

Der Redakteur schwieg und las meine Erzählung zu Ende; sie war vier Schreibmaschinenseiten lang, und während der zehn Minuten, die er zur Lektüre brauchte, dachte ich darüber nach, ob es für mich keine bessere Antwort auf seine Frage gäbe, aber ich fand keine; ich trank meinen Kaffee, rauchte eine Zigarette, und es wäre mir lieber gewesen, er hätte meine Erzählung nicht in meiner Gegenwart gelesen. Endlich war er fertig, ich hatte gerade die zweite Zigarette angezündet.

»Ihre Antwort auf meine Frage gefiel mir«, sagte er, »aber Ihre Erzählung gefällt mir nicht. Haben Sie mehr?«

»Ja«, sagte ich, und ich wählte aus den fünf Manuskripten, die ich noch in der Tasche hatte, ein kurzes aus und gab es ihm. »Es wäre mir lieber, wenn ich solange hinausgehen könnte«, sagte ich.

»Nein«, sagte er, »es ist besser, Sie bleiben hier.«

Die zweite Erzählung war kürzer, nur drei Schreibmaschinenseiten lang, so lang wie ich brauchte, um meine Zigarette zu Ende zu rauchen. »Diese Erzählung ist gut«, sagte der Redakteur, »sie ist so gut, daß ich nicht glauben kann, beide seien von ein und derselben Person geschrieben.«

»Aber sie sind«, sagte ich, »sie sind beide von mir geschrieben.«

»Das kann ich nicht verstehen«, sagte der Redakteur, »es ist nicht sehr glaubhaft: die erste, das ist eine anspruchsvolle und deshalb besonders verwerfliche Art von religiösem Kitsch und die zweite – – ich habe nicht den geringsten Grund, Ihnen zu schmeicheln, die zweite finde ich großartig. Erklären Sie mir das!«

Ich konnte es ihm nicht erklären, und ich habe bis heute keine Erklärung dafür gefunden. Tatsächlich erscheint mir der Schriftsteller durchaus jenem Bankräuber vergleichbar, der unter unsäglichen Mühen einen Einbruch plant, der in tödlicher Einsamkeit, nachts, den Tresor aufknackt, ohne zu wissen, wieviel Geld, wieviel Juwelen er finden wird: er setzt zwanzig Jahre Zuchthaus aufs Spiel, Deportation, Strafkolonie, ohne zu wissen, welche Beute er haben wird. Schriftsteller und Dichter, so

glaube ich, setzen mit jeder neuen Arbeit, die sie beginnen, alles, was sie bisher geschrieben haben, aufs Spiel; es ist das Risiko, den Tresor leer zu finden, geschnappt und um den Ertrag aller früheren Einbrüche gebracht zu werden. Gewiß zeichnet den Autor aus, daß er einer sei: der, der er ist, mit seinem Stil, mit dem Wasserzeichen, das ihn von allen anderen unterscheidet: seinem Meistersiegel; aber sobald ihm die anderen, seine Leser, seine Kritiker, dieses Petschaft erteilt haben, beginnt die eigentliche Probe, denn dann bedeutet schreiben nicht immer, »keine andere Wahl« haben, sondern es kann zur nackten Routine werden, Routine freilich mit Meistersiegel. So wie für den fortgeschrittenen Bankräuber, den fortgeschrittenen Boxer jeder neue Einbruch, jeder neue Kampf bitterer und gefährlicher wird als der vorhergehende – denn die Unschuld ist nun einmal verloren und an ihre Stelle das Wissen gerückt –, so müßte es für den Schriftsteller sein, und ich bin sicher: für viele ist es so, obwohl der Meisterbrief mit dem Siegel der Innung in ihrer Bibliothek hängt. Es gibt vielerlei Möglichkeiten für einen Künstler, nur die eine nicht: sich zur Ruhe zu setzen, und das Wort Feierabend – – ein großes und menschliches Wort, wert, Gegenstand des Neides zu sein – – dieses Wort kennt er nicht; es sei denn, er sei mit »seiner Kunst am Ende«, für immer oder für eine gewisse Zeit, und entschlösse sich, dieses Faktum zu akzeptieren; dann hörte er auf, ein Künstler zu sein, freilich eine Vorstellung, die ich nicht vollziehen kann; ich las einmal in einer Buchbesprechung, deren Verfasser ich leider nicht zitieren kann, da ich seinen Namen vergessen habe: Man kann nicht ein *bißchen* schwanger sein, und mir scheint, man kann nicht ein *bißchen* Künstler sein, ganz gleich, welchen Beruf man ausüben mag.
Keine andere Wahl haben, das ist ein großes Wort, aber ich habe auf die Frage, warum ich schreibe, bisher keine bessere Antwort gefunden: Kunst ist eine der wenigen Möglichkeiten, Leben zu haben und Leben zu halten, für den, der sie macht, und für den, der sie empfängt. So wenig wie Geburt und Tod und alles, was dazwischen liegt, Routine werden können, so wenig kann es die Kunst. Freilich gibt es Menschen, die ihr Leben routiniert leben; nur: sie leben nicht mehr. Es gibt Künstler, Meister, die zu bloßen Routiniers geworden sind, aber sie haben – – ohne es sich und den anderen einzugestehen – – aufgehört, Künstler zu sein. Man hört nicht dadurch, daß man etwas Schlechtes macht, auf,

ein Künstler zu sein, sondern in dem Augenblick, in dem man anfängt, alle Risiken zu scheuen.

Das weiche Herz des Arno Schmidt

Über »Das steinerne Herz«

Viel habe ich in diesem Roman gefunden: eine spannende Kriminalgeschichte (es geht nicht um Bankraub oder Mord, sondern um den abenteuerlich geplanten und ausgeführten Tausch eines Buches, das in der Ostberliner Staatsbibliothek gegen einen Zwilling geringeren Wertes gewechselt wird), dann eine Schatzgräbergeschichte mit Happy End; klare, erkennbare Gestalten, die sich aus dem Mosaik der Sprache Arno Schmidts ohne überflüssigen impressionistischen Überhang zusammensetzen: den Kraftfahrer Karl, seine Frau Frieda, den Archiv-Fanatiker Walter Eggers, das Flüchtlingsmädchen Line; ich habe einiges über die DDR erfahren, einiges über die Bundesrepublik (die da drüben sind ja »auch« verrückt), einen Humor entdeckt, für den mir kein besseres Beiwort als grimmig einfällt, da er wirklich mit Grimm geäußert wird und doch Humor ist; einen eiskalten Atheismus (der mir dogmatischer vorkam als die Dogmenmauern der Kirchen; offenbar haben auch die Atheisten ihre unerbittliche Frömmigkeit); eine leidenschaftliche, mit wahrer Poetenwut praktizierte Liebe zur deutschen Sprache, die sich und ihre »unrasierten Kiefern«, ihre »kursbuchenen Herzen« hinter Klammern (eckigen und runden) wie hinter Stacheldraht verbirgt; in diesem Buch, das nicht während, sondern nach der Lektüre aufquillt (fast in der Art eines Zwiebacks aus der eisernen Ration) und das in der Erinnerung wie ein Wälzer wirkt und doch mehr Sprache und Stoff bietet als ein solcher – in diesem Buch habe ich nur eins nicht gefunden: das steinerne Herz, das mir der Titel versprach: ein Herz aus Wachs fand ich, ein Kinderherz oder besser, da Kinderherzen gar nicht so weich sind, ein Erwachsenenherz, das übers Altern enttäuscht ist, ständig – sowohl verzweifelt wie genau – den Fleischwolf der Vergänglichkeit bei seinem Werk beobachtet, nur zwei Lebensbereiche sind von der Zerkleinerung durch den Fleischwolf ausgeschlossen: nichts bleibt diesem Herzen als die Liebe und die kalkblauen hannoverschen Staatshandbücher aus dem Jahr 1843! Wie spannend und wichtig diese Staatshandbücher sind, wird jeder Lesende begreifen, wie er den Fanatismus Walter Eggers' begreifen wird, der sich unter falschen Vorstellungen in eine Familie einmietet, weil er herausbekam, daß die Hausfrau eine Enkelin von Jansen ist! Jansen!! Da bebt sein Herz, das weit von der Versteinerung entfernt ist. Mögen andere beben, wenn sie einer Romanow-, Windsor- oder Habsburg-Enkelin begegnen, gering ist deren historischer Reiz gegen das, was Jansens Enkelin zu bieten hat: die kalkblauen Staatshandbücher, und in einem geheimen Winkel einen Münzschatz (und im Zusammenhang mit dem Münzfund erfährt der Leser die Geschichte des Obersten Graf von Königsmarck und der Prinzessin Sophie Dorothea von Hannover).

Arno Schmidts Archivkunde ist kein Zufall: ein Autor, der so leidenschaftlich auf Prägnanz aus ist und sie erreicht, dessen Ziel mathematische Genauigkeit ist, der mit Gleichungen und Berechnungstabellen operiert, für ihn müssen Archive das letzte Glück dieser Erde sein; eine Leidenschaft zur Ordnung ist hier am Werk; Träume von Karteikästen, Karten, Tabellen und der Drang, zu koordinieren; Schmidt hat eine tiefe Wahrheit entdeckt: wie ungeheuer spannend Zahlen sind, wie aufregend Statistiken (die landläufige Meinung von der »trockenen Materie« ist ja nur dummes Vorurteil). Man würde bei einem so präzisen Kopf wie Arno Schmidt glauben, daß auch sein Atheismus die Frucht der Grübelei sei, aus der Denkmaschine wie eine bittere Gleichung sich ergebend, deren Unbekannte sich nicht etwa als die großartige Null, sondern als Nichts erweist: »Bitte, ich finde nichts«; aber nein, hier ist Zorn am Werk, Gefühl: der Zorn des wohl zu weichen Herzens. Kein Wunder also, daß Schmidt auf Feindschaft stößt bei denen, deren Gläubigkeit auf der Ebene seines Atheismus liegt: die streitbaren Christen bändeln natürlich mit den streitbaren Atheisten an.

Anders verhält es sich mit den Schilderungen der Liebe, die in Arno Schmidts Werk zu finden sind; sie sind eindringlich, hart in Bild und Vokabular: hier wird die Liebe gefeiert, und es wird Schmidt selbst am wenigsten wundern, daß es Menschen gibt, für die dieser Lebensbereich unter bestimmten »Ausdruckstabus« steht – wozu ihnen das Recht zugestanden werden muß –, und die durch Schilderungen seiner Art verletzt werden; dumm ist nur, hier einen Zusammenhang mit Schmidts Atheismus zu sehen: es gibt christliche Autoren, Francis Stuart etwa, die Gleiches versuchen: die Liebe aus dem Getto zu befreien. Es gibt Atheisten von sexueller Mimosenhaftigkeit, und Christen, die, wenn ein bestimmter Punkt im Trinken erreicht ist, wenn der Herrenabend beginnt oder die männliche Zotenstunde, sich in dunkle Widerwärtigkeiten verlieren, die unter der erstaunlichen Kategorie »frei« rangieren; mit dieser Art von Freiheit hat Arno Schmidts Roman, der ein Kunstwerk ist, nichts zu tun; es gibt keine Theologie der Kunst, und so lange es sie nicht gibt, wird die Frage der Anstößigkeit, des Verbots von Büchern eine Polizeifrage bleiben, undifferenzierbar; Goethes *Wahlverwandtschaften* sind ein höchst anstößiges Buch. Ich halte die Trennung der Liebe in die körperliche und die andere für unzulässig; da, wo körperlich geliebt wird, geschieht es nie rein körperlich, da wo nicht körperlich geliebt wird, nie rein anders; das Mischungsverhältnis ist nie genau auszumachen; Franz von Assisi und Clara, Therese von Avila und Johannes vom Kreuz, diese zarten Säulenpaare, auf denen Europas schlaffer Leib so lange ruhte, ein winziger Faden, unsichtbar vielleicht, dem zartesten Spinngewebe vergleichbar, verbindet sie immer noch mit dem schmutzigsten Trunkenbold, der von der schmutzigsten aller Dirnen die Liebe käuflich erwirbt; immer hat die Liebe Elemente des verlorenen Paradieses, und die Liebe zwischen Walter Eggers und Frieda, zwischen Karl und Line hat viele dieser Elemente. Da es der Vorurteile gegen Arno Schmidt, bei seinen Freunden und seinen Gegnern, mehr gibt als der Urteile über ihn, wiederhole ich: spannend ist dieser Roman, wenn man sich erst ein wenig Mühe gegeben und den Drahtverhau der Klammern durchdrungen hat; klar und eindringlich sind die Gestalten, auf eine besondere Weise das Flüchtlingsmädchen Line, eine zarte, liebenswerte Gestalt von einer Keuschheit, die fast unangreifbar ist; viele Naturschilderungen von sparsamer Kraft sind in diesem Buch. Arno Schmidt ist einer der wenigen echten Nachfahren der Romantiker: seine blauen Blumen sind die Archive und die Liebe.

Reise durch Polen

Der junge Mann, der in Frankfurt an der Oder an der Rückseite des Zuges entlang patrouillierte, rief historische Assoziationen in mir wach: fast zwanzig Jahre der Erinnerung mußte ich zurückblättern, um die zu finden, denen er so auffallend glich: den Arbeitsdienstführern aus dem Jahre 1938/39: diese so trügerische kernseifige Sauberkeit (der Dreck wuchs damals in Schimmelkolonien unter dem Holzfußboden der Baracke), die korrekte Frische, die aufreibend präzise Aussprache, als er mich aufforderte, das Fenster zu schließen. Für mein »Warum« – diesen gängigen Groschen demokratischer Gewohnheit – gab es in seinem Herzen und in seiner Seele keinen Schlitz. »Bitte, schließen Sie das Fenster!« Auch die zweite Frage: »Was gibt es denn hier so Schlimmes zu sehen?« fand keinen Eingang. Er blickte – symbolisch, wie ich annehme – auf seine Pistole, dann mich an: unsere Augen rutschten aneinander aus, und das Wissen, ob der Blick auf die Pistole wirklich nur symbolisch gemeint sei, war mir keinen potentiellen Kopfschuß wert; so schloß ich das Fenster, zumal auch die Zöllner meine Aufmerksamkeit erforderten. Ich hatte nichts Schlimmes gesehen: Schneeflocken, leere Bahnsteige – in der DDR sind alle Interzonenzüge auch von hinten bewacht –, Schienen und ein Posten, der die strenge Linie beobachtet; jeder neugierige Kopf wird ins Niemandsland hinausgestreckt.

Meinem Kollegen wurden eben 250 Ostmark konfisziert, die zu besitzen er in puritanischer Ehrlichkeit bekannt hatte; da er auch noch die Wechselquittung eines Westberliner Kontors vorzeigte, war er rechtlich des Devisenvergehens überführt, und der junge Zöllner zückte verwirrt einen Block, dessen oberstes Blatt aussah, als sei seit einem Jahr auf diesem Block nichts mehr notiert worden. Die Frage »Was machen Sie nun mit dem Geld?« wurde prompt und höflich beantwortet: »Das wird unserer Wirtschaft wieder zugeführt!« Das Jungengesicht, das sich bei der Antwort vom Block hob, war blank und ernst, wie das eines Zwölfjährigen, der einen Pfadfinderschwur leistet.

Auch ein Novize, der die Ordensregel aufsagt, könnte so aussehen – und die moralische Rüstung, die hier sichtbar wurde, war fast deprimierender als die militärische, die von dem Kollegen an

der Rückseite des Zuges repräsentiert wurde. Ideen sind schrecklicher als Pistolen! Welch eine Welt hinter diesem Satz. Eine Welt von Ehrlichkeit, Jungenhaftigkeit, in die eine Jugend ihren Idealismus investiert; eine gewaltige Hypothek auf einem so schwachen Haus. Wer wird die Zinsen zahlen, wer die Hypothek einlösen? Ein Vakuum wird es geben, Inflationen vielfältiger Art, wieder eine »enttäuschte Jugend«, krampfhaft verschlossene Ventile, durch die nur der Eiswind des Zynismus dringen wird.
Wie beängstigend ist doch eine gläubige Jugend. Die Staaten sollten Mißtrauen säen an Stelle von Vertrauen. Fast nichts ist so widerwärtig wie die um Vertrauen werbenden Stimmen der Staatsmänner, denen man doch so deutlich anhört, daß sie nur um Gnade flehen. »Mißtraut uns« sollte man über die Regierungsgebäude schreiben; vielleicht würde sich dann irgendwo echtes Vertrauen zeigen.
Auch an diesen blanken Zöllneraugen rutschen die unseren ab: Höflichkeit, mit einer deutlichen Dosis Wohlwollen gemischt – Wohlwollen des jungen Zöllners uns gegenüber natürlich! Da blieb nur das »Hands-up« westlicher Trauer, westlicher Skepsis, ein Kopfschütteln, Nachdenken, während der Zug langsam über die Oderbrücke fuhr. An den Scheinwerfern, die die Brücke flankierten, schmolz der Schnee und tropfte wie aus weinenden Augen ab.

Nie habe ich die Leute verstanden, die sich ihrer schlechten Wohnungen, ihrer schäbigen Kleidung wegen entschuldigen zu müssen glaubten: diese Krankheit war in den Jahren 1945 bis 1951 chronisch, hat sich dann in die Prosperität hinein erhalten: was sich damals auf unsere unaufgeräumten Wohnschlafküchen bezog, bezieht sich heute auf die noch fehlende Hausbar, auf die Tönung der Tapete, die noch nicht »so ganz richtig« ist. Die Scham hat nur ihre Gegenstände gewechselt: es gibt tatsächlich Leute, die sich entschuldigen, wenn sie jemand zur Mitfahrt einladen und dann bekennen müssen, daß ihr Auto ein Volkswagen ist. Andere bitten um Vergebung für ihre Promenadenmischung, weil »noch kein rassereiner Pudel« da ist. Man hat so seine Vorstellungen, verhängnisvolle Vorstellungen, die sich an einem imaginären Standard entzünden, der wechselt wie die Mode und seine Fähnchen vorsteckt, wie ein Generalstabsoffizier, der ein

Land erobert, das keinen Widerstand leistet; der Rückzug wird fürchterlich sein, weil man die eroberten Positionen mit einer so tödlichen Selbstverständlichkeit in Besitz nimmt.
Wenn man sich aus dem Vorhandenen keinen Lebensstil bilden kann, holt man ihn sich aus Filmen; wenn man aus der Not keine Tugend zu machen versteht, dann wird die Tugend einmal zur Not werden.
Merkwürdig, diese Scham bei den Warschauern wiederzufinden, die sich ihres Hauptbahnhofs wegen entschuldigten. Er ist ein Provisorium, ein ehemaliger Güterbahnhof, aber warum sich deswegen entschuldigen? Hitler wollte Warschau zu einem »Wahrzeichen der Vernichtung« machen, eine Riesenstadt, die Hauptstadt der stolzen Polen sollte ausgelöscht werden; alles, was nach dem Kämpfen noch stehen geblieben war, wurde systematisch weggesprengt, die Bevölkerung aus den Ruinen vertrieben. So wurde das neue Warschau zu einem Denkmal des polnischen Stolzes: Häuser aus dem neunzehnten Jahrhundert wurden so minutiös renoviert wie solche aus dem sechzehnten: die Straße Nowy Swiat (Neue Welt), die Krakauer Vorstadt, alter Markt, neuer Markt.
»Bedenken Sie immer«, flüsterte uns der Führer zu, »daß von all diesen Häusern, die Sie hier sehen, nicht ein einziges mehr stand, daß alle Denkmäler zu Schrott zerschlagen oder per Zufall noch heil auf deutschen Schuttplätzen gefunden wurden.«
»Auch dieses Haus war weg?«
»Auch das.«
»Und diese Kirche?«
»Kein Stein stand mehr von ihr.«
Straßen, Häuser, Wohnviertel. »Mehr als eine Million Menschen wohnen hier, wo 1945 nicht einer wohnte.«
Am liebsten wohl hätte man uns den Kulturpalast schamhaft verschwiegen, aber dieses Denkmal architektonischer Elephantiasis ist nun einfach nicht zu übersehen: es sieht so unwirklich aus, weil es keine Proportion zur Stadt hat; es ist mit Einsamkeit umgeben, weil kein Architekt sich diesen Proportionen stellen kann: selbst ein zehnstöckiges Gebäude würde aussehen, als läge es vor diesem babylonischen Gebilde auf den Knien (und wann hätten Städtebauer je Demut gekannt?).
Immerhin war hier Platz für die dreihunderttausend Warschauer, die Gomulkas Rede hören konnten, die statt des herkömmli-

chen, harten Sprechchores »Bierut-Stalin-Rokossowski« einen anderen anstimmten: »Lang soll er leben.« Auf diesem Platz ist der polnische Frühling Geschichte geworden.
»Wissen Sie«, sagte der Führer, »ich zeige Ihnen nun zuerst das Häßliche«, und wir fuhren die Marszalkowska hinunter, stiegen aus und blieben auf dem Platz der Verfassung stehen. »An diesen beiden Laternen hier auf dem Platz der Verfassung haben einige polnische Satiriker viel Geld verdient.« Wir blickten die langen Häuserfronten entlang, gingen mit den Augen zurück, wieder hinauf, hinunter; große graue Wohnblocks; an einigen Balkonen hingen Tannenbäume, Hasen, Luftballons.
»Sagen Sie ganz ehrlich, daß Sie es scheußlich finden, bitte, sagen Sie es.«
Der Eifer, mit dem mir hier Verdammung abgefordert wurde, stimmte mich nachdenklich und milde diesen grauen Riesenklötzen gegenüber; Menschen wohnten hier; auf einem Balkon stand eine junge Frau im himmelblauem Morgenrock und rauchte eine Zigarette, auf einem anderen ein kleiner Junge, der Seifenblasen in die klare Winterluft hinunterließ, und der Bilderstürmerdrang unseres Führers vertiefte meine Nachdenklichkeit: ihm schien es selbstverständlich, daß ich einfach vor ästhetischem Entsetzen stöhnen müßte, aber ich stöhnte nicht. »Es tut mir leid«, sagte ich, »ich kann es so scheußlich nicht finden; es hat eine gewisse Größe . . .«
»Eine graue, düstere, bombastische, scheußliche Größe«, sagte mein Begleiter enttäuscht, fast ein wenig böse.
»Wenn Sie«, sagte ich, »was ich hoffe, einmal zu einem Gegenbesuch kommen, werde ich mit Ihnen einmal per Auto von Dortmund bis Köln fahren, quer durch das Ruhrgebiet. Möchten Sie denn, daß diese Häuser nicht mehr hier stünden?«
»Um Gottes willen«, sagte er erschrocken.
Nun mischte sich zum erstenmal die reizende ältere Dame ein, die bisher geschwiegen, nur zu den Verdammungen ihres jungen Landsmanns milde den Kopf geschüttelt hatte.
»Ob diese Häuser stehen bleiben«, sagte sie, »das hängt von euch ab.«
»Von uns?« sagte ich, nun meinerseits erschrocken, und zeigte auf meinen Begleiter und mich, »was meinen Sie damit?«
»Krieg meine ich. Werden Sie Krieg machen wegen der Oder-Neiße-Grenze?«

Diese Frage, das wußten wir beide, die alte Dame und ich, war so wenig real wie meine Antwort, daß »wir« natürlich keinen Krieg machen würden. Sagen nicht immer wieder selbst die wildesten Heimat-Gefühl-Demagogen: »selbstverständlich nicht um den Preis eines Krieges«. Wie anders wollen sie wohl je die Gebiete wiederbekommen? Die Parolen sind so sehr Schwindel wie der Offenbarungseid, den man leistet, mit erhobener rechter Hand, während die linke nach den zweitausend baren Mark tastet, die man immer als Reserve in der Hosentasche mit sich trägt.

Allen Politikern sei das ständige und intensive Studium der gegenwärtigen politischen Karte Europas empfohlen. Man vergißt diese Selbstverständlichkeit so leicht, und es ist gut, den Finger hin und wieder auf die Karte zu legen, die Karte von 1939, die von 1918 daneben zu halten: fast hundert Kilometer westlich von Lemberg, mehr als hundert westlich von Wilna verläuft die Grenze des polnischen Staates. Der Blick auf die Karte fördert das Verständnis für jenen Witz über die Zeitungsannonce, die gelautet haben soll: »Gomulka gegen eine bessere geographische Lage zu tauschen gesucht.« Umgeben von Brüderchen Rußland ist Polen, von der strammen CSR, der noch strammeren DDR, die beide in strammen Leitartikeln ihr politisches DDT rings um die polnische Grenze herum ausstreuen, bemüht, den Aussatz der Freiheit in Quarantäne zu haben. Atlanten in die Büros der Abgeordneten, jedem an Stelle einer kostspieligen Christmas-Karte eine solide Europakarte geschenkt: ein Porträt der gefleckten Hyäne.

»Anstatt Ihnen ein Versprechen zu geben, dessen Einlösung nicht in meiner Macht steht, will ich Ihnen eine Geschichte erzählen«, sagte ich zu der alten Dame, während wir zu Fuß die Marszalkowska hinuntergingen. »Ich hatte einen Schulkameraden, dessen Vater im Jahre 1918 oder 1919 aus Bromberg vertrieben worden war. Als ich diesen Schulkameraden im Jahre 1940 auf der Straße traf, fragte ich ihn, ob seine Familie jetzt wieder nach Bromberg zurückziehen werde. Er blickte mich empört an und sagte: »Jetzt seid ihr einmal an der Reihe.«

»Bromberg ist nicht Breslau«, sagte die alte Dame lächelnd, »wie Metz nicht Saarbrücken ist.«

»Sie wissen viel über geographische Differenzierungen«, sagte ich höflich.

»Ja«, sagte die Dame, »wenn man in Lemberg geboren ist. Aber ich hoffe, daß die Häuser in Lemberg und Warschau stehen bleiben, mögen sie noch so häßlich sein; man kann darin wohnen, und wenn man in einem Hause drin ist, sieht man ja die Fassade nicht. Man sieht seine Frau, seinen Mann, seine Kinder, Möbel und Bilder an der Wand.«

Wir gingen jetzt zum schönen Warschau, auf die Weichselbrükken zu, über die Nowy Swiat, durch die Krakauer Vorstadt, zum alten Markt, zum neuen: hier hätte ich viel mehr auszusetzen gehabt: hier hat man jedes I-Pünktchen aus dem sechzehnten Jahrhundert, jeden Schnörkel aus dem neunzehnten wiedererweckt: Hotels, in denen Großmutter schäkerte, Cafés, in denen Vater Mutter kennenlernte; doch darf man nicht vergessen, daß Warschau die stolze Antwort auf die blutige Geschichte der Jahre 1939 bis 1944 ist.

Es ist eigentlich verwunderlich, daß es hier in Polen nicht von westeuropäischen Priestern wimmelt, die kommen müßten, um zu sehen, was in Westeuropa nur noch in Irland und in den von Iren bevölkerten Städten Englands zu sehen ist: Arbeiter in den Kirchen. In Westeuropa muß man sie bei kirchlichen Tagungen und Kongressen doch immer mit einiger Verlegenheit und Anstrengung zusammenkratzen, um das ständische Gefüge darzustellen: da bummeln die Arbeitergruppen immer am Schluß der Prozessionen hilflos herum, sich mühsam zusammenhaltend, weil sich hinter ihnen die Menge schon wieder schließt. In den Kirchen zählt man sie schon gar nicht mehr, weil das Ergebnis zu bitter sein würde. In Polen könnte man sie getrost zählen. Aber westeuropäische Priester sah ich keine: nur weiß ich, daß man einzelnen, die sich für dieses polnische Wunder interessierten, gleich alle möglichen düsteren Unterstellungen gemacht, milde Bannflüche über sie ausgesprochen hat: westliches DDT ausgespritzt, damit die Krankheit sich nicht ausbreite. Die Bischöfe sollten Pilgerfahrten nach Warschau inszenieren: hier gibt es noch ein katholisches Volk.

Um die ökonomische Situation der unprivilegierten polnischen Familie zu begreifen, muß man sich vorstellen, man hätte die Westdeutschen nach der Währungsreform auf einem Existenzminimum von 50 bis 250 DM gehalten, auf einem Durchschnitt von 150; das ist genau die berüchtigte Formel: zuwenig zum Leben, zuviel zum Sterben: immer auf des Messers Schneide. In der Gleichung, die der polnische Familienvater zusammen mit seiner Frau zu lösen hat, ist das X nur mit äußerster Anstrengung zu bestimmen, das X heißt: leben, irgendwie, und das Irgendwie hat dabei nicht die Bedeutung einer blassen literarischen Vokabel. Das Irgendwie ist das Messer, dessen Schneide meist stumpf ist, oder dieses Irgendwie ist das Weberschiffchen, das zwischen Preisen und Einkommen hin- und herflitzt und den Stoff webt, der heißt: leben. Wir wissen noch, wieviel Genialität, menschliche Überlegungskraft, Einfälle (kriminelle gelegentlich) dazu gehören, um »irgendwie« zu leben, wo man theoretisch zu leben aufgehört hat. Aufschlußreich ist eine Anekdote vom Besuch des Ministerpräsidenten in einer Fabrik. Er fragte die Arbeiter nach ihren Wünschen, einer trat vor und sagte: »Herr Ministerpräsident, sorgen Sie doch dafür, daß wir die 80 Zloty monatlich mehr bekommen, die uns am Existenzminimum fehlen.« Erstaunt bat der Ministerpräsident um die Rechnung, in der die 80 Zloty fehlen, und der Arbeiter rechnete: »Ich nehme an«, sagte er, »daß ich zum Frühstück zwei trockene Brötchen esse – wir sind ja bescheiden –, keinen Kaffee dazu, keine Milch, nein, Wasser tut es schon. Auch das zweite Frühstück, Herr Ministerpräsident – wir sind ja bescheiden –, nur zwei trockene Brötchen, dann ein bescheidenes Mittagessen und abends wieder zwei trockene Brötchen. Die Rechnung, Herr Ministerpräsident, sieht dann so aus:

2 trockene Brötchen	1 Zl.
2 trockene Brötchen	1 Zl.
1 bescheidenes Essen	6 Zl.
2 trockene Brötchen	1 Zl.
	9 Zl.

9 Zl. mal vier Personen mal 30 Tage, das macht 1080 Zloty im Monat. 1000 verdienen wir, geben Sie uns achtzig Zloty mehr im Monat, und wir kommen auf die Rechnung.«

Dabei hat der Gute die Miete vergessen, von Kleidern nicht gesprochen, keine Zigarette einkalkuliert, Kinobesuch, Strom, Straßenbahn nicht erwähnt. Gewiß wird der findige Nationalökonom Löcher genug in der Rechnung des Arbeiters finden: Löcher dort, wo sie das kluge Milchmädchen gelassen hat, damit die klugen Nationalökonomen nicht ohne Arbeit bleiben – aber auch der kluge Arbeiter hat Löcher genug gelassen, die er der Nachdenklichkeit des Nationalökonomen empfiehlt: nicht einmal die Zündhölzer hat er erwähnt, keinen Gewerkschaftsbeitrag, keine Zeitung. Ein Paar Schuhe kostet soviel wie das Durchschnittsmonatseinkommen eines Polen, ein Hemd ein Viertel, die Miete aber gewöhnlich nur soviel wie eine Krawatte mittlerer Qualität: ein Kilo Fleisch wiederum weniger als eine Krawatte, eine Schachtel Zigaretten soviel wie ein broschiertes Buch und ein Pfund Kaffee soviel wie Hemd und Krawatte zusammen. Ausländische Bücher – für Schriftsteller etwa – sind Kostbarkeiten.

»Sie wissen ja gar nicht«, sagte mir ein Mann, »sie wissen ja gar nicht, was es bedeutet, sagen zu können, was man denkt, laut und überall. – Drüben«, sagte er, »sitzt ein ehemaliger hoher Gewerkschaftsfunktionär: die Arbeiter haben ihn 'rausgeschmissen, nachdem sie ihm vorgerechnet haben, wieviel er verdient und wie er sie belogen hat. Dahinten sehen Sie einen Schriftsteller, der sieben Jahre im Gefängnis gesessen hat. Dort einen anderen, der nicht schreiben durfte. Dahinten wieder einen von der Sorte, die Sie Stalinisten nennen würden: er ist jetzt arbeitslos, war in irgendeinem Ministerium. Und ich sitze also hier und rede mit Ihnen, rede – warten Sie, ich muß dem Mädchen, bei dem ich den Kaffee bestellt habe, eben eine Szene machen, sonst warten wir noch eine Stunde.« – Er stand auf, marschierte wie ein Wilder durchs Lokal, stellte das Mädchen, und es gab ein wildes Hin und Her polnischer Vokabeln. Es klang, als würden Übungshandgranaten ausprobiert. Dann kam er lächelnd an den Tisch zurück, setzte sich und sagte mit genüßlichem Seufzen: »Daran muß man sich gewöhnen, aber es macht auch Spaß.« Sogar dem Serviermädchen schien es Spaß zu machen. Freimütig lächelnd brachte sie uns den Kaffee. »Also reden, reden – sagen können, was man denkt. Ich weiß, ich weiß, die Freude darüber wird geringer, läßt nach mit der Zeit, aber zunächst genießen wir sie.«

Viel Revolutionärs-Patina über ihm: ein Museumsstück; sechzig Jahre alt, mehr als vierzig davon Kommunist: einer von der Sorte, wie man sie in Deutschland nur aus der Zeit vor 1933 kennt. Spanien. Untergrund. Narben. Wodka, und plötzlich mit leiser Stimme, kichernd: »Noch vor einem Jahr, glaube ich, fragte mich Ihr englischer Kollege Graham Greene: Was halten Sie von Stalin?« Kichern, und dann laut, »Ich habe ihm gesagt: Ich selbst bin nicht intelligent genug, Ihnen diese Frage zu beantworten, aber ich beantworte sie Ihnen mit einem Wort Ihres großen Landsmanns Churchill: Zu gewissen Zeiten braucht man gewisse Leute.«

»Würden Sie ihm heute anders antworten?«

»Nein.« Schweigen und nach einer kleinen Pause die Gegenfrage: »Sind Sie über diese Antwort enttäuscht?«

»Ja«, sagte ich, »einfach, weil ich wissen möchte, ob Churchills Antwort wirklich mit Ihrer identisch ist.«

»Die Eleganz der westlichen Pragmatiker, die in Yalta bei Krim-Sekt, völlig unbelastet durch eine genaue geographische Kenntnis, wie sie ein Abiturient haben muß, der Geographie als Wahlfach nimmt – so über den Daumen gespielt ›slavonic people‹ hinter verschiedenen Vorhängen verschwinden ließen –, diese Eleganz ist nur eine andere Erscheinungsform dessen, was wir Dialektik nennen. Sind Sie nun zufrieden?«

»Nein.«

»Was wollen Sie noch?«

»Ich möchte wissen, wie Sie über Stalin denken?«

»Schön«, sagte er, »ich werde Ihnen sagen, was ich über Lenin weiß. Als junger Mann besuchte ich einmal zusammen mit einem sehr reichen, sehr reaktionären Fabrikanten eine Versammlung, in der Lenin sprach. Wir hörten fünf Minuten zu, da packte mich der Fabrikant am Arm, ängstlich und heftig, und flüsterte mir zu: Bringen Sie mich hinaus, schnell, bringen Sie mich hinaus – sonst überzeugt er mich noch. Ist das nicht eine schöne Geschichte, und sie ist wahr.«

»Sie ist sehr schön, aber . . .«

»Hören Sie«, sagte er, »Sie sind Katholik, nicht wahr?«

»Ja.«

»Gut. Wenn Sie nun an Alexander VI. denken, würden Sie dann den heiligen Petrus . . .«

»Ach«, sagte ich, »ich wollte ja nur wissen, wie Sie über Stalin denken.«

»Nun«, sagte er, »ich will es Ihnen sagen: ich denke nicht so gut über ihn, wie Churchill 1943 über ihn dachte. Sind Sie nun zufrieden?«

»Zum Teil«, sagte ich.

»Zahlen«, rief er, »zahlen!«

Heldengedenktag

Rede zum Volkstrauertag 1957

Am heutigen Tage, der von Amts wegen zum Heldengedenktag bestimmt ist, wollen wir uns hüten, das befohlene Pathos mit jenem Schmerz zu verwechseln, der sich niemals öffentlich dartut.

Im Gepränge der Feiern wird genau das übertönt, auf das wir lauschen sollten: das Schweigen der Toten. Die Eisenbahnen sollten auf offener Strecke anhalten, die dumme Hast des Straßenverkehrs erlahmen.

Wir sollten die Schulkinder auf die großen Friedhöfe führen: Gräber überzeugen auf eine eindringliche Weise, die keinen Kommentar erfordert; ein Blick auf die Grabsteine: zwischen Geburtsjahr und Todesjahr die kurze Spanne Zeit errechnet, die ihnen gehörte: Leben. Die meisten starben jung; es stirbt sich nicht leicht, wenn man jung ist und weiß, daß kein Arzt, kein Medikament, nichts den Gegner aufhalten wird, der Tod heißt. Schreien nach Vater, Mutter, nach einer Frau, einem Mädchen – oder still werden auf eine Weise, die der Verachtung gleichkommt, beten oder fluchen. Die wenigsten sind plötzlich vom Leben zum Tode gekommen, auf eine Art, die man mit dem Wort »gefallen« auszudrücken versucht, eine winzige amtliche Täuschung, die man erfand, weil »gestorben« privat klingt und nicht Plötzlichkeit vortäuscht. Als ob der Tod nicht ein so privater Akt wäre wie die Geburt; als ob Zeit eine Größe wäre, an der Schmerz ablesbar würde; in einem Augenblick kann der Katalog der Schöpfung durcheilt werden, kann der unsagbare Schmerz vollzogen werden, denn es bedeutet, Abschied zu nehmen, zu wissen, daß man nichts wird mitnehmen können in die Dunkelheit des Grabes: Wind und Gräser, das Haar der Geliebten, das Lächeln des Kindes, den Geruch eines Flusses, die Silhouette eines Baumes, den Klang einer Stimme. Nichts. Sterbende frösteln immer. Die Majestät, die auf sie zukommt, ist kalt.

Waren sie alle Helden, die in den Stellungen, in Lazaretten, auf Fluren, in Kellern, auf Lastwagen und Bauernkarren, in Eisenbahnwaggons schrien und beteten, fluchten oder auf eine Weise still wurden, die der Verachtung gleichkam?

Ich glaube, die meisten hätten diesen Titel, der als Ehre gedacht ist, nicht angenommen, hätten sie von den Morden gewußt, die unter dem Zeichen geschahen, unter dem sie starben. Wir können sie nur würdigen, wenn wir sie vom Fluch dieses Zeichens befreien, ihr Schweigen versöhnen mit dem Schweigen, das an den großen Mordstätten herrscht. Nicht von einem einzigen von ihnen wissen wir, welche Räume er im Angesicht des Todes durcheilte, die Worte schuldig oder unschuldig gehören unserer Welt an, der Tod einer anderen.

Das Wort Held setzt ein anderes Wort voraus: Aktion. Helden handeln, opfern sich auf eigenen Entschluß für eine Idee, eine Sache, sie werden hingerichtet oder ermordet, sterben unter den Schüssen eines Pelotons und rufen der Nachwelt zu: Freiheit. Überlebende Helden halten nie, was sie im Augenblick der Heldentat versprachen, der Glanz des Augenblickes, der Ruhm der Tat erlischt.

Die Toten, deren heute gedacht wird, sind nicht in diesem Sinn Helden gewesen; die meisten vollzogen nicht Aktion, sondern Passion; sie erlitten den Tod; es mag sein, daß jeder heute ein Held ist, der den Tod erleidet, sich dieser kalten Majestät stellt, aber dann müssen wir für die Helden, die ihr Opfer auf eigenen Entschluß vollzogen, ein neues Wort finden. Durch falsche Titel ehren wir die Toten nicht, wir fügen ihrem Andenken Kränkung zu.

Der Heldentod, der ihnen so großzügig bescheinigt wird, ist politische Münze, ist als solche Falschgeld. Die Toten gehören nicht mehr den Staaten, den Parteien. Ihr Schweigen läßt sich nicht zu Parolen ausdeuten. Die fürchterliche Apparatur der Meinungsmaschinen wird auf die Feiern gerichtet: Presse, Funk, Film; Musik erklingt, die amtliche Träne, das bewegte Gesicht, die zuckende Hand, sie werden dem Zeitgenossen gezeigt, der im Klubsessel sitzt, am Bildschirm dem Trauerakt folgt; er fühlt sich zur Rührung verpflichtet und legt für einen Augenblick die Zigarre aus der Hand, nur für einen Augenblick, er, der mit größerer Schuld beladen ist als mit politischem Irrtum: mit Gleichgültigkeit.

Große Zahlen erleichtern dem Zeitgenossen seine Gleichgültigkeit: Millionen ermordet, Millionen als Soldaten, Millionen als Flüchtlinge auf den Landstraßen gestorben. Unschuldige wurden als Opfer für den Tod Unschuldiger genommen. Die große Zahl der Opfer verdeckt den Einzelnen, ihr Name bleibt, der sich dem Haß oder der Verehrung anbietet; ein folgenreicher Irrtum war es, ihnen die Ehre einer Hinrichtung anzutun, ihnen das Pathos einer Gerichtsverhandlung zu schenken, Fragen und Antworten, einer Kategorie entnommen, die ihrer Schuld landläufige Namen gab, ihren Gesichtern ein Album anbot. Sie haben Geschichte gemacht – so wird es heißen, und dieses Wort *Geschichte* schmeckt dem Zeitgenossen, er läßt es im Munde zergehen, sinnt ihm einen Augenblick nach, bevor er seine Zigarre wieder aufnimmt.

Wir hören es gern, wenn die Zeit, in der wir leben, als einmalig bezeichnet wird, als außerordentlich; sie ist es: wohl niemals ist das Ausmaß der Gleichgültigkeit, der gewaltigen Summe der Schmerzen, der Litanei der Leidenden gegenüber so groß gewesen. Niemals wohl ist die Majestät des Todes so gering geschätzt worden. Diese Geringschätzung billigt den Mord von morgen, geht achselzuckend über den Tod von morgen hinweg, nimmt ihn schon heute in Kauf. Trauer ist eine unbekannte Größe, Schmerz hat keinen Kurswert. Gähnend geht man zur Tagesordnung über, gibt sich der Täuschung hin, die Kräfte, die das Unheil auslösten, hätten aufgehört zu existieren; sie wären durch eine andere Staatsform zu bändigen, durch Kommissionen zu kontrollieren; an einem bestimmten Tag wäre der Keim getötet worden. Eine verhängnisvolle Täuschung. Die Stifter des Unheils haben ihr Ziel erreicht, wenn, wie es sich in unserer Gesellschaft zeigt, dem Tod des Einzelnen kein Respekt mehr erwiesen wird.

Trauer ist eine Größe, Schmerz hat einen Wert.

Unsere Stimme ist schwach gegen das gewaltige Dröhnen der Walzen, die Meinung herstellen, Stimmung machen, auswechselbare Parolen schaffen, die sich, wenn sie in einem Abstand von zwei Tagen einander folgen, getrost widersprechen können, ohne des Zeitgenossen Nachdenken wachzurufen. In einer solchen Welt wird Trauer ein Besitz, wird Schmerz kostbar, wird jeder zum Helden, der ihrer noch fähig ist. Die Toten, deren wir heute gedenken, sie gehören nicht den Armeen, nicht den Staaten, nicht den Parteien, diese haben nicht das Recht, um sie zu trauern, wie Väter und Mütter um ihre Söhne, Frauen um ihre Männer, Kinder um ihre Väter trauern; für Schmerzen gibt es keine staatspolitische Kategorie, für Trauer keinen Paragraphen in der Dienstordnung einer Armee, in den Statuten einer Partei.

Verwechseln wir nicht das amtliche Pathos, das sich so leicht zum Kleingeld der Propaganda stanzen läßt, mit dem Schmerz der Hinterbliebenen. Sie sind die einzigen, die ein Recht hätten, heute zu sprechen, der Musik Schweigen zu gebieten.
Warum schweigen die Mütter an diesem Tag, warum schweigen die Söhne, Töchter und Frauen derer, an die wir heute denken?
Vielleicht wagen sie es nicht, ihre Toten von den Denkmälern zurückzufordern, diesen steinernen Säulen, diesen wuchtigen Gebilden aus Bronze, die – wie es immer wieder geschieht – den Tod als öffentlichen Besitz reklamieren, die Lüge des »gestorben für kommende Geschlechter« überliefern, ihnen den Tod als ein Eigentum der Geschichte in Dokumenten aus Marmor, Stein und Erz belegen. Wir sind oft Zeugen ihres Todes gewesen, wir hörten aus ihrem Mund nicht Sprüche, wie sie auf Denkmälern stehen, wir hörten Schreie, hörten Gebete, Flüche, wir sahen, wie viele von ihnen still wurden auf eine Weise, die der Verachtung gleichkam, Verachtung, die die erdrückende Gleichgültigkeit der Nachgeborenen vorauszuahnen schien. Sie nannten den Namen ihrer Frau, ihrer Mutter, verlangten nach einer Hand, nach einem Schluck Kaffee, einer Zigarette, nach irgend etwas von dieser Erde, als letzten Gruß, während die kalte Majestät auf sie zukam. Der Augenblick des Todes machte sie nicht zu Geschichte, er entriß sie ihr, an der sie, die meisten, ohne es zu wollen, teilgenommen hatten. Der Augenblick des Todes gab sie denen zurück, die heute um sie trauern, den Hinterbliebenen.

Die Deplacierten

Über Jean Cayrol, »Der Umzug«

Unsere Väter, denen Seßhaftigkeit noch eine Tugend war, haben uns den Spruch überliefert: Dreimal umgezogen ist soviel wie einmal bankerott gemacht. Inzwischen ist der Umzug für Millionen Menschen die eigentliche Lebensform geworden; ob man die Zwischenstationen Lager, Wartesaal, Heim oder Hotel nennt: das sind nur Gradunterschiede; man wechselt heute freiwillig oder unfreiwillig die Länder, wie man früher die Tapeten wechselte. Man gibt in New York eine Rechtsanwaltspraxis auf, um in Israel Orangen zu pflücken, fliegt mit Frau und Kindern, mit ein paar Koffern von Frankfurt nach Sydney auf der Suche nach einem neuen Leben, läßt einen Bauernhof im Stich, um irgendwo zwischen Helmstedt und Hof schwarz über die Grenze zu gehen; bis ins neunzehnte Jahrhundert hinein gab es ein im Deutschen so schön klingendes Wort: Refugiés. Das zwanzigste Jahrhundert hat eine neue Vokabel geschaffen: displaced person. Man wird deplaciert – oder deplaciert sich.

In Jean Cayrols Roman *Der Umzug* wird an einem gewöhnlichen, ganz zivilen Umzug das Paradoxe der Deplaciertheit gezeigt; deplaciert sind die anderen, die in ihren Wohnungen hokken, ihren Häusern, an denen man Schilder wie *Trautes Heim* oder *Mein Nest* aufhängen könnte. In Cayrols Roman werden Symbol und Realität fast ganz kongruent, das Äußere, die Handlung, die Fabel entspricht genau dem Inneren, dem geistigen Vorgang. Tatsächlich wird in diesem Roman umgezogen: Cate und Pierre haben ihre Kisten und Koffer gepackt, die Möbel sind schon abgeholt, und sie müssen, da die Möbel über Nacht gelagert werden, diese Nacht im Hotel verbringen; doch werden nicht nur Möbel von der Stelle gerückt und durch Cayrols bloße Beschreibung schon demaskiert, auch Gedanken, Lebensgewohnheiten werden an die Luft gesetzt, es wird auf- und ausgeräumt, und sichtbar wird, was sich jahrelang hinter den Requisiten eines kleinbürgerlichen Haushalts verbergen konnte: die Lüge, eine »hübsche Lüge, aus erstklassiger Wahrheit hergestellt. Mundgenäht« – aber die Wahrheit, »die Wahrheit klammert sich an einen wie ein ausgehungertes Kind«.

Nur für vierundzwanzig Stunden wird die adrette kleine Bürgerin Cate deplaciert, sie verläßt ihr *Trautes Heim,* und alles wird anders: Pierre, ihr Mann, fast scheint es, als würde er im Hotel wieder zum Liebhaber, aber die Lüge bringt seine Zärtlichkeit zum Erstarren, und er läßt seine Frau mitten in der Nacht allein, so daß sie, die adrette kleine Bürgerin, am Morgen um Kredit bitten, ihre Koffer als Pfand lassen muß; wie eine Bettlerin, mit wenigen Francs in der Tasche, irrt sie durch die Stadt: deplaciert überall, wo sie dem Leben begegnet, in einem kleinen Café, das von der Zärtlichkeit des frühen Morgens, vom Geruch des Kaffees und der frischen Croissants erfüllt ist, bei ihrer Schwester Camille, der von ihr Verachteten, wo das Leben in archaischer Souveränität verläuft; wo Brot Brot ist und Suppe Suppe und der Mann eine »königlich lange« Nase hat; schließlich erweist sich, wie sie ihre neue Wohnung aufsucht, daß man einen Teil der Möbel vertauscht hat; Cayrol konfrontiert sie wie eine Puppe mit Leben, sie, die korrekte kleine Lügnerin, die am Abend schließlich die unvorhergesehene Torheit begeht: ihren letzten Schmuck opfert, um einen Schwindler, den unehelichen Sohn einer Hausiererin, vor der drohenden Verhaftung zu retten. Zunächst eins, dann zwei, drei Schmuckstücke opfert sie, um den Sohn der Hausiererin zu retten, und bei dieser Gelegenheit begegnet sie Zeitnagel, dem Großtrödler, der sie aus weiter Ferne längst erkannt hat, da sich die Requisiten ihrer hübschen Lüge, die Schmuckstücke, die sie heimlich verkaufte, um die Lüge einer Scheinexistenz aufrechtzuerhalten, bei ihm sammelten. Zeitnagel ist der große Trödler, ist das große Gewissen, bei dem sich die Requisiten zusammenfinden. Nichts geht bei ihm verloren. Ich möchte fast wünschen, Cayrol hätte ihm mehr Raum gegeben. Es gibt noch zahlreiche Motive in diesem Roman: die Verletzung am Oberschenkel, die Cate als Kind erlitt und die in ihr den Wunsch nach Unversehrtheit nährte; die kleine Hausiererin Esclarmonde, die mit ihrem Eierkorb, ihrem Hahn lesend auf der Treppe sitzt, eine liebenswürdige Gestalt, die am Anfang und Ende des Romans wie ein Schutzengel Cate zur Seite steht; Angèle, Pierre, Camille, Gustave, lauter Deplacierte, die Cate, der so wohl Placierten, gegenübergestellt werden. Das scheint mir das Thema des Romans zu sein, ein erregendes und aktuelles Thema: die Rechtfertigung der Deplacierten, der Bewohner des Wartesaals.

Doch fürchte ich, bei weiteren Kommentaren zum Thema

könnte das Formale des Romans zu kurz kommen; Cayrol, der spät genug mit diesem Roman nach Deutschland kommt, versteht es, die heimelige Tristesse der Umzugssituation unmerklich in jene Sphäre zu heben, wo das Alltägliche des Vorgangs unheimlich wird, ohne an Realität zu verlieren; das Wort *umziehen* erhält vielerlei Deutungen; die Sprache ist knapp, zart. Nur sparsam sind Bilder eingestreut, eine Selbstmörderin, die »ihre Arme nach der Straße ausstreckt«, die Wahrheit, die sich »an einen klammert wie ein ausgehungertes Kind«, und gerade, weil Cayrol es vermeidet, die Situation durch sprachliches Pathos ins Symbolische zu heben, wird sie zum Gleichnis: man wird keinen Möbelwagen mehr sehen können, ohne daran zu denken, wie deplaciert die sind, die ihr Handgepäck nicht immer bereit haben; unsere Väter hatten unrecht, man braucht nicht dreimal umzuziehen, einmal genügt, um den Bankerott zu erklären, um nicht mehr aus jenen fingierten Werten Kredit zu ziehen, die aus erstklassiger Wahrheit hergestellte Lügen sind. Mundgenäht. Die Wahrheit hat sich an uns geklammert wie ein ausgehungertes Kind.

Im Ruhrgebiet

Das Ruhrgebiet ist noch nicht entdeckt worden; die Provinz, die diesen Namen trägt, weil man keinen anderen für sie fand, ist weder in ihren Grenzen noch in ihrer Gestalt genau zu bestimmen; das Wort *Ruhr* hat sowohl mythischen Beiklang wie den Unterton begrifflicher Sprödigkeit. Gedankenverbindungen lösen sich aus, wenn der Name dieses kleinen Flusses fällt, der aus lieblichen sauerländischen Tälern kommt: Krupp – Essen – Kanonen – Bergleute – Macht. Da unten, da oben, da im Westen – sagen die Deutschen – da riecht es nach Ruß und Geld, nach Hütte und Kohlenstaub, nach den Abgasen der Kokereien, den Dämpfen der Chemie – und es riecht nach Macht. Denn Stahl und Kohle sind Macht.

Aber es riecht dort vor allem nach Menschen, nach Jugend, Barbarei und Unverdorbenheit; Venus hat dort keine Tempel, Dionys keine heimlichen Anbeter; nur in den Städten, die schon Städte waren, bevor der Sturm begann, mögen Venus und Dionys ihre Katakomben haben. Die Christen tänzeln dort nicht auf der Rasierklinge der Paradoxie: Gott ist Gott, und Sünde ist Sünde. Jede vierte Großstadt hat dort ihren Platz, jeder achte Bundesdeutsche seine Heimat; in hundert Jahren ist die Bevölkerungszahl ums Fünfzehnfache gestiegen, während sie in Deutschland kaum ums Dreifache stieg. Doch bleiben auch Zahlen nur Mystik oder begrifflicher Stacheldraht, solange der Gegenstand, den sie erklären sollen, unbekannt bleibt: 6 000 000 Menschen, 120 000 000 Tonnen Kohle, 10 000 000 Tonnen Stahl – da wird die Wirklichkeit hinter Nullen versteckt, wird die Provinz, in der die Menschen leben, die Kohlen gefördert werden, der Stahl erzeugt wird, in nebelhafte Ferne gerückt. Entdeckt ist das Ruhrgebiet noch nicht. Es bleibt Mythos oder Begriff und ist doch Heimat, so geliebt wie jede andere Heimat.

Die Züge, die sich von Düsseldorf, Münster oder Hagen aus dem Ruhrgebiet nähern, sollten ein wenig langsamer fahren, leiser, sie fahren so gleichgültig über diese Welt dahin, die *unter* Tage weitverzweigt ist, vielschichtig und dunkel; in der ständig, bei Tag und Nacht, so viele Menschen arbeiten, wie in einer Stadt mittlerer Größe Platz hätten. Dort unten werden ganze Gebirge bewegt, verlagert, gefördert; ein unendliches Netz von Straßenzügen, Bahnhöfen, Schienensträngen, Kraftwerken, Werkstätten; Stürme frischer Luft werden in die Erde gepumpt, ganze Wälder verschwinden als Stützmaterial in den Tiefen. Diese Welt, über die die Züge so ahnungslos dahinbrausen, ist so unfaßbar, daß die Realität von der Phantasie nicht eingeholt werden kann, wohl einer der Gründe, warum diese Welt noch in keiner der Künste Gestalt angenommen hat, obwohl ihre Formen, ihre Struktur, ihre Geräusche sich zur Abstraktion anbieten; alle Farbe ist dort unten gelöscht, nur das dünne Gelb elektrischer Lampen läßt hin und wieder im Blau, im matten Braun eines Augapfels wenigstens die Erinnerung an Farbe lebendig werden; alles andere ist schwarz von Kohlenstaub, grau von Gesteinsstaub; eine Welt ohne Frauen; nicht sieben oder acht Stunden Arbeit, sieben oder acht Stunden Gefangenschaft täglich.

Doch die Züge fahren nicht langsamer; fast scheint es, als eilten sie, weil sie sich schämen, daß sie dem Fremden den Weg durch diese Provinz nicht ersparen können; die Züge eilen dem Rhein zu oder dem schmalen norddeutschen Horizont, der sich tief in die Seele des Fremden schneiden wird. Zwei D-Zug-Stunden, manchmal der Blick auf ein Feuer, einen Hochofen, einen Förderturm, eine Kokerei; gerade Einblick genug, um dem Mythos *Ruhr* neue Nahrung zu geben. In Münster ist der Traum vergessen, in Düsseldorf, spätestens in Köln ist er abgeschüttelt.

Die Vorstellung, daß hier Menschen leben, mag dem Fremden, der am Abteilfenster steht, phantastisch vorkommen, obwohl er die Menschen sieht: auf Bahnsteigen, Straßen, auf Schulhöfen, am Küchenherd; er glaubt nicht an diese Menschen, hält sie für Phantome, für Verlorene, Verdammte; Pathos, Mitleid, ein wenig Verachtung mischen sich zu einem Gefühl, das sich in einem Seufzer ausdrückt.

Unter gewaltigen Rohrleitungen fährt der Zug hindurch, an giftigen gelben Flammen, roten Feuern vorbei; die Industrie schiebt ihre pathetische Kulisse nahe an die Bahn heran; dunkle Siedlungen ducken sich im Schatten von Fördertürmen, Kokereien; weniger häßliche Siedlungen werden sichtbar, aber sie haben kein Gewicht angesichts der Dunkelheit der Kulisse.

Und doch leben nirgendwo in Deutschland so viele Menschen auf so engem Raum, sind die Menschen nirgendwo unpathetischer, einfacher und herzlicher. Fabriken und Industrieanlagen strömen eine saure Sentimentalität aus, es scheint, daß sie ihrem Wesen nach zum Pathos neigen, und dieses gewaltige Pathos, diese giftige Sentimentalität zieht sich aus Gründen nackter Nützlichkeit nahe der Eisenbahn hin. Es mag dem Fremden so vorkommen, als diene hier die Industrie der Eisenbahn, gäbe ihr sozusagen Brot; tatsächlich ist es umgekehrt: Die Eisenbahn dient der Industrie, ist durch uralte Tarifverträge mit ihr verheiratet, und mit puritanischer Strenge wird hier die eheliche Treue bewacht. Die beiden Partner wohnen nah zusammen, weil die Eisenbahn den Stahl und die Kohle so billig transportiert; so bleibt auch die Eisenbahnfahrt mythisch, eine Fahrt durch Hephästus' Land, von Schmiede zu Schmiede; hinter gewaltigen Kulissen werden die Menschen versteckt. Kein Bauwerk, kein Haus, kein Landschaftsbild wird sichtbar, das dem Fremden einer Reise oder wenigstens eines Aufenthalts wert erschiene; die Züge eilen, der Rhein lockt oder die norddeutsche Ebene, die schönen niedersächsischen Bauernhöfe, rot-schwarz, von behäbiger Eleganz, souverän eine große Fläche beherrschend, einsam und stolz.

Nicht weit hinter Duisburg, kurz vor Oberhausen, an einer Stelle, wo die Silhouette großer Industriewerke schon zu sehen ist, führt die Straße durch grüne Uferweiden, führt eine Brücke über einen hübschen Fluß mittlerer Größe, den ein Blechschild lakonisch als *Ruhr* kennzeichnet. Mitten auf der Brücke, den Vorschriften zuwider, hält ein kleines Auto, dessen Dach mit Camping-Komfort bepackt ist: Zeltplanen, Bambusstangen, Geschirr, hübschen Stühlen, zusammengeklappt; Camping-Komfort, genossen an der Côte d'Azur, genossen in Venedig, der Schweiz und bei der Heimfahrt am Rhein entlang; drei Wochen Urlaub in Gefilden, wo es weder Hochöfen noch Zechen gibt. Das kleine Auto ist mit Plaketten beklebt aus Chamonix und Genua, von der Lorelei und dem Drachenfels. Innen baumelt eine bastumflochtene Rotweinflasche: ein Andenken aus Italien.

Dem Auto, das kurz vor dem lakonischen Schild *Ruhr* angehalten hat, entsteigt eine junge Frau; sie ist etwa dreißig Jahre alt, modisch gekleidet, schlank, blond; sie geht auf das Brückengeländer zu, lehnt sich über das Eisengestänge, blickt in den Fluß hinunter, hebt dann schnuppernd den Kopf in die Luft, löst sich

vom Brückengeländer, geht zum Auto, steigt ein, und das Auto fährt langsam auf die düstere Kulisse zu.
»Was war denn los?« fragt der Mann am Steuer.
»Oh, nichts«, sagt die Frau, die gerade ihre Sonnenbrille mit nüchterner Endgültigkeit wegpackt. »Nichts war los, ich wollte nur sehen, wollte riechen, ob wir wirklich zu Hause sind.«
»Warum gerade hier?«
»Weil es hier anfängt«, sagte die junge Frau, »hier fängt der Lichtwechsel an, hier schmeckt die Luft bitter, werden die Häuser dunkel, und hier sprechen die Leute so, wie ich spreche. Und ich bin ausgestiegen, weil ich einen Augenblick allein sein, dir nicht meine Rührung zeigen wollte.«
»Du bist gerührt?«
»Ja. Ich freue mich, daß ich wieder zu Hause bin, ich war all die Schönheit und den blauen Himmel ein wenig leid.«
Kopfschüttelnd, ohne zu antworten, steuert der junge Mann das kleine Auto nordwärts, auf Oberhausen zu.
»Und alle die schneeweißen Berge, die Seen, diese sauberen Dörfchen, ich hätte es keine zwei Tage mehr ausgehalten; und diese Barockkirchen da unten, soviel Geld, soviel Gips, soviel liebliche Engel; nein, ich freue mich, wenn ich heute abend mit dir im Kintopp sitze, weißt du, in dem alten, unten an der Ecke der Bochumer Straße.«
»Ausgerechnet in dem?«
»Ausgerechnet in dem, in dem will ich sitzen und will die Leute riechen, und nachher will ich ein Bier und einen Schnaps trinken in der Kneipe unten an der Ecke zum Wiehagen.«
»Da?«
»Ja, da. Ich will so richtig wissen, daß ich wieder zu Hause bin. Und am Sonntag will ich auf den Fußballplatz gehen und auf die Kirmes auf der Wiese hinter Stratmanns Haus, ich will . . .«
»Langsam«, sagt der Mann am Steuer, »langsam . . .«
»Ich will zu Großvaters gehen, in seinen Schrebergarten hinter der Kokerei, will sehen, ob die Tomaten reif geworden sind und die Kaninchen fett. Und er muß mir erzählen, ob die Tauben, die er nach Brüssel geschickt hat, alle zurückgekommen sind. Und ich werde mich von Tante Else zum Kaffee einladen lassen und das ganze Geklatsche und Geklöne anhören, über Anita und Willi und . . .«
»Werde mir nur nicht romantisch«, sagt der junge Mann lächelnd.

»Ich will ja nur wissen«, sagt die junge Frau, »daß ich wirklich zu Hause bin.«
Langsam steuert der ruhige junge Mann das Auto durch Oberhausen.

Im Norden des Ruhrgebiets, nicht weit von der Lippe entfernt (Lippe-Detmold, eine wunderschöne Stadt), sitzen junge Männer in großen, hellen Hallen und beobachten Lichtsignale, Uhren, Scheiben, auf denen subtile Zeiger subtile Bewegungen vollziehen; die jungen Männer üben einen Beruf aus, für den es noch keine Bezeichnung gibt; wer weiß, in welchem Register ihr Beruf einmal welche Bezeichnung haben wird. Vielleicht sollte man sie Schalterbeobachter nennen. Die Lichtsignale, Uhren, Scheiben sind Bestandteile einer riesigen, lautlos arbeitenden Armatur, die anzeigt, daß irgendwo irgend etwas geschieht: chemische Produktion geschieht hier automatisch. Irgend etwas, dessen Endsilbe ON lautet, wird hergestellt. Aus diesem ON kann man alles machen: Kinderspielzeug und Handgranatenstiele, Einkaufstaschen und Formen, in denen Bomben gegossen werden können, Einbände für Gebetbücher und Zahnbürsten, vielleicht Mittel, die die Befruchtung verhindern oder fördern, wer weiß. Vielleicht wissen auch die jungen Männer nicht, ob mit diesem ON Frauen sterilisiert werden, ob Bomben oder Federbälle daraus gemacht werden. Die jungen Männer blicken auf Uhren, Lichtsignale, Scheiben, auf denen subtile Zeiger subtile Bewegungen ausüben. Der Beruf, den die jungen Männer ausüben, hat noch keinen Namen; vielleicht sollte man sie Schalterbeobachter nennen. Wenn sie Feierabend haben, waschen die jungen Männer nur flüchtig ihre Hände, kämmen sich durchs Haar, fahren nach Hause mit Mopeds, Fahrrädern, Straßenbahn, Bus – oder im eigenen Kleinauto. Sie küssen ihre Frauen, begrüßen ihre Kinder, essen, gehen nach dem Essen vielleicht spazieren, durch Felder, Wiesen, Wälder; Grün. Stundenlang Grün, verträumte Bauernhöfe, einsame ländliche Schulen. Vielleicht auch gehen die jungen Männer ins Kulturhaus, einen Bau von hoher architektonischer Eleganz, sehen einen Kulturfilm, hören einen Dichter, einen Vortrag, beteiligen sich an einer Diskussion, lesen Zeitungen: alles steht ihnen zur Verfügung von der *Prawda* bis zur *Süddeutschen Zeitung.* Vielleicht bleiben sie zu Hause und lesen die *Welt am Sonnabend*: Liebt Curd Jürgens wirklich Romy

Schneider? Ist Rossellini in Indien wirklich *verführt* worden? Wer weiß.

Das Moped, das Kleinauto, die Straßenbahn, in der die jungen Männer nach Hause fahren, ist immer von einer dichten Schmutzschicht bedeckt, denn auch hier im Norden, nicht weit von der Lippe entfernt, gibt es Gruben, die so alt sind wie die Väter der jungen Männer. Auch hier liegt überall Kohle, tiefer als unten an Ruhr und Emscher, aber man wird sie herausholen.

Die Schule, die die Kinder der jungen Schalterbeobachter besuchen, ist von der gleichen architektonischen Eleganz wie das Kulturhaus; bald wird die Schule mit einem Wandbild von Marc Chagall geschmückt sein. Doch die Kirche, in die der junge Mann sonntags mit seiner Familie geht, ist von jener brutalen Stillosigkeit, wie man sie aus Kolonien kennt; nicht einmal imitierte Romantik, imitierte Gotik: wüste Formlosigkeit, um das Jahr 1900 herum zusammengehauen, weil die zuwandernden Bergleute außer ihrem Fleiß noch eine Eigenschaft mitbrachten, die Kirchen einfach notwendig, vielleicht sogar rentabel machte: die zuwandernden Bergleute waren fromm. Doch die jungen Männer sind froh; sie verdienen mehr Geld als in ihren früheren Berufen, ihre Arbeit ist nicht schwer, ihre Wohnungen sind hübsch, und wenn sie spazierengehen, gehen sie durch Felder, Wiesen, Wälder, stundenlang durch Grün. Die Nachdenklichkeit hat noch nicht begonnen. Das ON wird produziert. Das ON ist völlig harmlos. Nirgendwo werden Frauen sterilisiert. Vielleicht wird das ON, ein weißes Pulver, irgendwohin exportiert, wo man Formen daraus macht, Formen, in denen man kleine, große, mittlere Granaten gießen kann. Aber nur vielleicht. Diese lautlos arbeitende Armatur, die die jungen Männer bedienen, setzt nicht nur Herstellungsprozesse in Bewegung, sie regt auch die Phantasie an, und die Phantasie geht seltsame Wege, doch nur selten geht sie Wege, die außerhalb des Möglichen liegen.

Fünfundzwanzig Kilometer südlich, neunhundertachtzig Meter unter der Erde, herrscht ein unbeschreiblicher Lärm. Hier wird gesprengt, ein Stollen wird weiter in die Erde vorgetrieben; nach der Sprengung ist die Luft grau; langsam kommen die Arbeiter aus ihrer Schießbude, einem Metallkasten, in dem sie sich gegen Gesteinsbrocken schützten; der graue Staub legt sich über ihre Gesichter, Hände, dringt in ihre Lungen ein; der Lärm wird nach der Sprengung nicht geringer: das Gestein wird durch

Kippbagger in Loren geladen, weggefahren, wird irgendwo zerkleinert und in dieser weitverzweigten unterirdischen Welt an eine Stelle gebracht, wo es als »Bergeversatz« zur Stützung der Erde verwendet wird. Die Arbeit an dem neuen Stollen geht weiter, unter unbeschreiblichem Lärm; immer wieder wirbelt Staub auf, kommen Züge, fahren weg, kommen. Drei, vielleicht vier Jahre dauert es, ehe die Vorarbeiten so weit gediehen sind, daß die Hauer kommen können, ihr Flöz, ihren Streb auszubauen, um den Stoff zu fördern, um dessentwillen diese ganze gewaltige, jahrelange Vorarbeit getan wird: Kohle. Den Stoff, ohne den auch jenes ON nicht herstellbar ist; das C, das chemische Zeichen für Kohlenstoff, fehlt selten in der chemischen Formel eines Kunststoffs, *Perlon* und *Nylon* wären ohne die Arbeit des Bergmanns undenkbar.

Die Bedingungen, unter denen der Mann vor Kohle, vor Ort, im Streb arbeitet, sind sehr unterschiedlich: In manchen Lagen vollzieht er seine Arbeit wie sein Vorgänger in der Bronzezeit oder vor fünfhundert, vor hundert Jahren es tat: Nur liegend, gebückt, kriechend kann der Bergmann den kostbaren Stoff erreichen, den er mit der Hacke loshaut, jenen Stoff, ohne den weder Bomben noch Zahnbürsten, weder Kinderspielzeug noch Perlonstrümpfe herzustellen sind, der Stoff, der jene anderen enthält, unter anderem C, das anderen Stoffen beigemischt, mit diesen verbunden werden muß, damit ON aus ihm werde.

Die hübschen, lautlos arbeitenden Armaturen, Meisterwerke technischer Subtilität, sind nur möglich durch diesen Stoff, der unter sehr unterschiedlichen Bedingungen gewonnen wird; die Zukunft lebt von der Bronzezeit und von der Gegenwart, denn wo die Lage der Kohle es erlaubt, ist der Bergmann bestens ausgerüstet: mit Schrämmaschinen, Laufbändern, automatischen Bohrern.

Nur eins ist in allen Lagen gleich: Er arbeitet unter der Erde, weit von der Krume entfernt, die dem Menschen vertraut ist; dort unten ist die Erde nicht mehr Erde, nicht das Element, das man in enthusiastischen Augenblicken umarmen, in das man die Hände krallen mag; hier ist Wasser nicht Wasser, das des Menschen Auge erfreut, an Segelboote, Schiffe, Horizont denken läßt; hier trieft es, träufelt, fließt auch manchmal, dickt sich mit dem Kohlenstaub zu schwerem Schlamm, in den die Füße einsinken; und die Luft ist hier unten nicht Luft; den Gesetzen der Zirkulation

entsprechend ist sie da, Kaminluft, die durch riesige »Wettermaschinen« aufgebessert wird; ganze künstliche Monsune werden stündlich erzeugt, um dieses unendliche Netz von Stollen, Flözen, Streben, in dem Menschen arbeiten, zu belüften.
Das Feuer, des Menschen viertes Element, das Feuer ist der Todfeind, der ungeheure Kräfte in Bewegung setzen, dieses Labyrinth menschlichen Fleißes zerstören kann, es kann Stollen, Flöze, Strebe in Gräber verwandeln; Mauern werden errichtet, hinter denen Schweigen herrscht.
Unter Tage hat die Zukunft keine Chance, sie wird nie beginnen, immer wird sich da unten die Bronzezeit mit der jeweiligen Gegenwart mischen, solange das Element C so begehrt ist wie alle Stoffe, die in der Kohle enthalten sind; und es scheint, als wären diese Stoffe noch nie so begehrt gewesen wie heute. Der Mann unter Tage arbeitet nur eine halbe Stunde weniger als der junge Mann an der lautlos wirkenden Armatur, er verdient nur ein Drittel mehr als dieser, verdient nur ein Viertel von dem, was sein nordamerikanischer Kollege verdient.
Selbst wenn ich die Dramatik abziehe, die der Außenstehende Berufen zuspricht, die ihm fremd sind, so bleibt die Prozedur des Untertagewerks hart genug, um dem Bergmann den ersten Rang einzuräumen, neben dem Fischer, dem Taucher, vielleicht dem Flieger; doch bleiben diesen die Elemente Wasser, Luft, und es bleibt dem Flieger die unaussprechliche Lust des Ikarus, Farbe bleibt ihnen, Form, Weite, und in Schiff und Flugzeug kann man Frauen mitnehmen. Die Welt unter Tage ist reine Männerwelt, Söldnerwelt in der Strenge der Ordnungen, der notwendigen Härte der Disziplin, in Uniformen, Rängen, in der Umgangsform, Sprache; geschlossene Gesellschaft wie eine Armee, in der alle Unterschiede nur *Rang*unterschiede und Unterschiede der Besoldung sind. Der andere, der Zivilist, hängt in der Waschkaue oben an der Kette. Langsam, nach der Schicht, wenn die dichte schwarze Staubschicht sich unter der Brause ablöst, wird das Individuum sichtbar: Haarfarbe, Hautfarbe, Physiognomie, Hände. Mehr Menschen, als Nürnberg Einwohner hat, sind täglich dieser Prozedur unterworfen, deren materielle Grundlage das Gedinge ist.
Das Gedinge ist der permanente Akkord, der jeweils zwischen Bergmann und Fahrsteiger nach den jeweiligen Abbaubedingungen ausgemacht wird, dabei wird *gehandelt*, werden Interes-

sen gegeneinander ausgespielt, aufeinander zu; dieser Handel findet an Ort und Stelle statt, unter der Erde, vor Ort, vor Kohle, der Preis für die Tonne Kohle muß aber vom Steiger *oben* gerechtfertigt werden. So wird jeder Beteiligte, der Bergmann wie der Steiger, in einem ständigen Dilemma gehalten, denn der Steiger kennt die Arbeit des Bergmanns, der Bergmann kennt den Steiger. Das Gedinge ist ein Markt, auf dem natürlicherweise der siegt, der das im Augenblick Begehrtere zu bieten hat: Kohle oder Arbeit. Sind Arbeitskräfte unter Tage knapp – und sie sind knapp, werden immer knapper –, so genießt der Bergmann auf diesem Markt einen gewissen Vorteil, einen gewissen: seinen *ganzen* Vorteil hat er noch nie ausgespielt, weil ständig moralischer Schwindel an ihm verübt wird. Der fängt da an, wo man dem Bergmann die ethische Verantwortung für den steigenden Kohlepreis aufbürdet, ihm das frierende Großstadtkind, Arbeiterkind, Kollegenkind auf die Seele bindet. Nur jede sechste Lore, die aus dem Förderkorb kommt, wird als Hausbrand verwendet – die anderen fünf dienen dem Nutzen der Industrie, dienen der Herstellung des *Perlonstrumpfs* oder der Zahnbürste, der Bombenformen oder Einkaufstaschen. Wahrscheinlich ist die Verwertung der Kohle als Hausbrand längst schon nicht mehr zu verantworten; ein Stoff, der unter so harten Bedingungen im *Gedinge* gewonnen wird, sollte nur die Verwendung finden, die den höchsten Ertrag sichert und den Schwindel nicht mehr zuläßt.

Die Kohle, dieser begehrte Stoff, geht über Tage phantastische Wege, von Rohr zu Rohr, von Werk zu Werk wird sie weitergeschickt, werden ihr Stoffe entnommen, Gase, und immer noch lohnt sich ein Rohr für den Rest, für einen weiten Weg durch diese Dschungel von Röhren, weil die nächste Fabrik wieder einen anderen Stoff, ein anderes Gas ihm entnehmen kann; ungeheure Intelligenzen werden in Bewegung gesetzt, um die Kohle zu nutzen – und um den Nachwuchs zu sichern, der unter Tage den kostbaren Stoff fördert, der automatisch nie zu fördern, aber immer begehrt sein wird. Eine permanente Völkerwanderung wird veranstaltet, um des Menschen willen, der unter Tage durch seine Arbeit möglich macht, daß über Tage die Zukunft beginnen kann; immer mehr Menschen, von denen immer weniger sich seßhaft machen, werden in Bewegung gehalten, in Bewegung gebracht, und immer noch lockt die Grube, weil die Zechen rasche Auslösung aus dem Lager, freien Flug, Vorschuß und Unterkunft gewähren und einen Lohn, mit dem sich leben läßt. Vor siebzig Jahren hatte die Werbung diese Melodie:

Aufruf eines Agenten aus dem Jahre 1887 zur Anwerbung von Bergarbeitern.

»Masuren!

In rheinländischer Gegend, umgeben von Feldern, Wiesen und Wäldern, den Vorbedingungen guter Luft, liegt, ganz wie ein masurisches Dorf, abseits vom großen Getriebe des westfälischen Industriegebiets, eine reizende, ganz neu erbaute Kolonie der Zeche Viktoria bei Rauxel. Diese Kolonie besteht vorläufig aus über 40 Häusern und wird später auf etwa 65 Häuser erweitert werden. In jedem Haus sind nur 4 Wohnungen, 2 oben, 2 unten. Zu jeder Wohnung gehören etwa 3–4 Zimmer. Die Dekken sind 3 m hoch, die Länge bzw. Breite des Fußbodens beträgt 3 m. Jedes Zimmer, sowohl oben als auch unten, ist also schön groß, hoch und luftig, wie man sie in den Städten des Industriebezirks kaum findet.

Zu jeder Wohnung gehört ein sehr guter und trockener Keller, so daß sich die eingelagerten Früchte, Kartoffeln usw. dort sehr gut halten werden.

Ferner gehört dazu ein geräumiger Stall, wo sich jeder sein Schwein, seine Ziege oder seine Hühner halten kann. So braucht der Arbeiter nicht das Pfund Fleisch oder sein Liter Milch zu kaufen. Endlich gehört zu jeder Wohnung auch ein Garten von 23–24 Quadratruten [I Rute = 14 m; Anm. d. Verf.]. So kann sich jeder sein Gemüse, sein Kumst und seine Kartoffeln, die er für den Sommer braucht, selbst ziehen. Wer noch mehr Land braucht, kann es sich in der Nähe von Bauern billig pachten. Außerdem liefert die Zeche für den Winter Kartoffeln zu billigen Preisen. Dabei beträgt die Miete für 1 Zimmer [mit Stall und Garten] nur 4 Mark monatlich, für die westfälischen Verhältnisse jedenfalls ein sehr billiger Preis. Außerdem vergütet die Zeche für jeden Kostgänger monatlich 1 Mark. Da in einem Zimmer vier Kostgänger gehalten werden können, wird die Miete also in jedem Monat um 4 Mark billiger, ganz abgesehen davon, was die Familie an den Kostgängern selbst verdient. Die ganze Kolonie ist von schönen, breiten Straßen durchzogen, Wasserleitung und Kanalisation sind vorhanden. Abends werden die

Straßen elektrisch beleuchtet. Vor jedem zweiten Haus liegt auch ein Vorgärtchen, in dem man Blumen oder noch Gemüse ziehen kann. Wer es am schönsten hat, bekommt eine Prämie.
In der Kolonie wird sich in den nächsten Jahren auch ein Konsum befinden, wo allerlei Kaufmannsware, wie Salz, Kaffee, Heringe usw. zu einem sehr billigen Preis von der Zeche geliefert werden. Auch wird dort ein Fleischkonsum eingerichtet werden. Für größere Einkäufe liegen Castrop, Herne und Dortmund ganz in der Nähe. Ledige Leute, die nicht in die Privatkost gehen wollen, können in einer Menage zu sehr billigen Preisen wohnen und essen. Den Ankommenden wird in der ersten Zeit ein Barvorschuß, je nach Bedarf bis zu 50 Mark, gegeben.
Für die Kinder sind auch Schulen gebaut worden, so daß sie nicht zu weit zu laufen brauchen. Auch die Arbeiter haben bis zur Arbeitsstätte höchstens 10 Minuten zu gehen. Bis zur nächsten Bahnstation braucht man etwa $^1/_2$ Stunde. Wer sparsam ist, kann noch Geld auf die Sparkasse bringen. Es haben sich in Westfalen viele Ostpreußen mehrere Tausend Mark gespart.
Masuren, es kommt der Zeche vor allem darauf an, ordentliche Familien in diese ganz neue Kolonie hineinzubekommen. Jede Familie erhält vollständig freien Umzug, ebenso jeder Ledige freie Fahrt. Sobald eine genügende Zahl vorhanden ist, wird ein Beamter der Zeche sie abholen. Die Zeche verlangt für den freien Umzug keine Bindung, eine bestimmte Zeit dort zu bleiben, wie andere Zechen. Wem es nicht gefällt, kann von dort aus weiterziehen. Die Verwaltung der Zeche hofft aber, daß es den masurischen Familien so gut gefallen wird, daß sie ans Weiterziehen gar nicht denken werden, wenn erst die Briefe der Zugekommenen angekommen sind. Überlege sich also jeder die ernste Sache reiflich. Die Zeche will keinen aus der Heimat weglocken, auch keinen seinen jetzigen Verhältnissen entreißen, sie will nur solchen ordentlichen Menschen, die in der Heimat keine Arbeit oder nur ganz geringen Verdienst haben, helfen, mehr zu verdienen und noch extra zu sparen, damit sie im Alter nicht zu hungern brauchen. Vorgetäuscht wird durch dieses Plakat nichts. Es beruht alles auf Wahrheit. Wer sich die Angelegenheit reiflich überlegt, sage dies seinem Wirt, bei dem das Plakat aushängt. Dieser schreibt dann an Herrn Wilhelm Royek in Harpen bei Bochum. Es werden dann in kurzer Zeit zwei Herren erscheinen, die das Nähere bekanntgeben werden. Jeder besorge sich gleich seine

Papiere, Arbeitsbuch und Geburtsschein (Militärbuch genügt nicht). Diese Papiere werden von den beiden Herren gleich mitgenommen. Später kommt dann ein Beamter der Zeche, um die sich Meldenden abzuholen, da die Wohnungen erst Ende September bezogen werden können.«

Siebzig Jahre später, heute, im Jahr 1958 sind die ordentlichen Leute, von denen man hofft, daß sie nicht weiterziehen werden, immer noch gesucht; da man sie in ihrer Heimat, in Ostpreußen, Westpreußen, Schlesien und Polen, nicht mehr ansprechen, nicht mehr erreichen kann, spricht man sie da an, wo man sie heute, siebzig Jahre später, finden kann: in Lagern, Notquartieren, Notstandsgebieten; immer noch spielt sich im Ruhrgebiet das ab, was man mit einer dramatischen Vokabel »Völkerwanderung« nennen könnte, was man mit einer modernen, statistischen Vokabel »Fluktuation« nennt; die Menschen fließen; der große Traum ist, sie seßhaft zu machen, sich ihrer Arbeitskraft für Jahre, vielleicht für Jahrzehnte zu versichern, sich möglicherweise der Arbeitskraft ihrer Kinder zu versichern, aber dieser Teil des Traumes verwirklicht sich nur selten; Heime, Siedlungen, Lehrlingsdörfer werden gebaut, denn der Stoff, der das C enthält, ist so begehrt wie je. Die Werbung hat sich in siebzig Jahren wenig verändert:
»Sie finden als Neubergmann geordnete Arbeitsbedingungen, guten Verdienst, einwandfreie Unterbringung, bei Bewährung eigene Wohnung oder Eigenheim, gründliche Ausbildung, beachtliche Aufstiegsmöglichkeiten, sichere Versorgung im Alter und bei Krankheit, mehrwöchigen Urlaub.
Im Ruhrgebiet, zwischen Dortmund, Oberhausen und Recklinghausen, vor allem in dem in ständigem Ausbau begriffenen neuen Industriegebiet zwischen Emscher und Lippe, liegen unsere Schachtanlagen. Wir brauchen tüchtigen bergmännischen Nachwuchs an Facharbeitern. Schon vielen Auswärtigen haben wir zu einer auskömmlichen Arbeit und einer neuen Heimat verholfen. Wir stellen wieder Neubergleute ein.
Wenn Sie als Neubergmann im Untertagebetrieb unserer Zeche anfangen, trifft folgendes für Sie zu:
Von Ihrem vollendeten 19. Lebensjahr an erhalten Sie während der Schleppertätigkeit (dauert mindestens 1 Monat) 14,41 DM je Schicht ($7^1/_2$ Stunden); während der Anlernung für die Hauertä-

tigkeit im 1. Monat (Schichtlohn) 15,85 DM je Schicht (7½ Std.), im 2. Monat (Schichtlohn) 17,29 DM je Schicht (7½ Std.), im 3. Monat (Gedinge) 90% des Vollhauerlohns. Der tarifliche Hauerdurchschnitt beträgt zur Zeit 20,20 DM. Dieser Satz kann je nach erreichter Leistung über- oder unterschritten werden. Die Unterschreitung ist durch einen Mindestlohn begrenzt, der in den derzeitigen tariflichen Bestimmungen auf 16,83 DM festgelegt ist; dies gilt nicht, wenn das Minderleistungsergebnis nachweislich auf einem Verschulden der Gedingearbeiter beruht und die Betroffenen zuvor darauf aufmerksam gemacht worden sind. Zum Lohn kommt die Bergmannsprämie, die beträgt je unter Tage verfahrene volle Schicht: 1,25 DM für Schichtlöhner, 2,50 DM für Gedingearbeiter.«

Die angeworbenen Junggesellen werden aufgefordert, sich seßhaft zu machen, anzusiedeln:

»Bist Du ein heller Kopf? Natürlich bist Du das, denn sonst wärst Du bestimmt nicht bei uns als Berglehrling. In drei Jahren bergmännischer Ausbildung lernst Du viel! Fest steht, daß Du schon in dieser Zeit viel verdienst. Nun laß uns beide einmal ganz offen darüber sprechen, was Du mit Deinem Verdienst in der Lehrzeit anfangen kannst.

Natürlich mußt Du, wie jeder Erwachsene, einen Anteil für Essen und Schlafen bezahlen. Du willst sonntags mal eine Wanderung machen, an einem Abend im Monat ins Theater gehen oder Dir ein nettes Buch kaufen. Vielleicht hast Du auch Tauben oder Singvögel oder Fische in einem Aquarium oder sonst ein kleines Steckenpferd, das Dir Freude macht. Von Zeit zu Zeit willst Du Deine Eltern im Urlaub besuchen. Natürlich bringst Du ihnen und Deinen Geschwistern etwas Hübsches mit. Vor allem mußt Du Dich auch einkleiden, Dir die Schuhe besohlen lassen und was dergleichen mehr ist. Diese Dinge bezahlst Du von dem Geld, das Du im Pütt selbst verdient hast. All das macht aber weit weniger aus, als Du bekommst. Es bleibt also noch ein gut Teil übrig. Man muß eben als junger Mensch schon anfangen, sein Geld einzuteilen. So geht es uns schließlich allen!

Wenn Du nun bis hierher gelesen hast, so schlag das kleine Heft nicht zu, sondern lies ruhig weiter! Wir wollen gemeinsam einmal überlegen: Was kannst Du mit dem tun, was Dir an Geld dann noch verbleibt?

Wo leben Deine Eltern?

Vielleicht ist Dein Vater im Krieg gefallen. Dann hat es Deine Mutter sicher schwer, sich als Heimatvertriebene mit einer Rente und einem bißchen Nebenverdienst durchzuschlagen, besonders wenn Du von ihr fort bist. Sie lebt gewiß irgendwo auf dem Lande. Vielleicht mußt Du sie jetzt von Deinem Lohn mit unterstützen. Mancher tüchtige Junge wird auf diese Weise zum Ernährer seiner Angehörigen. Aber was tut das? Im Gegenteil, ich meine, das ist etwas Besonderes, wenn man schon als Junge mit für seine Eltern sorgen darf. Das ist doch eigentlich keine Last, sondern ein Stück Dank an Vater und Mutter, die Dich als Kind großgezogen haben. Du verdienst doch gut! Da fällt Dir das doch überhaupt nicht schwer.«
Doch von tausend jungen Burschen, die sich anwerben lassen, sind nach einem Jahr kaum zweihundert noch seßhaft; von fünfhundert Familien kaum dreihundert; ganze Heerscharen kommen, gehen, kommen, gehen, und doch ist dieser geringe Teil, der als Sediment bleibt, so groß, daß die Bevölkerung ständig zunimmt. Wieviel Geld es auch kosten mag, diese ständige Völkerwanderung zu unterhalten, bezahlt wird in jener schwarzen Währung, die die Förderkörbe Tag und Nacht ans Tageslicht bringen: bezahlt wird in Kohle, Flug und Umzug, Wohnung und Vorschuß für zehn, von denen vielleicht drei bleiben.

Der junge Mann, der eben in der Waschkaue unter der heißen Brause den dichten schwarzen Staub abwäscht, langsam seine Haut, sein Gesicht, seine Hände wiedererkennt, der seinen Zivilanzug von der Decke herunterläßt, den Arbeitsanzug hochzieht, dann das Zechentor verläßt, zündet sich, sobald er die Grenze des Rauchverbots überschritten hat, zuerst eine Zigarette an: die erste heftig begehrte, auf die er siebeneinhalb Stunden lang verzichten mußte; er ist achtundzwanzig Jahre alt, verheiratet, Hauer, hat zwei Kinder – und Schulden; seine Kaffeeflasche ist leer, die Brote sind aufgegessen, und um diese Zeit, zwischen zwei Zahltagen, hat er wenig Geld in der Tasche; er bekommt sein Geld in Dekaden wie ein Söldner; sein Heimweg ist endlos und wenig freundlich; er wohnt weit draußen in einer Siedlung, die vor achtzig Jahren in der Nähe einer Schachtanlage gebaut wurde, die nicht mehr betrieben wird. Durch graue Straßen, in denen nicht einmal die Reklameschilder bunt zu sein scheinen, quält sich die Straßenbahn unter Rohrleitungen hin-

durch, an Kokereien vorüber, durch den gelblichen Dunst eines Hüttenwerkes, an einem Geländestück vorbei, das mit halbfertigen Betongebilden, verrosteten Stahlgerüsten bedeckt ist; eine Ziege, die einmal weiß gewesen sein muß, reibt dort ihr graues Fell am Fundament eines Gebäudes, dessen Richtfest man nie feiern, das man aber auch nie abreißen wird: ein Denkmal der Sinnlosigkeit. Wieder kommt eine Eisenbahnschranke, wieder stockt die Straßenbahn: der Mensch hat nie Vorfahrt, Kohle und Stahl bestimmen sein Tempo, haben auch noch Einfluß auf die Dauer seines Feierabends. Die Straßenbahn ist so liebenswürdig und so unglaubwürdig, wie es vor zwanzig Jahren die Postkutsche gewesen wäre; im Lokalverkehr ist die Eisenbahn noch liebenswürdiger, noch unglaubhafter: Zeit ist offenbar nicht Geld, wenn sie Feierabend ist. Die Mechanisierung schreitet voran, Fortschritt wird proklamiert, aber die Fortbewegung der Menschen wird à la 1890 betrieben; wahrscheinlich waren die Pferdebahnen damals schneller als heute die Straßenbahn, weil sie fast souverän die Straße beherrschten.
Der junge Mann in der Straßenbahn ist geduldig, weil er müde ist und an seine Schulden denkt. Raten sind überfällig, weil er schon am letzten Zahltag weniger ausgezahlt bekam, als er sich zehn Tage vorher errechnet hatte; sein Gedinge ist schlechter, als er erwartet hatte: mehr Zeit als vorgesehen geht für die Abstützarbeit drauf; schwierigere Bedingungen; das bedeutet weniger Geld. Vor acht Jahren noch war er Student in Ost-Berlin; abends ging er durch die Straßen und warf, wenn er sich unbeobachtet glaubte, Handzettel, auf denen *Freiheit* stand, in die Briefkästen anderer Leute; aber er war nicht unbeobachtet, wurde verhaftet, und man fragte ihn: »Freiheit? Haben die Leute denn hier keine Freiheit?« Und der junge Mann sagte: »Nein.« Dieses winzige Wort brachte ihm vier Jahre Zwangsarbeit ein, vier Jahre Bergwerk in Workuta; als er entlassen wurde, ließ er das Mädchen kommen, das vier Jahre auf ihn gewartet hatte, flog nach Westdeutschland und versuchte weiterzustudieren. Aber hier stellte sich heraus, daß sein Abitur nicht galt; er paukte Russisch, Englisch, Geographie und ein bißchen Latein, fuhr zu einer Begabtenprüfung zweihundert Kilometer weit, mußte Fahrt und Übernachtung selber bezahlen – seine Frau verdiente das Geld durch Hausarbeit –, bestand die mündliche Prüfung, wurde zur schriftlichen zwei Wochen später bestellt, fuhr wieder zweihun-

dert Kilometer, mußte wieder Fahrt und ein Hotelzimmer bezahlen – und fiel durch. Inzwischen war er sechsundzwanzig Jahre alt, verheiratet, hatte ein Kind und entsann sich, daß er in Workuta wenigstens etwas gelernt hatte: Bergarbeit. Er fuhr nach Essen-Heisungen, ließ sich einschleusen, bekam für seine Frau, sein Kind und sich ein kleines Zimmer in einer Siedlung aus dem Jahre 1870; ein Jahr später hatte er zwei Kinder, zwei Zimmer in einer Siedlung aus dem Jahre 1880. Er war zufrieden. Er mochte die Leute hier; sie hatten ein sicheres, ein ausgesprochenes Gefühl für das, was auf den Handzetteln stand, die er vor acht Jahren in anderer Leute Briefkasten geworfen hatte, ein Gefühl für *Freiheit*. Auch seine Frau fing an, sich wohl zu fühlen; die Leute waren einfach, herzlich und hilfsbereit; Geburtstage, Taufen wurden gemeinsam gefeiert; es gab Schnaps, Bier, belegte Brote und Kartoffelsalat. Die junge Frau pflanzte im Garten (23–24 Quadratruten) Gemüse, Kartoffeln und Blumen, sie kaufte sich eine Waschmaschine, und bald fiel ihr auf, daß in den Wohnungen ihrer Freunde, die sie manchmal sonntags besuchten, in der neuen Siedlung draußen, daß dort die Zimmerdecken um fünfzig Zentimeter niedriger, die Fenster um einige Quadratmeter kleiner waren als in ihrer Wohnung; sie sagte nichts darüber, sie pflegte ihre Kinder, brachte die Älteste morgens in den Kindergarten, kochte, kaufte ein, pflanzte im Garten Gemüse, Kartoffeln, Blumen, liebte ihren Mann, ging sonntags zur Kirche; die Kirche, in die sie ging, war im Jahr 1956 erbaut: von architektonischer Kühnheit: Raum, Licht, Farbe, großartige Fenster, ein Luftschiff, in dem sie sich weit über die Wolken gehoben fühlte; die Kirche war schön, die junge Frau liebte die Kirche – vielleicht war sie die einzige, die diesen Bau wirklich liebte; was diese Kirche für sie war, konnte sie niemandem sagen, nicht einmal ihrem Mann, der nicht in die Kirche ging. Nach dem Gottesdienst ging die junge Frau durch düstere, leere Straßen in ihr Haus aus dem Jahre 1880 zurück; ihr Mann hatte die Älteste schon angezogen, gab eben dem Jüngsten die Flasche.
Manchmal ging ihr Mann trinken; er betrank sich, unten in der Kneipe an der Ecke, warf Groschen in Musikautomaten, Groschen in Spielautomaten, erzählte an der Theke von der Zeit, in der er Handzettel mit dem Wort *Freiheit* in anderer Leute Briefkasten geworfen hatte. Die junge Frau hatte Angst; die Trinkereien ihres Mannes geschahen unregelmäßig, plötzlich; manch-

mal trank er zwei Monate lang nur hin und wieder ein Glas Bier, einen Schnaps, vernünftig, sachlich: ein Mann, der Durst hat, eine trockene Kehle, Kohlenstaub, Gesteinsstaub und siebeneinhalb Stunden Schweiß. Dann aber betrank er sich zweimal im Monat, trank wieder zwei Monate lang sozusagen nichts, und wieder trank er. Die junge Frau schwieg und litt; sie tat, als ob sie schliefe, wenn er nach Hause kam, machte ihm morgens starken Kaffee, besonders gute Brote – bis eines Abends die Nachbarin mit ihrer sechzehnjährigen Tochter kam. Die Nachbarin war eine dicke, herzliche, derbe Frau; erstaunt, aber widerstandslos ließ die junge Frau ihre beiden Kinder in der Obhut des Nachbarmädchens, ließ sich von der Nachbarin in die Kneipe führen: Musikautomaten lärmten, Spielautomaten drehten sich, ihr Mann stand mit dem Mann der Nachbarin an der Theke; die Nachbarin packte die beiden Männer resolut am Ellenbogen und führte sie zu einem Tisch. Sie tranken zu vieren; die junge Frau trank Likör: er war süß, scharf, schmeckte ihr nicht; sie trank Bier: es war bitter und kalt, schmeckte ihr nicht; sie trank Korn: er war klar, scharf, schmeckte ihr; sie trank noch einen; sie blickte ihren Mann an und lachte: sie hatte ihn seit Jahren nicht mehr so gesehen; er sah sehr jung aus, so wie er manchmal ausgesehen hatte, bevor er nach Workuta geschickt worden war. Die junge Frau trank noch einen, den letzten; sie kicherte schon. An diesem Abend kam ihr Mann früher nach Haus als sonst und viel weniger betrunken. Die junge Frau brachte der Nachbarin einen Blumenstrauß und eine besonders schöne Gurke aus ihrem Garten.

Der junge Mann in der Straßenbahn sieht endlich Grün: Weiden, unter alten Bäumen versteckt ein Bauernhof, ein altes Feldkreuz:

»Errichtet von den Eheleuten Wilhelm und Katharina Rotthauwe zu Ehren Unseres Herrn und Seiner Heiligen Mutter.«

Einen Kilometer lang Grün; Felder, Wiesen, Felder, dann wieder wirres Rohrwerk, staubgraue Straße, die dunkelbraune Siedlung aus dem Jahre 1880; er ist zu Hause. Er ist müde und denkt über seine Schulden nach: Möbel, Kleider, die Waschmaschine – und ein schlechtes Gedinge. Er küßt seine Frau, die Kinder, ißt hungrig, trinkt eine Flasche Bier, hört Radio. Es ist Sommer, in den Gärten wird gearbeitet; die Sonne würde scheinen, wenn man sie ließe, aber heute, wie immer an sonnigen Tagen, schwebt sie nur wie mattes Gold hinter der Dunstglocke, seltene Farbtöne werden herausgefiltert: silbriges Schwarz – dunkles Braun – mattes Gold; Ersatz für die weißen Wolken bilden die weißen Rauchfahnen einer Kokerei; der Mann sitzt in der Küchentür, raucht, hört Radio, trinkt Bier, liest lustlos in der Zeitung, beobachtet seine Frau, die hinten im Garten arbeitet, hebt plötzlich den Kopf und blickt aufmerksam seiner kleinen Tochter zu, der Dreijährigen, die schon zweimal mit ihrem kleinen Eimer voll Wasser und einem Lappen in der Hand an ihm vorbei in die Küche gegangen ist, nun zum drittenmal mit ihrem Eimer und ihrem Lappen sich an ihm vorbeidrückt.

»Was machst du denn da?«

»Ich hole Wasser, frisches Wasser.«

»Wozu?«

»Ich wasche die Blätter.«

»Welche Blätter?«

»Von den Kartoffeln.«

»Warum?«

»Weil sie schmutzig sind – sie sollen grün sein, grün.«

»Blätter braucht man nicht zu waschen.«

»Doch – sie müssen grün sein, grün.«

Kopfschüttelnd blickt der Mann seiner kleinen Tochter nach und beobachtet, wie sie mit ihrem Lappen die einzelnen Blätter der Kartoffelpflanzen abwischt; das Wasser in dem kleinen Eimer färbt sich dunkel; es ist warm, fünf Uhr nachmittags, der junge Mann gähnt.

Der Fremde, der neben dem Bergmann in der Straßenbahn saß, wußte nicht zu sagen, in welchem Ort er gerade war: ob in Katernberg oder Bottrop, in Gladbeck oder Rotthausen, in Schalke, Horst, Herne, Hassel oder Wattenscheid; diese jungen Städte gleichen einander wie Säuglinge in der Kinderstation, sie gleichen einander nur scheinbar, denn so sicher wie Säuglinge eine haben, haben sie eine eigene Physiognomie. Für den Einheimischen sind die Zechentore, Zechentürme Wegweiser; wenn er *Carolinenglück, Fröhliche Morgensonne, Consolidation* oder *Bismarck* liest, findet er sich wieder zurecht. *Wolfbank, Hugo, Shamrock, Nordstern* und *Mont Cenis,* sie sind Orientierungspunkte wie andernorts Kirchtürme, Rathäuser, Häuserfronten, Brunnen und Plätze; doch dem Fremden sagen Namen wie *Carolinenglück, Bismarck, Fröhliche Morgensonne* nichts – sie sind wie die Leukoplastschildchen, die man den Kindern in der Krippe aufklebt, auf daß die Schwester sie unterscheiden kann. Die Fahrt führt wie durch eine riesige Großstadt, deren Bevölkerungszahl der von Paris, deren Bodenfläche der Londons gleicht; die Städte oder Dörfer sind nur Vorstädte einer City, die es noch nicht gibt und vielleicht nie geben wird; die Bevölkerung ist großstädtisch, doch nicht überall städtisch; in vielem erinnert sie an die nüchterne Herzlichkeit der Berliner: die Menschen sind schlagfertig, hilfsbereit, Bewohner eines W, SW, N, dessen Berlin es noch nicht gibt. So zirkuliert der Verkehr nicht um ein Zentrum, bewegt sich nicht auf ein Zentrum zu: verschiedene Zentren von gleicher magnetischer Kraft ziehen ihn an, lenken ihn gleichzeitig ab: Dortmund und Essen, Bochum, Gelsenkirchen, Duisburg und Mülheim.

Durch die Halle des Kölner Hauptbahnhofs irrte ein junger Mann, der seiner Kleidung und seinem Profil nach der Statisterie einer romantischen Räuberoper hätte entsprungen sein können; sein einziges Gepäckstück war eine Sackleinentasche, an einer Kordel über die Schulter gehängt. Die Sackleinentasche war offen, und jedem neugierigem Zeitgenossen stand der Blick auf die Besitztümer des jungen Mannes frei: eine halb gefüllte Rotweinflasche, ein Stück Brot, ein Stück Speck.

Hin und wieder blieb der junge Mann stehen und versuchte, sich mit dem natürlichen Charme seiner Rasse irgendeinem Menschen verständlich zu machen; doch war sein Charme in diesem Stadium der Reise schon müde, angestrengt, und jedem, den er ansprach, hielt er einen schmutzigen Briefumschlag vor die Nase. An seinem breiten, bäurischen Dialekt war seine Nationalität nicht zu erkennen. Einer sprach ihn französisch an. Nichts. Ein anderer trieb jemanden auf, der ein paar Brocken Spanisch verstand. Nichts. Südslawische Idiome: Kein Zeichen des Erkennens auf dem müden Gesicht des jungen Mannes. Schließlich fand sich jemand, der, ohne auf die Sprache des jungen Mannes zu lauschen, die Beschriftung des Briefumschlags genau las: da stand der Name einer Bergwerksgesellschaft und darunter: *Bochum.* Ja, ja, nickte der junge Mann unbekannter Nationalität, und zögernd sprach er es aus: Boghum, Bog-hum. Durch Gesten und kindliche Laute – puff, puff, puff, das Stampfen der Lokomotive nachgeahmt, ließ sich endlich herausfinden, daß der junge Mann nichts weiter wünschte als eine Fahrkarte nach Bochum. Nichts leichter als das. Geld hatte er in einer leeren Zigarettenschachtel, die mit Gummi umwickelt war. Der ermüdete Charme des Gesichts erwachte wieder, strahlte noch heller auf, als er auf der Fahrkarte las, was auch auf seinem Briefumschlag stand: *Bochum.* Genau verglich er die beiden Namen. Pathetischer Dank, dessen Worte niemand verstand, wurde in die Bahnhofshalle gerufen. Und der junge Mann lächelte, als hätte er nun endlich die Eintrittskarte ins *Neue Jerusalem.* Er wurde zum Bahnsteig gebracht, der Obhut des Aufsichtsbeamten anvertraut, und bevor er sich auf die Kante eines Gepäckwagens setzte, um Rotweinflasche, Brot und Speck herauszuholen, zeigte er den Umstehenden strahlend seinen Messingtrauring und ahmte das Plärren eines Säuglings nach, das Stampfen der Lokomotive, ein Puff-puff-puff – und jedermann wußte, daß seine Frau und das Kind nachkommen würden. War er Italiener, Kroate, Serbe, Ungar oder Spanier? – Weder Sprache noch Kleidung ließen es erkennen. Hatten irgendwo in südlichen Breiten Plakate gehangen: *Italiener! Nicht weit von den Ufern des Rheines entfernt, umgeben von Feldern, Wiesen und Wäldern, liegt, ganz wie ein italienisches Dorf . . .?*

Wer weiß? Vielleicht war der junge Mann einem Sammeltransport abhanden gekommen, nur ausgestattet mit einem Briefumschlag, auf dem *Bochum* stand, und mit einem Vorschuß. Vielleicht war er allein bis Köln gekommen. Zwanzig Minuten später fuhr er mit dem Zug – puff-puff-puff – über die Deutzer Brükke.

Einige Monate später wird er auf Sohle VII oder Sohle VIII in der Schlange der Ausfahrenden stehen, wird längst so viel Deutsch verstehen, daß er sich die wichtigsten Wörter aus dem Dialog zu übersetzen vermag, den bei jedem Schichtwechsel die Ausfahrenden mit den Einfahrenden führen. Für eine Frage, die wichtigste: »Wie ist das Wetter?« ist immer Zeit genug, bevor die Einfahrenden im Schacht verschwunden, die Ausfahrenden in den Förderkorb eingestiegen sind. Und der junge Mann wird verstehen: Regen, Sonne, warm, kalt, windig. Auch wird er den Gruß zu sprechen lernen, der dem Außenstehenden unverständlich erscheint, der aber unter Tage Sinn hat und nicht bloße Floskel ist: »Glückauf!«

Der junge Mann wird in der Bronzezeit arbeiten, im neunzehnten Jahrhundert wohnen und in einer Kirche beten, die in der

Zukunft zu schwimmen scheint. Briefe werden kommen, aus Jugoslawien oder Spanien, Italien oder Ungarn. Und bald vielleicht wird die junge Frau kommen mit Säugling, Milchflasche, Melone, Rotwein und buntem Kopftuch. Auch sie wird lernen, in der fremden Sprache zu sagen: Brot, Milch, Käse, Sonne, Regen, Liebe, Gott. Je nachdem, in welcher Grube ihr Mann arbeitet, wird sie gereinigtes, gefiltertes Ruhrwasser trinken, wird ihr Kind in Ruhrwasser baden, Wasser aus erster, aus zweiter, vierter oder sechster Quelle, denn das Wasser – sorgfältig gehütet – wird immer wieder in das Sickergebiet der Ruhr zurückgegeben und gereinigt, kontrolliert und ungefährlich aus ihr wieder herausgeholt. Die junge Frau wird Samentütchen kaufen, auf denen sie lesen wird, wie hier die heimatlichen Früchte heißen, die sie zu pflanzen gedenkt: Melone und Zwiebel, Bohne und Tomate. Stand auf dem Werbeplakat oder in dem Werbezettel zu lesen: »Es haben sich bei uns viele Italiener (Kroaten, Jugoslawen, Ungarn) viele Tausend Mark gespart«? Die junge Frau seufzt. Es war nicht das *Neue Jerusalem,* war auch nicht die Hölle; sie ist völlig unsentimental, ihr war der Tausch recht: gegen den Hunger in dem armseligen Berg- oder Fischernest dort unten irgendwo zwei Zimmer hier oben in Herne, Hassel, Bochum, Wanne-Eickel oder Dortmund. Nur in einem einzigen Punkt erlaubt sie sich Sentimentalität, in den Spekulationen über die Zukunft ihres Jungen. Wird er ein Fußballstar werden? Ein Artist? Wird er reich heimkehren in das Dorf der Väter? Als Sänger, Schauspieler, Boxer? Wenn er schon Fleischer würde oder einen Kolonialwarenladen eröffnen könnte wie der an der Ecke.

»Übrigens«, sagte der junge Mann im Samengeschäft, »Sie haben ein hübsches Kind.«

»Wat?« Das hat sie gelernt.

»Ein hübsches Kind«, sagt der Verkäufer laut, aber die Wiederholung und die Lautstärke nehmen dem Kompliment allen Charme, machen es fast zu einer Drohung, und die junge Frau zahlt eilig und geht.

Was taten ihre ausgewanderten Onkel, Vettern, Tanten in Amerika, um ein wenig von der Sprache zu lernen? Sie gingen ins Kino. Aber kann sie ins Kino gehen und den Säugling unbeaufsichtigt lassen? Zu Hause konnte sie ihn mit ins Kino nehmen. Das ist in diesem merkwürdigen Land, in dem die Orangen nicht gedeihen, die Komplimente zu Drohungen werden, nicht gestattet. Bleibt ihr nur übrig, die Träume selber zu träumen: Boxer, Fußballstar, Sänger; bleibt ihr nur, den Brief der Mutter noch einmal zu lesen und die Antwort genau zu überlegen. »Meine liebe Tochter«, schrieb die Mutter, »schreibe uns die volle Wahrheit. Stimmt es auch wirklich, daß Giovanni (Juan, Janez) so viel verdient, daß Ihr bald einen Roller werdet kaufen können? Vergißt Du auch nicht, Dich ordentlich um den Kleinen zu kümmern – und wann kommt das nächste Kind?« Nun, das nächste kommt bald, und es wird schwerfallen, der Mutter die volle Wahrheit zu schreiben. Giovanni verdient nicht wenig, aber *so viel* verdient er auch nicht.

»Puff-puff-puff«, macht der kleine Junge, als seine Mutter vor einer Schranke stehenbleibt. Das hat er gelernt. Während der Zug vorüberfährt, liest die junge Frau nachdenklich die Beschriftung der Samentüte: Melone, Zwiebel, Tomate, Bohne.

Zwischen Dortmund und Duisburg ist Weiß nur ein Traum, sind die Städte auswechselbar; einige haben sich Partien einer Physiognomie erhalten: Essen, Dortmund; andere sind dabei, eine zu bilden: Bochum, Recklinghausen; doch behielten nur die Städte Partien eines Gesichts, die eins hatten, bevor der große Sturm begann. Um zu verstehen, was mit den Orten, mit der Landschaft hier in den vergangenen hundert Jahren geschehen ist, muß man ein Gebiet ungefähr gleicher Größe, ungefähr gleicher Struktur zum Vergleich nehmen, das *nicht* industrialisiert wurde. Etwa das Eifeldreieck Trier-Prüm-Kochem; ein lieblicher Fluß, die Mosel, der Ruhr vergleichbar. Eine alte, ehrwürdige Stadt: Trier. Weniger ehrwürdig, weniger alt, aber in der Größe Trier vergleichbar: Essen, mit altem Gymnasium, altem Münster, karolingischen Ursprungs, um 1870 herum eine kleine Stadt mit reizender ländlicher Umgebung, so groß wie Trier.

In dem Eifeldreieck findet man, was man vor hundert Jahren zwischen Emscher und Lippe, Emscher und Ruhr gefunden hätte: hübsche Flüßchen, kleine Städtchen, Dörfer, Wälder, Bauernhöfe, Weiden, Äcker. Vor hundert Jahren hatte Gelsenkirchen soviel Einwohner wie irgendein Eifeldorf: sechshundert; heute wohnen in Gelsenkirchen, im Zentrum des klassischen Ruhrgebiets, vierhunderttausend Menschen, und Gelsenkirchen-Schalke allein hat heute fast soviel Einwohner wie das ehrwürdige Trier. In der Stadt Herne wohnen mehr Menschen als in Freiburg, und in Wanne-Eickel soviel wie im ehrwürdigen

Mainz. Städte von der Größe Kölns, Nürnbergs, Augsburgs liegen im Ruhrgebiet, vom Mythos umwoben, Gegenstand ideologischer Spekulationen, doch noch nicht entdeckt. Gladbeck und Bottrop, Bochum und Mülheim: der Raum, den sie im Lexikon einnehmen, ist gering. Gelsenkirchen, mit seinen vierhunderttausend Einwohnern nimmt im Lexikon soviel Raum ein wie Gelnhausen mit achttausend. Wenig Geschichte ist zu berichten, und es ist noch nicht jener kostbare Stoff abgelagert, der Ehrfurcht gebietet: keine Patina. Diese Städte sind jung; ein kleines Jahrhundert alt, das ist kaum dem Säuglingsalter vergleichbar, wenn man bedenkt, wie viele Jahrhunderte Städte und Landschaften brauchen, um ein Gesicht zu bekommen, so viel Geschichte anzusammeln, daß der Raum, der ihnen im Lexikon zugebilligt wird, der Einwohnerzahl entspricht.

Man stelle sich Köln hundert Jahre alt vor: mit seinen Kasernen, ubischen Dirnen, verkommenen Germanen, die den römischen Söldnern die Stiefel putzten; mit seinen Kneipen, seinen Wachttürmen, dem Hafen; mit dem Rheinstrand, an dem römischer Flitter gegen germanische Frauenehre getauscht wurde; wahrscheinlich rümpften die echten Römer, die notgedrungen Dienstreisen hierhin unternahmen, entsetzt die Nase; so mag der Kölner im Vollgefühl der römischen Herkunft seiner Vaterstadt entsetzt die Nase rümpfen, wenn er in Wattenscheid aussteigt, und doch ist hier Frauenehre nicht so leicht einzutauschen, die Luft herber, sind die Menschen herzlicher und einfacher, weniger verdorben, als sie es in diesem römischen Söldnernest gewesen sein müssen, das gerade ein Jahrhundert alt war. Längst hat Köln Geschichte, hat Patina, die selbst durch die Bomben nicht ganz zu zerstören war. Die Maßstäbe, mit denen Köln etwa gemessen wird, wurden später erst gebildet – die Maßstäbe, mit denen das Ruhrgebiet zu messen wäre, gibt es noch nicht; keinesfalls gelten die überkommenen; es wäre so unfair, wie wenn man einem Säugling vorwerfen wollte, daß er nicht fließend Latein spricht.

Seine Väter waren harte Männer: es ging ihnen um Kohle, ging um Stahl, um Geld und Macht, aber sie waren auch – wie alle harten Männer – sentimental; sie machten in »Industrielandschaft«, Pathos und Patriotismus.

Seine Mutter war liebenswürdig und schwach; sie war jung, unerfahren, der Koketterie mit harten Männern nicht abgeneigt; sie hieß: Eisenbahn, ging freudestrahlend den Bund unverbrüchlicher Treue ein; nichts wird heute noch in Deutschland so billig transportiert wie Kohle und Stahl; alte Liebe rostet nun einmal nicht.

Unter Tage planten die Väter nach genauer Überlegung, nach langer Berechnung; gewaltige Intelligenzen wurden in Bewegung gesetzt und wirkten, um Welten zu erschließen und die Erschließung weiterer Welten im voraus zu planen; das Netzwerk der Stollen, Flöze, Schächte und Streben, und auch *über* der Erde wurde genauestens geplant, wo es um Transport und Produktion ging, der Mensch aber mußte sich *irgendwie* einrichten; wohnen mußte er ja, er mußte essen, trinken, beten; Läden, Schulen, Kneipen, Kirchen, Krankenhäuser, Apotheken – nichts fehlte ihm, aber hundert Jahre lang ließ man, ohne sich die geringsten Gedanken darüber zu machen, Staub und Ruß auf ihn herabregnen, machte die Landschaft, in der er lebte, zur Büßerlandschaft, ließ Dämpfe auf ihn los, knebelte ihm das Klima, raubte ihm jährlich einen ganzen Monat Sonne; man schuf »Industrielandschaft«, doch dieser Begriff, der so nüchtern klingt, ist nur eine romantische Verbrämung der Tatsache, daß die Industrie hier die Landschaft getötet hat, ohne eine neue zu bilden.

Großstädte entstanden, doch Großstadt ist nur ein quantitativer, ein Verwaltungsbegriff; von *Stadt* haben die Großstädte noch nichts; Stadt ist Landschaft; hier gibt es weder Stadt noch Land, nur riesige, ineinander, aneinandergekoppelte Dörfer mit zwanzigtausend, sechzigtausend oder zweihunderttausend Einwohnern, Dörfer, die noch an der Barbarei ihrer Jugend leiden, die den brutalen Ausbeutungscharakter der Gründerjahre nicht loswerden, manchmal in Anfällen reizender Koketterie das ländliche Dörfchen herauskehren, das sie vor hundert Jahren einmal gewesen sind; viel Grün ist zu sehen: das Gras wächst noch, doch die nicht zu brechende Lebenskraft des Chlorophylls ist kein Beweis für die Menschen- und Naturfreundlichkeit der Industrie. Es gibt ihn noch, unverändert hübsch und echt: den vestischen Bauernhof, es gibt die Kuh vor dem Förderturm, weidende Schafe, säende, mähende Bauern, Garben und Ackerkrume, aber diese hübschen Bilder sind eine Täuschung (keine bewußte); in Landschaften, deren Gesicht von weidenden Kühen, grasenden Schafen bestimmt wird, gibt es anständigerweise mehr

Kühe als Menschen, hier aber müßten neben jeder Kuh zehntausend, neben jedem Schaf dreitausend Menschen zu sehen sein: dann wäre annähernd das richtige Verhältnis hergestellt. So wirkt die Kuh vor dem Förderturm, das Schaf vor der Kokerei, der säende Bauer vor der Kulisse des Hüttenwerks, sie wirken wie eine Täuschung, sehen aus, als wären sie bestellt, um fotografiert zu werden; sie wirken als etwas, was sie nicht sind – denn die Kühe geben wirklich Milch, die Schafe wirklich Wolle, die Bauern säen und ernten wirklich – sie wirken trotzdem sentimental und verlogen, sie wirken eher schmerzlich als tröstend, weil sie keine Proportion zur Umgebung haben. Wenn man schon den Fortschritt proklamiert, sollte man an ihn glauben: die Häuser in die Höhe bauen – und aus den Äckern Parks machen; was man jetzt an Natur noch sieht, wirkt wie eine Vortäuschung von Natur, wie geplante Idylle, doch wahrscheinlich wären die riesigen Weiden als Parks natürlicher. In machen Brennpunkten stirbt sogar das Chlorophyll, tragen Bäume keine Frucht mehr, und man zieht es vor, Häuser aufzukaufen, abzureißen, anstatt juristische Komplikationen heraufzubeschwören, die Präzedenz werden könnten.

Es gibt von Menschen bewohnte Räume, auf die jährlich pro Quadratmeter 800 Gramm Dreck herunterregnen: fast ein Kilo auf eine Fläche, die halb so groß ist wie ein Bett; 800 Gramm pro Quadratmeter, das sind 800 Tonnen pro Quadratkilometer: hier wird die simple Multiplikation zum Mittel der Verdeutlichung. Das Wort Fortschritt bleibt bittere Ironie, solange dem Menschen die Elemente: Erde, Luft und Wasser entzogen oder vergiftet werden; das Trinkwasser ist hygienisch zwar gehütet und gepflegt, ständig unter Kontrolle, doch Wasser ist mehr als eine möglichst keimfreie Substanz. Nur dem Feuer geschieht hier über der Erde Gerechtigkeit: das Eisen, das aus dem Mischer in den Konverter und weiter in die Kokille fließt, hat eine Temperatur von 1300 bis 1700 Grad; Gase entweichen, gelbe Flammen entströmen, böse Lichter strahlen auf, zehn Minuten von Straßen entfernt, in denen Kinder ihre uralten Spiele spielen. Sommer ist in diesen Brennpunkten nur ein klimatologischer Begriff, die Bezeichnung für eine Jahreszeit, die die klassische Vierzahl der Jahreszeiten vollendet, zwar Wärme, aber wenig Licht bringt; nur selten dringt die Sonne durch die Dunstglocke, und dieser Raub geschieht seit einem Jahrhundert.

Kein Wunder, daß zwischen Dortmund und Duisburg, wo Weiß nur ein Traum ist, die Brieftaube ihre besten Freunde hat: Dieser hübsche, zarte Vogel, der Kreise ziehen, in Fernen entfliegen, wieder zurückkehren kann; kein Wunder, daß jedes winzige Gärtchen mit Liebe gepflegt und mit Sorgfalt geschützt wird: daß der Fußball hier seine echtesten Freunde hat und daß das Motorfahrzeug ein begehrtes Vehikel ist: Wenn Zeit Geld ist, ist sie es auch, wenn sie Feierabend ist. Die hübschen Nester im Ruhrtal von Werden bis Wetter, die Seen: sie mit den üblichen Verkehrsmitteln zu erreichen, ist qualvoll und nimmt den halben Sonntag in Anspruch; das Motorrad, das Auto erst, sie machen die Flucht aus der Enge, aus der Dunstglocke möglich. Ein Wunder ist, daß in diesem riesigen Dorf mit seinen sechs Millionen Einwohnern auch nach hundert Jahren Industrie der Mensch noch nicht verkümmert ist. Nirgendwo sonst in Deutschland sind die Menschen so nüchtern, herzlich, einfach und schlagfertig. Es scheint so, als ob die Touristenindustrie die Menschen eher verdürbe als Hütte und Grube. Von hier, aus dieser Provinz, stammen die meisten Artisten: Trapez und Piste, Pferdegeruch, rotes Licht, Trommelwirbel beim Balanceakt, wenn das flitterbespannte Mädchen in fünfzehn Meter Höhe übers Seil tänzelt. Viele Artisten haben den Gelsenkirchener Klang in der Stimme: ein verstädtertes Westfälisch, mit zahlreichen Idiomen eingefärbt, mit Rotwelsch, Jiddisch, Polnisch und Ostpreußisch. Noch sieht man Frauen mit masurischen Kopftüchern in Schalke und Erle, mit Korb und Kind am Arm, wie Bäuerinnen, die vom Markt kommen, zum Markt gehen. Sie sind nüchtern, handfest, wissen im gegebenen Augenblick sogar einen Schlag richtig zu parieren, für den Fall, daß einer mal zudringlich, allzu dreist werden sollte; eine neue Rasse hat sich hier gebildet, die in Tonfall und Umgangsform Gemeinsames hat und alle Vorzüge und Nachteile der Jugend: Frische, mit unbekümmerter, fast kolonialer Barbarei gemischt. Diese Provinz, die Ruhrgebiet heißt, erschließt sich dem Fremden nicht leicht; sie ist der Besichtigung abhold, mißtrauisch dem Müßiggänger gegenüber, hat touristische Einrichtungen nur für solche, die hinaus, nicht für die, die herein wollen; Hotels sind knapp, selbst in den Großstädten; für den *business-talk* stehen in entsprechender Entfernung vom Dreck freundliche Hotels zur Verfügung; im Ruhrtal, nahe der Lippe, am Rhein. Nur solche Menschen sind

gesucht, willkommen, umworben, die arbeiten wollen; immer noch lockt die Ruhr, immer noch riecht es nach Geld, nach schwer verdientem, leicht ausgegebenem Geld; Söldnergeld, in Dekaden gezahlt, am Gedinge berechnet.
Die Armee der Hütten- und Grubenarbeiter ernährt diese Provinz; ihr zahlenmäßiges Verhältnis zur übrigen Bevölkerung entspricht genau dem Verhältnis der kämpfenden Truppe zum Troß einer Armee: 1 : 10 – einer arbeitet vor Ort, steht am Konverter – die anderen neun kochen für ihn, versorgen ihn, unterhalten ihn, verkaufen ihm Kleider, Bier, Kintopp, unterrichten seine Kinder, drucken seine Zeitungen, lieben ihn – und üben die Macht aus. Die Macht an der Ruhr ist nicht mehr in Namen ausdrückbar: Krupp, Thyssen, Haniel. Macht entsteht heute durch Konzentration verzwickter, undurchsichtiger Verwaltungsgebilde: hinter unschuldig lächelnden Angestellten wird heute Macht versteckt. Macht, die sich auf die arbeitende Armee unter Tage und in der Hütte stützt. Kohle und Stahl sind Macht.

Nicht alle Mächte, die im Ruhrgebiet wirken, sind anonym, grau, hinter den Gesichtern unschuldig lächelnder Angestellter versteckt oder hinter der scheinbaren Offenheit gläserner Fassaden verborgen; vielerlei wirkt auf die Kohlenförderung ein: die fälligen Raten für Möbel, Motorräder, Hausrat, Kleider, die einfache Lust am Geldverdienen und Geldausgeben, doch wirkt auch eine Macht, deren Einfluß man am wenigsten erwarten würde: der Fußball. Von sechzehn Vereinen der Oberliga West sind zwölf im Ruhrgebiet beheimatet; der Fußball ist dort nicht nur Berufsinstrument, er ist auch Requisit hoher artistischer Eleganz, Objekt mathematischer Präzision, er ist die Roulettekugel, die – je nachdem in wie viele und welche Tore sie rollt – die Maschine des Gücks in Bewegung setzt, bare Münze ins Rollen bringt. Die Spieler sind Gegenstand der Bewunderung und Kritik, Stars, den Launen ihrer Zuschauer ausgesetzt; achthundert oder tausend Meter unter der Erde werden am Montag ihre Bein-, Kopf- und Armbewegungen einer genauen Kritik unterzogen, werden die wirklichen und die Eventualergebnisse heftig diskutiert, werden Götter inthronisiert oder gestürzt, wird geflucht und angebetet; die ganze komplizierte Algebra des Fußballspiels durchgerechnet; das verlorene Spiel eines Favoriten, eines Meisterschaftskandidaten, der Fehler eines Stars, eine verpaßte Torchance, sie wirken sich in Tonnen Kohle aus; am Montag ertönt das knallende Geräusch, mit dem der Förderturm die Loren ausspuckt, weniger häufig als an anderen Wochentagen, am Montag rückt die Schlange der Güterwagen langsamer voran.

Die Schlange der Güterwagen, ob sie langsam oder schnell vorrückt, bringt das Geld, sie bringt Reichtum, doch so wenig, wie es Soldaten gibt, die am Krieg reich werden, gibt es reiche Bergleute; das Sprichwort »Wie gewonnen, so zerronnen« ist eine süße Lüge; Tatsache ist, daß schwer verdientes Geld meistens leichter ausgegeben wird als leicht gewonnenes; harte Arbeit drückt sich in fröhlichem Feierabend aus; leicht verdientes Geld meistens in einem geizigen Frühstück; die Manager trinken flaues Sodawasser, essen Diätbrötchen, bringen in ihre Konferenzen mürbe Kekse mit und trinken aus Thermosflaschen geheimnisvolle Flüssigkeiten, deren Genuß auf ihren bekümmerten Gesichtern keinen Reflex von Lebensfreude erkennen läßt; die Angst vor dem Herztod geht um, und der schwelgende, prassende Kapitalist ist eine Figur, die fast schon liebenswürdig wirkt, weil es sie kaum noch gibt. Man spricht in den Konferenzpausen nicht über Weine, Weiber und empfehlenswerte Lasterhöhlen; man spricht über Diäten, schreibt sich die Adressen von Ärzten auf, empfiehlt sich gegenseitig spartanische Kuren und Sanatorien; nicht Rotspon regiert die Stunden, sondern Sanddorn, und das Lachen der großen Männer klingt nicht aufreizend vital, sondern ängstlich, fast nur wie das Hüsteln eines kranken Greises, dem einfällt, daß er seine Pillen zu nehmen vergessen hat. Diese geizigen Frühstücke ändern nichts an der Tatsache, daß Kohle und Stahl Macht geblieben sind – und daß die Schlangen der Güterwagen, die zu manchem Güterzug aneinandergekoppelt werden, Geld ins Ruhrgebiet bringen, Geld, von dem der geringste Teil in die Tasche des Bergmanns kommt, Geld, auf das das süße Sprichwort: »Wie gewonnen, so zerronnen«, nicht zutrifft. Schwer ist das Geld gewonnen, und leicht zerrinnt es; in den großen Einkaufszentren herrscht fast ein ständiger Jahrmarkt; ungeheuerliche Mengen an Kleidern, Lebensmitteln, an Trinkbarem, Eßbarem aller Art werden hier bewegt, gekauft und verkauft, und »sein Glück machen« kann hier nur der, dem es gelingt, sich in die Versorgung dieser gewaltigen Großstadt einzuschalten; die Marketender haben immer schon mehr verdient als die Söldner; sie haben auch immer davon gesprochen, wie schön und gut das Söldnerleben ist, wie anspruchsvoll und leichtsinnig die Söldner seien; aber niemals war Sold leicht verdientes Geld, und noch nie war durch körperliche Arbeit verdientes Geld leicht verdient, und doch zerrann es immer.

Straßen wie diese

Nachwort zu »Unter Krahnenbäumen – Bilder aus einer Straße«

Durch Straßen wie diese führte mein Schulweg, sieben Jahre lang; viele tausend Male bin ich durch solche Straßen gegangen, aber nie in sie eingedrungen; erst viel später – in der Erinnerung – begriff ich, was Straßen wie diese bedeuten, ich begriff es, wie man plötzlich Träume begreift, wenn ich in fremden Städten stundenlang durch Straßen ging und eine wie diese suchte, aber nicht fand. Diese Straßen sind wie die Wohnzimmer kinderreicher Sippen, in denen nach dem geschriebenen Gesetz der Vater das Oberhaupt ist, nach dem ungeschriebenen und wirksameren aber die Mutter. Das Leben verläuft anarchisch, das heißt: nach strengen Regeln, die alle ungeschrieben sind; die Männer dürfen gelegentlich ihre Streitereien ausfechten, denn Eifersuchtsdramen heben das Ansehen der Frau, aber es darf nicht zu ernst werden: Blut ist ein kostbarer Saft, den man nicht gerne opfert, am wenigsten gern auf Schlachtfeldern, denn man weiß in diesen Straßen: das Leben ist kurz, es verläuft hier rascher als anderswo und ist doch ewig unabänderlich; wie bei einem Bagger, der den Flußlauf reinigt, weiß man nie: ist das Wasser, das die Schöpfräder hochbringen, immer dasselbe oder nur das gleiche Wasser?
Mädchen kreuzten meinen Schulweg, balgten sich am Straßenrand, heute – morgen, so schien es mir, waren sie schon junge Frauen, übermorgen Mütter; in diesen Straßen wird man kein Backfisch; und ich ging immer noch zur Schule, da brachten diese jungen Frauen schon ihre Erstgeborenen mit frisch geschnittenem Haar, sauber gebürstet, mit nagelneuen Ranzen und der prallen Tüte ans Schultor; weinend taten sie es, sie wußten, daß geschriebene Gesetze anfingen, wirksam zu werden, weinend taten sie es, denn die Träne ist der Preis für den Genuß und die Erkenntnis der Vergänglichkeit.
Streikende sah ich, rote Fahnen, Panzer fuhren auf, und die Polizisten leiteten unseren Schulweg auf sichere Pfade um, durch bürgerliche Straßen, mit strengen, abweisenden Fronten, leer waren diese Straßen, nur selten einmal spielte dort ein Kind, langweilig waren sie, und ich war froh, wenn der Streik vorüber war und der Schulweg wieder durch heitere Straßen wie diese verlief. Schmuggler sah ich, die der Polizei Tausende von leeren

Zigarettenschachteln vor ihre Haustüren stapelten, ganze Türme von Leergut, aus dem die gepaschte Ware längst verkauft war; aber eins blieb immer gleich, sieben Jahre lang, siebzig, siebenhundert Jahre: der Karneval, der einfach ausbrach, und im Rhythmus des Jahres, so wie die Patronatsfeste der Pfarreien fielen, Prozession und Kirmes: goldene Lämmer aus Gips wurden von weißgekleideten Mädchen getragen, rote Herzen Jesu, Lilien, barocke Laternen und auf roten Samtkissen die goldenen Symbole für Glaube, Hoffnung und Liebe: Kreuz, Anker und Herz.

Viel später, in der Erinnerung erst, begriff ich, was das ist: Volk. Volk ist der älteste Adel mit den strengsten Gesetzen, stolz und unnahbar. Jahrhundertelang oft wohnen ganze Sippen in Straßen wie dieser, verbergen ihren Reichtum, verbergen ihre Armut, pflegen ihre Kranken, ihre Krüppel in immer derselben Wohnung. Fremde werden aufgenommen, mögen sie Stanislaus, John oder Luigi heißen, Jan oder Sven; es gibt nur eine einzige Münze für Haben und für Soll: Treue und die Anerkennung der Gesetze, die niederzuschreiben unmöglich wäre, deren Größe und Härte in ihrer Ungeschriebenheit besteht. Das geschriebene Gesetz ist immer der Auslegung unterworfen, Ermessensstreit wird ausgefochten, Anwälte spitzen Zunge und Feder; das Gesetz dieser Straßen kennt nur zwei Antworten auf die Frage: »Schuldig?« – Ja – oder Nein. Schuldig, ein Mädchen sitzengelassen zu haben, schuldig, der Sippe nicht den gebührenden Tribut gezahlt zu haben, schuldig, Verrat geübt zu haben. Der Strafen gibt es viele, von der Ächtung bis zu denen, die mit Messern vollstreckt werden, wobei die Ächtung oft schmerzlicher den Schuldigen trifft als der Denkzettel mit dem Messer; es gibt Verweise, Mahnungen, dunkle, es gibt Bewährungsfrist; manchmal entzieht sich der Schuldige durch die Flucht, doch auch das geschieht selten, denn wer in solche Straßen einheiratet – nicht immer vor Gesetz und Kirche, und doch gibt es keine Scheidung – weiß den Preis und entrichtet ihn.

Vielleicht wird nur in Straßen, wie diese eine ist, richtig gelebt; heftig ist die Blüte der Frauen, Blumen im Haar, und der Troubadour hängt, wenn er zu Besuch kommt, seine Mandoline neben das Muttergottesbild, vor dem die rote Lampe brennt; heftig sind die Gefühle: Liebe und Haß, Mitleid und Härte, und man hat ein Gefühl für Unmenschlichkeit und für das Lächerliche:

niemals ist die SA frohen Mutes durch solche Straßen marschiert; der Wurfgeschosse gibt es viele: Apfelsine, Blumentopf, Nachtgeschirr, und noch hat keiner den Panzer erfunden gegen die Verwundung, die so rasch tötet: das Gefühl, lächerlich zu sein. Man liebt Armeen nicht, denn man weiß, sie schleppen die Söhne fort, in die Wüste, in die Steppe, in Straßen, wo sie auf ihresgleichen schießen müssen und von ihresgleichen erschossen werden, und Armeen verderben die Töchter, suchen sie aus dem Bereich der ungeschriebenen in den geschriebener Gesetze zu ziehen. Straßen wie diese bilden sich nicht mehr neu; wie alles, was heidnische Züge hat, sind sie an uralte Konventionen gebunden und an den Ort, an die Laren; sie sind nicht zu verpflanzen, ihr Geist geht unter mit dem Ort, an dem sie lagen; zum Glück haben einige von ihnen das Bombardement überdauert, die leeren Fensterhöhlen sind wieder mit Glas und Gardinen, mit Blumen gefüllt, Frauen mit Säuglingen auf dem Arm stehen wieder in den Türen, rote Samtpolster werden wieder durch die Straßen getragen, mit goldenen Symbolen für Glaube, Hoffnung und Liebe: Kreuz, Anker und Herz. Diese Straßen können nur als Ganzes leben, nicht in Partikeln, sie sind wie Pflanzenkolonien, die sich aus geheimen Wurzeln nähren; in ihnen lebt es noch, uralt, stolz, unnahbar und seinen Gesetzen treu: Volk.

Auch dies ist Amerika

Über Truman Capote, »Baum der Nacht und andere Erzählungen«

Ein junger Mann lernt in einer Bar eine krüppelige Frau kennen, trinkt mit ihr, geht mit ihr aufs Zimmer; niemand kann wissen, daß er in diesem Augenblick in diesem Zimmer dieses Hotels ist, und doch klingelt das Telefon und »diese eintönige, geschlechtslose, weitentfernte Stimme« fragt nach ihm, nach Walter Ranney, und auf seine Frage antwortet die Stimme: »Oh, du kennst mich, Walter. Du kennst mich schon sehr lange.« Der junge Mann flieht, von Saratoga nach New York, von New York nach New Orleans (»und New Orleans hatte er nur gewählt, weil es eine Stadt war, in der er keinen Menschen kannte, und sie war weit weg«). In einem heißen Hotelzimmer hört er das Schlüsselgeklirr, die Nachrichtensprecher im Radio, und im Nebenzimmer fragt ein kleines Mädchen: »warum? Warum? WARUM?« Dann klingelt das Telefon in seinem Zimmer, aber er vergräbt den Kopf in dem Kissen und denkt: »Denk an nichts, denk an den Wind!«

»Sie hatte dunkle Slacks an, keine Strümpfe, ein Paar mexikanische Sandalen und ein weißes Herrenhemd. Ihr Haar war rehbraun und wie das eines Jungen geschnitten« – das ist D. J., seltsam-traumhafte Gefährtin des Kunsthändlers Vincent, der zwar mit ihr ißt, trinkt, schläft, doch nicht einen Fetzen ihrer Realität erwischt, wie es in Capotes Welt, einer Welt ohne Visitenkarten, Adressen, Berufe, zum Lebensstil gehört. In allen sieben Geschichten dieses Bändchens treten kaum Erwachsene auf, Personen, von denen man sagen könnte, daß sie das Zentrum des Lebens erreicht, sich mit Würde umkleidet haben und irgendeine Verantwortung tragen. In dieser Prosa ist keine Spur des »American way of life« zu finden, und doch könnten sie wohl nirgends anders als in Amerika spielen. Hier wird kindliche Exzentrik präsentiert, wachsen auf den Abfallhalden der Zivilisation Blumen von erstaunlicher Schönheit; der Durchschnitt (den es möglicherweise gar nicht gibt) ist von Capotes Gestalten wie durch einen Bann getrennt, in der Welt dieses Dichters ist nur Platz für Kinder, Asoziale, Irre, doch wer den Ritterschlag erhalten will, muß mindestens der leichten Spinnerei verdächtig oder Großmutter sein (schon weniger günstig, wenn er *Großvater* wäre). In diesen sieben Geschichten gibt es nicht eine Person, die mit dem »Leben fertig würde«, und in der eindringlichen Darstellung dieses Faktums liegt wohl der große Zauber dieser Prosa und ihre Rechtfertigung: wer wird schon mit dem Leben fertig! Wo ist dieses Ungeheuer, das wirklich erwachsen ist oder uns glaubhaft vorzuschwindeln wüßte, es sei erwachsen? Hier liegt wohl auch der Grund dafür, daß nur eine der Geschichten (von der noch gesprochen wird) eine Pointe hat, alle anderen laufen im Niemandsland aus, entfernen sich von der Mitte und sind im eigentlichen Sinne exzentrisch. Hier hat man keine Mitte verloren, man erreicht sie einfach nie oder weigert sich, in sie einzutreten. Traum und Spiel, Trotz und Grausamkeit, Zärtlichkeit, Phantasie und Trauer, alles ist vorhanden, nur eins nicht: jener krampfhaft fröhliche Alltag der Erwachsenenwelt, in der alles seinen Platz hat. Bei Capote ist alles verrückt, weil die Linse, durch die er blickt, beschlagen ist, feucht von den Tränen kindlicher Trauer oder kindlichen Zorns. Den Inhalt dieser Geschichten zu referieren wäre unmöglich, weil ihr Reiz weniger in der Handlung als in der Einzelheit liegt, ihr Zauber in der Sprache, die von Liselotte Faßbinder in ihrem ganzen Glanz übertragen worden ist. In einem späteren Werk, dem Roman *Die Grasharfe* (Suhrkamp Verlag), der zwei Jahre nach dieser Geschichtensammlung erschien, ließ Capote seine Kinder und alle jene, die sich als solche erklärten, aus der menschlichen Gesellschaft, jener berechnenden geschäftstüchtigen Sippschaft, ausbrechen, auf einen Baum fliehen, wo sie dem Gesang der Grasharfe lauschen, die »immer eine Geschichte erzählt«. In diesen Geschichten, die vereinzelt in Zeitschriften zu lesen waren, nun zum Glück gesammelt sind, finden die Kinder nicht jenen Kontakt, der sie in der *Grasharfe* zusammenschloß; sie sind einsam, laufen immer um jenes Zentrum herum, in das sie nie eindringen werden, jene fremde, ihnen unheimliche Welt, in der alles normal und geregelt ist, alles Namen hat: Dollar, Auto, Beruf, Pflicht, Verantwortung; und wenn die Diktion der Erwachsenen manchmal zitiert wird, ist sie banal-sentimental (»mein armer kleiner Junge, wir sind schrecklich einsam auf dieser Welt, ich weiß«).

Nur eine einzige Geschichte *Der silberne Krug* wäre als »short story« zu klassifizieren, als eine meisterhafte, fast klassische, mit

Spannung und Pointe: als eine Art Weihnachtslotterie und Kampfmittel gegen die Konkurrenz wird im Walhalla-Drugstore einer Kleinstadt ein mit Fünf- und Zehncentstücken vollgestopfter Weinkrug aufgestellt; jeder Kunde, der für fünfundzwanzig Cent kauft, bekommt einen Bon, auf dem er raten darf, wieviel Dollar der Krug enthält, und wer die richtige Zahl rät oder ihr am nächsten kommt, bekommt den Inhalt des Kruges geschenkt. Gewinner wird jener seltsame, etwas asoziale Junge Appleseed, dem eine Dame in Louisiana mal gesagt hat, er wäre mit einer Glückshaube auf die Welt gekommen; der Junge kommt täglich in den Laden, fünf Kilometer weit durch die Winterkälte, kauft nichts, starrt nur den Krug an, bekommt schließlich am vorletzten Tag vor Weihnachten von seinem älteren Bruder fünfundzwanzig Cent geschenkt, für die er einen Bon kauft – und es stellte sich heraus, daß der Junge auf den Cent genau den Inhalt des Kruges erraten hat.

Capotes Gestalten leben in einer Welt, die der der Amerikanerin Carson McCullers' wohl am ehesten vergleichbar wäre; von Carson McCullers liegen die Romane *Das Herz ist ein einsamer Jäger* und *Das Mädchen Frankie* vor, doch, ob es an der Zufälligkeit der Kritik, an der Gleichgültigkeit des Publikums gelegen haben mag: kaum jemand nahm Notiz von ihr, und doch hätte sie – wie Capote – ihren Platz verdient. Capote und die McCullers sind strenge Träumer, die nicht einer verbindlichen Wirklichkeit entfliehen, sondern eine eigene haben.

Brief an einen jungen Katholiken

Lieber Herr M.!

Als wir uns neulich bei Pfarrer U. kennenlernten, kamen Sie gerade von einem jener Einkehrtage, wie man sie für einrückende Rekruten veranstaltet. Man hatte Sie dort vor den moralischen Gefahren des Soldatenlebens gewarnt, und – wie es bei diesen Warnungen üblich ist – wurde Moral immer noch mit sexueller Moral identifiziert. Ich will mich nicht damit aufhalten, Ihnen auseinanderzulegen, welch ein immenser theologischer Irrtum in dieser Identifizierung liegt; er ist offenkundig genug; an dieser einseitigen Interpretation der Moral leidet der gesamte europäische Katholizismus seit ungefähr hundert Jahren.

Als ich in Ihrem Alter war, zwanzig, das war im Jahre 1938, ließ auch ich mich überreden, an einem Einkehrtag für einrückende Rekruten teilzunehmen. Auf der Einladung stand etwas von »geistigem Rüstzeug für den Dienst in der Wehrmacht«. Der Einkehrtag fand in einem jener Klöster statt, wie sie uns das ausgehende neunzehnte Jahrhundert geschenkt hat: gelber Backstein, neugotische, dunkle Flure, in denen eine trübselige Demut sauer geworden war. Das kleine Kloster beherbergte ein Internat für junge Mädchen, die dort in der Kunst unterrichtet wurden, einen »bürgerlichen Haushalt« zu führen. Sorgfältig hatte man die am wenigsten hübschen Mädchen ausgewählt, uns nach der heiligen Messe das Frühstück zu servieren; aber es gibt kaum achtzehnjährige Mädchen, die nicht hübsch wirken angesichts der trostlosen kirchlichen Architektur des ausgehenden neunzehnten Jahrhunderts.

Nach dem Frühstück gab es das geistige Rüstzeug. Zunächst sprach der Priester, der den Einkehrtag leitete, etwa eine halbe Stunde über den Hauptmann von Kapharnaum, auf dessen schwache Schultern man seit etwa einem Jahrhundert die theologische Rechtfertigung der allgemeinen Dienstpflicht zu laden pflegt. Nun, die Toten können sich nicht wehren, und der arme Hauptmann mußte für alles herhalten, was damals an landläufigen Phrasen verzapft wurde: Volk ohne Raum, bolschewistische Bedrohung, gerechte Verteidigung. Geben Sie immer acht, junger Freund, wenn die Theologen von gerechter Verteidigung sprechen. Das Wort ist so groß und so billig, daß es eigentlich verboten werden müßte. Die Enkel jener Männer, die 1914 gefallen sind, werden heute an Atomkanonen ausgebildet, und immer noch nicht, nach 44 Jahren noch nicht, sind sich die Historiker einig darüber, wer sich im Jahre 1914 nun im Stande der gerechten Verteidigung befand. Wer sollte sich da in einem solchen Begriff trösten können? Sollten Sie jedoch nach historischen Beispielen für gerechte Verteidigung suchen, so finden Sie deren einige in der jüngsten Vergangenheit: das bolschewistische Rußland befand sich im Jahre 1941, als die deutsche Wehrmacht dort einfiel, im Zustand der gerechten Verteidigung; Dänemark, Norwegen, Frankreich – nehmen Sie sich eine Europakarte vor und zählen Sie die Länder ab.

Der Priester, der den Einkehrtag leitete, konnte sich einiger soldatischen Erfahrung rühmen: er war im Weltkrieg Feldwebel gewesen und war einer der wenigen Träger des Pour le Mérite der Unteroffiziersklasse. Dem Vortrag über den Hauptmann von Kapharnaum – ach, dieser Hauptmannkomplex des deutschen Bürgers! – folgte eine praktische Unterweisung, die darin bestand, uns Ratschläge zu geben, wie wir bei der unvermeidlichen Teilnahme an Kompaniefesten und Kameradschaftsabenden der Trunkenheit entgehen könnten; sich vor Trunkenheit zu hüten war wichtig, weil nach Kompaniefesten und Kameradschaftsabenden immer der kollektive Bordellbesuch zu folgen pflegte; die Gefahren, vor denen wir gewarnt wurden, waren »sittliche«, was bedeuten sollte: sexuelle.

Um diese Zeit, im Sommer 1938, waren die meisten meiner Schulkameraden längst aus den verschiedenen katholischen Jugendgruppen in die HJ oder ins Jungvolk übergewechselt; ich begegnete ihnen manchmal, wenn sie an der Spitze ihrer Gruppen durch die Stadt marschierten; sie lächelten mir entschuldigend zu, wenn ihre Gruppe gerade sang: »Wenn das Judenblut vom Messer spritzt . . .«, ich erwiderte das entschuldigende Lächeln nicht. Ich weiß nicht, welche Gefahr sittlich die größere war, mit einhundert Zehnjährigen zu singen: »Wenn das Judenblut vom Messer spritzt . . .«, oder ein sexueller Fehltritt. Ich habe einiges an Widerwärtigkeiten während der Jahre bei der Wehrmacht erleben müssen, aber nicht ein einziges Mal habe ich erlebt, daß jemand zu einem sexuellen Fehltritt gezwungen wurde; nichts imponiert den Menschen im allgemeinen mehr als eine bestimmte Ansicht über bestimmte Dinge.

Der Priester riet uns, vor solchen Kompaniesaufereien tüchtig Fleisch zu essen, in viel Fett gebraten, oder rohes Hackfleisch, gute Mettwurst; wir sollten uns eine gute Unterlage besorgen, um Trunkenheit und die damit verbundenen sittlichen Gefahren zu meiden. Mir vergeht heute noch der Appetit, wenn ich mich der Einzelheiten dieser ekelhaften Kulinarik entsinne; im übrigen waren die Ratschläge nicht nur medizinisch falsch, sondern auch rein versorgungstechnisch von einer himmelschreienden Naivität: wie sollte ein armer Rekrut etwa des Jahres 1940 oder 1941 an Fleisch kommen, und zwar in solchen Quantitäten?
Es folgte dann – bedaure, aber die Dirnen spielten wirklich die Hauptrolle – eine weitere Warnung vor jenen gefährlichen Wesen; er selber hatte im ersten Weltkrieg als Bursche eines Hauptmanns (!!) hin und wieder eine solche Dame in das Quartier des Epaulettierten holen müssen; offenbar war es ihm nie in den Sinn gekommen, möglicherweise diesen Befehl zu verweigern (was sogar juristisch möglich gewesen wäre, aber ein deutscher Katholik verweigert wohl nicht den Befehl), und nun beschrieb er uns die Taktiken, mit denen er den Lockungen dieser Personen entgangen war. Er sprach offen, so wie man eben »unter Soldaten« spricht, und diese Offenheit war schon eklig genug.
Dann gab es gemeinsames Mittagessen, es folgte eine weitere Unterweisung, die darin bestand, uns zur Tapferkeit, zum Gehorsam zu ermahnen, nach der beliebten Auffassung: die Katholiken immer vorne, wir sind doch keine Schlappschwänze. Ach, junger Freund, zwei Himmelreiche, drei, für einen Priester, der einmal die Schwachen, die Feigen, die Plattfüßler, die körperlich Untüchtigen gegen diese Turnlehrertheologie verteidigen würde. Es kam noch einmal der Hauptmann von Kapharnaum an die Reihe, dann gab es Kaffee. Waren die Mädchen, die uns bedienten, wirklich hübscher geworden oder erschien es mir nur so nach achtstündiger Gefangenschaft in diesem Gebäude?
Wir wurden entlassen. Kein Wort über Hitler, kein Wort über Antisemitismus, über etwaige Konflikte zwischen Befehl und Gewissen. Wir hatten unser geistiges Rüstzeug weg und schlichen durch die düstere Vorstadt nach Hause.
Vier Jahre später war ich Dolmetscher bei einer Ortskommandantur in einem kleinen französischen Badeort, und eine meiner Aufgaben war die höchst ehrenvolle, morgens so gegen neun in das Bordell zu gehen und jene Gegenstände einzusammeln, die

von betrunkenen Unteroffizieren, Feldwebeln und Offizieren während der Nacht in diesen trostlosen Venusquartieren liegengelassen worden waren: Brieftaschen, Geldbörsen, Führerscheine, hin und wieder einmal war es auch eine Pistole oder ein Briefumschlag mit Fotos der liebenden Gattin und der geliebten Kinder. Wie trostlos waren diese kleinen Orte an der französischen Küste! Die Bevölkerung war zum größten Teil evakuiert, riesige Hotels verkamen, Sprengbrocken lagen am Strand, in den Spielkasinos fuhren die Ratten Karussell auf den Roulettetischen; der kleine Hafen war fast verödet, die Soldaten langweilten sich in den Bunkern und lauerten voller Spannung auf Brieftauben, die manchmal englandwärts flogen. Es war befohlen, diese Tauben abzuschießen, und wie glücklich waren die armen, vom Stumpfsinn Geplagten, wenn wirklich einmal eine Taube auftauchte; sofort knallte es aus allen Ecken wie beim Schützenfest; manchmal wurde sogar eine Taube abgeschossen; die Meldungen, die diese hübschen Tiere hätten nach England bringen sollen, die aber nun in aufgeregten Regimentsstäben dechiffriert wurden, lauteten fast immer gleich: die Moral der Truppe ist schlecht, die Truppe hat Hunger.

Durch dieses verödete Nest also schlich ich mit dem Karabiner auf dem Rücken und suchte aus der Liebeskaserne die Habseligkeiten der Venusjünger aller Dienstgrade zusammen; eine ältliche Dame mit verquollenem Gesicht stellte mir eine Tasse Kaffee hin, stieg uralte Treppen hinauf, und ich hörte oben die gereizten Stimmen der übernächtigten Mädchen. Die Bar, in der ich meistens wartete, meine Hände an der Kaffeetasse wärmend, war noch nicht aufgeräumt; das Aussehen eines viel frequentierten Ausschanks am frühen Morgen – muß ich es Ihnen beschreiben? Manchmal mußte ich lange warten, dann ging ich in die Küche, goß mir eine zweite Tasse Kaffee ein – dazu war ich ermächtigt, denn ich war mit Madame fast befreundet –, und wenn ich Glück hatte, erlebte ich noch die Ankunft der Reinigungsfrau, einer jungen Bäuerin aus einem Nachbardorf; ich erfreute mein Herz mit dem Anblick ihres vom Radfahren erhitzten Gesichts, ihrer kräftigen Beine, ihrer Brust, der hellgrauen Augen; ich half ihr, die Stühle auf die Tische stellen, die Aschenbecher leeren, holte ihr Wasser, und es stärkte meine angeknackste Moral, daß ich inmitten dieser absolut sinnlosen Existenz etwas so Positives tun konnte wie: Stühle stapeln, Aschenbecher säubern, Wasser holen, noch dazu für eine so hübsche junge Frau. Wenn Madame dann nach unten kam und mir die vermißten Gegenstände aushändigte, tranken wir drei gemeinsam Kaffee und unterhielten uns über den Unterschied zwischen praktizierenden und nicht praktizierenden Katholiken; Germaine, die junge Bäuerin, praktizierte wie ich, Madame nicht. Manchmal auch kamen zwei oder drei Mädchen herunter, die nicht mehr hatten einschlafen können, wir frühstückten zu vieren oder fünfen, und ich spielte später, während Germaine putzte und Madame ihre Kasse prüfte, beim langsam erkaltenden Kaffee eine Art Mensch-ärgere-dich-nicht mit den Mädchen, oder wir betrachteten kopfschüttelnd ein Familienfoto: Mein Gott, diese biedere Schulmeistersfrau mit dem hübschen Töchterchen im Arm, hatte sie sich auf der Veranda knipsen lassen, um dem Leutnantsgatten zu beweisen, welch eine schöne Bluse sie sich aus der französischen Seide hatte schneidern lassen?

Sittliche Gefahr? Sie bestand – aber sie bestand nicht in den Verlockungen jener Geschöpfe. Ich habe die Klienten dieser Häuser nie verachten können, weil es mir unmöglich ist, das, was man irrigerweise die körperliche Liebe nennt, zu verachten; sie ist die Substanz eines Sakraments, und ich zolle ihr Ehrfurcht, die ich auch dem ungeweihten Brot als der Substanz eines Sakraments zolle; die Spaltung der Liebe in die sogenannte körperliche und die andere ist angreifbar, vielleicht unzulässig; es gibt nie rein die körperliche, nie rein die andere; beide enthalten immer eine Beimischung der anderen, sei es auch nur eine winzige. Wir sind weder reine Geister noch reine Körper, und das ständig wechselnde Mischungsverhältnis von beidem – vielleicht beneiden uns die Engel darum. Einen Brief zu schreiben, das kann ein fast vollkommen sinnlicher Akt sein: Papier, Federhalter und die Hände, diese Instrumente subtiler und weniger subtiler Zärtlichkeit. Ich lernte manche Dirnen verachten, nicht ihres Berufes wegen, sondern so wie ich Priester verachte, die sich über die Inbrunst ihrer Gläubigen lustig machen. Wenn es wahr ist, was manche Theologen sagen, daß im Wein des Sakraments Bacchus und Dionys miterlöst worden sind, so müßte man daraus schließen dürfen, daß im Sakrament der Ehe Venus und Aphrodite erlöst werden müssen; dies aber würde eine weniger grobe, weniger verächtliche Behandlung der sogenannten körperlichen Liebe erfordern.

In der Verachtung der Klienten jenes Hauses waren sich Germaine, Madame und die Mädchen auf eine verhängnisvolle Weise einig; ihr Moralisieren wurde mir dann auch nach einer Stunde langweilig; ich verließ das Etablissement und suchte Trost im Wein, da ich vergebens auf eine Regung des Mitleids wartete.
Mitleid hatte ich mit dem jungen Pionieroffizier, der die Aufgabe hatte, an diesem Küstenstreifen einige Hotels und Kinderheime in die Luft zu sprengen, weil sie angeblich das Schußfeld im Falle einer Invasion beeinträchtigt hätten. Es geisterte da ein General umher, der auf den verschiedensten Kriegsschulen, in Kursen oder bei ähnlichen Weiterbildungsgelegenheiten außer dem Wort »Schußfeld« nicht sehr viel mitgekriegt zu haben schien. So purzelten also die Hotels, die Kinderheime, die Sanatorien, und die deutschen Soldaten bewiesen einen ameisenhaften Fleiß, indem sie in der Nacht vor der Sprengung die Häuser aller brauchbaren Gebrauchsgegenstände beraubten, Bettwäsche, Decken, Spielzeug, alles wurde in nächtlicher Heimlichkeit aus den verurteilten Häusern entfernt, den Postbestimmungen entsprechend in einzelne Teile zerlegt; Briefwaagen standen hoch im Kurs, und so manche fleißige Hausfrauenhand nähte wenige Tage später in einer Art Puzzle-Spiel die Beute am heimischen Herd wieder zusammen, in Pommern, im Rheinland, in Württemberg.
Werkzeug der Zerstörung sein, wie sinnlos; da hilft kein tragisches Bewußtsein mehr; sittliche Gefahr? Sie bestand in der fast vollkommenen Sinnlosigkeit dieser Existenz: monatelang, jahrelang den stumpfsinnigen Trott mitzutrotten; wie wohltuend war es da, für Germaine Stühle zu stapeln, Aschenbecher zu leeren, mit den übernächtigten Freudenmädchen, die sich wie Kinder freuten, Mensch-ärgere-dich-nicht zu spielen. Die sittliche Gefahr, der ein Soldat ausgesetzt ist, ist allerdings groß, aber die sexuelle Gefahr ist die geringste, glauben Sie es mir.
Wenn ich die Langeweile nicht mehr ertragen konnte, meldete ich mich krank, suchte mir eine Krankheit aus, die eine Fahrt nach Paris zum Spezialarzt notwendig machte; kaufte mir in Paris Léon Bloys Tagebücher und entzifferte mir auf einer Caféhausterrasse mit meinem Taschenlexikon den Text – bis ich im letzten der Tagebücher am heiligen Weihnachtsfest 1916 die Eintragung fand, die mit dem Satz anfängt: »Wir haben die Gans aus

der Bretagne erhalten . . .«, und einige Zeilen weiter: »Meine Genugtuung wäre größer, wenn ich die vollkommene Sicherheit hätte, daß in dem Augenblick, wo wir unser Weihnachtsmahl halten, ganz Deutschland vor Hunger krepieren würde.« Geschrieben 1916, am Weihnachtsfest, zu einer Zeit, wo meine Mutter mit fünf Kindern tatsächlich vom Hungertod nicht weit entfernt war, gelesen 1942, während in Köln meine Frau, meine Eltern, meine Geschwister täglich einige Male in Todesangst versetzt wurden; vielleicht sollte Bloys schrecklicher Fluch sich erfüllen, die Deutschen würden krepieren, nicht an Hunger, sondern in der Brisanz der Sprengbomben. Hätte ich an die deutsche Kollektivschuld geglaubt, ich wäre desertiert und hätte einen Weg in die Emigration gefunden; so spazierte ich durch Paris, empfand die deutsche Armee als ebenso fremd wie die französische Bevölkerung, deren Feindseligkeit mörderisch wirkte, weil sie kollektiv angewendet wurde; tröstete mich mit Wein, setzte mich manchmal für eine halbe Stunde in eine Kirche, ging ins Kino, dann in mein Hotelzimmer und schrieb einen langen Brief an meine Frau, bevor ich mich ins Bett legte, um grübelnd auf den Schlaf zu warten. Es fiel mir nicht leicht, Bloy preiszugeben, aber ich konnte seinen Haß nicht verzeihen, nicht verstehen, nicht vollziehen, den Haß eines alten Mannes, und so gab ich Bloy preis, in dieser Nacht, in diesem schäbigen Pariser Hotel, inmitten dieser feindseligen Stadt, in der mir die intelligenten deutschen Offiziersgesichter ebenso fremd waren wie der kühle Haß der Bevölkerung.

Sittliche Gefahren? Sie bestehen, lieber Freund, in der absoluten Verzweiflung, in der Erkenntnis der Sinnlosigkeit einer solchen Existenz. Es gibt Auswege: Bildung, Zynismus, Korruptheit. Der Bildungsweg: die jeweilige Situation als gegeben hinnehmen und sich an ihr geistig bereichern: Kathedralen besichtigen und Bilder, eine sublime Art von Globetrotter abgeben; dazu gehören Privilegien: ein gutes Kommando, einsichtsvolle Vorgesetzte, jene Art höchst gebildeter und (ohne Anführungsstriche) humaner Offiziere, die wissen, was einem gebildeten Menschen gebührt. Zynismus ist schon eine Stufe aufrichtiger: die Situation rücksichtslos genießen, sich von der Geschichte tragen lassen: aus dem Badezimmer im französischen Quartier in die mörderische Realität, wie sie der Krieg in Rußland hatte. Den Schmerz von sich abgleiten lassen, kein Leiden vollziehen und das Leiden

der anderen mit der Sachlichkeit eines Beerdigungsunternehmers betrachten, der schließlich kein Mörder ist. Korruptheit: sich am Krieg bereichern, wo immer sich eine Möglichkeit dazu bietet; man müßte einen Röntgenblick haben, um herauszufinden, wie viele Vermögen des blühenden Deutschland aus dieser Quelle stammen: ein Waggon voll Schweizer Uhren auf dem Bahnhof in Amiens; zwei Flakkanonen, die in Odessa verschwanden – oder jene fingierten Arbeiten, die ein Feldwebel jahrelang von fingierten Arbeitern tun ließ, wobei das einzig nicht Fiktive die Löhne waren; sie wurden ausbezahlt und zwischen dem Feldwebel und den französischen Bauunternehmern geteilt. Es gibt andere Auswege: Selbstmord. Der blasse kleine Unteroffizier mit den schief aufgenähten Fähnrichstreifen auf seinen Schulterklappen: ein Posten fand ihn morgens vor dem Bunker, genau an der Flutlinie lag er, die Pistole neben sich, vor sich die graue, unendliche Gleichgültigkeit des Ozeans. Was mag er gespürt haben, dieser blasse Studienassessor, der seinen Plautus auswendig konnte?
Lieber Herr M., lassen Sie sich nicht einreden, daß alles ganz harmlos sei, daß die sittlichen Gefahren nur von Freudenmädchen drohen. Die sittlichen Gefahren drohen anderswo und anderswie. Es ist üblich geworden, immer dann, wenn die Haltung der offiziellen katholischen Kirche in Deutschland während der Nazizeit angezweifelt wird, die Namen der Männer und Frauen zu zitieren, die in Konzentrationslagern und Gefängnissen gelitten haben und hingerichtet worden sind. Aber jene Männer, Prälat Lichtenberg, Pater Delp und die vielen anderen, sie handelten nicht auf kirchlichen Befehl, sondern ihre Instanz war eine andere, deren Namen auszusprechen heute schon verdächtig geworden ist: das Gewissen.
Sie erzählten mir, daß einer der Vorträge, den Sie gehört haben, von Major Sch. gehalten worden sei. Ich rate Ihnen, trauen Sie Major Sch. nicht. Er ist kein schlechter Mensch, er würde nie einen der Auswege wählen, die ich als möglich beschrieb: Bildung, Zynismus, Korruptheit, Selbstmord. Ich kenne Major Sch. seit mehr als zwanzig Jahren: er hat – wie so viele andere – mit seiner Jungengruppe: »Wenn das Judenblut vom Messer spritzt« gesungen, er lächelte mir entschuldigend zu, wenn ich ihm bei solcher Gelegenheit begegnete, und er war oppositionell, d. h., er sang mit seiner Gruppe in abgelegenen Parkecken Lieder, die verboten waren, zum Beispiel: »Jenseits des Tales standen ihre

Zelte . . .« So etwas galt damals als ein Akt außerordentlicher Tapferkeit; man muß dem jugendlichen Drang zur Opposition nur ein Ventil geben, verbotene Lieder, die man heimlich singen kann, auf daß das andere, das Wichtigere unwidersprochen geschehe: die Fußübung, der Geländedienst.
Major Sch. ist ein braver katholischer Mann, ohne Anführungsstriche, nur einige kleine Fehler hat er; sein Erinnerungsvermögen ist schwach, seine Intelligenz mäßig, das sind die Eigenschaften, die zum Opportunisten gehören, und nicht einmal sein Opportunismus ist schuldhaft; er ist einfach Opportunist, so wie jemand blaue Augen hat. Lassen Sie sich von der frischfröhlichen, unbekümmerten »Kritik«, die Ihnen bei Major Sch. so imponiert hat, nicht allzusehr beeinflussen; das ist wie das Singen jener verbotenen Lieder, die völlig harmlos waren. Major Sch. – ich habe inzwischen einen seiner Vorträge gehört – fängt immer mit einer Kritik der Bundeswehr an, bevor er um die jungen Leute, die ihm zuhören, wirbt; soviel Offenheit imponiert natürlich, sie wirkt sportlich; es würde mich enttäuschen, wenn Sie auf diesen Leim gingen. Ich habe Hunderte von Sch.s kennengelernt; von diesem Typ gibt es sogar eine gebildete Variante; ich spielte einmal eine Art Postillon d'amour für einen jungen Leutnant, der auf dreihundert Meter Entfernung nach katholischer Jugendbewegung aussah; ich mußte für ihn Rendezvous arrangieren und bei den ersten Rendezvous als Dolmetscher fungieren, und so hatte ich sein ganzes Bildungsgewäsch ins Französische zu übersetzen: das ging von Guardini bis Ernst Jünger, von Nietzsche bis Carossa, kreuz und quer und querfeldein, über Mauriac und Gide bis »Le Reich«: das war ein sauer verdientes Obergefreitengehalt, das ich abends in einer kleinen Kneipe, wo mir der Wirt sein kommunistisches Herz ausschüttete, vertrank. Ich maße mir nicht die moralische Überlegenheit an, hier an Major Sch. eine verspätete Entnazifizierung vorzunehmen; ich zähle nur Phänomene auf, und es steht mir nicht zu, über jene zu richten, die agierend den Weg des geringsten Widerstandes gingen und ihre Lippen zum »Wenn das Judenblut . . .« öffneten, während ich mich passiv verhielt und solches *nicht* tat; ich kann nicht dafür garantieren, daß ich die Konsequenzen, die mir nie abgefordert wurden, gezogen hätte; so bin ich, wie ich Ihnen hier schreibe, persönlich jeden Kredites bar, weiß nur den einen, fast mechanischen Kredit anzuführen, daß ich fünfzehn Jahre alt

war, als der Vatikanstaat als erster diplomatische Beziehungen mit Hitler aufnahm; daß ich achtundzwanzig Jahre alt war, als ich aus einem amerikanischen Gefangenenlager nach Hause kam.
Gewiß wundern Sie sich, daß ich Ihnen das alles schreibe und es Ihnen nicht an jenem Abend bei Pfarrer U. erzählte; das hat einen Grund, den ich Ihnen nicht verschweigen will: ich bringe es nicht mehr über mich, in Gegenwart von Pfarrer U. über Dinge zu sprechen, die mir ernst sind; ich kenne Pfarrer U. schon länger als zwanzig Jahre; damals sprachen wir über Bernanos und Bloy (wobei Pfarrer U. wie allen anderen deutschen Katholiken, von einigen Ausnahmen abgesehen, immer wieder bis heute der Irrtum unterläuft, Bernanos für einen linken Katholiken zu halten, womit sie nur beweisen, daß sie noch rechts von Bernanos stehen – aber das wäre eines besonderen Exkurses wert, wieviel verhängnisvolle Irrwege aus diesem Irrtum zu erklären sind). Damals schon erzählte Pfarrer U. die besten Witze übers Generalvikariat, und es imponiert natürlich einem jungen Mann, auf diese Weise zu den Eingeweihten und Privilegierten gezählt zu werden. Aber die Witze über das Generalvikariat (die sich übrigens in den letzten zwanzig Jahren wenig verändert haben), sind nur das, was für Major Sch. die verbotenen Lieder waren, was heute für ihn die Kritik ist; lassen Sie sich nur nicht täuschen; man weicht den Entscheidungen aus. Ich schätze Pfarrer U. auf eine bestimmte Weise: er ist witzig, amüsant, weiß gut über Literatur Bescheid, er bietet seinen Gästen einen ausgezeichneten Wein an, vorzügliche Zigarren, und ich weiß diese Dinge – als nebensächlich – durchaus zu schätzen; außerdem gehört es zu meinem Beruf, zu beobachten, und ich beobachte Pfarrer U. seit mehr als zwanzig Jahren; ich versuche, in meine Beobachtung etwas von der Verzweiflung zu legen, die der junge blasse Unteroffizier empfunden haben muß, als er sich im Anblick der grauen, unendlichen Gleichgültigkeit des Ozeans im Morgengrauen erschoß, ein wenig auch von der verzweifelten Korruptheit jenes intelligenten Feldwebels, der sich am Krieg bereicherte. Vieles weiß ich an Pfarrer U. zu schätzen, doch ein Gespräch mit ihm interessiert mich nicht; lieber spiele ich mit meinen Kindern Mensch-ärgere-dich-nicht.
Die deutschen Katholiken, die für mich in Pfarrer U. bis zu einem gewissen Grad repräsentiert sind, haben seit Jahrzehnten

kaum andere Sorgen gehabt als die Vervollkommnung der Liturgie und die Hebung des Geschmacks; das ist höchst lobenswert, doch frage ich mich, ob es als Alibi für eine oder zwei Generationen ausreicht. Es gehört zum guten Ton, fast möchte ich sagen zum Programm, über das jeweilige Generalvikariat zu schimpfen, über die Bischöfe, den Klerus (besonders Kleriker tun sich darin hervor), aber die geistige Haltung, die aus diesem Gebaren spricht, ist kaum ernster zu nehmen als die eines Obersekundaners, der sich beim Kommers über seinen Klassenlehrer lustig macht. Hinter diesen Kindereien verbirgt sich bei Pfarrer U. wie bei vielen anderen Katholiken eine tiefe Verzweiflung: Literatur, Bildung, Liturgie sind nur Mittel, ihren Gewissensqualen zu entfliehen; sie alle sind einsichtig und intelligent genug, um zu wissen, daß die Fast-Kongruenz von CDU und Kirche verhängnisvoll ist, weil sie den Tod der Theologie zur Folge haben kann; es ist doch einfach nur peinlich, nichts anderes als peinlich, wenn man Stellungnahmen von Theologen zu politischen Fragen liest; das ist stramm auf Bonn gezielt und man spürt hinter jedem Satz einen Eifer, der auf das Schulterklopfen wartet.
So können Sie, lieber Herr M., bei Pfarrer U. getrost etwaige Zweifel am Dogma von der leiblichen Himmelfahrt Mariens äußern; es wird Ihnen eine höchst subtile, gescheite und theologisch saubere Unterweisung zuteil werden; sollte es Ihnen jedoch einfallen, Zweifel am (unausgesprochenen) Dogma von der Unfehlbarkeit der CDU zu äußern, so wird Pfarrer U. auf eine nervöse Weise ungemütlich und unsubtil. Sie können auch getrost das Gespräch auf die Christus-Vision des Heiligen Vaters bringen; man wird Sie auf eine liebenswürdige Weise darüber aufklären, daß Sie nicht verpflichtet sind, daran zu glauben; aber sollten Sie Zweifel äußern an irgendeinem Satz des Heiligen Vaters, der eine Wiederbewaffnung Deutschlands rechtfertigen könnte, wird das Gespräch wiederum höchst ungemütlich. So werden Sie bei Pfarrer U. eine Reihe recht liebenswürdiger, gesellschaftlich komfortabler Jung- und Altliberaler kennenlernen, die sich auf dem Umweg über die CDU wieder »der Kirche genähert haben«. Natürlich halten diese Leute nichts von Mystik; sie gehen Ostern und Weihnachten (Pfingsten nicht, weil dann das Wetter meistens zu schön ist) in einen liturgisch tadellos vollzogenen Gottesdienst in einer architektonisch tadellos renovierten Kirche (mindestens 13. Jahrhundert muß es sein)

und kommen immer mehr zu der Überzeugung, daß »diese Sache doch gar nicht so schlecht sei«. Die Frage, ob jemand wirklich gläubig sei, wird zu einem gesellschaftlichen Faux-pas; die Frage, ob jemand mit seiner öffentlich verkündeten Meinung identifizierbar sei, wird zu einer kindlichen Torheit. Solche Fragen »stellt man einfach nicht«; das ist peinlich, wie wenn man Rotwein aufs weiße Tischtuch verschüttet. Wir leben im Lande der Opportunisten, und der jugendliche Drang zum Widerspruch – für den gibt es Kanäle.

Als die Frage der Wiederbewaffnung Deutschlands diskutiert wurde, gab der Bundesvorstand der deutschen katholischen Jugend eine Denkschrift heraus; in dieser Denkschrift hatte sich irgend jemand abgequält, eine Form für das Gebetbuch des zukünftigen deutschen Soldaten zu finden; die »nötige Strapazierfähigkeit und Gediegenheit« dieses Gebetbuchs sollte durch »gutes Dünndruckpapier und einen flexiblen Leineneinband erhöht werden«. Das sind genau die Sorgen der deutschen Katholiken. Jedes einzelne Wort dieses Satzes wäre fast eines eigenen Pamphletes wert: Strapazierfähigkeit, Gediegenheit, gutes Dünndruckpapier, flexibler Leineneinband. Ich habe in Rußland zu viele Menschen sterben sehen, auf den Kampfstätten, in den Lazaretten, und ich kann diesen Satz als nichts anderes empfinden als eine teuflische Blasphemie, deren Wurzel ich in der Geschmäcklerei der deutschen Katholiken suchen muß. Angesichts des Todes, den die Brüder und Schwestern, die nach Auschwitz verschleppten Nachbarn und Schulkameraden des Urhebers dieses Satzes erlitten haben, könnte nur ärztlich bescheinigter Schwachsinn mich bewegen, diesen Satz zu verzeihen, doch wäre dann der Bundesvorstand der deutschen katholischen Jugend immer noch dafür verantwortlich, daß er Schwachsinnigen die Abfassung einer Denkschrift zur Wehrfrage überläßt; zwei Millionen Mitglieder dieses Verbandes haben solches offenbar unwidersprochen hingenommen, und offenbar ist es keinem der Seelsorger klargeworden, welch ein teuflischer Wahnwitz sich hinter einem solchen Satz verbirgt; zur Turnlehrertheologie käme also die Buchherstellertheologie hinzu. Warten wir ab, ob nicht eines Tages Dentisten, Grafiker, Kunsthonighersteller für ein eigenes Gebetbuch plädieren.

Machen Sie sich keine Gedanken über Ihr Gebetbuch, lieber Herr M., und stimmen Sie nie in das Schimpfen und Witzeln übers Generalvikariat und den Episkopat ein; es ist Ihrer Intelligenz und Ihres Ernstes unwürdig; nehmen Sie Pfarrer U.s Weine, seine witzige Art, Konversation zu machen, seine gescheiten Literaturanalysen als das, was sie sind: als hübsches Beiwerk, aber um Gottes willen: nehmen Sie das alles nicht ernst und erwarten Sie sich keinerlei verbindliche Ratschläge für die sittlichen Gefahren, die Ihnen nicht erspart bleiben werden. Für mich, als ich in Ihrem Alter war, war es eine sittliche Gefahr hohen Grades, als der Vatikan als erster Staat mit Hitler einen Vertrag schloß; diese Anerkennung war weitaus folgenreicher als heute etwa die diplomatische Anerkennung Pankows durch Bonn wäre. Bald nach Abschluß dieses Vertrags zwischen dem Vatikan und Hitler galt es als schick, in SA-Uniform zur Kommunionbank zu gehen, als schick und modisch, aber es war nicht nur schick und modisch, sondern auch logisch, und wenn man nach der heiligen Messe dann zum Dienst ging, durfte man wohl getrost singen: »Wenn das Polenblut, das Russenblut, das Judenblut . . .«; dreißig Millionen Polen, Russen, Juden haben den Tod erlitten, lieber Herr M. Sittliche Gefahren? Es gibt deren unzählige, sobald man anfängt nachzudenken, und ich sah Ihrem Gesicht an, daß Sie sich das Nachdenken nicht ersparen werden. Flexible Leineneinbände werden Ihnen einen Dreck dabei nützen, und vielleicht wird das gute Dünndruckpapier Sie nur noch durch die Tatsache beglücken, daß es sich so gut zum Zigarettendrehen eignet: das wäre immerhin ein Nutzen, denn ich hoffe, Sie können die paar Gebete, die Ihnen Trost bringen werden, auswendig. Vertrauen Sie nur nicht diesem frischfröhlichen Draufgängertum, dem unbekümmert Jungenhaften, wie es Ihr zukünftiger höchster Vorgesetzter, der Verteidigungsminister, ausstrahlt, und falls die Theologen Ihnen von gerechter Verteidigung sprechen, werden Sie präzis und fragen: wann gab es einen Fall gerechter Verteidigung? oder: welches sind die Voraussetzungen für gerechte Verteidigung? Wer will je herausfinden, wo Verteidigung anfängt oder Angriff aufhört? Vielleicht werden Sie in einem eleganten Flugzeug mit Atombomben über Europa kreisen, und es wird sich jene Instanz melden, die beim Namen zu nennen schon verdächtig geworden ist: das Gewissen. Auch Gewissen ist ein großes Wort, ich weiß, und die Instanz, die dieses Wort bezeichnet, ist von unzähligen, unbenennbaren Einzelheiten abhängig, aber vergessen Sie nicht: es war die In-

stanz, der alle jene Männer gehorchten, die sich entschlossen, Hitler Widerstand zu leisten, und die wußten, welcher Preis ihnen abverlangt werden würde; und vergessen Sie nicht, wenn die vagen und törichten Begriffe »links« und »rechts« Sie zu verwirren drohen: diese Männer kamen von der äußersten Linken und von der äußersten Rechten; das sentimentale Gerede von der heimatlosen Linken ist eine besonders tückische Art der Heuchelei, es gibt eine heimatlose Rechte, die ebenso zwischen den Parteien liegt wie die Linke; deren Geist durch einige der Männer repräsentiert wird, die am 20. Juli den verzweifelten Versuch machten, Hitler zu ermorden. Auch dieses ganze Gerede von links und rechts ist nichts weiter als Ausweichen. Das Spiel zwischen links und rechts ist wie ein Fußballspiel, bei dem man die Tore mit Brettern zugenagelt hat; auch sind die Politiker geübt in dem hübschen Kinderspiel: »Bäumchen, Bäumchen, wechsel dich . . .«. Wer das Pech hat, nach dem Wechsel alle Bäume besetzt zu finden, wer nicht flink genug war, bedeckt sein Gesicht, läßt die Tränen rinnen und bezeichnet sich als heimatlos oder oppositionell. Die Politik ist hart geworden und die Theologie weich. Häresien gibt es keine mehr, die Theologen haben sich aufs politische Feld drängen lassen und spielen hilflos bei diesem Spiel mit vernagelten Toren mit. Adenauer ist katholisch, Strauß und einige andere sind es; was wollen wir mehr?
Tatsächlich: mehr scheinen wir nicht zu wollen. Da bleibt uns Zeit genug, dem deutschen Nationalsport zu huldigen: wir bauen, widmen uns weiterhin der Verfeinerung des Geschmacks, der Vollendung der Liturgie, und trösten uns an flexiblen Leineneinbänden. Wenn wir unter uns sind, wir intellektuellen Katholiken einschließlich der dazugehörenden Kleriker, dann witzeln wir übers Generalvikariat, lächeln über die Bischöfe; das sind unsere Pralinen, das ist das Konfekt der Eingeweihten, da darf man sogar getrost einen etwas schlüpfrigen Witz wagen, ohne sich sittlichen Gefahren auszusetzen; wir lächeln über die Predigten, die wir sonntags notgedrungen mit der heiligen Messe hören, wir sind sicher, daß sie uns nichts angehen, aber wen gehen sie eigentlich etwas an? Wovon leben die Leute, denen es nicht vergönnt ist, sich an jenem snobistischen Konfekt die Magenverstimmung zu holen, die eine der Voraussetzungen für Gespräche unter »intellektuellen Katholiken« zu sein scheint?
Halten Sie Abstinenz, lieber Herr M., naschen Sie nicht von all

diesen Pralinensorten, von der Kritik, den Witzen, dem Gespräch über Literatur. Bald werden Sie spüren, wie Ihr Magen knurrt; daß Sie nach Brot verlangen, nicht nach verwaschener Soziologie, verwaschener Politik, verwaschener Kulturkritik, wie man sie gemeinhin geboten bekommt; der Magen knurrt, und das Gehirn dürstet, dürstet bis zur Verzweiflung nach Klarheit und Entschiedenheit: was dem Menschen nottut, ist Verbindlichkeit, und Sie werden nur Unverbindliches zu hören bekommen. Wenn Sie gar einmal das zweifelhafte Glück haben, eine jener Predigten zu hören, wie sie von glänzenden Rhetorikern zurechtgeschneidert werden, diese Gestik, das fein ausgeklügelte Mienenspiel, Wortgehudel, Wortgesudel (alles vor dem Spiegel und auf Tonband viele Male ausprobiert, bevor es an Ihre Ohren dringt, Ihre Augen erreicht, bevor es bei Ihnen »ankommt«) – dann stellt sich bald ein anderes Gefühl ein: Brechreiz, das ist einfach zum Kotzen. Seien Sie froh über jeden Priester, dem hin und wieder noch ein Stammeln unterläuft. Der Mensch lebt nicht vom Brot allein, aber das andere, das Wort, wird ihm leider nur selten geboten, und doch verlangen erstaunlich viele Menschen nach diesem Wort, warten drauf, auf das Wort, das so einfach wie Brot ist, das am Anfang war und am Ende sein wird.

Tatsächlich, sittliche Gefahren drohen Ihnen, lieber Herr M., keine geringen; jene zu Unrecht verdächtige Instanz, die Gewissen heißt, wird sich melden; und es wird die schlimmste Plage aller Soldaten über Sie kommen, die unabhängig ist vom Stand der Bewaffnung: der Stumpfsinn, vor dem Sie gewiß niemand gewarnt hat. Nehmen Sie keine der dargebotenen Trost-Schablonen an: den technischen Reiz gewisser Waffen, körperliche Ertüchtigung, oder jene Art von Kameraderie, wie sie von Typen wie Major Sch. gepflegt wird: beim Bier ein Schulterklopfen, ein wenig bramarbasiert, mit dem Unterton: »Ist ja doch alles wurscht.« Meiden Sie den Gottesdienst, den der Divisionspfarrer abhält; schließlich gibt es für Zahnärzte auch keine Sondergottesdienste, und die beiden gutgewachsenen Ministranten in Heeresuniform sind nur ein kleines optisches Spectaculum, das Sie sich ersparen sollten; das Pathos, das in solcher Veranstaltung liegt, würde bei einem Turnverein lächerlich, bestenfalls rührend wirken; doch eine Armee ist kein Turnverein, sie hütet den schrecklichsten aller Horte, sie ist die Verwalterin des Todes von

Millionen Menschen. Wenn Sie nach Vorbildern suchen: es gibt deren unzählige; wählen Sie einen kleinen Judenjungen aus einem galizischen Dorf, einen Namenlosen, der vom Spielplatz weg in den Waggon gezerrt, an der Rampe in Birkenau von der Hand seiner Mutter gerissen und im Zustand vollkommener Unschuld getötet wurde. Oder falls Sie ein Vorbild suchen, das Aktion vollzog: wählen Sie den Grafen Schwerin von Schwanenfeld, der vor dem Volksgerichtshof, von Freisler angebrüllt, mit leiser, klarer Stimme sagte: »Ich dachte an die vielen Morde.« Ein Christ und Offizier, der verbündet war mit Männern, die ihm seiner Herkunft und seiner politischen Tradition nach so vollkommen entgegengesetzt waren: mit Marxisten und Gewerkschaftern; der Geist dieser Verbrüderung und des Bündnisses hat sich nicht erhalten, ist nicht in die Nachkriegspolitik eingegangen; wir könnten eine Tradition haben, diese, doch es scheint, als wäre es unmöglich, diesen Geist in die gegenwärtige Politik zu tragen: die Catcher beherrschen das Feld, die Primitiv-Taktiker, Männer ohne Erinnerungsvermögen, die Vitalen, Gesunden, die nicht »rückwärts blicken« und nicht jenem verpönten Laster frönen, das Nachdenken heißt, aber unter dem Namen Morbidität als eine Art Rauschgift für sogenannte Intellektuelle diffamiert wird; erhalten Sie sich getrost etwas von dieser Morbidität, räumen Sie ihr eine Provinz Ihres Bewußtseins ein und versuchen Sie, die Verzweiflung des kleinen Unteroffiziers zu begreifen, der die Geschichte nicht ertragen konnte.
Es wird bald in Deutschland viele Katholiken geben, die mit ihren Glaubensbrüdern und -schwestern nur noch ihren Glauben gemeinsam haben; ja, Sie haben recht gelesen, ich schrieb: *nur*; es gibt ja keine religiösen Auseinandersetzungen mehr, nur noch politische, und selbst religiöse Entscheidungen, wie die des Gewissens, werden zu politischen gestempelt: magere Jahre stehen bevor, denn die Theologen verweigern uns jenes andere, das Wort, von dem wir leben, und ob wir am nächsten Tag noch Brot haben werden, ist ohnehin fraglich. Wir werden gezwungen, von Politik zu leben – und das ist eine fragwürdige Kost, da gibt es, je nach den Erfordernissen der Taktik, an einem Tag Pralinen, am anderen eine Suppe aus Dörrgemüse: unser Brot müssen wir selber backen und das Wort uns selbst bereiten.
Ich grüße Sie herzlich.

Ihr Heinrich Böll

Das Brot, von dem wir leben

Sehr geehrter Herr Dr. Weymann-Weyhe,
gewiß darf ich die ersten Abschnitte Ihres Briefes, in denen Sie die Frage der Legitimität einer Äußerung wie der meinen aufwerfen, vereinfacht in die Frage verwandeln, die Sie mir möglicherweise aus Gründen des Taktes nicht stellen wollten, die Frage: Sind Sie nun katholisch oder nicht? Meine Antwort: Ich bin's, gedenke, es zu bleiben. Ich erziehe meine Kinder katholisch, gehöre – wie meine Frau – der katholischen Kirchengemeinde St. Vitalis in Köln-Müngersdorf an.
Die zweite, ebenso wichtige Frage, ob mein Brief der Kirche diene, wage ich zu bejahen. Mögen mir im Eifer Irrtümer unterlaufen, Vereinfachungen eingeströmt sein, so hoffe ich, daß diese durch Antworten wie die Ihre korrigiert werden. Es liegt mir nicht daran, recht zu behalten, es liegt mir daran, durch meinen Brief einige Fragen aufzuwerfen, möglicherweise zu deren Klärung beizutragen. Mehr kann ich zur Rechtfertigung meines *Briefes an einen jungen Katholiken* nicht sagen. Zu Ihren Einwürfen folgendes:

Aus dem Abschnitt, den Sie zitierten (»Es ist üblich geworden . . .« usf.), scheint mir eindeutig hervorzugehen, daß ich *nicht* behaupte, die offizielle Kirche berufe sich darauf, die von mir Genannten hätten auf ihren Befehl gehandelt. Vielleicht habe ich mich mißverständlich ausgedrückt, oder Sie haben mich falsch verstanden. Wenn die Kirche sich das Leiden und den Tod dieser Menschen als einen Gewinn zurechnet, so hat sie im mystischen Sinne gewiß recht, denn sie handelten als Christen, starben als solche. Doch für den politisch geschichtlichen Sektor wird das Berufen auf diesen Gewinn fragwürdig, wie wenn man die Zinsen eines Kredits genießt, den man selbst nicht bewilligt hat. Unzählige Katholiken haben im Krieg »nur ihre Pflicht getan«: sie haben mitgeholfen, Europa zu erobern, die eroberten Gebiete zu verwalten, die Völker zu unterdrücken, zu verschleppen, Wohnstätten zu zerstören; ich kann mir wohl einen genauen Katalog der Greuel sparen. Doch was verband diese Katholiken, zweifellos die größere Masse, mit denen, die Hitler Widerstand leisteten? Kann man aus dem Leiden der einen

Gruppe geistigen und moralischen Gewinn ziehen, ohne sich von der anderen zu distanzieren? Wenn es – wie Sie schreiben – »in diesen genauen Sinnzusammenhang kein Gewissen gibt, das sich gegen die Sache, d. h. gegen die Botschaft Christi und gegen die Kirche entscheiden könnte«, so ist damit doch offenbar die Frage *für* diejenigen entschieden, die Hitler Widerstand geleistet haben und gegen die frischfröhlichen Eroberer, wie sie etwa in *Mann in der Zeit*, einer Zeitung, die im Auftrage der deutschen Bischöfe herausgegeben wird, aus des Frontsoldaten Nähkörbchen erzählen. Zugespitzt würde meine Gegenfrage an Sie lauten: Wessen Gewissen war das christliche, oder, um die Frage per Komparativ noch spitzer zu machen, das christlichere: das Gewissen des Fliegerhelden Mölders oder das des Pater Delp? Beide waren erklärte Katholiken. Wenn diese spitze Frage nur dazu dienen könnte, klar zu machen, daß es jederzeit Katholiken gegeben hat, die *politisch* weit voneinander entfernt standen, so würde mir das genügen. Ich möchte ausdrücklich betonen, daß ich Mölders und Delp hier als Symbole erwähne, nicht als Personen, denn ich kann mir nicht anmaßen, über deren Gewissen zu befinden.

Wenn Sie sagen, daß die eheliche Vereinigung *wesentlich* zum Sakrament der Ehe gehöre, dann hinzufügen, daß sie Zeichen des »Sakraments« sei, so fürchte ich, Sie nicht zu verstehen. Das Sakrament der Ehe ist ohne die Vereinigung gar nicht denkbar, nicht vollzogen, existiert nicht; sie macht nicht *allein* die Ehe aus, aber *ohne* sie gibt es, wenn ich richtig belehrt worden bin, keine Ehe. Gott hat dem Adam die Eva erschaffen, auf daß er nicht allein sei, sich mehre, die Erde in Besitz nehme. Ist nicht durch die Erschaffung der Eva als einer Gefährtin des Mannes die Liebe als noch im Paradies beheimatet ausgewiesen; war sie nicht schon vor dem Sündenfall da, vor der Erlösungsfälligkeit des Menschen, ihm als eine natürliche Provinz übergeben, über die Statthalter zu sein ein großartiges Amt ist?
Die Vokabel »Substanz« habe ich im Sinne der philosophisch-theologischen Fachsprache wahrscheinlich nicht korrekt angewandt, vielleicht hätte ich sagen sollen: substantielle Voraussetzung, doch mag auch das innerhalb des wissenschaftlichen Sprachgebrauchs, in dem ich mich nicht auskenne, falsch sein. Sicher ist, daß ohne das Stück Brot, ohne den Wein die heilige

Messe, die heilige Kommunion, daß ohne die geschlechtliche Vereinigung die Ehe nicht möglich ist. Sollte es vulgär sein, aus diesem Grund jenen substantiellen Voraussetzungen, Gestalten, Zeichen Ehrfurcht zu zollen, so bekenne ich mich gerne zu dieser Vulgarität, zumal ich vulgär zu sein nicht für ein Negativum halte. Sollte es tatsächlich die vulgäre Ehe geben und die andere, die »feine«? Ich bitte Sie, meinen Respekt vor dem *Natürlichen* der Liebe so zu verstehen, und wenn ich meine Ehrfurcht davor betone, dann deshalb, weil ich sicher bin, daß jeder Liebesakt eine mystische Beimischung enthält, die paradiesischen Ursprungs ist. Jene Männer, die um die käufliche Liebe anstehen, haben mich immer an die Schlangen erinnert, die man in Zeiten der Hungersnot vor Bäckerläden sieht. Hunger. Not. Brot. Vielleicht können Ihnen diese Worte als Hinweis dienen für den vulgären Sinn, in dem ich mich auszudrücken versuche.

Ich verstehe nicht recht, daß sie die Frage, ob es eine nur körperliche Liebe geben könne, an die Anthropologie verweisen oder der Psychologie übergeben wollen. Diese Frage ist für das Verständnis der Ehe – und des Sakramentes der Ehe – von solcher Wichtigkeit, daß die Theologen sie nicht abgeben sollten.

Wenn ich behaupte, es würde uns das Wort, von dem wir leben, von den Theologen verweigert, so muß ich zunächst eine Definition des Wortes »Theologe«, wie ich es verstanden wissen wollte, vornehmen. Ich meinte nicht die *Fach*-Theologen, nicht die Wissenschaftler, für mich ist jeder ein Theologe, der ein priesterliches Amt bekleidet. Das Wort der Fachtheologen müßte ja durch den Mund des Theologen das *vulgus* erreichen. Ihr Hinweis auf die Schriften von Karl Rahner – es wären noch viele andere zu nennen, die ebenso schätzenswert sind – ist, verzeihen Sie, ein Hinweis für gebildete Katholiken, eben jene Gruppe, der meine Vorwürfe gelten; die Kostbarkeiten, die in solchen Schriften oft enthalten sind, dringen ja nicht über einen bestimmten Zirkel hinaus, dringen nicht bis zu jenem *vulgus,* zu dem ich mich zähle und dessen Kost ich esse; ich versuche, jene Abstinenz zu halten, die ich dem jungen Katholiken in meinem Brief empfahl; ich kaufe mir um einen Groschen die katholische Bildzeitung, um etwas mehr den *Mann in der Zeit,* kaufe mir hin und wieder eine der Broschüren, wie sie in den Zeitschriftenständen um ein geringes Geld zu haben sind, höre meine Sonntagspredigt, die Kirchen dabei wechselnd, und ich versichere Ihnen:

wenig von Rahner, wenig von Pieper zu finden. Es gibt Ausnahmen – hätte ich eine so banale Tatsache betonen müssen? Es gibt seltsame, überraschende Glücksfälle, meistens da, wo man sie am wenigsten erwartet, in irgendeiner abscheulichen Vorstadtkirche, wird manchmal das Wort gespendet.
Ich sehe nicht ein, wieso Religion zu einer Bildungsfrage werden soll, und – das ist weder Herrn Rahners noch Herrn Piepers Schuld – Rahner und Pieper zu kennen, *ist* eine Bildungsfrage. Da quälen sich junge Kleriker, die sich das Geld für Bücher buchstäblich vom Munde absparen, mit der törichten Frage herum: wie komme ich bei den Leuten an? Sie haben irgendeine Vorstellung von Masse, von der Masse dieser merkwürdig geduldigen Köpfe da unten, haben etwas von Psychologie und etwas von Soziologie gehört und versuchen verzweifelt, die Torheit des Evangeliums zu einer plausiblen Torheit zu machen. Der verzweifelte Versuch, mit den sogenannten modernen Massenbeeinflussungsmitteln Film, Rundfunk, Fernsehen konkurrieren zu wollen, in der Fülle der angebotenen Wörter und Bilder das Wort, das Bild zu finden, das »ankommt«? Ich fürchte, daß man den Massebegriff der Soziologen und Psychologen mit einer Unbedenklichkeit übernommen hat, die dem Hochmut gleichkommt.

Ihr Hinweis auf das Menschlich-Allzumenschliche tröstet mich bei dieser Betrachtung nicht. Dieser Trost ist zu banal. Wir wissen schließlich gut genug, daß wir Menschen sind, und auch die kommunistisch-atheistische Welt bedient sich, wenn sie Selbstkritik zelebriert, dieser banalen Tatsache, um nicht realisierte Drei-Vier-Fünfjahrespläne der Schwäche des menschlichen Charakters aufzubürden. Ich glaube, das verachtete *vulgus*, diese Masse geduldiger Köpfe dort unten, weiß menschliche Schwächen zu verzeihen. Das einzige Wort, das dort unten wirklich ankommt, ist das politische, ist die Wahlempfehlung, zu der die Kirche selbstverständlich ein Recht hat, – aber ist es nicht etwas wenig, wenn es *nur* das ist? Es mag wohl sein, daß es Fachtheologen gibt, die das Brot backen und das Wort bieten, das uns zur Nahrung dienen könnte, aber es ist dann wie jenes Brot, das man heute in Spezialläden als »garantiert naturrein« zu erhöhten Preisen kaufen kann. Der Normalverbraucher hat weder Zeit, diese Läden zu suchen, noch Geld, dieses Brot zu kau-

fen; er ißt Fabrikware, liest seinen *Mann in der Zeit,* die katholische Bildzeitung, hin und wieder eine Broschüre vom Zeitschriftenstand und hört seine Sonntagspredigt.
Wenn Sie zugeben, daß es Mißstände gibt, bedrohliche Tendenzen, und wenn Sie zugeben, daß dies gesagt werden darf und muß, aber nur um der Sache willen und nicht aus purem Ärger an ärgerlichen Begebenheiten, so will ich zugeben, daß mein Brief nicht ohne Ärger geschrieben ist, wenn auch nicht aus purem Ärger, und doch um der Sache willen.
Ich bin froh über Ihren Brief, nicht nur, weil Sie mich gezwungen haben, manches, was ungenau war, genauer auszudrücken, auch, weil er mir Gelegenheit gibt, einiges zu korrigieren, das Ihnen *nicht* Anlaß zur Kritik geworden ist. Wenn ich schrieb: »Die deutschen Katholiken haben seit Jahrzehnten kaum andere Sorgen gehabt als die Vervollkommnung der Liturgie und die Hebung des Geschmacks« – diesen Satz kann ich nicht aufrechterhalten; er enthält eine Beleidigung der Toten, eben jener, die ich nannte, vieler, die ich nicht nannte: Reinhold Schneider, Elisabeth Langgässer, und der Lebenden, die ich nicht alle nennen kann, die aber durchaus »andere Sorgen« gehabt haben: Gertrud von le Fort, Walter Dirks, andere, Theologen und Laien.
Schließlich Ihre Frage, ob das Brot, das ich biete, denn ausreiche. Ich glaube, ich habe mir nicht angemaßt, die Nahrung, die ich vermisse, zu bieten; doch wenn mein Brief nur ein Gramm Hefe enthielte, das zum Backen des Brotes, zum Bereiten des Wortes dienen könnte, so wäre er noch gerechtfertigt, denn ich bin durchaus der Meinung, daß jedes Wort, das über das Vorlesen des Evangeliums hinausgeht, *bereitet* werden muß, aus der Sprache, in der wir denken, sprechen und schreiben.

Ihr Heinrich Böll

Ein 47er wurde 50: Hans Werner Richter

Lieber Hans Werner Richter,
es wäre angemessener, den siebzehnten, vierunddreißigsten, einundfünfzigsten Geburtstag feierlich zu begehen, der vervielfachten Primzahl silberne oder goldene Kränze zu winden. Dreißig, vierzig, das klingt nach Dezimierung; fünfzig ist eine runde Zahl, zu rund. Man denkt an goldene Hochzeit. Die Braut wäre die Zeit, in die Du hineingeboren; sie ist – wie der Bräutigam – nicht mehr jung und noch nicht alt, Torheit wird nicht mehr geglaubt, Weisheit noch nicht erwartet, man erwartet Gesetztheit, die Windstille, die in der Mitte zu herrschen pflegt.
Nimm die Jahre geduldig hin; sie sind im Gewicht so verschieden voneinander; manche leicht wie Schneeflocken, andere schwer, und so rasch ist ein Jahrzehnt vollendet: zehn Jahre alt, als der erste Weltkrieg zu Ende ging, zwanzig, als der zweite sich ankündigte, dreißig, als er ausbrach, vierzig, als man die Buße für den zweiten für beendet erklärte, und nun, als runder Fünfziger, im Dauerfrost der kalten Kriege, beginnst Du wohl zu ahnen, daß Bücher und die, die sie schreiben, sich als Freunde erweisen, dauerhafter als das kärgliche Pathos organisierter Abkürzungen; daß permanente Improvisation besser zu binden vermag als proklamierte Programme. Auf Burg Berlepsch, in Laufenmühle, Niendorf, wurden Freundschaften gegründet, die dem branchenüblichen Neid, mißgünstigen Tischgesprächen und heuchlerischen Grabgesängen auf eine überraschende Weise widerstehen. Es bleibt ein Geheimnis, wie es Dir gelang, so verschiedenartige Talente, Charaktere und Stile zu binden: sogenannte Realisten und Surrealisten, Expressive und Unterkühlte, Wortgewaltige und Schüchterne. Ein bißchen von allem: Nervenarzt, Vater, Mutter, Dirigent und Diktator und eben jenes bißchen, dessen Namen ich nicht weiß. Wie kriegt man Schriftsteller dazu, sich wehrlos den analysierenden Kollegen zu stellen?
So besteht mein Geburtstagsstrauß aus den Namen der Orte, in denen Freundschaften geschlossen wurden: Berlin und Niendorf, Berlepsch und Cap Circeo, Mainz und Starnberg, Dürkheim und Bebenhausen. Ein paar Disteln dazu, als Gruß von denen, die – manche mit Recht – sich ungerecht behandelt fühlten.

Verriß ist nur dann erträglich, wenn man jene Freundschaft voraussetzen kann, die der Neuling nicht immer spürt.

Mögen die Disteln weder in die Ecke geworfen werden noch die Geburtstagsfeier verderben: sie gehören dazu. Die Blumen der Freunde werden den Anblick erträglich machen.

Nimm die Fünfzig geduldig hin; sie ist zu rund, als daß sie weh tun könnte, zu rund auch, um rechte Freude zu machen: Geheimnisse sind immer auf ungeraden Zahlen gegründet. Goldene Hochzeit mit der Zeit, blick der Braut ins Gesicht, fahre fort, ihre Chronik zu schreiben.

Sehr herzliche Grüße und Wünsche für Dich

Dein Heinrich Böll

Über mich selbst

Geboren bin ich in Köln, wo der Rhein, seiner mittelrheinischen Lieblichkeit überdrüssig, breit wird, in die totale Ebene hinein auf die Nebel der Nordsee zufließt; wo weltliche Macht nie so recht ernst genommen worden ist, geistliche Macht weniger ernst, als man gemeinhin in deutschen Landen glaubt; wo man Hitler mit Blumentöpfen bewarf, Göring öffentlich verlachte, den blutrünstigen Gecken, der es fertigbrachte, sich innerhalb einer Stunde in drei verschiedenen Uniformen zu präsentieren; ich stand, zusammen mit Tausenden Kölner Schulkindern Spalier, als er in der dritten Uniform, einer weißen, durch die Stadt fuhr; ich ahnte, daß der bürgerliche Unernst der Stadt gegen die neu heraufziehende Mechanik des Unheils nichts ausrichten würde; geboren in Köln, das seines gotischen Domes wegen berühmt ist, es aber mehr seiner romanischen Kirchen wegen sein müßte; das die älteste Judengemeinde Deutschlands beherbergte und sie preisgab; Bürgersinn und Humor richteten gegen das Unheil nichts aus, jener Humor, so berühmt wie der Dom, in seiner offiziellen Erscheinungsform schreckenerregend, auf der Straße manchmal von Größe und Weisheit.

Geboren in Köln, am 21. Dezember 1917, während mein Vater als Landsturmmann Brückenwache schob; im schlimmsten Hungerjahr des Weltkrieges wurde ihm das achte Kind geboren; zwei hatte er schon früh beerdigen müssen; während mein Vater den Krieg verfluchte und den kaiserlichen Narren, den er mir später als Denkmal zeigte. »Dort oben«, sagte er, »reitet er immer noch auf seinem Bronzegaul westwärts, während er doch schon so lange in Doorn Holz hackt«; immer noch reitet er auf seinem Bronzegaul westwärts. Meine väterlichen Vorfahren kamen vor Jahrhunderten von den Britischen Inseln, Katholiken, die der Staatsreligion Heinrichs VIII. die Emigration vorzogen. Sie waren Schiffszimmerleute, zogen von Holland herauf rheinaufwärts, lebten immer lieber in Städten als auf dem Land, wurden, so weit von der See entfernt, Tischler. Die Vorfahren mütterlicherseits waren Bauern und Bierbrauer; eine Generation war wohlhabend und tüchtig, dann brachte die nächste den Verschwender hervor, war die übernächste arm, brachte wieder den Tüchtigen hervor, bis sich im letzten Zweig, aus dem meine

Mutter stammte, alle Weltverachtung sammelte und der Name erlosch.

Meine erste Erinnerung: Hindenburgs heimkehrende Armee, grau, ordentlich, trostlos zog sie mit Pferden und Kanonen an unserem Fenster vorüber; vom Arm meiner Mutter aus blickte ich auf die Straße, wo die endlosen Kolonnen auf die Rheinbrükken zumarschierten; später: die Werkstatt meines Vaters: Holzgeruch, der Geruch von Leim, Schellack und Beize; der Anblick frischgehobelter Bretter, das Hinterhaus einer Mietskaserne, in der die Werkstatt lag; mehr Menschen, als in manchem Dorf leben, lebten dort, sangen, schimpften, hängten ihre Wäsche auf die Recks; noch später: die klangvollen germanischen Namen der Straßen, in denen ich spielte: Teutoburger-, Eburonen-, Veledastraße, und die Erinnerung an Umzüge, wie mein Vater sie liebte, Möbelwagen, biertrinkende Packer, das Kopfschütteln meiner Mutter, die ihren Herd liebte, auf dem sie das Kaffeewasser immer kurz vor dem Siedepunkt zu halten verstand. Nie wohnten wir weit vom Rhein entfernt, spielten auf Flößen, in alten Festungsgräben, in Parks, deren Gärtner streikten; Erinnerung an das erste Geld, das ich in die Hand bekam, es war ein Schein, der eine Ziffer trug, die Rockefellers Konto Ehre gemacht hätte: 1 Billion Mark; ich bekam eine Zuckerstange dafür; mein Vater holte die Lohngelder für seine Gehilfen in einem Leiterwagen von der Bank; wenige Jahre später waren die Pfennige der stabilisierten Mark schon knapp, Schulkameraden bettelten mich in der Pause um ein Stück Brot an; ihre Väter waren arbeitslos; Unruhen, Streiks, rote Fahnen, wenn ich durch die am dichtesten besiedelten Viertel Kölns mit dem Fahrrad in die Schule fuhr; wieder einige Jahre später waren die Arbeitslosen untergebracht, sie wurden Polizisten, Soldaten, Henker, Rüstungsarbeiter – der Rest zog in die Konzentrationslager; die Statistik stimmte, die Reichsmark floß in Strömen; bezahlt wurden die Rechnungen später, von uns, als wir, inzwischen unversehens Männer geworden, das Unheil zu entziffern versuchten und die Formel nicht fanden; die Summe des Leidens war zu groß für die wenigen, die eindeutig als schuldig zu erkennen waren; es blieb ein Rest, der bis heute nicht verteilt ist.

Schreiben wollte ich immer, versuchte es schon früh, fand aber die Worte erst später.

Assisi

Die Landschaft zwischen Perugia und Foligno hat die beiden Merkmale, die den Süden für Nordländer so sehr zum Gegenstand der Sehnsucht machen, weil sie im Norden so selten vereint auftreten: Fleiß und Würde strömt diese Landschaft aus mit ihrem ständig zwischen Silbern und Grün wechselnden Laub der Ölbäume, dem dunklen Grün der Weinstöcke, den gelben Städten auf den Apenninenhängen. Die Pole der Landschaft sind Perugia, stolz und streng, hoch auf dem Berg, und Foligno, heiter, ein Markt in der Ebene. Überraschend ist dieses Vertrauen auf die Ebene dort, wo so viele, fast alle Städte dieser Landschaft »auf dem Berg« liegen. Traumhaft unwirklich, diese gelben Steingebilde auf nahen und fernen Hügeln, etwa Trevi oder Montefalco. Wer denkt nicht an die biblische Prophezeiung: »Du, Bethlehem, bist keineswegs die geringste unter den Städten Judäas.« Selbst wer völlig plan- und ahnungslos durch Umbrien führe, würde vielleicht durch die Verkehrsschilder aufmerksam auf »Assisi«. Ein schmaler Arm führt links oder rechts ab, während die Straße mit Vorfahrt auf Perugia oder Foligno zu weiterführt. Assisi? Der Name klingt so biblisch, wie die Landschaft wirkt: mit Fleiß ist sie bestellt und doch würdig. Wie eine Gestalt aus der Bibel auch war der, der dem Namen »Assisi« Dauer verliehen hat.

Es fällt nicht schwer, sich diese große Ebene vor Assisi voller Pilger vorzustellen, die von Foligno, von Perugia her gekommen sind: die Ritter zu Pferde, die Bauern auf ihren Wagen, die Armen zu Fuß oder, schon franziskanisch, die Fußkranken zu Pferde und auf Wagen und Arme, Bauern, Ritter gemeinsam zu Fuß. Das Wunder war geschehen: ein Mensch lebte, sprach, handelte wie ein Christ, und Assisi hieß sein Nazareth – oder sein Jerusalem. Oder sollte Assisi das zweite Rom werden? Nur ein paar Funken persönlichen Ehrgeizes, nur ein bißchen Sinn für »politische Realität«, und dieser kleine Kaufmannssohn aus Assisi hätte die Christenheit gespalten wie kein zweiter vor und nach ihm. Nur ein kleiner Hauch von Demagogie: sie wären für ihn »durchs Feuer gegangen«, sie hätten Rom, Mailand, Florenz für ihn in Brand gesteckt; unter dem Banner der Besitzlosigkeit hätten sie die Welt in Besitz genommen. Aber Franz brachte nach dem ersten Wunder – daß er Franz war – das zweite zustande: die Armut zu predigen, ohne der Urvater eines pauperistischen Europa zu werden. Es fällt nicht schwer, sich unter diesen Pilgern, die die umbrische Ebene füllten, unter Franzens ersten Brüdern diejenigen zu denken, die ausgeführt hätten, was er nur hätte anzudeuten brauchen: einen Außenminister, einen Stabschef, einen Finanzminister, der – »politische Realität« – spielend das Geld aufgebracht hätte, dem Pauperismus zum Sieg zu verhelfen, und Assisi wäre vielleicht geworden, was später Byzanz wurde: Hauptstadt des großen Schismas, mit Perugia und Foligno als Vorstädten. Der kleine Kaufmannssohn hatte Europa in der Hand wie einen Ball: er warf ihn nach Rom zurück. Er hatte das Feuer erst dann entfacht, als er sich die Erlaubnis geholt hatte, es zu entfachen. Der berühmte Traum des Papstes, der die Laterankirche von einem Bettler gestützt sah, dem es am folgenden Morgen – wieder ein Wunder! – gelang, eine Audienz zu bekommen, dieser Traum ist wahr, auch wenn er erfunden ist: der Kleine aus Assisi, der die wankende Kirche stützte, hätte seine schmale Schulter wegziehen können. Es ist für nichtrömische Christen wohl unverständlich, daß er nie gegen Rom war; daß er den Befehl »Geh und stelle mein Haus wieder her« nicht bildlich, sondern wörtlich nahm und die nächstbeste verfallene Kirche: Santa Maria di Josaphat, im Volksmund Santa Maria degli Angeli genannt, seine spätere Porziuncula aufzubauen begann – ohne gleichzeitig daran zu denken, daß es vielleicht angebracht wäre, mit der Spitzhacke an den Lateranpalast zu gehen. Franz nahm alles wörtlich und meinte alles wörtlich. Das Geheimnis des Heiligen ist undenkbar ohne Rom: man muß nicht nur Papst sein, man muß ein Papst sein, der von der wankenden Kirche träumt – und es muß einen für verrückt gehaltenen Bettler geben, dem das Wunder gelingt, durch Tore hindurch und an Hofschranzen vorbei einfach dem Papst vor die Füße zu fallen wie eine Schwalbe, die durchs Fenster geflogen ist.

Mit Franz gegen Rom wäre Assisi eine gewaltige Stadt geworden, in die alle Mächte ihre Interessenvertreter geschickt hätten, und gewiß wäre das Zentrum die Rocca Maggiore geworden, die Burg, in der ein Knabe reiten, fechten und Latein lernte, der sich bald Friedrich II. nennen sollte; daß er einen Teil seiner Jugend auf der Burg von Assisi verbrachte, ist sicher; nicht undenkbar ist es, daß dieser Knabe auf die Ebene hinunterblickte, die Pilger heranziehen sah, die Zurüstung für die alljährlichen Ordenskapitel beobachtete und kopfschüttelnd darüber nachdachte, welch ein Heer sie ergeben würden, die Tausende von Brüdern, die da unten an der Straße Perugia-Foligno im Freien kampierten, um eine winzige Kirche herum, die den merkwürdigen Namen Porziuncula trug: »kleine Portion Erde«; dort hausten sie »wie Zugvögel in ihren Nestern«.

Aber Assisi lebt heute nicht von der Erinnerung an Macht und Größe, es ist keine verfallene Metropole, sondern eine unversehrte Stadt mittlerer Größe, die mit erstaunlicher Würde die Bestimmung überstanden hat, seit siebenhundert Jahren Pilgerstadt zu sein. An einigen Verkehrsmittelpunkten wird der Verkehr von Ampelsystemen reguliert, die jeder Kreuzung in der Nähe des Piccadilly oder der Place de la Concorde angemessen wären: ein kompliziertes Rot-Gelb-Grün-Spiel, das an diesem Oktobernachmittag zum reinen l'art pour l'art wird; nur ein Junge mit einer Melone unter dem Arm und eine Nonne mit ihrem Fahrrad werden von diesem abstrakten Spielzeug auf eine Weise reguliert, die sie souverän ignorieren. Ist Rot nicht eigentlich Grün? Ich frage mich, ob sie auch bei Grün so souverän die Straße überqueren würden oder ob sie auf Rot gewartet hätten, um hinüberzuwechseln. Jedenfalls: Hier brauchen an diesem Abend keine Pilgeromnibusse angehalten, keine Prozessionen gewarnt zu werden. Das große Fest des heiligen Franz ist längst vorüber, kühl sind schon die Nachmittage, und an den Hoteleingängen blicken die Portiers freudig überrascht auf, wenn der Schatten eines Fremden über die Schwelle fällt. Freundliche Stille herrscht in den Straßen, ganz Assisi fühlt sich unter sich, das große Geschäft ist gemacht, das kleine, das sich noch bietet, wird nicht verachtet. Segnete Franz nicht von seinem Sterbebett an der Porziuncula aus die Stadt mit den Worten: »Gott segne dich, heilige Stadt, damit durch dich viele Seelen gerettet werden, viele Diener Gottes in dir Obdach finden und viele von dir in das Reich Gottes eingehen werden«? Ich habe die vielverbreitete Abneigung gegen Wallfahrts- und Pilgerorte nie teilen können: auch ich will ja irgendwo einen Kaffee trinken, schlafen, frühstücken, einen Stadtplan kaufen, will umhergehen und besichtigen, den Staub der Straßen von Gesicht und Füßen waschen, und ich wage nicht, festzustellen, wer von den Händlern und Pilgern in Franzens Sinne ein »Diener Gottes« ist, wer nicht. Noch hat das letzte Gericht nicht stattgefunden, noch dreht sich die Erde, stehen die Sterne nicht still, noch kann die Pilgerin, die mir fromm erscheint, fallen, die andere, die blasierte, zur demütigen Klarissin werden. Alle Läden sind vollgepackt, aufgeräumt, erleuchtet – und menschenleer; sie bieten Kitschiges und Geschmackvolles in einer Quantität an, die auch im Herbst und Winter auf Überraschungen gefaßt zu sein scheint; wer weiß schon genau, ob und wann noch ein Riesenpilgerschwarm ankommt, der es eilig hat, aber nicht so eilig, daß es unmöglich wäre, ein Souvenir zu kaufen? Geduldig bieten Läden und Stände in den Dämmer hinein ihr hölzernes, tuchenes, irdenes und hürnenes Sortiment an Rosenkränzen, Halstüchern, Keramiken und Statuetten an. Versuche ich mir vorzustellen, alles Feilgebotene entspräche meinem Geschmack, so gruselt mir. Niemand kann einen Cimabue oder Giotto kaufen, und so wirkt alles, was von hier mitgenommen wird, doch nur mehr oder weniger geschmacklos. Vielleicht stimmt die Tatsache versöhnlich, daß auch die vielen Läden an diesem Oktoberabend einer L'art-pour-l'art-Devise zu huldigen scheinen. Wenn es eine Kirmes ist, dann eine verlassene, deren besondere Liebenswürdigkeit darin besteht, kein melancholisches Gesicht zu zeigen. Franz würde sich nicht daran ärgern – ärgern nur, wenn er wüßte, daß der Rummel ihm gilt und nicht IHM, den er wörtlich nahm.

Erstaunlich genug scheint es, daß dieser kleine Ort, der wie so viele italienische Städte »auf dem Berge liegt«, daß dieses Jerusalem sich so viel Würde erhalten hat. Alles, was Franziskus selber tat und fand, was er sagte und sang, war unnachahmlich; alles, was nach ihm in seinem Namen geschah, war notwendigerweise kleiner als er; die kleine Portion Erde, diese Handvoll Staub, die Giovanni Bernardone hieß, hat mit ihrem Kosenamen Francesco die Jahrhunderte überdauert und dieser kleinen Stadt auf dem Berg, die Assisi heißt, den Rang eines Jerusalem verliehen. Seiner Porziuncula, dieser kleinen Portion Erde, die er brauchte, um zu beten, zu schlafen, zu predigen – hat man einen gewaltigen Dom übergestülpt, die Basilika Santa Maria degli Angeli, in der seine Portiunculakapelle verloren wirkt wie ein Fingerhut in einem Fünfhundertliterfaß; ein kostbarer Fingerhut, diese kleine Kapelle, die auf eine geheimnisvolle Weise an byzantinische

Frömmigkeit erinnert, mit ihren ikonenartigen Bildern – gewalttätig und rührend zugleich ist der darüber erbaute Dom. Drei Kirchen und ein gewaltiges Kloster, das sehr »trutzig« wirkt, sind über sein Grab gebaut. Deutlich ist zu spüren, wenn man von der Ebene, von der Porziuncula aus, nach Assisi auf San Francesco blickt, daß hier eine Art »Konkurrenz« im Gange ist; so deutlich zu spüren, wie es auf den Gesichtern der Brüder zu sehen ist: daß die Zwiespältigkeit des Ordens zwar nach außen, »organisatorisch« sozusagen, nicht zugegeben, daß sie aber doch vorhanden ist; ein Zwiespalt, der ausbrach, sobald Franz seine Augen geschlossen hatte: sterbend ließ er sich aus der Stadt, aus dem Bischofspalast hinunter in die Ebene, zu seiner Porziuncula bringen, wo nicht einmal eine Zelle seinen Namen tragen sollte; vier Jahre nach seinem Tode mußte er, schon heiliggesprochen, unter militärischer Begleitung aus der Kirche San Giorgio nach San Francesco überführt werden, das nicht dem Orden, sondern der Kirche gehörte. Zwischen zwei Reihen von Bewaffneten zog die Prozession dahin. Die Kirche hielt den Ball, den er ihr zurückgeworfen hatte, mit beiden Händen fest. Franz war unproblematisch gewesen; die ungeheuer große Zahl seiner Brüder (vierzig Jahre nach seinem Tod waren es schon 200 000) blieb nicht unproblematisch; zwei Jahre nach der Heiligsprechung erklärte Papst Gregor IX. Franzens Testament, in dem er den Brüdern absolute Armut empfahl, für ungültig – und bald brauchten die Fratres Minores nicht mehr um Audienzen beim Papst zu bitten: der Orden selbst stellte Päpste –, und es folgte ein jahrhundertelanger Streit, der sich innerhalb und außerhalb des Ordens fortsetzte; die »Vermählung mit der Frau Armut«, diese öffentliche Trauung, die am 24. 2. 1209 auf der Piazza del Vescovado in Assisi stattgefunden hatte, schien doch nicht reine Poesie gewesen zu sein.
Die beiden riesigen Kirchen – die eine dreistöckig wie schützend über der Handvoll Staub erbaut, die Francesco hieß – die andere über seiner kleinen Portion Erde, verdeutlichen die Hilflosigkeit der Nachwelt, seinen Geist zu bewahren. Nur den Malern, Cimabue, Giotto und den frühen unbekannten Meistern, dem Maestro di San Francesco, dem Maestro delle Vele, ist es gelungen, diese Einheit aus Geist und Herz zu bilden, mit einer Innigkeit, die, ein bißchen weniger innig, nur noch geschmackvoll wäre. Diese Malerei ist so selbstverständlich, wie es für Franz selbstverständlich war, zum Feuer »Bruder Feuer« zu sagen.

Niemand braucht, um ihn zu verstehen, nach Assisi zu fahren und dort seine Stationen abzuschreiten: von Rivotorto, wo er zuerst unterschlüpfte, bis er von einem Bauern vertrieben wurde, um einem Esel Platz zu machen; zur Porziuncula, wo er Nester für seine Zugvögel baute; zur Piazza del Vescovado, wo er sich vor dem Bischofspalast öffentlich mit der Armut vermählte; nach San Damiano, wo er den Sonnengesang dichtete, und hinaus zu den Carceri, wo er meditierte.
Assisi hat viele Gesichter: ein umbrisches, römisches, kaiserliches, mittelalterliches und modernes; den Minervatempel und das Forum, die Espressobar und das Kino, aus dem wildes Indianergeheul in die abendliche Straße hinausschallt, laut genug, daß die jungen Nonnen, die in der Kapelle der ewigen Anbetung ihr Abendgebet halten, neugierig die Ohren spitzen, sich sogar kichernd hinter dem Rücken der Novizenmeisterin mit den Ellenbogen anstoßen – laut genug, daß ein Mönch, der gegenüber in der Bibliothek arbeitet, das Fenster aufreißt, empört und bereit, sich temperamentvoll zu beschweren; aber die Indianer heulen schon nicht mehr, und das Cowboylied, das jetzt ertönt, scheint den Mönch nicht zu stören. Außerhalb Italiens erschiene dies wohl nur »neckisch«, hier ist es Natur geworden – wie die Stationen des heiligen Franz rings um die Stadt: Rivotorto, der Fingerhut Porziuncula, San Damiano und die Carceri: nach siebenhundert Jahren Pilgertum noch nicht verschlissen, noch immer von seinem Geist.
Es gibt einige Möglichkeiten, Assisi unter irgendeinem *Nur* interessant und einer Reise wert zu finden, *nur kunsthistorisch:* sogar aufs Ästhetische reduziert, bleiben die franziskanischen Maler noch große Meister; *nur ethnologisch:* da werden die blonden Locken der heiligen Klara Zeugnis für die Anwesenheit der Goten Totilas, der Langobarden oder der Gefolgsleute des Lehnsherrn von Assisi, der Konrad von Lützen hieß; *nur soziologisch:* dann erscheint Franz als eine Art Halbstarker, ein Vorgänger der Vitteloni, der seiner Gesellschaftsklasse überdrüssig wurde und einer Art (sehr liebenswürdigen) religiösen Wahns verfiel; die heilige Klara schließlich ist – *nur psychologisch* betrachtet – ganz ein Fall von jugendlicher Überspanntheit; *nur historisch* betrachtet, ist dieser kleine Ort bedeutungsvoll: hier wurde eine Revolution verpaßt, eine Reformation versäumt: alle diese *Nur* enthalten ein Körnchen Wahrheit bis zu einem Hun-

dertstel des Ganzen; auch die Ölbäume in der Ebene vor Assisi gehören dazu, das Licht bei Sonnenauf- und -untergang, das lärmig Kommerzielle in der Sakristei von San Francesco, wo der Sonnengesang vom Tonband abläuft – und auch das sind alles nur Körnchen, insgesamt kein Hundertstel: von diesem Geheimnis, das Franz von Assisi heißt.

Stadt der alten Gesichter

Köln ist für mich die Stadt der alten Gesichter, Gesichter von Menschen, die mir nie vorgestellt wurden und deren Namen ich auf dem Grabstein nicht wiedererkennen würde. Die Wirklichkeit dieser Gesichter schwände dahin, wenn sie für mich »Herr Schmitz« und »Fräulein Reinartz« würden. Die Heftigkeit meiner Erinnerung ist abhängig von ihrer Anonymität. Mit manchen von ihnen habe ich Worte gewechselt, aber nie mehr als »Umsteigen, bitte. Danke«, oder »Zwei Bananen, bitte. Danke«; mit den meisten habe ich nie ein Wort gewechselt, und gerade deshalb sind sie für mich Köln.

Bis heute weiß ich nicht, ob der gepflegte Herr, den ich noch als braunhaarig in Erinnerung habe, grauhaarig und weißhaarig werden sah, Gerichtsvollzieher oder Kassierer fürs E-Werk ist. Er trägt immer eine kleine, schwarze Ledertasche unterm Arm – sie ist halb so groß wie ein Schulranzen –, und ich werde nie erfahren, ob sie Pfändungsbefehle oder Stromrechnungen enthält, oder Schriftsätze und Briefabschriften, wie sie Leute mit sich herumtragen, die ein Leben lang gegen das Unrecht ankämpfen. In wechselnden Abständen, oft sind es vier oder fünf Jahre, sehe ich den Herrn zu verschiedenen Tageszeiten in verschiedenen Stadtvierteln, immer sieht er aus, als wäre er zu einem bestimmten Ziel unterwegs, und doch muß ich fürchten, daß er sein Ziel nie erreicht. Zweimal innerhalb von fünfundzwanzig Jahren sah ich ihn in einem Café, beide Male trank er Tee, aß einen Berliner, den er sorgfältig zerteilte. Wenn ich ihn wiedersehe, wird Köln für mich wirklich.

Meine Verwandten und Bekannten sind für mich nicht so sehr Köln wie diese alten Gesichter, die keinen Namen haben. Verwandte, Freunde und Bekannte haben Namen, man weiß, wohin sie in Urlaub fahren, womit sie ihr Geld verdienen, welche Bücher sie lesen, kennt ihre politische Meinung, und doch machen nicht sie das »zu Hause« aus. Meine Frau ist auch in einem Eifeldorf meine Frau, und meine Kinder bleiben meine Kinder, wenn ich in einem Londoner Kino zwischen ihnen sitze. Man kann wegziehen und seine Familie mitnehmen, die Freunde würden einen besuchen, Briefe schreiben, man würde neue Freunde finden, neue Bekannte, Fräulein H., Herr K. Angenehm – – aber

»zu Hause«, da sind die Namenlosen, die man oft jahrzehntelang nicht sieht und doch immer wiedererkennt. An ihren Gesichtern lese ich den Ablauf der Zeit deutlicher ab als vom Kalender und von den Gesichtern derer, die mit mir älter werden.

Diese alten Gesichter gehören zu Straßenbahnern und Straßenhändlern, Zeitungsverkäufern und Polizisten und zu jenen müßigen Damen, wie man sie zwischen neun und halb ein Uhr morgens und nachmittags zwischen drei und sechs in den Cafés antreffen kann; es sind die Gesichter von Ladeninhabern, bei denen man, wie es sich gerade beim Bummel durch die Stadt ergibt, vielleicht alle drei Jahre einmal Zigaretten kauft oder alle fünf Jahre eine Uhr zur Reparatur abgibt; Kellner und Kellnerinnen zählen nicht: sie wissen zuviel von einem und man weiß zuviel von ihnen; sie wissen schon, welche Zeitungen man liest, was man ißt und trinkt, mit wem man sich trifft, wissen es schon nach vier oder fünf Besuchen im selben Lokal; sie sind fast schon Bekannte, bald weiß man, ob sie Wohnungssorgen haben oder nicht, Schulnöte werden offenbart, Lebensweisheiten ausgetauscht; zuviel, mit einem »alten Gesicht« spricht man überhaupt nicht oder nur in einem streng begrenzten Vokabular. »Umsteigen. Geradeaus. Danke. Bitte.« »Zwei Bananen. Danke. Bitte.« Kaum mehr als es Responsorien in den Litaneien gibt: »Erbarme dich unser, erhöre uns, höre uns.«

»Zwei Bananen, bitte«, sagte ich im Jahr 1929 zu einem fünfzehnjährigen Mädchen auf dem kleinen Platz vor St. Severin; die blühende Frische einer eben Schulentlassenen, die sorglos das Wechselgeld aus der grünen Stahlkassette nahm; dasselbe an derselben Stelle zur selben Person gesagt im Jahr 1959; erschreckend die rauhe, fast schon runzelige Hand der Frau mittleren Alters, die bekümmert in die grüne Stahlkassette blickte. Nirgendwo deutlicher werde ich lesen, wie lange dreißig Jahre währen.

Der Eismann am Perlengraben schrieb unsere Schulden mit dikkem Zimmermannsbleistift an die getünchte Wand seiner Bude; ein Strich bedeutete fünf Pfennige, ein Dreieck einen Groschen, ein Viereck fünfzehn Pfennig; Kerbholz und Latte lebten in dieser Buchführung fort; wenn die Schulden beglichen wurden, wischte er mit feuchtem Daumen die geometrischen Figuren aus, und an anderer Stelle der beschmierten Wand wurde bald ein neues Konto eröffnet; zwanzig Jahre später: das Gesicht des Eismanns hinter der Theke eines großen Cafés; tadelloser An-

zug, graue Krawatte mit silberner Perle, glattes Gesicht über Berge von Pralinen und Torten gebietend, und als hätte er die Pointe für mich reserviert, sagte er gerade zu seiner Verkäuferin: »Ich gehe rasch zum Maniküren.« Als hätte er nie andere Sorgen gehabt als die Politur seiner Fingernägel; und malte doch mit so bekümmertem Gesicht seine Kreditgeometrie an die blaugetünchte Wand, wischte nach Ostern die aus, die sitzengeblieben waren, die Schule gewechselt und ihn draufgesetzt hatten; »Tiebler«, drei Striche, zwei Dreiecke, ein Viereck. »Fünfzig Pfennig im Eimer«, sagte vor zwanzig Jahren die Stimme, die jetzt sagte: »Ich gehe rasch zum Maniküren.«
Nichts wäre verhängnisvoller als in solchen Augenblicken »Erinnerungen austauschen« zu wollen. Per Distanz hütet man die Erinnerungen der anderen besser, als wenn man zuließe, daß sie ins Vokabularium der Sentimentalität gehoben und getötet würden: »Wissen Sie noch, damals am Perlengraben vor zwanzig Jahren«, der feuchte Daumen, Buchführung an der blaugetünchten Wand, Kindergewimmel am Perlengraben, wo nach dem Krieg fünfzehn Jahre lang eine fast pompejanische Stille herrschte. Alles wäre ausgelöscht, würde man sich auf das »Wissen Sie noch« einlassen; man muß auch die Erinnerungen der Städte und Stätten hüten; Fehltritte solcher Art machen die Treffen von Schulkameraden, die Saufabende jeglicher »Schicksalsgemeinschaft« zu so traurigen Veranstaltungen. Die Erinnerung an eine Handbewegung, an einen Laut, einen Geruch enthält mehr als das stundenlange Bramarbasieren. Erinnerung an eine Stimme, die an einem kühlen Montagmorgen, als wir zur Turnhalle gingen, in die Spitzengasse hinunterrief: »Ich schlag dich kapott«, grüner Morgenrock, schwarzes Haar, weiße Haut, noch ungewaschen; die Frau war wohl fünfundzwanzig und hübsch, ist noch heute hübsch, noch mit siebenundvierzig, sitzt hinter der Kinokasse und sagt: »Macht einsachtzig, zwanzig Pfennige zurück. Macht zweifünfzig, fünfzig Pfennige zurück. Loge ausverkauft.« Und rief vor zweiundzwanzig Jahren nur den einen Satz: »Ich schlag dich kapott.«
Sehen und schweigen, hören und wissen: Er trug die rote Fahne, trug sie mit fanatischem Gesicht der marschierenden Kolonne voran, in den engen Gassen das Echo wilder Lieder; Eulengarten, Schnurgasse, Ankerstraße; mißtrauische Arbeitslose am Straßenrand köpften vorsichtig ihre Zigaretten, während er in

den grauen Novemberhimmel hineinschrie: »Wir wählen Thälmann« – Asketenhände, die den Bannerstiel umklammerten, Asketengesicht, blickte gen Himmel, schrie: »Wir wählen Thälmann.« Gesicht, das sich vorgestern pedantisch über meinen Paß beugte, ihn prüfte, Hände, die den Paß zurückschoben, mir Geld auf die Banktheke zählten, gerechte Hände; mir unvergessen, was er vielleicht längst vergaß.

Ich könnte die alten Gesichter nicht zählen oder gar aufzählen, manche verschwinden, ohne daß ich es bemerke, andere reihen sich ein: Fünfundzwanzigjährige, die einmal sechs- oder zehnjährige Kinder waren, bummelten mit dem Schulranzen auf dem Rücken oder mit Einkaufstaschen in der Hand an irgendeinem Fenster irgendeiner unserer Wohnungen vorüber: am Karolingerring oder in der Maternusstraße; führen jetzt irgendwo in Parks oder in Ladenstraßen ihre eigenen sechs- oder zehnjährigen Kinder an der Hand spazieren; alte Gesichter und neue, die einmal alte sein werden.

Es gibt prominente darunter, Zeitungsverkäufer, aus deren Mund ich per Schlagzeile die ganze Geschichte der letzten dreißig Jahre hörte: Brüning zum Kanzler ernannt; Papen zum Kanzler ernannt, Schleicher zum Kanzler ernannt, Hitler zum Kanzler ernannt; Röhmputsch niedergeschlagen; Sieg im Westen; Absatzbewegungen im Osten; erster Großangriff auf Köln; die neueste Verordnung der Militärregierung; die Zuteilungen in der einhundertvierzigsten Zuteilungsperiode; Adenauer, der Sohn unserer Stadt, wird Bundeskanzler; gereizte Stimmung in Bonn; Adenauer und Erhard versöhnt.

Unmenschlich die immer gleiche Begeisterung dieser Stimme, die die *Kölnische Zeitung* und die *Vossische* anpries, den *Stürmer* und den *Völkischen Beobachter*, die *Welt* und die *Abendpost*, die neuen Karnevalsschlager, die den Sputnik verkündete und Chruschtschows Besuch in den USA – welche Zeitung wird dieses alte Gesicht wohl in zehn Jahren anpreisen? Unsterblich erscheint es mir, fast schon ein Denkmal, das der Zeit trotzt, wie die müßigen Damen in den Cafés, die in Mode und Kosmetik immer *up to date* sind, sich nur zögernd vom verführerischen zum mütterlichen Lächeln entschließen, plötzlich bereit sind, älter zu werden und sich mit der Ausbildung des Nachwuchses zu beschäftigen; Töchter und die Töchter von Freundinnen werden in die hohe Kunst eingeführt, müßig zu sein; ich weiß nichts von ihnen, weiß nicht, ob sie Söhne verloren oder Freunde verraten haben; sie sind nur »alte Gesichter« – nicht Freunde und Bekannte, auf deren Güte und Fehltritte man heftig reagiert.

Sie alle sind für mich Köln; zu Hause bin ich da, wo jeweils meine Familie sein mag, wo ich die Bekannten kenne; Köln liegt da, wo ich die Unbekannten kenne, liegt am Rhein, hat Kirchen und Brücken und viel Geschichte, römische Legionäre kratzten diese Geschichte in Ziegel, mittelalterliche Baumeister bauten die romanischen Kirchen, die viel kölnischer sind als der Dom, der ein wenig fremd, für Fremde, so nahe am Bahnhof und viel zu nahe an den großen Hotels liegt; zu leicht kann man sich einbilden, Köln zu kennen, wenn man aus einem Hotelfenster auf den Dom blickt, Köln liegt für mich am Perlengraben und auf dem Platz vor Sankt Severin, es ist die Stadt der Unbekannten, die ich kenne.

Zur Verteidigung der Waschküchen

Ein Kritiker klopfte mir nach Erscheinen eines meiner Bücher lobend auf die Schulter, indem er feststellte, daß ich nun das Armeleutemilieu verlassen habe, meine Bücher von Waschküchengeruch frei und der sozialen Anklage bar seien. Dieses Lob wurde mir gespendet zu einer Zeit, da eben bekannt zu werden begann, daß zwei Drittel der Menschheit hungern, daß in Brasilien Kinder sterben, die niemals erfahren haben, wie Milch schmeckt; geschah in einer Welt, die nach Ausbeutung stinkt; in der Armut weder Station zum Klassenkampf noch mystische Heimat mehr ist, nur noch eine Art Aussatz, vor dem man sich zu hüten hat und den zum Gegenstand seiner Arbeiten zu wählen einem Autor angekreidet werden kann, ohne daß man sich die Mühe machen muß festzustellen, ob eine Kongruenz von Form und Inhalt hergestellt sei.
Mich persönlich betrifft der Vorwurf kaum, bedeutsamer finde ich die geistige Unklarheit, die aus einem solchen Vokabularium spricht, denn wenn eine »Waschküche« kein der Literatur würdiger Ort ist – wo sind die der Literatur würdigen Orte, wo muß Literatur, wie man so hübsch unklar zu sagen pflegt, angesiedelt sein? Siedle, wer da siedeln mag, mit Hilfe einer Bausparkasse, unter Ausnutzung aller Steuervorteile.
Das Gespenst, vor dem solche Geistigkeit Angst hat, trägt einen häßlichen Namen, es heißt: Kleinbürger. Was besagt diese Vokabel noch in einer Zeit, da die Könige sich kleinbürgerlicher geben, als unsere Großväter es je taten; da Marschälle ihre Krawatte so binden, daß sie dem Mann auf der Straße gefällt; jedermann, auch der schärfste Nonkonformist, ängstlich auf sein Publikum lauert; was hat die Waschküche bloß so Empörendes, wenn pensionierte Generale Publicity Manager bei Großwäschereien werden?
Merkwürdigerweise entsinne ich mich nicht, jemals in einer meiner Geschichten oder in einem Roman eine Waschküche beschrieben oder auch nur erwähnt zu haben; fast fühle ich mich verpflichtet, in einem nächsten Buch eine zu erwähnen; vielleicht schreibe ich einen Waschküchenroman, aber ich lasse ihn dann in China oder im Vorderen Orient spielen. Allerdings könnte ich mich dann nicht der Einzelheiten bedienen, wie ich sie aus den

Erzählungen meiner Frau kenne. Meine Frau weiß nämlich zu berichten, daß in dem kleinen Städtchen, aus dem ihre Großmutter stammte – zufällig stammte auch meine Großmutter aus diesem Städtchen, und so könnte ich alles recht penetrant beschreiben –, der Waschtag ein besonderer Festtag war. Zur Zeit unserer Großmütter wurde in jenem Städtchen – es heißt Düren – der Waschtag noch als Fest gefeiert. In der Zeit hochgefüllter Leinenschränke wusch man nur einmal im Monat, wusch ganze Berge, fuhr dann zu den Rurwiesen, wo die Wäsche gebleicht wurde, während man von Kutschen Bierfässer, Schinken, Brote, kleine Butterfäßchen ablud; zu den waschenden Maiden gesellten sich die zur Untätigkeit neigenden Halbstarken jener Zeit; es wurde getanzt, getrunken, gespielt – am Abend lud man die gebleichte Wäsche, die geleerten Fässer und Körbe wieder auf die Kutschen und fuhr nach Hause. Das Wäschewaschen war eine fröhliche Angelegenheit, und es tut mir leid, daß ich mir diese Episoden bisher entgehen ließ.

Natürlich wusch auch meine Mutter Wäsche (welch ein erniedrigender Zustand!); sie wusch in der Waschküche, meistens am Montagmorgen. In der ganzen weiten Welt flattern am späten Montagvormittag Hemden und Leintücher, Taschentücher und die Unaussprechlichen auf den Wäscheleinen, und dieser Anblick hat mich nie deprimiert, vielmehr getröstet, kündet er doch von der unermüdlichen Energie der Menschheit, sich des Schmutzes zu entledigen; und die Rheinkähne, wie ich sie von meiner Kindheit bis heute kenne, schleppen immer eine Wäschefahne rheinauf, rheinab. Ich habe nichts gegen Wäschewaschen und nichts gegen Waschküchen, sie werden nur – im Zeitalter der Waschmaschinen – immer seltener und werden vielleicht eines Tages in Heimatmuseen zu besichtigen sein: Waschküche, kleinbürgerlich, Anfang 20. Jahrhundert.

Ich könnte mir vorstellen, daß sich in einer Waschküche ein Drama abspielte; wo doch so viele Dramen in Schlössern spielen, Dramen, deren Dialog in einem vier Stunden währenden Austausch von Banalitäten besteht. Leichten Herzens verteidige ich die Waschküche, die ich nie beschrieben habe. Wenn ich meiner Mutter Anmachholz und Briketts in ihre Waschküche brachte und mich vergeblich – wie später unzählige Male ebenso vergeblich als angeschnauzter Sklave bei der Wehrmacht – als Ofenanzünder versuchte, habe ich nicht die schlechtesten Weisheiten erfahren und nicht wenig erzählt bekommen; wieviel Ochsen man schlachtete, wenn Kirmes gefeiert wurde; wie man aus den Kneipen das Geld am Samstagabend schürzenvoll in die Wohnstube trug; wie gewisse Leute nach Köln fuhren, mit dem D-Zug am Morgen, um dort – so nannte man es – die *Kölnische Zeitung* zu lesen, und wie einer meiner Altvorderen sich dem Trunke ergab, konsequent, bis er – ich habe es selbst gesehen! – sein letztes Hemd um ein paar Gläser Bier in Zahlung gab.

Was das Armeleutemilieu betrifft, so frage ich mich schon lange, welche anderen Milieus es noch gibt: das Feineleutemilieu, das Kleineleutemilieu (nach dem Motto: arm, aber brav), das Großeleutemilieu; das Großeleutemilieu ist mir durch die Geschicklichkeit moderner Reklame erspart: Die Großen der Welt tragen Rolex-Uhren. Was habe ich da noch mitzuteilen? Die kleinen Leute? Ich bin größenblind, so wie man farbenblind ist, ich bin milieublind und versuche, Vorurteilslosigkeit zu üben, die gar oft mit Urteilslosigkeit verwechselt wird. Größe ist eine Vokabel, die nicht vom sozialen Ort abhängt, so wie Schmerz und Freude unabhängig vom Sozialen sind; auch in Waschküchen werden stundenlang Banalitäten ausgetauscht, und vielleicht gibt es unter den Großen der Welt tatsächlich Große; geben wir ihnen eine Chance. Dostojewskis Romane haben zum Teil verflucht unangenehme Titel: Arme Leute und Erniedrigte und Beleidigte, und sieht man sich das Milieu an, in dem sich ein gewisser Rodion Raskolnikow bewegt oder gar ein Fürst mit dem Namen Myschkin – so ist das tatsächlich empörend; man hätte ihnen allen Rolex-Uhren schenken sollen, auf daß sie sich wahrhaft groß fühlen, und man hätte Dostojewski mitteilen sollen, er möge sich endlich in feinere Kreise begeben; man sollte ihm posthum die Frage stellen, ob auch zu seiner Zeit mehr als zwei Drittel der Menschheit hungerten.

Es gab eine Zeit, in der alles, was nicht adlig war, überhaupt nicht als literaturfähig galt; daß man einen Kaufmann als der Feder eines Dichters für würdig befand, galt als eine Revolution, war eine; dann kamen jene Verbrecher, die sogar den Arbeiter literaturfähig machten, kunstfähig; inzwischen gibt es Kunsttheorien, die alles, was *nicht* arbeitende Klasse ist, für literaturunwürdig erklären. Sollte sich in unserer gesegneten Gesellschaft eine Gegentheorie dazu bilden? Das wäre interessant, aufschlußreich und einer ausführlichen Analyse würdig.

Die Sprache als Hort der Freiheit

Rede, gehalten anläßlich der Entgegennahme des Eduard-von-der-Heydt-Preises der Stadt Wuppertal am 24. 1. 1959

Die Ehrung, die mir heute durch die Stadt Wuppertal zuteil wird, zitiert den freudig Betroffenen vor die einzige Instanz, die entscheiden könnte, ob die Ehre angemessen sei: das Gewissen. Nun fürchten Sie bitte nicht, daß ich hier Selbstentäußerung treiben werde: vielleicht bin ich dazu nicht mehr jung und noch nicht alt genug, und es wäre mir peinlich, für bescheiden gehalten zu werden: ich bin es nicht. Wie jeden Menschen erfreut mich Anerkennung nicht nur, sondern bestärkt mich, und wenn ich sage, daß eine solche Ehrung nur relativ verdient sein kann, so muß ich hinzufügen: sie wäre es in jedem Falle, muß es sein, da es in der Natur der Kunst liegt, immer im Stadium des Experiments zu bleiben. Gewiß, man lernt einiges, lernt es als Schriftsteller letztlich nur an sich und bei sich selbst, aber gerade diese Gewißheit, »etwas gelernt zu haben«, verstärkt den Eindruck, den jeder Künstler bestätigen könnte: Man lernt nur das Handwerk, kommt sich sozusagen auf die eigenen Schliche, verdient sich möglicherweise etwas wie den Meistertitel. Und doch weiß jeder Künstler, daß man niemals, wissend, daß man es schaffe, ein Meisterwerk schafft. Nichts wäre so geeignet, uns zu erklären, was Kunst ist, wie die mißlungenen Werke derer, die den Meistertitel trugen oder tragen. Es geht immer um Haaresbreite, und wir wissen, wie gering nur die Breite eines Haares ist, eine schmale Basis, und doch ist eine solche Ehrung, wie sie mir heute zuteil wird, auf solch schmaler Basis errichtet, soweit sie meine Kunst betrifft. Wer mit Worten Umgang pflegt, auf eine leidenschaftliche Weise, wie ich es von mir bekennen möchte, wird, je länger er diesen Umgang pflegt, immer nachdenklicher, weil nichts ihn vor der Erkenntnis rettet, welch gespaltene Wesen Worte in unserer Welt sind. Kaum ausgesprochen oder hingeschrieben, verwandeln sie sich und laden dem, der sie aussprach oder schrieb, eine Verantwortung auf, deren volle Last er nur selten tragen kann: wer das Wort *Brot* hinschreibt oder ausspricht, weiß nicht, was er damit angerichtet, Kriege sind um dieses Wortes willen geführt worden, Morde geschehen, es trägt eine gewaltige Erbschaft auf sich, und wer es hinschreibt, sollte wissen, welche Erbschaft es trägt und welcher Verwandlungen es fähig ist. Würden wir uns, dieser Erbschaft, die auf jedem Wort ruht, bewußt, unsere Wörterbücher vornehmen, diesen Katalog unseres Reichtums studieren, wir würden entdecken, daß hinter jedem Wort eine Welt steht, und wer mit Worten umgeht, wie es jeder tut, der eine Zeitungsnachricht verfaßt oder eine Gedichtzeile zu Papier bringt, sollte wissen, daß er Welten in Bewegung setzt, gespaltene Wesen losläßt: was den einen trösten mag, kann den anderen zu Tode verletzen.

Es ist kein Zufall, daß immer da, wo der Geist als eine Gefahr angesehen wird, als erstes die Bücher verboten, die Zeitungen und Zeitschriften, Rundfunkmeldungen einer strengen Zensur ausgeliefert werden; zwischen zwei Zeilen, auf dieser winzigen weißen Schußlinie des Druckers, kann man Dynamit genug anhäufen, um Welten in die Luft zu sprengen. In allen Staaten, in denen Terror herrscht, ist das Wort fast noch mehr gefürchtet als bewaffneter Widerstand, und oft ist das letzte die Folge des ersten. Die Sprache kann der letzte Hort der Freiheit sein. Wir wissen, daß ein Gespräch, daß ein heimlich weitergereichtes Gedicht kostbarer werden kann als Brot, nach dem in allen Revolutionen die Aufständischen geschrien haben.

So wird Ihnen vielleicht verständlich, daß ich hier, als freier Bürger von dieser freien Stadt geehrt als einer, der mit Worten umgeht, eine Instanz zitierte, die mit Kunst anscheinend nichts zu tun hat: das Gewissen, nicht das künstlerische Gewissen, das im stillen Kämmerlein jeder Künstler jeden Tag zu konsultieren hat, ob er sich nicht durch jenen nur haarbreiten Abgrund von seiner Kunst getrennt hat, sondern das Gewissen des Menschen als gesellschaftlichen Wesens. Worte wirken, wir wissen es, haben es am eigenen Leib erfahren, Worte können Krieg vorbereiten, ihn herbeiführen, nicht immer sind es Worte, die Frieden stiften. Das Wort, dem gewissenlosen Demagogen ausgeliefert, dem puren Taktiker, dem Opportunisten, es kann zur Todesursache für Millionen werden, die meinungsbildenden Maschinen können es ausspucken wie ein Maschinengewehr seine Geschosse: vierhundert, sechshundert, achthundert in der Minute; eine beliebig zu klassifizierende Gruppe von Mitbürgern kann durch Worte dem Verderben ausgeliefert werden. Ich brauche nur ein Wort zu nennen: Jude. Es kann morgen ein anderes sein: das Wort Atheist oder das Wort Christ oder das Wort Kommunist, das Wort

Konformist und Nonkonformist. Der Spruch: Wenn Worte töten könnten, ist längst aus dem Irrealis in den Indikativ geholt worden: Worte können töten, und es ist einzig und allein eine Gewissensfrage, ob man die Sprache in Bereiche entgleiten läßt, wo sie mörderisch wird. Manche Worte aus unserem politischen Vokabularium sind mit einem Bann belegt, der wie ein Fluch auf unseren frei und fröhlich heranwachsenden Kindern liegt; ich nenne zwei dieser Worte: Oder-Neiße, eine Wortverbindung, die, einem Demagogen ausgeliefert, den meinungsbildenden Maschinen anheimgegeben, eine schlimmere Wirkung haben könnte als viele Lastzüge Nitroglyzerin.

Es mag Ihnen merkwürdig erscheinen, daß einer, der sich als leidenschaftlicher Liebhaber der Sprache bekannt hat, hier eine Rede hält, die nur düstere politische Prognosen zu enthalten scheint, aus Vergangenheit und Gegenwart Worte auswählt, die tödlich gewirkt haben oder tödlich wirken können, die Zukunft aus Worten beschwört; aber der politische Akzent solcher Beschwörungen und Erinnerungen, das Mahnende und Drohende, kommt aus dem Wissen, daß Politik mit Worten gemacht wird, daß es Worte sind, die den Menschen zum Gegenstand der Politik machen und ihn Geschichte erleiden lassen, Worte, die geredet, gedruckt werden, und es kommt aus dem Wissen, daß Meinungsbildung, Stimmungsmache sich immer des Wortes bedienen. Die Maschinen sind da: Presse, Rundfunk, Fernsehen, von freien Menschen bedient, bieten sie uns Harmloses an, beschränken sich aufs Kommerzielle, Werbung, Unterhaltung – aber nur eine geringe Drehung am Schalter der Macht, und wir würden erkennen, daß die Harmlosigkeit der Maschinen nur eine scheinbare ist. Sie preisen uns heute ein Waschmittel an oder eine Zigarette, was würde geschehen, wenn sie mit gleicher Intensität uns Atheisten oder Christen, Konformisten oder Kommunisten anbieten oder uns einhämmern würden: Oder-Neiße – nur Worte?

Wer, wie es die Stadt Wuppertal heute mit mir tut, einen freien Schriftsteller ehrt, ehrt den Schriftsteller, sein vorhandenes Werk, ehrt das Versprechen, das in seiner Kunst liegen mag – ehrt aber auch die Freiheit und die möglichen Irrtümer und Torheiten, die dieser Freiheit entspringen können; es werden nie mörderische Irrtümer und Torheiten sein, solange Sprache und Gewissen sich noch nicht getrennt haben und jene Schizophrenie zustande kommt, wo einer, dem die Sprache, ein ungeheurer Reichtum, zur Verfügung steht, sich mit der ärmlichen Münze begnügt, die die Mächtigen als Honorar zu zahlen pflegen, jedem, der sich bereit erklärt, die Worte ihrer Erbschaft zu berauben, jedem, der zwischen den Zeilen, auf der winzigen weißen Schußlinie, die der Drucker dem Schriftsteller läßt, nicht alles das auszahlt, was die Sprache, unser höchster natürlicher Besitz, sein kann: Regen und Wind, Waffe und Geliebte, Rose, Nacht, Sonne, Dynamit, Bruder und Schwester, alle die Welten, die das Wörterbuch, der Katalog unseres Reichtums, uns anbietet. Der Schriftsteller, der sich dem Mächtigen beugt, sich gar ihm anbietet, wird auf eine fürchterliche Weise kriminell, er begeht mehr als Diebstahl, mehr als Mord. Für Diebstahl und Mord gibt es eindeutige Paragraphen, einem verurteilten Verbrecher bietet sich das Gesetz zur Versöhnung an: es wird etwas beglichen, mag die Begleichung auch nicht so glatt aufgehen wie eine Rechenaufgabe; doch ein Schriftsteller, der Verrat begeht, verrät alle die, die seine Sprache sprechen, und ist nicht einmal strafbar, da er nur ungeschriebenen Gesetzen unterworfen ist; ungeschrieben sind diese Gesetze, was seine Kunst betrifft und was sein Gewissen betrifft; er hat nur eine Wahl: entweder alles zu geben, was er im Augenblick geben kann – oder nichts – also zu schweigen. Er kann irren, aber in dem Augenblick, wo er, was sich später als Irrtum herausstellen mag, ausspricht, muß er glauben, daß es die reine Wahrheit ist. Er darf nicht den möglichen Irrtum als einen ständigen Freibrief in der Tasche tragen: er würde in einer verzweifelt unaufrichtigen Lage sein, wie einer, der, bevor er sündigt, schon weiß, was er bei der Beichte sagen wird. Da nützt der dialektische Trick der sogenannten Selbstkritik nichts, die sich dem ständig wechselnden Beichtspiegel unterwirft, sich selbst in die Gummizelle einsperrt, wo jedes Kunststückchen möglich ist. Solche Freiheit ist nicht einmal Narrenfreiheit. Ein Narr, der hin und wieder von seinem launischen Herrn Prügel für seine Frechheiten einstecken muß, die Zeichen seiner Narrheit immer deutlich sichtbar bei sich trägt, Mütze und Klapper, ist eine menschenwürdige Existenz, verglichen mit dem, der auf dem Podium der öffentlichen Meinung sich wie eine Marionette bewegt, die ständig zum Purzelbaum bereit ist. Es gibt schreckliche Möglichkeiten, den Menschen seiner Würde zu berauben: Prügel und Folter, den Weg in die

Todesmühlen – aber als die schlimmste stelle ich mir jene vor, die sich wie eine schleichende Krankheit meines Geistes bemächtigen und mich zwingen würde, einen Satz zu sagen oder zu schreiben, der nicht vor jener Instanz bestehen könnte, die ich Ihnen nannte: dem Gewissen eines freien Schriftstellers, der der Irrtümer und Fahrlässigkeiten sich schuldig gemacht hat und machen wird, der im stillen Kämmerlein, in das er Sie nicht hineinführen kann, sich über seine Kunst klarwerden muß, der sich schwarz auf weiß ausliefert, im verlagstechnischen Sinne und in einem Sinn, der etwas mehr bedeutet, dessen Freiheit keine Narrenfreiheit ist, denn auch seine Scherze, die wenigen, die seine Sprache ihm erlaubt, sind nicht auf einen Herrn gemünzt und können nicht durch Backenstreiche heimgezahlt werden – keine Narrenfreiheit bitte, denn er duldet keinen irdischen Herrn über sich, eine Freiheit, deren einzige Einschränkung innerhalb der Grenzen der Kunst liegt.

In einem Grade, der nur schwer und jeweils im Augenblick zu bestimmen wäre, ist Freiheit auch materielle Unabhängigkeit, und so erlaube ich mir, das Geschenk zu erwähnen, das mit dieser Ehrung verbunden ist: es ist ein Stück Freiheit, ist an keine Bedingung gebunden, mag es meinem vorhandenen Werk gelten, dienen wird es dem noch nicht vorhandenen, und Sie treten, indem Sie es mir überreichen, mit in das Risiko ein, dem jeder Künstler unterworfen ist. Diese Ehre, die mir heute zuteil wird, kann ich nur annehmen, wenn ich glauben darf, daß sie nicht nur mir als Person gilt, sondern auch mir – gestatten Sie bitte diese Abstrahierung –, mir als Institution: der des freien Schriftstellers, der nur in einer freien Gesellschaft möglich ist, die, sich des Wortes bedienend, ihr ihren Reichtum und ihre Armut zeigt. Nicht zu ihrer Unterhaltung da und nicht immer mit heiterem Ergebnis am Werk, kann sie nur bieten, was die Kunst ihr erlaubt; Trost, ein kostbares Ingredienz unseres Lebens, wird nie im Ausverkauf zu haben sein – genausowenig billig herzugeben wie Trostlosigkeit.

So honorieren Sie durch einen solchen Preis auch die Gesellschaft, in der der freie Schriftsteller, der freie Künstler noch möglich ist, und ich spreche meinen herzlichen Dank aus als die hier geehrte Person und auch als Vertreter der Institution, die, dem ungeschriebenen Gesetz verpflichtet, keinen irdischen Herrn über sich anerkennt und die Würde des Menschen im Wort bewacht und verteidigt.

Vorsicht! Bücher!

Die Leidenschaft, mit der jemand nach einem bestimmten Buch verlangt und sich darin verliert, beweist, daß Lesen ein Prozeß von hohem geistigen Rang ist. Schwarz auf weiß, in Druckerschwärze auf Papier, steht irgendwo ein Satz: »Er sah ihr dunkles Haar, das lose über den Kragen ihres grünen Mantels fiel . . .« und der Lesende folgt diesem Satz, tritt in eine Welt ein, eine Welt, in der er hören, riechen, sehen, hungern kann; über zweihundert, dreihundert Seiten folgt er diesen winzigen Buchstaben, die nichts weiter zu sein scheinen als ein langer Faden, ein zarter, leicht zerreißbarer, der ihn in diesem Labyrinth führt, ihm erst aus der Hand gleitet, wenn er die letzte Buchseite zu Ende gelesen hat.

Der Faden – diese zarte Kette aus Zeilen, die sich aneinanderreihen – ist nur der Leitfaden durch das Labyrinth der Zeilenabstände; in dieser weißen Schußlinie geschieht das Ungeheuerliche: Sprache wird Welt, wird mehr als sie, weil die Welt in der Sprache aller Imponderabilien entkleidet wird; Worte bringen Unendlichkeiten hervor, und das kleine Buch mit dem hübschen Schutzumschlag in einem sauberen Laden gekauft, von freundlichen Buchhändlern verpackt und überreicht, wird zu etwas Gewaltigem, Gefährlichem: es nimmt den Leser gefangen, entläßt ihn nicht eher, bis er auch den letzten Winkel des Labyrinths beschritten hat.

Es ist kein Zufall, daß immer da, wo der Geist als eine Gefahr angesehen wird, als erstes die Bücher verboten, die Zeitungen und Zeitschriften der Zensur ausgeliefert werden: zwischen zwei Zeilen, auf dieser winzigen, weißen Schußlinie kann man Dynamit anhäufen, genug, um Welten in die Luft zu sprengen. In Polen wurden vor dem Oktoberaufstand manche Zeitungsnummern wie Reliquien herumgereicht, wurden Leitartikel wie Glaubensartikel vorgelesen, Bücher wurden so kostbar wie jenes Brot, nach dem die Aufständischen verlangten.

Bücher sind nicht immer sanfte Freunde, Trostspender, die wie mit zierlichen Gartengeräten die eigene Seele wie einen kleinen Vorgarten pflegen: die Sprache ist etwas zu Gewaltiges, zu Kostbares, als daß sie zu bloßem Zierat dienen sollte, sie ist des Menschen wertvollster natürlicher Besitz: Regen und Wind,

Waffe und Geliebte, Sonne und Nacht, Rose und Dynamit; aber niemals nur eins von diesen: sie ist nie ungefährlich, weil sie von allem etwas enthält: Brot und Zärtlichkeit, Haß, und in jedem, jedem winzigen Wort ist etwas immer enthalten, wenn auch unsichtbar, unhörbar, unnahbar: Tod. Denn alles Geschriebene ist gegen den Tod angeschrieben.

Großeltern gesucht

Die Eltern aller Zeiten haben ihren Kindern erzählt, wie streng sie erzogen worden sind; da mußte gegessen werden, was auf dem Tisch stand, der Stock stand immer bereit, die Lehrer waren ungebildet, arm und streng, die Schulen düster und eng, und soeben hatte man entdeckt, daß das Leben ein Kampf sei. Süßigkeiten gab es nur an hohen Feiertagen, als Geschenk nur was Nützliches: ein Paar Strümpfe, ein Hemd und vom Patenonkel einen Taler, der in Vaters eiserner Truhe verschwand bis zu dem Tag, an dem man vierzehnjährig, achtzehnjährig auszog, »sich einen Platz in dieser Welt zu suchen«. Mit Grundsätzen gewappnet trat man dieser Welt entgegen, die keine Schrecken barg. Und jeder von uns hatte wohl einen Onkel, der erzählte, wie er acht Kilometer marschiert war, um fünf Pfennige Fahrgeld zu sparen.
Wir lauschten dieser feierlich vorgetragenen Kolportage mit Bangen; wir, wir aßen auch außerhalb der hohen Feiertage Süßigkeiten (aßen sie immer dann, wenn wir welche bekommen konnten), wir mochten nicht alles, was auf den Tisch kam, kein Stock stand bereit, und wenn uns jemand Geld zusteckte, versuchten wir mit allen Mitteln, es vor Sparbüchsen und ähnlichen eisernen Gräbern zu retten; wir gingen nicht einmal einen Kilometer zu Fuß, um 20 Pfennige zu sparen. Wir liebten unsere Eltern, weil sie uns diese Strenge, von der sie berichteten, ersparten, aber wir fürchteten auch die Folge dieser Milde: wir, wir würden nicht gewappnet sein, »unseren Platz in dieser Welt« zu finden, und so legten wir uns freiwillig Entbehrungen auf, bildeten spartanische Banden, schliefen im Freien, aßen wochenlang keinen Kuchen, legten uns Steine in die Schuhe, um die dunkle Göttin Zukunft, vor der wir uns fürchteten, durch Opfer zu versöhnen. Daß die Eltern einen Platz in dieser Welt hatten, erhöhte unsere Bewunderung, steigerte aber auch unsere Angst: würden wir in der Lage sein, Miete zu bezahlen, Brot zu kaufen und Schuhe? Wir schoben die Beantwortung dieser Frage auf. Wenn unsere Untröstlichkeit offenbar wurde, nahmen die Erwachsenen uns beiseite und versuchten, uns mit der Zukunft zu trösten: wir würden es besser haben. Die Erwachsenen hatten vergessen, daß Kinder einer erstaunlichen Logik fähig sein können: Zu-

kunft war das Schreckenswort, das der Gegenwart allen Reiz nahm; war nicht die Vergangenheit, war nicht diese aufgeweichte, grundsatzlose Gegenwart einmal die Zukunft der Eltern gewesen? Was hatten sie bloß daraus gemacht. So öffneten sich Abgründe, Zeit war keine beständige Größe, nicht meßbar, ablesbar am Kalender und von Uhren. In den Folterkammern kindlicher Phantasie wurden Stunden zu Ewigkeiten gedehnt, schrumpften Wochen zu Minuten, Jahre lagen vor uns wie Gebirgsmassive, die wir würden überschreiten müssen, Jahrtausende hinter uns, lauter mißglückte Zukunften. Woher nahmen die Erwachsenen diese törichte Zuversicht zu glauben, daß ausgerechnet unsere Zukunft eine freundlichere sein würde? Wir wußten es besser, fanden nur keine Worte, es auszudrücken, verweigerten diesem Optimismus den Kommentar. Wir waren unseres Platzes in dieser Zukunft gar nicht so sicher. Mochten andere, Gleichaltrige es sein, mochten sie sagen: »In fünf Jahren werde ich aus der Schule entlassen, dann werde ich Tischler; mit achtzehn mache ich dann meine Gehilfenprüfung.« Fremdlinge, fremder noch als die Erwachsenen waren sie, weil sie, obwohl zu uns sich zählend, mit deren Leichtfertigkeit über Uhr und Kalender verfügten, die Zukunft einteilten wie einen Kuchen. Sie waren schon jung, wir waren noch Kinder; ein Kind ist nicht jung; jung wird man erst, wenn man mit dem Geld in der Tasche fröhlich zu klimpern beginnt, wohl wissend, was man damit anfangen kann; für ein Kind ist der blanke Groschen noch wertvoller als der schäbige Fünfzigmarkschein; es ist ganz natürlich, daß Kinder dazu neigen, Geldscheine wie Abfallpapier zu verbrennen und einen Kupfernagel, den sie in der Gosse gefunden haben, wie eine Kostbarkeit aufzubewahren. Kinder sind unsentimental. Ein Kupfernagel *ist* wertvoller als ein Stück Papier. Das haben wir alles längst vergessen, haben schon angefangen, unseren Kindern mit der gleichen Feierlichkeit die gleiche Kolportage zu erzählen; von der Strenge unserer Erziehung, der Härte unserer Jugend, von der aufgeweichten Gegenwart, die keine Grundsätze mehr kennt; mein Gott, wann sind wir einmal ins Kino gegangen, wann haben wir einmal Schokolade gegessen? Und was haben wir alles siegreich überlebt: Terror und Krieg, Entbehrungen, Gefangenschaft, und trotz aller Schläge haben wir ihn gefunden: den Platz in der Welt. Sind wir nicht wahre Helden? Erwachsen sein heißt: vergessen, wie untröstlich wir als Kinder oft gewesen sind. Ob wir uns von anderen Elterngeschlechtern nur dadurch unterscheiden, daß wir es nicht über die Lippen bringen, das Wort von der freundlicheren Zukunft? In einigen Jahren werden wir auch zu dieser gängigen Lüge fähig sein. Optimismus ist eine Alterserscheinung, Erinnerung eine Kunst, die nur von wenigen beherrscht wird; wir lügen bei unseren Erzählungen nicht, lassen nur einiges aus: da wohnte doch irgendwo im Haus die Großmutter, der Großvater; sie hatten mehr zu erzählen als das Kino, nicht nur mehr: was sie erzählten, war auch authentisch: Großvater hatte den König gesehen, ja, *gesehen*, mit diesen seinen Augen, auf die er zeigte, um sie als Zeugen aufzurufen. Großvater konnte beschreiben, wie man einen Tisch repariert, wie man Kühe melkt, er ahmte das Geräusch nach, mit dem die Milch in den Eimer spritzt; als Neunjähriger schon hatte er die Kirchenglocken läuten dürfen, hatte seinem Vater auf der Orgelempore den Blasebalg getreten. Großmutter hatte Kuchen in einer großen Blechdose, Großvater schenkte uns schon einmal Groschen, und die beiden Alten lächelten auf eine bedeutungsvolle Weise, wenn ihnen vorgeworfen wurde, sie verwöhnten uns. Die Großeltern konnten von ihren Eltern, deren Eltern erzählen, wir saßen im Dunkeln am flackernden Herdfeuer, und obwohl die Worte: Tod, Krankheit, Krieg in diesen Erzählungen nicht fehlten – die Zuversicht, die die Eltern uns durch abstrakte Worte wie »besser« und »anders« einzuflößen versuchten, wurde hier, im Zimmer der Großeltern, konkreter: Brot hatten die Menschen gegessen, Äpfel gepflückt, Kühe gemolken, Glocken geläutet. Mit den Eltern hatten wir Mitleid, weil sie auf eine so eindringliche, fast verzweifelte Weise um unser Glück besorgt waren; mit den Großeltern brauchten wir kein Mitleid zu haben: selbst ihre Gebrechen kamen uns gesund vor: sie waren alt, und dieses Wort klang gut. Wenn wir von unserer harten Kindheit, der strengen Jugend erzählen, lassen wir noch mehr aus: daß ein Bach noch ein Bach war: kein verdächtiges Rinnsal, das man erst testen muß, ehe man es den Kindern zum Spiel freigibt; das Brot, das wir aßen, gibt es heute nur noch in einigen Spezialläden, für Auserwählte, die Geld genug haben, es zu bezahlen, und Zeit genug, es sich zu besorgen: »naturreines Brot« wird bald wertvoller sein als Hummer. Natur ist nicht einfach mehr da: sie hat Besichtigungswert, Bäume müssen durch Gesetz geschützt werden, Altwerden wird als Schande verkündet;

obwohl sich die »Lebenserwartung« steigert, fehlt es an alten Leuten. Daß Eltern nervös sind, gehetzt auf Uhr und Kalender blicken, hängt mit der Zwitterhaftigkeit ihres Zustandes zusammen: sie haben »ihren Platz in der Welt«, müssen ihn behaupten, sie sind gar nicht so sicher, wie sie sich immer geben müssen: ein gutes Kind hat Mitleid mit seinen Eltern; sie verschieben die Korrekturen, die sie an ihren Erinnerungen anbringen müßten; manchmal fällt es ihnen ein: wir hatten doch zu Hause eine Rumpelkammer, da standen Schränke mit abgebrochenen Beinen, zerbrochene Spiegel, lagen in Schachteln abgelegte Hüte, von Motten zerfressene Kleider, eine alte Geige, Zeitschriften; Kinderwagen standen da, Kisten und Koffer. Es gibt keine Rumpelkammer mehr: in unseren Wohnungen ist kein Raum dafür frei.
Die Schulen werden immer heller, die Lehrer immer gebildeter, die Großeltern aber – obwohl es mehr alte Leute gibt als früher – scheinen auszusterben. Kein Wunder, daß die Kinder zum Kino drängen und sich im Dunkeln Geschichten erzählen lassen. Wer hat noch nie den großen Seufzer der Erleichterung gehört, wenn bei Kindervorstellungen im Kino endlich das Licht ausgeht? Empörte Erwachsene wundern sich, wenn Kinder, was ihnen da vorgeflimmert wird, für authentisch halten. Kinder sind ständig auf der Flucht vor Uhr und Kalender: ahnungslos fliehen sie in die Zukunft hinein. Geschichte wird nur im Detail verstanden: Napoleons Hut (hat er den wirklich auf dem Kopf gehabt?) ist konkret. War das, was er getan hat, gut oder böse? Da gibt es für die Antwort keine sentimentalen Zwischenzonen: was nicht Ja oder Nein ist, ist verdächtig. Im Kino gibt es auch nur Gute oder Böse, bestenfalls als zulässige Zwischenstufe noch Bekehrte. Alles andere ist langweilig und verdächtig.
Wir Erwachsenen sind in einer verzweifelten Lage: wir wollen das Beste: düstere Schulen sind scheußlich, ungebildete Lehrer eine Plage, Rumpelkammern unhygienisch, und warum sollten wir nicht alles tun, den Kindern zu helfen, ihren Platz in der Welt zu finden? Psychologie und Psychotherapie, Medikamente und Kuren, bunte Kindergärten, schöne Möbel: nur nicht sparen, wenn es um das Wohl der Kinder geht. Vielleicht fallen wir den Kindern nur lästig, erreichen nur, daß sie viel zu früh ihren Platz in der Welt finden, und züchten kleine Ungeheuer, die mit vier Jahren schon zu wissen glauben, daß Hans im Glück verrückt

war, als er den Klumpen Gold gegen einen Schleifstein tauschte.

Die Großmütter sind beleidigt, wenn man sie als solche bezeichnet, Großväter werden in Altersheimen und möblierten Zimmern griesgrämig, sehen sich nach Nebenbeschäftigungen um, da ihre Hauptbeschäftigung, Großvater zu sein, nicht mehr gefragt ist; helle Wohnungen, helle Schulen, gläserne Säuglingsstationen, keine Großeltern, keine Dunkelheit mehr – was die Rumpelkammern füllen würde, wird dem städtischen Fuhrpark überantwortet. Nicht einmal die Kirchen sind mehr dunkel – die einzigen Orte in der Welt, wo Dunkelheit garantiert wird, sind die Kinos.

Zu allen Zeiten und in allen Kulturen sind Kinder gequält worden, weil die Erwachsenen ihnen ihre Optik aufzuzwingen versuchten. Am Ende stand der Alarmruf: du bist doch kein Kind mehr! Damit waren die Kinder sowohl freigesprochen wie verurteilt: nicht mehr Kind, sondern Sohn, Tochter, verantwortlich, der Zeit unterworfen, auf ein Ziel angesetzt: den Platz in der Welt zu finden. Man ist nicht jung, wenn man aufhört ein Kind zu sein, sondern *wird* es: neue Schrecken tun sich auf, andere Freuden. Wir Erwachsenen nehmen unsere Position mit einer erdrückenden Selbstverständlichkeit ein: wir haben unseren Platz in der Welt, noch schlimmer: wir werden mit dem Leben fertig, wir haben die Mitte erreicht, kennen unseren Radius. Das Vertrauen, das die Kinder uns spenden, kann durch ein mißverstandenes Augenzwinkern zerstört werden; wir ahnen gar nicht, wie groß der Kredit ist, den sie uns geben, und wie schnell er verspielt ist.

Lämmer und Wölfe

Ansprache, gehalten am 25. 6. 1959 in Düsseldorf bei der Verleihung des Großen Kunstpreises des Landes Nordrhein-Westfalen für Literatur

In unserer Welt droht alles zum Markenartikel zu werden: Krawatten und Konformismus, Hemden wie Nonkonformismus, der Zorn der jungen Männer und der handgestrickte Trost, den die anderen »auf den Markt werfen«; alles wird zur Masche, ob sie gut gekleidet gehen oder schlecht, Arroganz so gut wie Bescheidenheit; ob die Spitzenorganisation der Filmindustrie tagt, ob Pfarrer sich zusammensetzen oder Parteigremien sich zu geheimen Beratungen vereinen; sobald solche Zusammenkünfte Ergebnisse zeitigen, ertönt auch schon die Frage: Wie verkaufen wir das? Wie verkaufen wir gute Filme, wie die schmerzlichen Paradoxien unserer Religion, oder wie verkaufen wir den Leuten jene Richtungsänderung unserer Partei, die wir für notwendig befunden haben? Bald schon steht nicht mehr die Sache zum Gespräch, sondern der Erfolg der Sache, nicht mehr die Sache bedarf der Rechtfertigung, einzig im Erfolg erfährt sie sie; man sucht für sie Verbraucher, findet sie, und bald – hier erfüllt sich die bittere Logik der Sprache – bald ist sie tatsächlich verbraucht, wie ein Strumpf, den zu reparieren sich nicht mehr lohnt, sie ist verschlissen. Ich will hier nicht aufzählen, wie viele Markenartikel im Verlauf der letzten sechs Jahre verschlissen worden sind: die fliegenden Untertassen, eines Politikers unerschütterliche Festigkeit, wenige Monate später seine verblüffende Flexibilität; Ware, verbraucht und verschlissen, wie das Wort Freiheit nahe am Verschleißen ist. Vorsicht, zu viele Verbraucher sind der Worte Tod. Es ist ein Glück, daß einige Winkel des Marktes unerforscht bleiben, Winkel, in denen Überraschungen gedeihen: Kunst. Der Markt ist groß; Kunst wird nicht für ihn gemacht, auch nicht gegen ihn; wer sie macht, ist Gesetzen unterworfen, die außerhalb des Marktes liegen, es mag der Fall eintreten, daß einer Kunst machte, die den Markt verhöhnt und dann am eifrigsten auf ihm verbraucht wird; vielleicht mag das eine Warnung für den Künstler sein, daß es besser wäre, seinen Zorn in handfesten Ohrfeigen auszudrücken anstatt in marktgerechtem Zorn; vielleicht auch eine Mahnung an ihn, einmal ohne die Absicht der

Selbsttäuschung sein Kleid zu betasten: ist er ein Wolf im Lammfell oder ein Lamm im Wolfspelz; ist er ein streitbares Lamm oder ein gezähmter Wolf – hat er vielleicht den Pelz nur an der Garderobe abgegeben? Ist er Zöllner oder Pharisäer, und ist er nicht in dem Augenblick, wo er sich für einen Zöllner hält, schon im Begriff, sich zum Pharisäer zu wandeln? Vorsicht. Was er auch bieten mag: Zorn oder Trost, Form oder Inhalt, innerhalb seiner Kunst muß er eine Zone schaffen, die von der Gunst oder der Mißgunst des Marktes unberührt bleibt, in die die Marktforscher nicht eindringen können, jene, die das Gedränge schaffen, in dem so mancher angerempelt, mancher verletzt wird; eine Zone muß er schaffen, wo die Überraschung gedeihen kann, der nicht jener Markenstempel aufgedrückt werden kann, den jene verlangen, die Kunst nicht brauchen, sondern verbrauchen. Wer Kunst braucht, wird sie finden, in einem Winkel des Marktes oder mitten auf ihm: ihre Größe ist niemals an die Höhe des Preises gebunden, den man für sie zahlt; allenthalben wird Kunst ausgestellt und dargeboten, ein Roman um den Preis eines Kinobilletts, ein Bild um den Preis eines Mittagessens unter Geschäftsfreunden; sie ist auf dem Markt, die Kunst, und ist doch nicht Ware, kann es nie werden, solange der, der sie macht, nicht an sich selbst zum Verräter wird und seine Geheimzone den Marktforschern ausliefert.

So ehren Sie, Herr Ministerpräsident und meine Damen und Herren, indem Sie die freien Künste ehren, etwas, das allen Gesetzen des Marktdenkens zum Trotz, niemals Ware werden kann, Sie ehren die Lämmer im Wolfspelz und die Wölfe im Lammfell; ich wiederhole ihn, herzlich und aufrichtig: unseren Dank.

Der Zeitungsverkäufer

Der Wahrheit die Ehre: manchmal ging ich an der Schule vorbei; ich ertrug die Demütigung nicht, mich wegen Zuspätkommens entschuldigen zu müssen, gab lieber sechs Stunden preis, als daß ich mich wegen vier Minuten gedemütigt hätte. Einige Male fingen mich zu spät kommende Lehrer an der Ecke Heinrichstraße und Perlengraben ab, aber meistens entkam ich, überquerte den Perlengraben, versteckte mich im Eingang zu Lindes Eisfabrik in der Spitzengasse. Hellgrün gestrichene Eiswagen, noch von Pferden gezogen, wurden dort mit Eisblöcken beladen: eine eiserne Rutschbahn kamen die Eisblöcke heruntergerodelt, knirschten in den Kurven der spiralförmigen Bahn, wurden unten von lederbeschürzten Kutschern mit Enterhaken gepackt und in den Wagen geschichtet. Am Eckhaus Napoleons Spur: die gemalte Straßenbezeichnung: Rue traverse des Dentelles; in den zugemauerten Fenstern die Ölporträts von Marx und Engels: geballte Arbeiterfäuste, schwarz auf knallroten Plakaten, und mit Ölfarbe auf den Haussockel geschrieben: Rot-Front! Rot-Front!

Die Eiskutscher nickten mir zu: kannten sie mich tatsächlich so gut? Beschämt senkte ich meinen Kopf, fuhr mit der linken Hand durch alle linken, mit der rechten Hand durch alle rechten Taschen: siebzehn Pfennige! Das langte nicht fürs »Kino für jedermann«, das ab elf Uhr jedermann für dreißig Pfennige offenstand. Und es war erst zehn Minuten nach acht. Ich nickte den Eiskutschern zu, lief schnell die kleine Spitzengasse hinauf, die Weberstraße hinunter, durch die Matthiasstraße bis zum Heumarkt, wo das Marktgewimmel Anonymität versprach: Kohl, dunkelgrün, hellgrün, violett – wer sollte den alle essen? Derbe Marktfrauenarme, rote Morgenfrostgesichter kündeten von Demeters Unvergänglichkeit, Metzgerinnengesichter zwischen Fleischbergen lächelten venusisch, sahen aus wie »gemalt«.

Der Markt gehörte den Frauen; Männer wurden dort nur in unseriösen Ausgaben geduldet: als Marktschreier, halb Clown, halb Schwindler, oder als Polizisten, die zu schnurrbärtig waren, um ernst genommen zu werden; sie glichen zu sehr den Polizisten aus Rüpelspielen, konnten nicht wahr sein, diese Nußknakker, die am frühen Morgen schon nach Bratkartoffeln rochen.

Ein zappeliges Exemplar der Kategorie Männchen verkaufte kleine Messer, das Stück zu einem Groschen; er hatte einen ganzen Berg Messer auf einer alten Wolldecke ausgebreitet, rote, grüne, gelbe und blaue; er nahm ein rotes heraus, öffnete es, hielt es dem Publikum hin. »Mit diesem Messerchen, meine Herrschaften, können Sie Ihr Schwein schlachten. Sie können damit Ihre Fingernägel säubern,falls Sie noch Ehrgeiz genug haben, sich diesen Luxus zu leisten; Sie können ihr Frühstücksbrot damit zurechtmachen – aber wer hat denn heutzutage noch was zu frühstücken? Sie können auch, meine Herrschaften, die Sohlen für die Sonntagsschuhe Ihres Fräulein Braut damit zurechtschneiden – Sie können, falls Ihre Braut Sie verläßt oder Sie Ihres Arbeitslosendaseins überdrüssig sind – mit diesem Messerchen Ihrem armseligen Leben ein Ende setzen –, können aber auch damit den Strick, den Sie schon um den Hals gelegt haben, wieder abschneiden.« Lachen, ein paar Groschen fielen auf die Dekke, ein paar Messerchen, lauter rote, wechselten den Besitzer.
Es war noch nicht neun; halb hielt es mich im mütterlichen Konklave des Marktes, halb zog es mich hinüber in die männliche Ordnungswelt der Geschäftsstraßen; welch ein Unterschied zwischen einem Uhrmacherladen und einem Gemüsestand; Mohrrüben und Lauchstücke, noch mit Erde bedeckt, goldhäutige Zwiebeln – und dort die Uhr, die »Genauigkeit auf die Sekunde« garantierte, Messingkolben, Messingringe, unter Glas bewegte sich ein komplizierter Mechanismus, der arrogant den geschichtlichen Augenblick verkündete: 9 Uhr, 33 Minuten, 16 Sekunden, Jahr 1932, Monat November, Tag: – ich wollte den Tag nicht wissen, wandte mich ab, dem nächsten Schaufenster zu: Instrumente für Zahnärzte und Chirurgen; aus Nickel, solide, präzis, versprachen sie Heilung und Schmerz zugleich.
Das Kaufhaus Tietz bot wieder Erholung; Gewimmel, von Frauen beherrscht, die zwar schneidigen Männern untergeordnet und ihnen doch überlegen waren; was nützt es, kläffend über eine ganze Abteilung zu regieren, wenn man, ohne kläffen zu müssen, über Lippenstift und Puderquasten regieren kann? Ein lächelnder Untertan ist einem gereizten Herrscher immer überlegen; wie kicherten die Mädchen hinter ihren galoppierenden Chefs her; an wen erinnerten mich deren schneidig-gereizte Gesichter; ich suchte das Gesicht, dem sie alle glichen, suchte es vergebens, während ich – Hase, Swinigel oder Maulwurf – mich

wie durch Furchen zwischen den Verkaufsständen durchzwängte. Den Namen, den ich gesucht hatte, bekam ich entgegengerufen, als ich wieder auf die Straße trat: »Von Papen verspricht Stabilisierung.« Epileptisch zuckte der Mund des Zeitungsverkäufers, den ich schon hatte rufen hören: »Brüning verspricht Stabilisierung;« der wenige Monate später rief: »Hitler verspricht Stabilisierung;« der Mund rief immer und ruft noch immer; er rief: »Sieg im Westen! und »Kein Fußbreit wird im Osten aufgegeben;« er rief: »Alle huldigen dem Führer« und »Nazigrößen ihrer gerechten Strafe zugeführt.« Gestern rief er: »Erhard und Kanzler versöhnt.« Was wird er morgen rufen, wenn die Präzisionsuhr arrogant den geschichtlichen Augenblick verkündet: 9 Uhr, 33 Minuten, 16 Sekunden, Jahr 1961, Monat Juni, Tag: – aber ich will den Tag nicht wissen.

Es war noch immer nicht neun: ich ertrug die Last der Stunden nicht mehr, ging, die Hauptstraße meidend, über den Blaubach, Rothgerberbach, durch die Pantaleonstraße, vor den Siebenburgen, Kartäusergasse, an St. Katharinen, Silvanstraße, Alteburger Straße bis nach Hause, zum Ubierring; vor meiner Mutter brauchte ich mich nicht zu demütigen; sie schüttelte nur den Kopf, nickte dann und setzte ihre Kaffeemühle in Bewegung; wir beteten gemeinsam die wohltuende Litanei des Schweigens.

Kunst und Religion

Der Situationen des Christseins gibt es unzählige; wer auf seine Steuererklärung unter der Rubrik »Religionszugehörigkeit« eine der Abkürzungen einträgt, die ihn als einer christlichen Kirche zugehörig bezeichnet, oder eine solche Abkürzung auf seiner Lohnsteuerkarte vermerken läßt, legt ein Bekenntnis ab, das seine Folgen haben müßte. Festzustellen, ob dieses Bekenntnis echt ist oder nicht, steht niemandem zu; das menschliche Gewissen steht zur Besichtigung nicht offen. Innerhalb von minimalen Zeiträumen, wie sie nur Hundertmeterläufer aus ihren Übungstabellen kennen, können Konversionen stattfinden und widerrufen werden, und selbst eine Versammlung der allerklügsten aller Inquisitoren würde sich nicht anmaßen können, auch nur ein einziges Gewissen zu erforschen. Erst am Tage des Gerichts wird offenbar werden, ob das Bekenntnis auf der Steuerkarte zu Recht erfolgte oder nicht. Ein Bekenntnis zu einer Religion ist ein Versprechen, das nur selten gehalten wird. Sicher gibt es solche, deren Bekenntnis »Christ« sich, zum Adjektiv geworden, an ihren Beruf anhängen ließe: christliche Kraftfahrer, Drogisten und Dekorateure; vielleicht fährt der christliche Kraftfahrer tatsächlich weniger rücksichtlos als der andere, verweigert sich der christliche Drogist der Häresie, die in einer Anmaßung der totalen Hygiene liegt, und vielleicht liefert der christliche Dekorateur seine Kunden nicht jener Tortur aus, die darin besteht, in einem Ausstellungsraum anstatt in einer Wohnung zu leben. Vieles geschieht im Verborgenen, das sich uns nie offenbart.

Die Instanz, die berufen wäre, einem Kraftfahrer, Drogisten, Dekorateur seine Christlichkeit als solche zu bescheinigen, ist nicht vorhanden, aber denkbar. Die Instanz, die berufen wäre, einem Künstler seine Christlichkeit als solche zu bescheinigen, ist nicht einmal denkbar.

Solange die freien Künste noch die Artes liberales waren und nur im geschlossenen Kreis der Kirche gedeihen konnten, waren alle Künstler notgedrungen christliche Künstler. Ihren Zorn äußerten sie in jenen Zeiten in deutlicher, manchmal recht grober Form. Der Franziskaner Jacopone da Todi schrieb Spottgedichte auf den Papst, Stefan Lochner placierte Päpste und Kardinäle in die Hölle, und an den gotischen Kathedralen wenden manche Wasserspeier unbekleidete rückwärtige Körperteile mit unzweideutiger Absicht dem bischöflichen Palais zu, Jahrhunderte bevor Götz von Berlichingen aussprach, was jene steinernen Figuren nur darzustellen versuchten. Aber damals waren die hohen Herren, weil ihre Macht realer war, noch mit Humor ausgestattet; sie fühlten sich wirklich kompetent, waren es manchmal sogar und nahmen Disziplinüberschreitungen gelassen hin; sie konnten strafen und verzeihen; Kunst und Handwerk galten als identisch, und die hohen Herren vertrauten ihrem mehr oder weniger handfesten ästhetischen Instinkt.

Seitdem ist einiges geschehen, das in unzähligen Abhandlungen gewürdigt worden ist: die Artes liberales sind wirklich die freien Künste geworden, zu denen auch die Christen zugelassen sind. Mögen die Kirchen noch berechtigt sein festzustellen, ob jemand ein Christ sei (der Engel des Gerichts wird das Urteil bestätigen oder widerrufen); festzustellen, ob jemand ein Künstler sei, sind die Kirchen nicht berechtigt. Die Kirchen können festzustellen versuchen, ob ein Kunstwerk Glauben und Sittlichkeit gefährdende Elemente in sich trage, ob ein anderes Kunstwerk Glauben und Sittlichkeit fördere; sie mögen als Hüter des Glaubens und der Sittlichkeit dazu berechtigt sein; je deutlicher die Absicht eines solchen Lobes oder Bannspruchs ausgesprochen wird, desto erfreulicher. Über Kunst ist mit einem solchen Lob oder Bannspruch nicht das geringste gesagt. Der endlose Streit über Formen und Inhalte wird immer sinnloser und ermüdender, solange die Kirchen nicht berücksichtigen, daß man mit Inhalten leichter schwindeln kann als mit Formen; es ist kein Zufall, daß, je geringer der Rang eines Künstlers, er desto leichtfertiger sich einen großen Inhalt wählt. Da fängt man gleich mit einer Darstellung der Mutter Gottes an, schreibt ein Judas-Drama oder versucht, das große Geheimnis der Trinität aus einem Granitblock herauszuhauen. Das alles war möglich, war rührend und bewundernswert, solange die Artes liberales im Schutz der Kirchen gediehen, solange handwerkliche Traditionen ein Minimum an Form garantieren. Das alles wäre noch möglich, würde ein zweites Mal dem Abendland ein heiliger Franz geschenkt, der beides zugleich war: heilig und ein Genie – doch Heiligkeit und Genie entziehen sich der Definition.

Solange die Theologen sich auf die Bewertung von Inhalten beschränken müssen, wird jenes Handwerkszeug am meisten gefördert, das am wenigsten in die Werkstatt eines Künstlers gehört: die Schablone. Selbst das, was unseren Vätern als revolutionär galt, als am wenigsten schablonenhaft: die Kritik, der Antiklerikalismus – sie sind längst zur Schablone geworden, werden nicht nur mit geübter Hand angewendet, sie sind sogar schon Anerkennungsmerkmale geworden. Solange es keine Theologie der Kunstformen gibt, bleibt eine Bezeichnung wie »christliche Literatur« rührend und unzulässig, mindestens solange sie sich Differenzierungen erspart. Was Teresa von Avila schrieb, war gewiß christliche Literatur, wie das, was Therese von Lisieux schrieb. Die eine schrieb eine kraftvolle, elegante Prosa; von den Zeitgenossen und den Nachkommenden ist ihr ein hoher Rang zuerkannt worden, der unbestritten blieb. Die kleine Blume von Lisieux schrieb in ihrer Autobiographie *Geschichte einer Seele*, die als Dokument ihre Existenzberechtigung hat, eine blasse Album-Prosa, wie sie jedem französischen Mädchen ihrer Zeit und Klasse zur Verfügung stand. Bei gleichem Grad an persönlicher Vollkommenheit sind die beiden als Autorinnen so weit voneinander entfernt, wie die Prosa des Paul Bourget von der Marcel Prousts entfernt ist. Franz von Assisi hat den Sonnengesang gedichtet, Alfons von Liguori hat auch geschrieben; aber würden wir sie, beide kanonisiert, als Autoren miteinander vergleichen, so könnten wir ebensogut den Mount Everest mit den sanften Hügeln nordwestlich von Bonn vergleichen. Man kann den Mount Everest und die Hügel nordwestlich von Bonn als Bodenerhebungen bezeichnen und ist damit dem Problem der Klassifizierung ausgewichen. Ein ähnliches Ausweichen wird ausgeübt, wenn man die Bezeichnung »christliche Literatur« anwendet und die Bezeichnung »christlicher Autor« leichtfertig verschenkt. Erträglich ist diese Bezeichnung nur auf der Steuererklärung, wo einer hinschreiben mag, Beruf: Schriftsteller, und unter der Rubrik »Religionszugehörigkeit« eine der Abkürzungen einträgt, die ihn als einer christlichen Kirche zugehörig bezeichnet. Berechtigt, festzustellen, wer ein christlicher Autor ist, wäre also nur das Finanzamt, und das ist verpflichtet, jegliche Auskunft zu verweigern.

Als freier Künstler unter freien Künstlern unterliegt ein Christ den Maßstäben der Kunst, der er sich verschrieben hat; mögen die Gremien, die ihm seinen Rang erteilen oder verweigern, umstritten sein und bleiben, mögen sie in ständigem Streit mitein-

ander liegen, ihr Vokabularium oft zweifelhaft sein; alle Eitelkeiten und Schwächen vorausgesetzt, sind diese Instanzen zuständiger als die, die es gar nicht gibt: die Theologie der Kunst. Ein Christ, der sich einer der Künste verschrieben hat, ist ihr gegenüber als Christ allein; als Glied einer der Kirchen, zu der er sich auf seiner Steuererklärung bekennt, unterliegt er denselben Gesetzen wie alle anderen Glieder dieser Kirche, je weniger Privilegien er annimmt, desto freier ist er; Privilegien als da sind: Spaßmacher, Enfant terrible, der, über den man kopfschüttelnd lächelt.
Die Wasserspeier sind durch die Errungenschaften des Klempnerhandwerks ersetzt worden, und wo die Kirchen nicht mehr zuständig sind, sind sie auch nicht mehr angreifbar. So fallen die hübschen Scherze vergangener Jahrhunderte leider aus, und wo sie noch stattfinden, sind sie nur als Anachronismen liebenswürdig. Die Kirchen kontrollieren die Kunst nicht mehr, sie ist ihnen entglitten, und die Hilflosigkeit, mit der sie ihr gegenüberstehen, ist zugleich rührend und erschreckend, da sie das Maß an Freiheit, das dem einzelnen Künstler dadurch auferlegt wird, ins fast Unerträgliche steigert. Er fühlt sich durch kirchliche Urteile einfach nicht mehr betroffen, da diesen Urteilen im positiven wie im negativen Fall notwendigerweise die Differenzierung fehlt und die Kompetenz in keinem Fall nachgewiesen wird. Er ist allein und hat doch mit Dämonen zu tun, mit guten und bösen Geistern, die das Geheimnis bewachen; wird er seine Kunst verraten oder den Gott, zu dem er sich bekennt, und wird er nicht, wenn er die Kunst verrät, wenn er weniger zurückgibt, als ihm gegeben ist, Gott verraten? Er kann sein Talent, mag es groß oder klein sein, schablonisieren, eine Art Gebrauchsmuster herstellen, das ihn vor Versuchungen sichert, wenn er die Last der Freiheit nicht erträgt.
Die Erkenntnis, daß Kunst nicht das Privileg der Christen ist, hält ihn im Zustand ständiger Schizophrenie. Ein Nichtchrist kann sich der geschichtlichen und gesellschaftlichen Verpflichtung für ledig erklären, die Kunst kann ihm alles sein, auch Gott, Familie, Welt – er kann jene totale Konzentration erreichen, die oft große Kunst schafft. Das Bekenntnis »Christ« hat in jedem Falle Verbindlichkeit, und wer sich als Christ *und* Schriftsteller ausgibt, müßte wissen, wohin ihn diese Verbindlichkeit führt; er weiß es nicht, und niemand kann es ihm sagen, ob er auf die Wie-

sen zuschreitet, wo die Blumen des Bösen wachsen, oder die Gefilde, die den unschuldigen Lilien des Feldes reserviert sind. Solange das Geheimnis der Kunst nicht entziffert ist, bleibt dem Christen nur ein Instrument: sein Gewissen; aber er hat ein Gewissen als Christ und eins als Künstler, und diese beiden Gewissen sind nicht immer in Übereinstimmung.
Diese Problematik betrifft nicht nur die Christen, sie betrifft alle Künstler, die eine Verbindlichkeit außerhalb ihrer Kunst anerkennen. Schaffen sie die Kongruenz der beiden Gewissen gewaltsam, so leidet die Kunst Schaden. Ein Beispiel ist die Literatur und Malerei des sozialistischen Realismus, und wenn diese Kongruenz gewaltsam hergestellt wird, stellt sich heraus, daß sie, indem sie Kunst verletzten, auch den Inhalt verletzten, dem zuliebe sie die Form vernachlässigten. Es bleibt ein Geheimnis, wie beides zu verbinden sei; man kann nicht halbwahr sein, kann nicht die Form an den Inhalt preisgeben, ohne zugleich den Inhalt zu verraten. So bleibt das Dilemma, Christ zu sein und zugleich Künstler und doch nicht christlicher Künstler. Nur dem Finanzamt gegenüber ist diese Bezeichnung erlaubt, und damit bleibt sie geheim, so geheim wie unser Gewissen, das sich erst beim Gericht offenbaren wird.

Ein Haus für Ungezählte . . .

Über Artur Joseph, »Meines Vaters Haus«

Vielen Kölnern wird das Schuhhaus Joseph in der Schildergasse noch ein Begriff sein, manche mögen sich noch des Karnevalsverses erinnern, der das Haus zum Gegenstand hatte; mir ist der erste feierliche Schuhkauf bei Josephs unvergeßlich, bedeutete er doch – wie jeder erste Schuhkauf – eine Art Knappenweihe, etwas wie »Eintritt in die bürgerliche Gesellschaft«; nach den ersten Jahren schuhlicher Anarchie wird man plötzlich zum Gegenstand umständlicher Überlegungen; frische Strümpfe, gewaschene Füße, vielerlei Vorbereitungen, um ein Problem zu lösen, das bis dato keins gewesen war.

So wird, wer das Schuhhaus Joseph noch gekannt hat, Artur Josephs Erinnerungsbuch nicht ohne eine gewisse Wehmut lesen; das Buch gewährt den Blick hinter die Kulissen, offenbart die Besonnenheit einer konservativen Welt, die strebsam, fleißig im Geist der Zeit sich selbst und der Zukunft vertrauend, in einer friedfertigen und liebenswürdigen Stadt ihr Leben lebt. Eine *Soll und Haben*-Welt, bedächtig und bildungsfreudig, in der allerdings die Rolle des Itzig mit anderen als Juden besetzt ist. Nacktes Unrecht, nackte Gewalt, von Braununiformierten ausgeübt, die sich für rasserein hielten, löschten Leben und Wohlstand aus: Artur Josephs Mutter starb in Theresienstadt, sein Bruder in einem Konzentrationslager in Polen. Doch kommt der Schrecken erst spät in diesem liebenswürdigen Buch zu Wort, die ersten hundert Seiten fließen bedächtig und in freundlicher Ironie dahin: Schule in Köln, erster Kuß im Stadtwald, Schule in Genf, alpinistische Unternehmungen, erster Weltkrieg, französische Kriegsgefangenschaft, Heimkehr ins geliebte Köln; die elterlichen Wohnungen am Sachsenring und Ubierring, Geschäftsreisen, Bekanntschaft mit zeitgenössischen Künstlern; Liebe zum Theater, zur Kunst und Literatur; Nachsommertöne, stifterisch beginnt und vollendet sich, was im Marschtritt der »Neuen Zeit« untergeht.

»Wenn ich die Menschen sah«, schreibt Artur Joseph, »vermochte ich sie zu begreifen, und ich mochte sie eher beklagen als anklagen.« Im winzigen Unterschied dieser beiden Vorsilben des beklagen und anklagen ist der Ton des Buches beschlossen, man spürt während des Lesens der ersten zwei Drittel, wie sich Joseph fast sträubt, das zu beschreiben, was unweigerlich kommen muß: Schikane, Haß, Vertreibung, Unrecht, Gewalt und Mord, die Entfremdung in einer Welt, die so vertraut und selbstverständlich war, gewaltsame Entwurzelung, wo man so tief in den Urgrund des Lebens eingedrungen war, als Sohn und freier Bürger einer freien Stadt.

Die Plötzlichkeit mit der der Terror eintritt, die Hilflosigkeit der ihm Ausgelieferten – und die lähmende, allzu liebenswürdige Hilflosigkeit der Freunde. Die Neue Zeit war da und sie marschierte: Sie drang in den Alltag ein, wurde in ihrer Banalität erdrückend selbstverständlich: Die bürgerliche Welt übte »hands up«; private Freundschaftsbeweise waren als Anachronismen noch da, Gewalt ging vor Recht. Karneval, Humor, bürgerliche Rechtschaffenheit, Tradition und Freiheit: Kartenhäuser, vom Marschtritt zerstört.

Die das Schuhhaus Joseph nicht gekannt haben, nach Köln Verschlagene und Zugezogene, sie brauchen nur den Namen auszuwechseln: In ihrer Heimat mag es Friedrich oder David geheißen haben, mag eine Gerberei oder ein Tuchgeschäft gewesen sein, es war für viele, für Ungezählte *Meines Vaters Haus,* in das eines Tages die Neue Zeit eindrang: gestiefelt, in brauner Uniform, irgend etwas Unklares, das sich »Rasse« nannte, wurde in stupiden Hirnen zu einer mörderischen Vokabel, drang auch in weniger stupide Hirne ein, spukt darinnen noch heute: unklar und mörderisch.

Der Cotta Verlag schreibt am Schluß des kurzen Vorworts: »Dieses Buch erscheint im 300. Jahr des Cotta Verlages. Der Verlag der deutschen Klassiker möchte, daß man darin eine Absicht sieht.« Es wäre zu wünschen, daß Bücher dieser Art zu so selbstverständlichem Unterricht gut würden wie die Klassiker; Bücher dieser Art geben Auskunft über ein Stück Deutschland, das nicht mehr existiert und nicht mehr wiederkehren wird, ein Deutschland, das in Auschwitz gestorben ist oder heute in der Emigration lebt: in Paris, London, New York: konservativ und in Tradition denkend, die hierzulande nur noch als Aufguß geboten werden. Für die Jugend ist das alles Historie, nicht gesehen, gehört und erlebt, nur unklar überliefert; für sie könnte dieses kleine Buch ein Beitrag zur Geschichte Deutschlands sein.

Quellennachweise und Anmerkungen

Besuch auf einer Insel. Manuskript von 1952. Erstdruck
Ein Wort für Carson McCullers. Manuskript von 1952. Erstdruck
Glück und Glas. Frankfurter Allgemeine Zeitung v. 6. 2. 1952
Sie lachen. Glosse über einen Trickfilm. Frankfurter Hefte, April 1952
Bekenntnis zur Trümmerliteratur. Die Literatur (Stuttgart) v. 15. 5. 1952
Das Ende der Moral. Frankfurter Hefte, Mai 1952
Gott sucht die Sünder. Neue literarische Welt (Darmstadt) v. 10. 8. 1952
Heißes Eisen in lauwarmer Hand. Die Literatur v. 15. 8. 1952
Der Wüstenfuchs in der Falle. Die Literatur v. 15. 9. 1952
Ein religiöser Film. Die Literatur v. 15. 10. 1952
Jenseits der Literatur. Manuskript v. 22. 9. 1952. Erstdruck
Denn diese Zeit ist bitterschwer . . . Welt der Arbeit (Köln) v. 17. 10. 1952
Jünger Merkurs. Westdeutscher Rundfunk, 6. 11. 1952 (u. d. T.: *Der Briefträger als Götterbote.* Erstdruck in Hamburger Abendblatt v. 28. 10. 1953)
Einsames Herz. Frankfurter Allgemeine Zeitung v. 22. 11. 1952
Das andere Amerika. Frankfurter Allgemeine Zeitung v. 28. 11. 1952
Trompetenstoß in schwüle Stille. Welt der Arbeit v. 28. 11. 1952
»... und das Korn, in das man sie wirft«. Welt der Arbeit v. 28. 11. 1952 (u. d. T.: *Die Abenteuer des braven Soldaten Schwejk,* Druckvorlage war das Manuskript)
Der Zeitgenosse und die Wirklichkeit. Nordwestdeutscher Rundfunk 1953 (H. B.)
Offener Brief an den Pfarrer von Meyenn. Frankfurter Hefte, Februar 1953. Anlaß für diesen Brief war der folgende »Offene Brief« des Leiters der kirchlichen Rundfunkzentrale (Bethel), Hans-Werner v. Meyenn in »Kirche und Rundfunk« (Bethel) v. 12. 1. 1953:

Hier wurde Recht zum Unrecht
Ein offener Brief zu einer Sendung des NWDR-Hamburg
Lieber Heinrich Böll,
nicht nur zur Weihnachtszeit soll gelten, was ich Ihnen auf diesem Wege statt in der üblichen Form einer Kritik sagen möchte. Denn als Kritiker könnte ich gar zu leicht ein Opfer der gleichen Versuchung werden, der Sie offensichtlich erlegen sind, nämlich über der Abstraktion einer Wahrheit die Wirklichkeit des Menschen zu vergessen.
Wir reden sicherlich nicht aneinander vorbei, wenn ich voraussetze, daß Sie mit Ihrer Sendung *nicht nur zur Weihnachtszeit* mehr sagen wollten, als nur den absonderlichen Fall der psychopathischen Tante Milla zu erzählen, die sich vom

Weihnachtsbaum nicht trennen kann und darum das ganze Jahr hindurch Weihnacht feiert. Dafür hätte wohl weder der NWDR eine so gewichtige Sendezeit im Abendprogramm der Mittelwelle zur Verfügung gestellt, noch hätten Sie für wert erachtet, diesen »Fall« Millionen von Hörern bekanntzugeben, statt ihn dem Sprechzimmer des Arztes und der unmittelbar betroffenen Familie zu überlassen. Sie wollten den »Falschmünzcharakter einer restaurativen Epoche« anprangern. Und wer es nicht merkte, dem bedeutete es die Ansage. Nur irrte sie schon in der Meinung, die Wirkung Ihrer Erzählung liege bereits darin, daß sie »zum Brüllen gut geschrieben« sei. Sie war zum Weinen gut geschrieben. Denn sie bekundete, wie sehr einen die Freude an der vollendeten Form verleiten kann, den Inhalt nicht ernst zu nehmen, und wie leicht man über der Lust an messerscharfen Argumenten den betroffenen Zuhörer vergißt. Daß wir uns nicht mißverstehen: in verantwortlicher Kulturkritik hatten Sie eine beißende Zeitsatire geschrieben. Das war Ihr gutes Recht. Und auch die Form, die Sie dafür wählten, ist literarisch wohl legitimiert. Es war also nicht nur Ihr gutes Recht, sondern Sie hatten auch recht damit. Sie könnten sich sogar darauf berufen, daß nicht nur zahlreiche aufmerksame Kulturkritiker, sondern auch Pfarrer, Kirchenälteste und ganze Gemeindegruppen, vor allem aus der Jugend, sich in diesem Jahre mehr als früher gegen ein Zuviel des Mißbrauchs der Weihnachtssitten, um nicht zu sagen »Symbole« gewandt haben. Obwohl – in bezug auf die Überschrift Ihrer Erzählung – die Kirche ja nun gerade ihre ureigene Aufgabe darin sehen müßte, daß die Weihnachtsbotschaft wirklich »nicht nur zur Weihnachtszeit« gehört wird, sondern das ganze Jahr hindurch in den Herzen bleibt. Aber Ihre Kritik galt ja nicht diesem zentralen Inhalt der Weihnacht, der christlichen Botschaft, sondern eben jenen Randerscheinungen, die das menschliche Gemüt im Laufe der Zeiten um sie herumgebildet hat. Daß diese, lassen Sie es mich einmal häßlich sagen, »Wucherungen« des Gemüts so überhand genommen haben, daß man nun umgekehrt immer mehr jene zentrale christliche Botschaft als ein kirchliches oder gar theologisches Akzidenz zu nehmen sich gewöhnte, das scheint gewiß jede Kritik zu legitimieren.

Aber sollte man sich nicht ebensosehr davor hüten, mit solcher berechtigten Kritik über das Ziel hinauszugehen? Ist es wirklich nur mehr ein Zufall oder eine merkwürdige Verwirrung unserer Zeit, daß ausgerechnet angesichts einer wachsenden Rationalisierung unseres Lebens das menschliche Gemüt so über die Ufer tritt? Sollten wir es nicht viel mehr als ein Symptom für die zunehmende Unterernährung eben dieses menschlichen Gemüts nehmen, daß es sich wie des geringsten Widerstandes so nun der Weihnachtszeit als des scheinbar freien Raumes bemächtigt? Denn daß sich Geschäft und Reklame dieses offensichtlichen Bedürfnisses annehmen, zeigt doch nur, daß der nüchterne Geschäftssinn oft sehr viel schärfer und instinktsicherer erkennt, als der kulturkritische Geist. Wo keine echten Bedürfnisse vorliegen, wird auch die beste Reklame auf die Dauer nicht Fuß fassen können. Sie kann zwar fördern und übertreiben, aber sie kann nicht zaubern. Und daß sich das Geschäft etwa auch der Totensonntagsbräuche, des Muttertages oder des Handels mit Devotionalien angenommen und nicht immer zum Besten entwickelt hat, sagt gar nichts darüber, daß hier etwa nicht echte Bedürfnisse vorhanden wären. Alle diese Gelegenheiten sind die durchlässigen Stellen unseres von der Ratio versklavten Lebens. Dieser durchlässigen Stellen aber bedarf der Mensch, so wahr er eben nicht nur von dem Gebein des Intellekts, sondern auch von dem fleischernen Kleid des Gemüts lebt. Denn dieses erst gibt

dem Leben Wärme und Existenz. Und darum begann auch hier Ihr im Reich der geistigen Abstraktionen legitimiertes Recht zum Unrecht am Menschen zu werden. Aber ich möchte es genauer sagen. Nicht Sie haben in diesem Fall ein Unrecht begangen, sondern der Rundfunk, und wiederum genauer, der NWDR. Wie es das Recht und die Aufgabe einer pädagogischen oder theologischen Überlegung ist, im kühlen Reich des Denkens zu erkennen, so war es auch Ihr Recht, durch eine Zeitsatire kulturkritische Erkenntnis zu wecken und zu fördern. Was aber im pädagogischen und theologischen Seminar recht ist, gilt nicht ohne weiteres auch für den Standort der Bewährung, die Schulklasse oder die Kanzel. So weit der Schritt von der Erkenntnis zur Anwendung ist, so weit ist der Weg von der theoretischen Pädagogik zur Praxis des Erziehers und Lehrers, der Weg vom Theologen zum Seelsorger. Und so weit sollte auch der Abstand sein zwischen einem Buch, das der kulturkritischen Erkenntnis dient, und einer Rundfunksendung, die, wie Schulklasse und Kanzel, es nun mit der Anwendung auf den wirklichen Menschen zu tun hat. Darum: hier hat der Rundfunk seine Aufgabe vergessen, seine Aufgabe, dem Menschen zu dienen und ihm zu helfen.
Im Angesicht dieses wirklichen Menschen aber, dessen Leben Gemüt und Intellekt zugleich ist, mußte Ihre Sendung notwendig zu einer einseitigen Verzerrung werden. Nicht nur darin, daß Ihre Zuhörer sich in den Gestalten Ihrer Sendung ebensowenig wiederfinden konnten, wie sich etwa das wirkliche Leben in dem Produkt der chemischen Retorte zu erkennen vermag. Auch die Rezepte der Gegenwehr gegen jene tannenbaumhörige Tante Milla mußten in gleicher Weise hilflos und unwirklich erscheinen, wie die ganze Sendung jedes wirklich helfenden Hinweises entbehrte. Denn wir brauchen ja nun wahrlich, um uns den Weihnachtsliedern und den Tannenbäumen zu entziehen, nicht erst, wie es die Verwandten Ihrer absonderlichen Familie planen, in ein Land »südlich des Äquators« auszuwandern. Nur wenige Kilometer brauchten Sie, lieber Heinrich Böll, von Hamburg ostwärts zu gehen. Dort hätte Ihnen Stalins Geburtstag helfen können, eine weniger gemütvolle Weihnacht zu feiern. Das wollen Sie sicherlich nicht. Das ist aber die harte Wirklichkeit. Denn dort hätten Sie etwas davon spüren können, wie der Baum der deutschen Weihnacht mit seinen Weihnachtsliedern zur menschlichen Existenzfrage wird, dort hätten Sie etwas vom Verteidigungskampf des Gemüts, des Menschen mit Intellekt und Seele, erleben können. Und dann müßten Sie, oder besser, müßte auch der NWDR eigentlich empfunden haben, wie ohne Instinkt und Barmherzigkeit es ist, nun mitten in der Weihnachtswoche hier im von solchem Kampf nicht berührten Westen gerade diese auch in den Übertreibungen noch vorhandene Selbstbehauptung des menschlichen Gemüts zu karikieren. Und zwar so zu karikieren, daß man diesen Menschen an den Pranger stellt – und ihn dort stehen läßt, ohne ihm eine Hilfe zu geben. Das war – ich kann es nicht anders sagen – lieblos, es war unbarmherzig, es war unmenschlich! Wohl verstanden, lieber Heinrich Böll, ich lehne mich auf, nicht zunächst als Mann der Kirche, als Christ oder von irgendeiner Ideologie her, sondern lediglich als Mensch, der sich für den anderen verantwortlich weiß. Wenn der Bundespräsident in seiner diesjährigen Sylvesteransprache im Rundfunk rückblickend auf das Weihnachtsfest von seiner »unverwelklichen Kraft der Entrückung« sprach, so sagte er damit zunächst auch noch nichts über das Ziel dieser Entrückung, wohl aber etwas über ihre Notwendigkeit und die ihr innewohnende Kraft für unsere Zeit überhaupt. Nur darum geht es auch mir in der Verteidigung des Gemüts, ungeachtet seiner oft allerdings absonderlichen Do-

kumente. Jede Kritik an ihnen mag berechtigt sein, sie sollte aber niemals ohne Verantwortung für den wirklichen Menschen bleiben. Und deswegen glaube ich, wenn es auch nicht der Ausgangspunkt meines Einspruchs ist, daß eine Kritik um so schärfer sein kann, je mehr sie gleichzeitig an echter Hilfe zu bieten hat. Wenn die Kirche gegen eine Verwirrung der Weihnachtssitten ihre Stimme erhebt, hat sie diese Hilfe zur Hand, indem sie zum zentralen Inhalt, der christlichen Botschaft, zurückzulenken vermag. Was aber gibt es sonst für Hilfen?

Daß Ihre Sendung, wenn sie überhaupt angenommen wurde, nichts als ein Vakuum der Hilflosigkeit zurückließ, machte sie zu einer Kritik ohne Verantwortung. Und deswegen, lieber Heinrich Böll, will ich Ihnen sagen, was ich in einem Brief anders als in einer Kritik auszusprechen vermag: An dem Abend Ihrer Sendung habe ich mich geschämt, für den NWDR und damit für den Rundfunk. Ich habe mich geschämt, weil ich in unzähligen Vorträgen von den kulturellen Möglichkeiten oder, genauer, vom Dienst des Rundfunks am Menschen gesprochen hatte und diesen nun verraten sah. Ich habe zwar auch Sie bedauert, weil der NWDR unrecht tat, wenn er Ihre kulturkritische Diagnose schon für Therapie erachtete, ich habe Heinz Rühmann bedauert, weil Fritz Schröder-Jahn ihm nichts von seiner Liebenswürdigkeit ließ, die vielleicht noch hätte mildernd wirken können, vor allem aber, wie gesagt, habe ich mich geschämt für den mangelnden Instinkt des Rundfunks. Ich habe mich geschämt, wie ich mich manchmal für die Kirche schäme, wenn es in einem Gottesdienst nur theologische »Steine« statt seelsorgerlichen »Brotes« gab. Daraus aber mögen Sie erkennen, warum ich mich so ausführlich gerade mit dieser Sendung beschäftige. Sie war ein besonders deutliches Beispiel für eine im gegenwärtigen Rundfunk leider immer mehr überhand nehmende Flucht in den abstrakten Intellekt, sie war eine brennende Mahnung, den Rundfunk in seine eigentliche Aufgabe zurückzurufen, dem Menschen zu helfen, dem wirklichen Menschen aus Geist und Seele. Dafür gibt es keine Rezepte. Ich weiß nur zu gut, wie schwer diese Aufgabe ist. Das soll uns aber nicht verführen, es uns mit einem Mosaikspiel des Intellekts leicht zu machen, sondern soll uns um so mehr miteinander dem Menschen und seinen wirklichen Nöten verpflichten. Ich hoffe, daß Sie mir darin zustimmen und auch meine Kritik nicht anders als eine gemeinsame Besinnung verstehen.

In herzlicher Verbundenheit
Hans-Werner v. Meyenn

Thomas Wolfe und das bittere Geheimnis des Lebens. Frankfurter Allgemeine Zeitung v. 7. 3. 1953

»Ich bin doch Soldat«. Aufkreis v. 28. 3. 1953

Englisches Talent aus Griechenland. Süddeutscher Rundfunk v. 22. 4. 1953 (u. d. T.: *Kay Cicellis.* Erstdruck in Süddeutsche Zeitung v. 1. 8. 1953)

Léon Bloy. Welt der Arbeit v. 8. 5. 1953

Rendezvous in Paris. Dokumente (Offenburg), Mai/Juni 1953

Was ist aktuell für uns? Welt der Arbeit v. 17. 7. 1953

Ernst Kreuder, 50 Jahre alt. Welt der Arbeit v. 28. 8. 1953

Verführtes Denken. Deutsches Volksblatt (Stuttgart) v. 6. 9. 1953

Köln eine Stadt – nebenbei eine Großstadt. Kölner Leben v. 13. 9. 1953

Auf dem Weg zum Zahnarzt. Frankfurter Allgemeine Zeitung v. 26. 9. 1953

Ein skythischer Knabe. Glosse in Frankfurter Hefte, September 1953

Selbstvorstellung eines jungen Autors. Allemagne d'aujourd'hui, Oktober/November 1953 (u. d. T.: *Présentation d'un jeune auteur par lui-même.*) Druckvorlage war das deutsche Manuskript.

Europäische Schwermut konzentriert. Undatiertes Manuskript. Erstdruck. (Der renzensierte Roman Eyvind Johnsons erschien 1953, das Manuskript dürfte nicht sehr viel später verfaßt worden sein.)

Über Francis Stuart, »Die Wolkensäule«. Undatiertes, titelloses Manuskript. Erstdruck (»Die Wolkensäule« erschien 1953)

Rundfrage über Gottfried Benn. Unveröffentlicht. Geschrieben 1954

Über De Quincey, »Bekenntnisse eines englischen Opiumessers«. Westdeutscher Rundfunk 1954

Die Tränen des Gummibaumes. Welt der Arbeit 1954 (H. B.)

Die Welt Sean O'Caseys. In: Programmheft des Schloßpark-Theaters Berlin zur deutschen Erstaufführung von »Rote Rosen für mich«, am 15. 2. 1954

Der Knabe im Brunnen und der in der Mietskaserne. Welt der Arbeit v. 26. 3. 1954

Auferstehung des Gewissens. Kölnische Rundschau v. 15. 4. 1954

Der Schrei nach Schinken und Pralinen. Die Zeit v. 23. 9. 1954

Heimkehr in die Fremde. Süddeutsche Zeitung v. 16. 10. 1954

Ein entfernter Verwandter des unwiederbringlichen Schwejk. Welt der Arbeit v. 19. 11. 1954 (u. d. T.: *Preiswertes Handbuch für Betroffene* in einer Frühfassung, Erstdruck der vollständigen Fassung in Aufwärts v. 6. 6. 1955)

Neue italienische Romane und Novellen. Dokumente, November/Dezember 1954 (für diese Sammelrezension griff Böll u. a. auch auf zuvor veröffentlichte Einzelrezensionen zurück, s. o.)

Die Unschuldigen und die Bewußten. Frankfurter Allgemeine Zeitung v. 15. 1. 1955

Ein Steinbeck und einige Steinbeckchen. Dokumente, März/April 1955

Der Gefangene einer Anekdote. Rheinische Post v. 19. 11. 1955

Seit 12 Tagen steht »Mord« an der Tür. Frankfurter Allgemeine Zeitung v. 10. 12. 1955

Literatur ohne Grenzen. Wiesbadener Kurier v. 10. 12. 1955

Die Stimme Wolfgang Borcherts. Vorwort zu »Draußen vor der Tür und ausgewählte Erzählungen«, Reinbek 1956

Selbstkritik. 1956 (H. B.)

Wo ist dein Bruder? Geist und Tat, H. 6, 1956

Biographische Notiz. In: Schulzeitschrift des Wilhelm-Gymnasiums Braunschweig, März 1956

Masken. In: »Köln«, Vierteljahresschrift der Freunde der Stadt, Januar-März, 1956

Die Offenbarung der Asozialen. Dokumente, Mai/Juni 1956

Wo liegt Paris? »Köln«, April-Juni 1956

Noch Plätze frei im Raritätenkabinett. Akzente, Juni 1956

Ein Denkmal für Joseph Roth. Frankfurter Allgemeine Zeitung v. 22. 9. 1956

Amerika zwischen den beiden Kriegen. Kölnische Rundschau v. 21. 10. 1956

Aufstand der Ungarn. Unter diesem Sammeltitel veröffentlichte Die Kultur (München) am 1. 12. 1956 eine Reihe von Stellungnahmen zu dem folgenden Aufruf:

»1. Das geistige Europa erklärt sich mit dem Freiheitskampf der ungarischen Jugend, der Studenten und Arbeiter und nicht zuletzt der Schriftsteller, Künstler und Wissenschaftler gegen ihre Unterdrücker solidarisch.

2. Das geistige Europa protestiert gegen die brutale Vergewaltigung Ungarns durch die sowjetische Militärmacht.

3. Das geistige Europa verurteilt selbstverständlich jede gewaltsame Aggression, wie wir sie in diesen Tagen von England und Frankreich in Ägypten erlebten, und jede Anwendung von totalitärem Terror.«

Das Risiko des Schreibens. Hessischer Rundfunk, 26. 12. 1956

Das weiche Herz des Arno Schmidt. Texte und Zeichen (Berlin) v. 15. 1. 1957

Reise durch Polen. Dokumente, Januar/Februar 1957

Heldengedenktag. Geschrieben 1957 für eine Feierstunde der Kriegsdienstverweigerer zum Volkstrauertag 1958. Erstdruck: Informationen (Hamburg), November 1960

Die Deplacierten. Nachwort in Jean Cayrol, »Der Umzug«, Olten 1958

Im Ruhrgebiet. Vorwort zu einem Fotoband von Chargesheimer, Köln 1958

Straßen wie diese. Nachwort zu einem Fotoband von Chargesheimer, Köln 1958

Auch dies ist Amerika. Neue deutsche Hefte (Gütersloh), Februar 1958

Brief an einen jungen Katholiken. In: »Christ und Bürger, heute und morgen«, Düsseldorf 1958. Dieser »Brief« an einen fiktiven Adressaten wurde im September des gleichen Jahres in den Werkheften katholischer Laien veröffentlicht und veranlaßte Walter Weymann-Weyhe zu der folgenden Stellungnahme im Novemberheft der Zeitschrift:

Sehr geehrter Herr Böll!

Ihr *»Brief an einen jungen Katholiken«*, der in den Werkheften katholischer Laien 8–9/58 abgedruckt war, zwingt mich zu einer offenen Antwort.

Wenn wir als katholische Christen zu Fragen der katholischen Theologie und zur

Kirche öffentlich Stellung nehmen, dann kann das nur legitim geschehn aus der Mitte des gelebten Glaubens. In dieser Voraussetzung sind wir uns gewiß einig. Denn wir nehmen ja Stellung um des Glaubens willen, um seines lebendigen Zeugnisses willen.

Der Glaube aber kommt vom Hören des WORTES. Der Glaubende ist immer zuerst und grundlegend der Hörende. Auch in dieser elementaren Voraussetzung dürften wir uns einig sein.

Dann *müßten* wir uns auch noch darin einig sein, daß eine Kritik und Polemik, die dem Hören des Wortes vorgreift, die also nicht aus einer wirklichen Information kommt, von vornherein illegitim sei. Wenn ich aber diesen Satz konkretisiere und sage, daß wirkliche Information nur in der Lehrtradition der Kirche möglich und gewährleistet ist, dann weiß ich nicht, ob ich darin noch Ihre Zustimmung finde. Ich meine eine Zustimmung, die – trotz aller ärgerlichen Begebenheiten und Zustände, in welche wir ja immer (auch schuldhaft) mitverflochten sind – die Kirche als gesellschaftliche Institution in ihrer heutigen Gestalt zunächst einmal rückhaltlos bejaht, in der Überzeugung, daß diese Kirche das unantastbare Überlieferungsgut, also die Botschaft Jesu Christi, unversehrt trägt und darbietet; daß wir also die Kirche zu hören haben, bevor wir berechtigt sind zur Kritik; daß wir zu einer Kritik überhaupt nur dann berechtigt sind, wenn sie der Wahrheit – und das heißt: der Kirche dient.

Denn die Wahrheit, um die allein es geht, ist das Evangelium Jesu Christi, d. h. konkret: das geschichtliche Faktum seiner Menschwerdung – und seiner Kirche. Und zwar gerade auch der Kirche als einer gesellschaftlichen Institution, der Kirche in ihrer Zeitlichkeit, als welche uns der *corpus mysticum* immer nur wirklich und greifbar begegnen kann. Die Tatsache ist unabweisbar, daß Christus seine heilige Botschaft nicht selbst einem Schreiber in die Feder diktiert hat, sondern daß das einzige Dokument dieser Botschaft, die Heilige Schrift, ein Glaubenszeugnis der Kirche ist. Die Tragweite dieser Tatsache ist bei weitem noch nicht genügend im Bewußtsein der Christen. Wir sind durch sie unausweichlich an die Kirche verwiesen, so sehr, daß es einen archimedischen Punkt außerhalb der Kirche für eine »Kritik an der Kirche« schlechthin nicht gibt.

Unter dieser Voraussetzung, daß die Sache, um die es geht, allein das Faktum der Menschwerdung Christi ist und daß dieses Faktum allein in der Kirche greifbar repräsentiert ist, darf ich zu Ihrem Brief an einen jungen Katholiken Stellung nehmen. Ich will mich dabei auf einige wenige Punkte beschränken, die allerdings von erheblichem Gewicht sind:

Sie sprechen, wenn auch sparsam, aber sehr betont vom *Gewissen.* Wörtlich sagen Sie in Ihrem Brief: »Es ist üblich geworden, immer dann, wenn die Haltung der offiziellen katholischen Kirche während der Nazizeit angezweifelt wird, die Namen der Männer und Frauen zu zitieren, die in Konzentrationslagern und Gefängnissen gelitten haben und hingerichtet worden sind. Aber jene Männer, Prälat Lichtenberg, Pater Delp und die vielen anderen, sie handelten nicht auf kirchlichen Befehl, sondern ihre Instanz war eine andere, deren Namen auszusprechen heute schon verdächtig geworden ist: das Gewissen.«

Wann hat die »offizielle Kirche« behauptet, diese Männer und Frauen hätten auf ihren Befehl so gehandelt? Gesagt ist doch wohl nur, daß sie als Christen so gehandelt haben. Insofern sind sie Glaubenszeugen der Kirche – was nicht besagt, durch ihr Zeugnis seien alle bedenklichen Verlautbarungen und Gesten von anderen Repräsentanten der Kirche legitimiert. Sie haben nicht »auf Befehl der Kirche« gehandelt. Aber sie haben als Glieder am mystischen Leibe Christi, also als Glieder der Kirche so gehandelt. Und das Gewissen? Es war in der Tat ihre höchste Instanz. Aber es war nicht eine Instanz »neben« der Sache, für die sie litten und starben. Ihr Gewissen war eins mit der Sache und nur deshalb ihre höchste Instanz.

Streng genommen nämlich gibt es in diesem genauen Sinnzusammenhang kein Gewissen, das sich gegen die Sache, d. h. gegen die Botschaft Christi und gegen die Kirche entscheiden könnte. Gewissen, sofern es um das Zeugnis des Glaubens geht, ist ein Mitwissen mit Christus, mit seiner Sendung durch den Vater, mit seiner geschichtlichen Inkarnation, mit seiner Kirche. Es gibt keine andere »Freiheit« des christlichen Gewissens als die, die in diesem Einssein gründet. Es gibt also kein Gewissen als eine Instanz eigener Art, als eine Instanz neben und außerhalb der Kirche, sozusagen als das Prinzip einer privaten *(privare!)* ethischen Existenz. Man muß als Christ in dieser Angelegenheit die großen Heiligen befragen (*mit* ihren Verleumdungen und Verfolgungen durch Vertreter der Kirche!) und nicht eine humanistische Philosophie idealistischer Prägung. Die Heiligen sagen uns exemplarisch, was christliches Gewissen ist und christliche Tapferkeit, wo und wie das Zeugnis für die Wahrheit Christi gefordert ist, gerade auch innerhalb der Kirche: Franz von Assisi, Theresia von Avila, Ignatius von Loyola.

Soviel zur Frage des Gewissens. An einer anderen Stelle Ihres Briefes sprechen Sie von der »körperlichen Liebe« als der »Substanz eines Sakramentes«. Wörtlich sagen Sie:

»Ich habe die Klienten dieser Häuser (der Bordelle) nie verachten können, weil es mir unmöglich ist, das, was man irrigerweise körperliche Liebe nennt, zu verachten; sie ist die Substanz eines Sakramentes, und ich zolle ihr Ehrfurcht, die ich auch dem ungeweihten Brot als Substanz eines Sakramentes zolle . . .«

Es ist in der Tat nicht christlich, die Mädchen eines Bordells zu verachten – um der Liebe Christi willen ist es nicht christlich. Ihre Begründung indessen: weil die sogenannte körperliche Liebe die Substanz eines Sakramentes sei, ist nicht nur im höchsten Maße befremdend, sondern schlechthin falsch. Was ist hier unter Substanz gemeint? So wie Sie den Begriff verwenden, entspricht er weder der aristotelisch-thomistischen Tradition, noch auch der neuzeitlichen Konzeption etwa bei Descartes, Spinoza oder Kant – ja, nicht einmal der des Materialismus. Es gibt allerdings, abgeleitet von der neuzeitlichen Philosophie und Naturwissenschaft, einen vulgären Substanzbegriff, der soviel meint wie »Grundstoff«. Und ausgerechnet diesen vulgären Begriff setzen Sie in Beziehung zum Begriff des Sakramentes.

Sie können mir entgegenhalten, es gehe Ihnen nicht um philosophische Definitionen und man wisse schon, was gemeint sei. Aber das eben ist zu bezweifeln. Die eheliche Vereinigung gehört wesentlich zum Sakrament der Ehe, das ist wahr. Sie ist das »Zeichen« des Sakramentes. Dieses Zeichen verweist auf die göttliche Ordnung und Wirklichkeit des Heils, in der und durch die allererst der sakramentale Charakter der Ehe begründet wird. Daher kann außerhalb dieser Ordnung und Wirklichkeit von einem Sakrament in keiner Weise gesprochen werden, schon gar nicht von einer Substanz im Sinne eines Grundstoffes. Die Wirklichkeit, auf die das Zeichen verweist, ist entweder realiter im Zeichen selbst anwesend, oder der sakramentale Charakter ist nicht gegeben.

Wenn in diesem Zusammenhang von Substanz gesprochen werden kann, dann nur in Hinsicht auf den betroffenen Menschen. Der Mensch ist Substanz im genauen und eigentlichen Sinne des Wortes, und zwar der *ganze* Mensch. Gerade und nur um die Wesenseinheit des ganzen Menschen handelt es sich, wenn von Substanz gesprochen wird. Diese Einheit aber ist geprägt durch die Personalitas, durch den geistigen Selbstand, und zwar bis in das differenzierteste Empfindungsleben, bis in den Sexus hinein. Daß dieses alles unter der Einheit der Personalitas stehe *(sub-stare),* das allein ist gemeint im Begriff Substanz. Es ist daher schlechthin eine unsinnige Rede, von der körperlichen Liebe als von der Substanz eines Sakramentes zu sprechen.

Damit ist – nebenbei – nichts ausgemacht über die Frage, ob es eine bloß körperliche Liebe geben könne. Diese Frage gehört nicht in das Gebiet der Theologie, sondern in das der Psychologie und Anthropologie.

Im übrigen ist ihr Hinweis auf das ungeweihte Brot, das auch Substanz eines Sakramentes sein soll, nicht minder abwegig. In der Sequenz zum Fronleichnamsfest heißt es (nach Thomas von Aquin): »Unter beiderlei *Gestalten,* die hier nur als *Zeichen* walten *(et non rebus!),* birgt sich göttliche Substanz.« Thomas selbst vermeidet hier sogar den Begriff Substanz und spricht statt dessen von *»res eximiae«.* Von göttlicher Substanz kann insofern gesprochen werden, als die reale Inkarnation der *Person Christi* gemeint ist.

In der Dogmatik ist in einem anderen Zusammenhang vom Brot als einer Substanz die Rede: Im Begriff der Transsubstantiation. Man kann vom Brot als einer Substanz sprechen, um die Wesenseinheit einer Sache zu bezeichnen. Aber die Dogmatik spricht nicht von der Substanz eines Sakramentes, sondern davon, daß eine Substanz dadurch, daß sie auf Grund der Inkarnation in einen anderen Bezug genommen wird, in einer anderen Wirklichkeit steht und so zum Zeichen *(tantum signum)* eines Sakramentes wird. Das ist etwas völlig anderes. Und wie wenig »stofflich« dieses Verhältnis verstanden wird, geht schon daraus hervor, daß die Transsubstantiation gerade nicht einen chemischen Umwandlungsprozeß meint. Das »Zeichen« des Brotes bleibt gerade erhalten.

Ich muß in dieser Frage – wenn auch nur knapp und hinweisend – auf gegebene Definitionen zurückgreifen, weil es eben auch zum »Hören der Kirche« gehört, sich durch ihre Definitionen informieren zu lassen.

Da wir gerade vom Brot sprechen, darf ich einen weiteren schwerwiegenden Punkt Ihres Briefes aufgreifen. Im Schlußabsatz Ihres Briefes sagen Sie: ». . . die Theologen verweigern uns jenes andere, das Wort, von dem wir leben, und ob wir am nächsten Tag noch Brot haben werden, ist ohnehin fraglich. Wir werden gezwungen, von Politik zu leben, und das ist eine fragwürdige Kost; an einem Tag Pralinen, am anderen eine Suppe aus Dörrgemüse: unser Brot müssen wir selber backen und das Wort uns selbst bereiten.« Daß »die« Theologen uns das Wort verweigern, von dem wir leben, ist eine Behauptung, die entweder nicht weiß, was sie sagt, oder es eben dennoch sagt. Ich kenne keinen, nicht einen einzigen Theologen, von dem man das auch nur mit einer Spur von Recht behaupten könnte. Es gibt sicher manchen Pfarrer und Kaplan – wir alle wissen es –, die in der Theologie der Kirche nicht besser zu Hause sind, als viele Studienräte, Ärzte, Anwälte und Schriftsteller es in ihrem Fach sind. Es gibt viele Unzulänglichkeiten, viele intellektuelle und moralische Schwächen, viel höchst ärgerliche Begebenheiten und Äußerungen von amtlichen Vertretern der Kirche. Das ist immer so gewesen und wird nie anders sein. Daran mag man Anstoß nehmen, um so mehr, als der priesterliche Beruf in einer ungleichen Verantwortung steht.

Aber von einem Verweigern des Wortes zu reden, ist – verzeihen Sie das harte Wort – nichts als eine demagogische Behauptung.
Sie sagen, die Politik sei hart geworden und die Theologie weich. Offenbar sind Sie schlecht informiert über das, was in der heutigen Theologie vor sich geht. Ich kann Ihnen versichern, daß es heute eine so harte Theologie gibt (so hart an der Sache, am Offenbarungsgut der Kirche sich orientierend), und zwar in allen theologischen Disziplinen, wie selten in den letzten Jahrhunderten. Lesen Sie nur ein Kapitel etwa aus Karl Rahners »Schriften zur Theologie« – und Ihr ganzer Brief an einen jungen Katholiken wird zu einem törichten Husarenritt.
Ich überspringe Ihr dichterisches Wortspiel zwischen Pralinen und Dörrgemüse und komme zu Ihrer letzten Behauptung. »Unser Brot müssen wir selber backen und das Wort uns selbst bereiten.« Sie meinen das Brot, von dem wir leben, jenes Brot, das zugleich das »Wort« ist. Sie sprechen vom inkarnierten Logos in seiner realen geschichtlichen Gegenwärtigkeit – oder ich verstehe nicht, wovon Sie sprechen. Welch eine Rede aber ist es dann zu sagen: Wir müssen das Brot selber backen und das Wort uns selbst bereiten? Wenn Sie mir entgegenhalten, Sie meinten nicht den inkarnierten Logos, sondern das, was uns die Kirche verkünde, so ändert das nicht im mindesten die Sachlage. Denn anderswo als in der Kirche ist jenes Wort nicht zu finden. Es ist Christi Wille, daß es so ist. Es ist sein Wille, daß das Wort den Menschen anvertraut wurde, und zwar von Anfang an, daß die Gemeinschaft der Gläubigen wirklichen Anteil hat an seiner Sendung, an seiner Inkarnation, an seinem Sterben, an seiner Auferstehung. Da gibt es keinen Rückzug in eine »irgendwie« vage Innerlichkeit des Gewissens, oder in die »unsichtbare Kirche«. Wir sind an die Kirche hier und jetzt verwiesen. Es ist unsere Sache, daß diese Wahrheit in aller Welt bezeugt werde, auch und gerade in einem Brief an einen jungen Katholiken.
Welches Brot haben Sie denn diesem jungen Katholiken gebacken, welches Wort ihm »bereitet«? Was kann der junge Katholik, was können die vielen Leser mit Ihrem Brief anfangen? Was hat er ihnen gesagt? Daß es Mißstände gibt, bedrohliche Tendenzen und anderes mehr – jedermann weiß es. Es darf und muß gesagt werden. Aber es kann allein gesagt werden um der Sache willen, um der Sache Christi willen, an der wir Christen teilhaben. Das pure Ärgernis an ärgerlichen Begebenheiten und Zuständen ist kein zureichender Grund für eine Polemik, die das eigentliche Wort der Freiheit vermissen läßt. Das Wort um der Sache willen aber ist genau. Es ist nicht entstellt vom Ärger und nicht in der Schwebe gehalten um eines Effektes willen. Es ist nicht »bereitet«, sondern empfangen, bewahrt und bezeugt. Ein anderes Wort in dieser Sache gilt nicht.

Ihr
Walter Weymann-Weyhe

Nachbemerkung zu diesem »Offenen Brief« von Walter Weymann-Weyhe v. 11. 8. 1978:
Als ich diesen Brief an Heinrich Böll schrieb, war ich noch in dem »Glauben«, die »Sache Jesu« sei in der Lehrtradition der Kirche und ihrer hierarchischen Verfassung adäquat präsent, nur ihre Vermittlung sei durch menschliches Versagen gestört. Unter dieser Voraussetzung erschien mir Bölls Kritik nicht hilfreich, sondern destruktiv.
Heute, zwanzig Jahre später, sehe ich die Verhältnisse anders. Nach lehrreichen Erfahrungen im Umgang mit kirchlichen Instanzen sowie nach langjährigen in-

tensiven theoretischen Auseinandersetzungen vermag ich keine Reformen aus dem Innenraum der Kirche mehr zu erwarten. Ich bin im Gegenteil zu der Überzeugung gekommen, daß gerade die dogmatische und hierarchische Struktur der Kirche nicht nur ihrer eigenen Erneuerung im Wege steht, weil sie eine systematische Verzerrung der Sache Jesu darstellt, sondern überdies auch notwendige gesellschaftliche Prozesse eher blockiert als fördert.

Das Brot, von dem wir leben. ist die Antwort Bölls auf den Brief Weymann-Weyhes im gleichen Heft

Ein 47er wurde 50: Hans Werner Richter. Die Kultur (München), v. 15. 11. 1958

Über mich selbst. Autobiographisches Nachwort in *Der Mann mit den Messern,* Stuttgart 1959

Assisi. In: H. J. Schultz (Hg.) »Frömmigkeit in einer weltlichen Welt«, Stuttgart 1959. [Auf Seite 282 wurde eine inhaltliche Korrektur vorgenommen: »Apenninenhänge« statt »Abruzzenhänge«.]

Stadt der alten Gesichter. In: »Der Schriftsteller Heinrich Böll«, Köln (24. 1.) 1959

Zur Verteidigung der Waschküchen. Ebenda

Die Sprache als Hort der Freiheit. (»Erste Wuppertaler Rede«), Ebenda

Vorsicht! Bücher! Der Deutsche Buchhandel v. 4. 3. 1959

Großeltern gesucht. Die Zeit v. 13. 3. 1959

Lämmer und Wölfe. Erstdruck: Rheinische Post v. 26. 6. 1959

Der Zeitungsverkäufer. »Köln«, Juli-September 1959

Kunst und Religion. Süddeutscher Rundfunk, 12. 11. 1959

Ein Haus für Ungezählte. Kölner Stadt-Anzeiger v. 12. 12. 1959

Wir danken den Autoren und Rechteinhabern für die freundliche Genehmigung des Abdrucks der Texte und Offenen Briefe.

Register

Heinrich Böll
Frauen vor Flußlandschaft
Roman

Bonn ist der Schauplatz des neuen Romans von Heinrich Böll – ein Ort höchster politischer Aktualität. Was Böll jedoch interessiert, ist nicht die Tagespolitik, sondern das Netz der Beziehungen und Geschichten hinter den Kulissen der offiziellen Sebstdarstellung. Die Frauen der Politiker, sonst nur gesellschaftliches Beiwerk auf dem Bonner Parkett, rücken in den Vordergrund des Geschehens. Sie sind das heimliche soziale Korrektiv in einer Welt der Ränke und Skandale, die die Männer fast ausnahmslos umtreibt.

Kiepenheuer&Witsch